WERKZEUG AUS ALTER ZEIT

PAUL FELLER · FERNAND TOURRET

WERKZEUG

AUS ALTER ZEIT

EINLEITUNG
JEAN BERNARD

FOTOS
JEAN BOUCHER
KLAUS GRUNEWALD

BELSER VERLAG

Bildgestaltung von Klaus Grunewald
Zeichnungen von A. De Laet
Aus dem Französischen von Brigitte Weitbrecht

Titel der Originalausgabe:
«L'outil – Dialogue de l'homme avec la matière»,
Albert de Visscher, Éditeur, Brüssel.

©1980 by Chr. Belser AG für Verlagsgeschäfte & Co. KG,
Stuttgart und Zürich.
Anschrift: Falkertstraße 73, D-7000 Stuttgart 1.
Alle Rechte vorbehalten.
Printed in Italy

ISBN 3-7630-2100-0

Werkzeug aus alter Zeit

In seiner Handlichkeit, Schönheit und Vielgestaltigkeit spiegelt das Werkzeug das Wesen des Menschen, der es erfunden, gebraucht, gepflegt und weitergegeben hat.

Mit seiner Nützlichkeit wirft es ein noch viel helleres Licht auf das Wesen des *homo,* der aller Wahrscheinlichkeit nach *faber* geworden ist, weil er *sapiens* sein wollte.

Es ist oft künstlerisch gestaltet, fast immer verziert, und entstammt eher dem Bereich des Heiligen als dem des Profanen.

Es ist scharf, kraftvoll, eindeutig, und über seine bloße Funktion hinaus macht es nicht nur, was der Mensch will, sondern es macht aus dem Menschen, was er werden möchte: Mensch ...

Hier erfüllt es diesen, dort jenen Dienst und bleibt doch immer sich selbst treu: Zeichen eines »besseren Lebens«, dessen Qualität dem, der sich seiner geschickt bedient, das tägliche Brot in die Hand gibt.

Um gut zu schneiden, muß das Messer noch besser schneiden können.

Tiefer als auf der Ebene dessen, was ihn von den andern trennt, zeigt sich hier der Mensch, indem er *faber* ist, im höchsten Maße *sapiens*; hier übertrifft der Mensch den Menschen.

Wer die Botschaft des Werkzeugs aufnehmen möchte, nehme es in die Hand und gehe damit um, und sei es auch nur im Geist. Er wird dabei den universalen Menschen kennenlernen, der in ihm schlummert.

Paul Feller

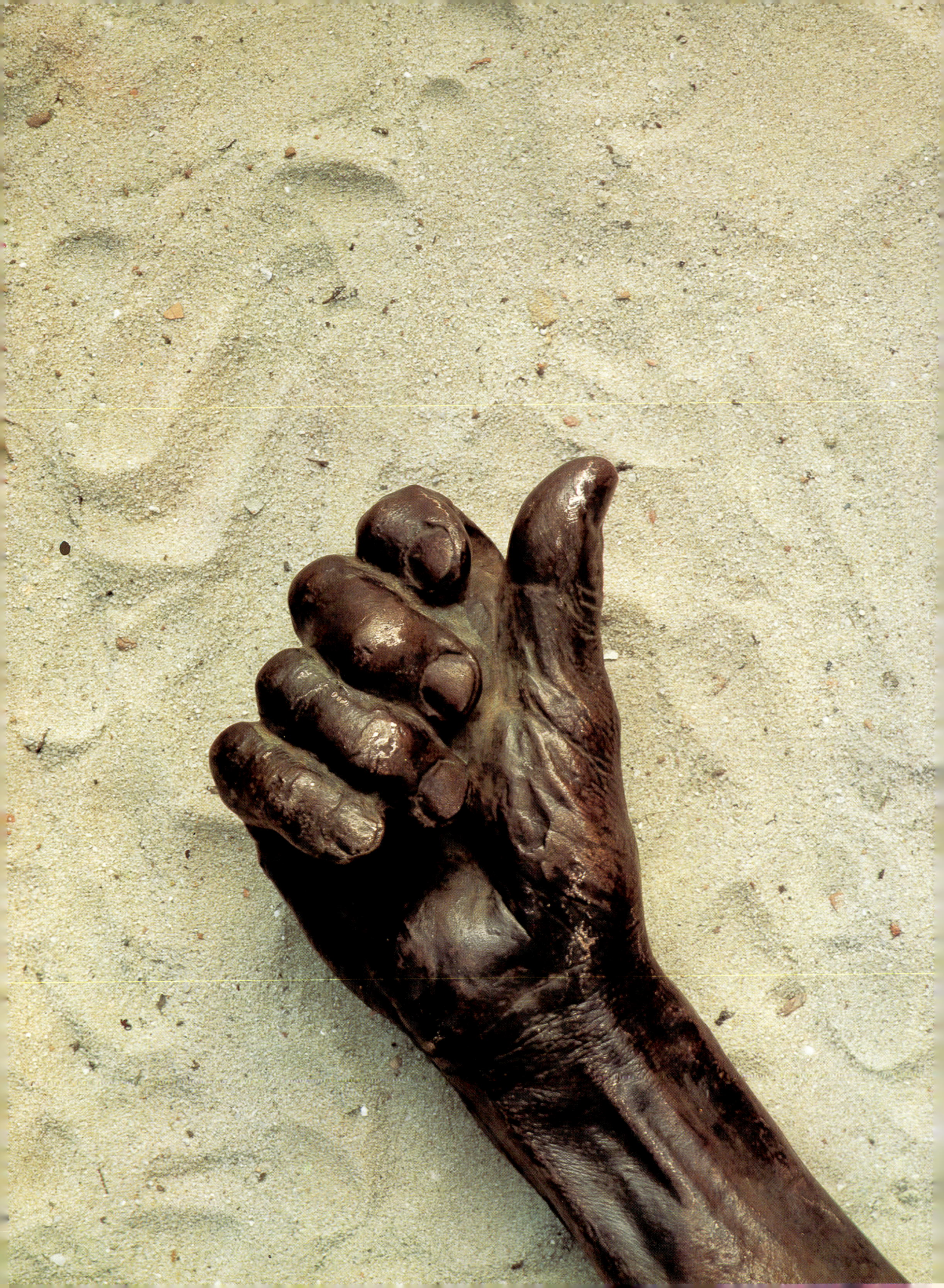

Vorwort

Der Mensch ist von Anfang an für körperliche und geistige Tätigkeit geschaffen. Hand und Geist entwickelten sich gleichzeitig. Durch die Generationen wurde die Frucht dieser nur dem Menschen zugefallenen Verbindung weitergegeben, ein kostbarer, langsam erworbener Schatz, der bis zur Gegenwart die Grundlage jeglichen Fortschritts geblieben ist. Noch ehe Werkzeug und Gerät erfunden wurde, vereinigten sich Kopf und Hand in der unablässigen Suche, die der Menschheit eigen ist. Hier liegt der Grund für ein tieferes Gleichgewicht. Aus Ton, Holz, Stein wurden bescheidene und doch vollkommene Gegenstände hergestellt. Der Töpfer der frühesten Zeit schuf allein mit der Hand, und sein schöpferischer Geist fand schon die Harmonie.
Aus Stein, den er schnitt oder glättete, fertigte der Mensch seine ersten Werkzeuge, die gleichzeitig als Waffen dienten. Mit Geduld, Geschick und einem wunderbaren Fingerspitzengefühl formte er den Stein nur mit Stein, ohne weitere Hilfsmittel. Aus einer einheitlichen, ursprünglichen Ausdrucksfähigkeit entstand so die engste Verbindung zwischen Hand und Gedanken. Die Materie blieb, was sie sein sollte: ein vollkommener Träger des Geistes. Hier liegt das Geheimnis der Kunst, die in Ägypten auf grandiose Weise ausgeübt wurde, wo man jahrtausendelang mit ebenso großer Einfachheit wie Kunstsinnigkeit eine unmittelbar aus der Vorgeschichte hervorgegangene Werkzeugausrüstung benutzte. Wenn man an Hand der zahllosen erhaltenen Arbeiten die Entwicklung dieses Werkzeugs überblickt, stellt man fest, daß es sich erst spät, mit dem Aufkommen des Metalls, veränderte. Von da an wurde es spezialisierter, denn die Kunst wurde zum Handwerk, und im Handwerk neigt man dazu, für jede Verrichtung ein eigenes Werkzeug zu schaffen. Dies läuft der Kunst zuwider; sie strebt nach Einfachheit der Mittel.
Das Werkzeug brachte uns also das Handwerk. Dann griff die Wissenschaft ein und führte zur Technik. Die Technik wiederum rief Wirtschaftssysteme ins Leben, und in diesem Gesamtkomplex sind die Teile so eng verbunden, daß es schwer zu sagen ist, welcher den anderen nach sich zieht. Der Beziehung Gedanke-Hand entspricht die Beziehung Werkzeug-Materie, die sich dann verwandelt in Finanz-Material, oder, modern ausgedrückt, in Produktionsmittel-Konsum. Doch stets werden uns die Wirtschaftssysteme schaden. Mit ihnen bemühen wir uns, die schützende Natur zu übertreffen, die uns früher Grenzen zog und das Maß der Weisheit war. Die Natur, die den Menschen so lange ernährt hat, ersetzen wir mit neuen Gegebenheiten, die uns zu verschlingen drohen: Produktion, soziale Frage, Freizeitproblem.
Dies ist das Vorspiel einer ebenso tiefgreifenden und irreversiblen Mutation wie derjenigen, die in den Anfängen der Menschheit die schöpferische Tätigkeit freisetzte und den Menschen zum Herrn erhob. Sie wirft jedoch beängstigende

Fragen auf. Werden wir die manuellen Werte behalten oder sollen sie für immer zur Nebensache werden? Wird die Handarbeit weiterhin nötig sein, und nicht nur für das Basteln, von dem es heißt, es werde eine wichtige, wenn auch etwas lächerliche Ersatzbeschäftigung für die immer mehr anwachsende Freizeit des Menschen? Müssen wir Basteln ähnlich wie Ausgleichssport betreiben, wie ihn uns das heutige Leben für unseren Körper vorschreibt? Werden die letzten Handarbeiter wohl die Künstler sein, wie die ersten Handarbeiter selbst Künstler waren? Welche Folgen hat der Verzicht auf die handwerkliche Tätigkeit für das Verhalten künftiger Generationen? Welche Veränderungen bewirkt diese außergewöhnliche Mutation auf die Dauer in unserer Gestalt und Muskulatur, in unserem Geist und unserer Seele?

Solche Gedanken drängen sich bei der Betrachtung der schönen Werkzeuge auf. Dabei müssen wir schon den Blick zurückwenden, um sie in Sammlungen anzuschauen, leblos wie aufgespießte Schmetterlinge, wie sonderbare Dekorationsgegenstände. Eine Mode nimmt sich heute ihrer an und rettet damit zweifellos, was noch vorhanden ist, doch dieser Rest wird den meisten Menschen nichts mehr sagen.

Aber waren die Werkzeuge nicht immer nichtssagend, außer für den, der sie benutzte? Ein gutes Werkzeug wird nicht verliehen, sondern verschenkt. Es stirbt oder verwandelt sich in einer anderen Hand. Das Werkzeug eines entschwundenen Freundes zu betrachten, ist ein eigenartiges Erlebnis; es bietet sich griffbereit dar und läßt den, der nicht mehr ist, spürbar nahe sein. Was sind diese Werkzeuge, so schön sie auch sein mögen, für den nüchternen Betrachter anderes als die Hilfsmittel einer im Dunkel versunkenen, völlig vergessenen Bemühung? Es sind lauter einmalige Gegenstände, auch wenn sich die Modelle zu gleichen scheinen, denn sie sind vom Charakter, vom Temperament und von der darauf beruhenden Handhabung ihres Benutzers geformt und geprägt, und jedes Werkzeug besitzt sein eigenes Maß; es sind geliebte Freunde, vertraute Gefährten, denen man sich anvertraut und denen man sogar, wenn sie fehlen, einen Teil seiner selbst – die Sicherheit – opfert; man trauert ihnen nach, wenn man sie verloren hat. Das alles offenbaren sie nur im Geheimen und nur dem, der zu hören versteht. Aber vielleicht liegt die seltsam ergreifende, wenn auch unerklärliche Schönheit dieser Werkzeuge eben darin, daß sie Zeugen der Liebe und Mühe der Menschen und auch ihrer Freude und ihres Stolzes sind und daß dies häufig alles ist, was von ihnen übriggeblieben ist.

Jean Bernard

Werkzeug und Mensch

Das Werkzeug an sich

Zuerst sollte das *Werkzeug,* Gegenstand dieses Buches, definiert werden. Dies ist nicht einfach; deshalb sei zunächst auf die Schwierigkeiten hingewiesen, die sich ergeben, wenn man eine Definition nach den Kriterien der Lexikologie und der Philosophie geben will: »die Beschaffenheit der Sache bestimmen, die ihr entsprechenden Ideen umschreiben (lateinisch *definire* = Grenzen ziehen).«
Meyers Enzyklopädisches Lexikon gibt folgende Erläuterungen:
Werkzeug: allgemein jedes Hilfsmittel, das zur leichteren Handhabung, zur Herstellung oder zur Bearbeitung eines Gegenstandes verwendet wird.
Nach neuerer ethologischer und (palä)anthropologischer Terminologie wird auch zwischen Werkzeug als einem Materialstück, das unverändert oder nur wenig verändert zu bestimmten Zwecken (auch von bestimmten Tieren; Werkzeugverhalten) nur einmal verwendet wird, und Gerät als einem Materialstück, das ausgewählt, hergerichtet bzw. eigens angefertigt und wiederholt benutzt wird, unterschieden.
Instrument (lateinisch; eigentlich = Ausrüstung): Mittel oder Gerät zur Ausführung bestimmter wissenschaftlicher oder technischer Arbeiten, z. B. Meßinstrument, Registrierinstrument, astronomische Instrumente, mathematische Instrumente.
Eine weitergehende Unterscheidung finden wir häufig in technischen Werken. Das Instrument setzt eine Konstruktion voraus (*instruere* = konstruieren). Es ist zur Untersuchung und zum Gebrauch der Materie oder der Energie entweder für spekulative Zwecke oder für die Nutzung bestimmt. Geräte, mit denen Stoffe bearbeitet werden, sind keine Instrumente, sondern Werkzeuge oder Maschinen.
In seinem Buch *Du mode d'existence des objets techniques* schreibt G. Simondon auf Seite 114 zutreffend:
»... wenn man unter *Werkzeug* das technische Gerät versteht, mit dem der Körper verlängert und ausgerüstet wird, um eine Handlung auszuführen, und unter *Instrument* das technische Gerät, mit dem der Körper verlängert und in die Lage versetzt wird, sein Wahrnehmungsvermögen zu verbessern, dann ist das Instrument das Werkzeug der Wahrnehmung.
Manche technischen Geräte sind Werkzeug und Instrument zugleich; man kann sie Werkzeug oder Instrument nennen, je nachdem, ob die Aktionsfunktion oder die Wahrnehmungsfunktion überwiegt.«
Einige Philosophen, die keine solche Trennung vorgenommen haben, scheinen trotzdem merkwürdige Einsichten gewonnen zu haben. Zitieren wir Rivarol: »Ein Instrument ist eine Argumentation, die in unseren Werkstätten eine strahlende, für unsere Augen sichtbare Form angenommen hat.«

◀ Plastik der Hand des Eisenschmieds Paul Kiss. Sie hielt den Schmiedehammer mit dem 40 cm langen Stiel. Vgl. S. 152.

Ein weiterer Ausdruck kommt uns in den Sinn. Meyers Enzyklopädisches Lexikon sagt dazu:
Utensilien (lateinisch): notwendige Geräte, Gebrauchsgegenstände, Hilfsmittel.
Das Werkzeug ist aber kein Utensil. Dieses Wort sollte für Gegenstände verwendet werden, die etwas tragen, etwas zur Schau stellen oder etwas in Reichweite bringen; es sind passive Gegenstände, sie sind nicht von sich aus aktiv und wirken nicht auf die Form eines Materialstücks ein.
Wenn es aber das Prinzip des Werkzeugs ist, die Materie zu verändern, tritt es in dieser Funktion mit der *Maschine* in Konkurrenz. Wir müssen deshalb eine genau unterscheidende Definition suchen, was sich jedoch als ziemlich schwierig erweisen wird.

Die archäologische Erforschung des Werkzeugs

Die Wissenschaftler und Enzyklopädisten des 18. Jahrhunderts hatten sich vorgenommen, den Gebrauch der Werkzeuge in möglichst vielen Handwerken aufzuzeigen. Eines zumindest ist ihnen gelungen: Sie haben die Werkzeuge aufgelistet und mit ziemlich großer Genauigkeit zeichnen lassen. Damit erbrachten sie als erste den Beweis für die Universalität, die schwunghafte Entwicklung und die Spezialisierung des Werkzeugs.
Dagegen haben die Archäologen als erste das Alter und gelegentlich auch die Fortdauer von Formen und Gebrauch der Werkzeuge nachgewiesen. Gegen Ende des 18. Jahrhunderts tauchte eine Sparte von Gelehrten auf, die bis in unsere Zeit immer größeren Zulauf fand: die Feld-Archäologen. Es begann mit den Ausgrabungen von Herculanum und Pompeji, deren erklärtes Ziel es war, antiken Kunstwerken nachzuforschen, bei denen aber auch Haushaltsgegenstände und Werkzeuge zutage gefördert wurden. Damit änderten sich die Vorstellungen vom Leben in der Antike grundlegend. Man fing an, überall nach Überresten zu suchen.
Zu den römischen kamen keltische und germanische Fundstätten. Auf der Suche nach »keltischen« Überresten beschritt Boucher de Perthes den Weg, der die prähistorische Archäologie einleitete. Die Vorgeschichtler erkannten als erste die ganz spezifische, weltweite Bedeutung des Werkzeugs in der Entwicklung des Menschen (als Mittel wie als Folge). Bald gingen sie noch einen Schritt weiter, denn die behauenen Steine der Vorgeschichte wiesen seltsame Formen auf und schienen kaum als Waffen gedient zu haben.
Wahrscheinlich wiesen Sir John Lubbock und Edmond Lartet als erste mit Nachdruck darauf hin, daß »voreiszeitliche« Steine, die man an prähistorischen Fundorten entdeckte, als Werkzeuge gebraucht wurden.
Angesichts der ersten »Industrieerzeugnisse« des Menschen, die erst nach langem Zögern als solche anerkannt wurden, war man zunächst versucht, auf Grund der Ähnlichkeit der Formen darin nichts anderes als Waffen (für den Krieg oder die Jagd) zu sehen. Dies erklärt sich aus der Fülle der »Steinbeile«.
Seither folgen Spezialforschungen und Klassifizierungsentwürfe aufeinander. In dieser Beziehung verdankt die Wissenschaft dem Forscher Gabriel de Mortillet (1821–1898) sehr viel.
Heute sind zahlreiche Verwendungsweisen unumstritten, ja, man spricht schon im Unterschied zur Wohnstätte von der »Werkstatt«, dem Ort, an dem der Stein behauen und bearbeitet wurde.
Die vorgeschichtlichen Menschen sind nicht mehr nur Krieger und Jäger, sondern *Arbeiter*, die *Werkzeuge* herstellen und verwenden, und diese Werkzeuge sind teilweise den unseren so nahe verwandt, daß man auf einen eindeutigen,

1 Schere für die Schafschur. Ein zeitloses Werkzeug (Schafhirt).

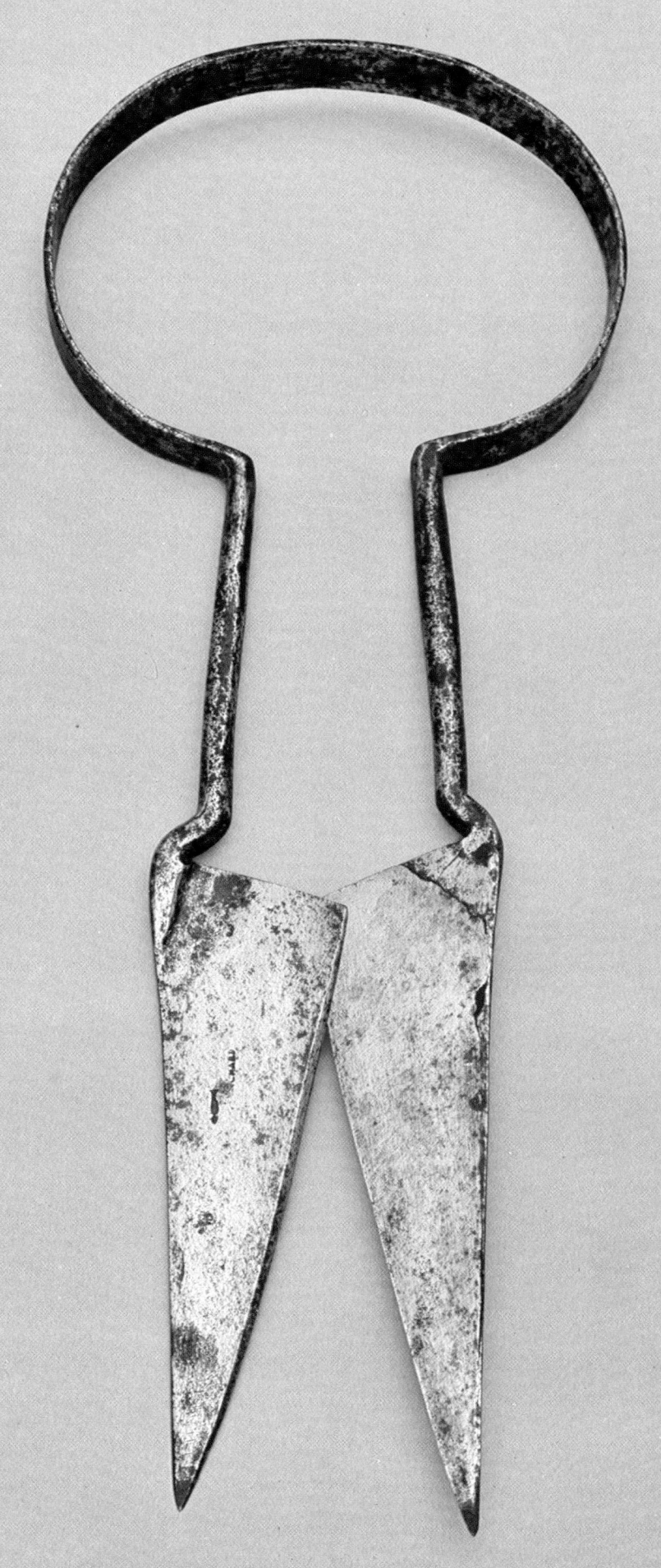

ständigen Gebrauch schließen und ihre Benutzer als *Handwerker* betrachten muß.

Wegen der Menge der Funde und der Vielfalt der Formen fühlten sich die Prähistoriker veranlaßt, eine eigene Disziplin zu schaffen, die eine Klassifizierung gemäß den Funktionen der behauenen Steine erstellen und zugleich die Herstellungstechniken und Verwendungsweisen dieser Werkzeuge aufdecken sollte. Außerdem sollten die Bearbeitungsverfahren wiederentdeckt und möglichst nachgeahmt werden.

Auf diese Weise entstand eine Sonderdisziplin der prähistorischen Wissenschaft, die *Typologie*.

Die geduldige Arbeit von Forschern wie Gabriel de Mortillet, A. Cabrol, Dr. Haake und anderen hat ergeben, daß schon im Paläolithikum zwischen zwei grundlegenden Arbeitsgängen zu unterscheiden ist, zwischen dem *Behauen* und dem *Schleifen*.

An den »Steinbeilen« aus dem Neolithikum ist auch das *Polieren* zweifelsfrei nachgewiesen.

Die Methoden, nach denen die prähistorischen Werkzeuge hergestellt wurden, können hier nicht im einzelnen dargestellt werden. Es handelt sich vor allem um den Vorgang des *Schlagens*, und man unterscheidet, ob Stein auf Stein (mit Schlagwerkzeugen aus Stein) oder mit Schlagwerkzeugen aus Holz, Knochen oder Horn auf Stein geschlagen wurde, ebenso, ob ein »Amboß« aus Stein, Holz oder einem anderenMaterial verwendet wurde, je nach dem herzustellenden Werkzeug. Das *Schleifen* scheint in seinen Verfahrensweisen noch komplexer gewesen zu sein.

Eines steht fest: Je weiter diese Forschungen fortschreiten, um so deutlicher entdeckt man, daß die sogenannte »primitive« Technik sicher, präzis und zweckmäßg war. Die Prähistoriker haben zu diesem Thema eine umfangreiche Bibliographie, die jedoch besser gegliedert, sorgfältiger auf dem laufenden gehalten und leichter zugänglich sein sollte.

Die Typologie bietet uns eine Liste prähistorischer Werkzeuge, von denen jedoch einige nicht eindeutig nachgewiesen sind; zum größten Teil sind sie jedoch anerkannt. Genannt seien von den Steinwerkzeugen der ungeformte Stein (als Grundstoff), das Schlagwerkzeug (der Schlegel), das Beil, der Schlagring, die Scheibe, die Klinge, die Schneide (gezahnt und gekerbt), der Kratzer, der Schaber, der Bohrer, die Säge, der Meißel (vielflächig, Krummeißel, mit spitzer und flacher Schneide), der Stichel, die Pfeilspitze, die Haue, die Sichel, der Reibstein (oder Stößel), die Axt etc.

Eine solche Fülle von Bezeichnungen darf jedoch nicht täuschen. Diese Anhäufung ist offenkundig von dem Bemühen um eine formale Klassifizierung beherrscht. Viele Funktionen sind nur auf Grund ihrer äußeren Form den Gegenständen zugeordnet.

»Die meisten Beile, Hohlmeißel, Sägen, Kratzer haben niemals die Funktionen ausgeübt, die man ihnen zuschreibt; die Terminologie ist mit irrigen Benennungen durchsetzt.« vermerkt der Prähistoriker A. Leroi-Gourhan. Er sagt, es sei dies die Auswirkung einer intuitiven Typologie, die aus Mortillets tief verwurzeltem Wunsch nach einer weltweiten Klassifizierung hervorgegangen sei. Glücklicherweise hätten sich Bordes und seine Nachfolger dagegen gewandt.

Die Vielfalt der Formen läßt aber trotz allem auf eine Vielfalt der Funktionen schließen.

2   *Ein Spalteisen für Schiefer und ein wurmstichiger, aber noch fester Klüpfel (Ziegler).*

Der Mensch erfindet und bewahrt seine Werkzeuge

Der primitive Mensch, gegen dessen Darstellung als Menschenaffe sich viele Anthropologen empört verwahren, besaß zwei Mittel zur Verteidigung und zur Tätigkeit: Kiefer und Hände. Mit beiden konnte er greifen und festhalten. Die Nägel des Hominiden waren jedoch weder zum Anklammern und Zerreißen wie die Klauen des Großwilds noch zum Graben wie die Klauen der Wühltiere geschaffen. Die ersten Werkzeuge, die der Mensch sich schuf, stellen sich als Ersatz und Erweiterung dieser Fähigkeiten dar.

Um die Mitte des Paläolithikums scheint der Kiefer seine ursprüngliche Kraft eines Schraubstock-Vorläufers verloren zu haben; die starke Schädelmuskulatur, die feste Verankerung der Zähne, das robuste Kiefergelenk wurden schwächer.

Zugleich zeugt aber die Fülle der Werkzeuge von der allgemeinen Suche nach Ersatz.

Man meint, dieser Rückgang des Kiefers könnte vielleicht sogar der Grund dafür gewesen sein, daß sich das Gehirn entwickeln konnte, da der Schädel nicht mehr von einem zähen Muskel- und Sehnengeflecht eingezwängt wurde.

Dies ist eine mechanistische und zweifellos etwas vereinfachende Erklärung der Evolution. Die Evolution ist aber eine feststehende Tatsache: Die Rückbildung des Kiefers verläuft parallel zum Wachstum des Gehirns. Aus einigen Gräbern vom Ende des jungpaläolithischen Magdalénien wurden Schädel geborgen, die fast so groß sind wie die Schädel der heutigen Menschen.

Um die gleiche Zeit werden bemerkenswert nützliche Werkzeuge hergestellt.

Der Werkzeugmacher des Mittelpaläolithikums ist ein *Mensch* und unterscheidet sich völlig vom Hominiden. Wenn er *technicus* ist, ist er gleichzeitig und untrennbar *sapiens* und *reflectus*. Seine Werkzeuge haben sich seit den ersten Faustkeilen schon so stark entwickelt, daß ihm Überlegung beim Erschaffen und bei der Umwandlung seiner Ausrüstung nicht abgesprochen werden kann. Ihr Ergebnis ist stets ein besserer, einfacherer, erweiterter Gebrauch. Die in manchen Werken noch anzutreffende Unterscheidung zwischen *homo faber* und *homo sapiens* kann nur der künstlichen Klassifizierung dienen und von der objektiven Anthropologie nicht mehr aufrechterhalten werden.

In das Werkzeug, das er verfertigt und benutzt, legt der Mensch von Anfang an sein Wissen, seine Vorstellungskraft, seine Geduld, sein Gefühl für das Mögliche und genau Geregelte, das Bewußtsein seiner Taten; ganz allgemein setzt er dafür all seine geistigen Fähigkeiten ein, die er auch in ganz anderen, angeblich höherstehenden Handlungen beweist.

Wir dürfen deshalb sowohl im Blick auf den Primitiven als auch hinsichtlich des Zeitgenossen, der uns nähersteht, das Werkzeug als wichtigsten, zuverlässigsten Zeugen der menschlichen Errungenschaften betrachten, es vertrauensvoll nach dem Wesen des Menschen befragen und darauf hören, was es uns zu sagen hat.

Aus dem folgenden wird sich ergeben, daß es uns weitaus mehr offenbart, als man sich gemeinhin vorstellt.

Die Abnutzung an gewissen Stellen, die Verformung, die Rauheit, die belassen oder geglättet wurde, ein Bruch oder das Splittern mancher prähistorischer Werkzeuge weisen ebenso auf das Mitwirken der Geisteskräfte hin, wie wenn man sie an einem Eisenwerkzeug des 19. Jahrhunderts entdeckt.

Unter anderem wurde dieses Buch auch geschrieben, um diese Kenntnis zu bestätigen und hervorzuheben; zweifellos wird es der Vorläufer allgemeiner Werke und spezialisierterer Abhandlungen sein.

Der Werkzeugherstellung scheint ein besonderer Lernschritt vorangegangen zu sein, der den Menschen vom Tier abhebt: die *Bewahrung der Gegenstände*.

Aus dem Tierreich können wir als Beispiel für die Erhaltung von Gegenständen

3 Zwei Schraubenzieher (Kunsttischler).

das Nest und die Höhle nennen, die Vögel und wilde Tiere bauen und mehrere Generationen lang ganz oder teilweise beibehalten. Nach der angeführten Definition – aktiv einzusetzender, nicht passiver Gegenstand – handelt es sich hierbei jedoch nicht um Werkzeuge.

Schon die Primaten verwenden Stöcke, Steine und harte Früchte als Waffen; allerdings ist dabei nicht das geringste Bemühen um Aufbewahrung zum Zweck späterer Verwendung zu erkennen. Sie werfen die Dinge achtlos weg, sobald die gewünschte Wirkung erzielt ist. Wenn sie sie wieder aufnehmen, um sie noch einmal zu benutzen, so nur, weil die Gegenstände noch in der Nähe herumliegen und leicht greifbar sind.

Die Prähistoriker geben zu, daß es wahrscheinlich nie möglich sein wird, mit Sicherheit anzugeben, welches die *allerersten Werkzeuge* des Menschen waren: Holz, Knochen, Muscheln, kaum bearbeitete Steine, die zerstört oder zu weit verstreut sind.

Doch schon der erste mutmaßliche Gebrauch bestätigt die besondere Stellung des Menschen.

Das Werkzeug – spontan oder nach Bedarf gefertigt

Wenn man annimmt, das Werkzeug werde je nach Bedarf erzeugt, setzt man voraus, daß der Bedarf, wenn er sich bemerkbar macht, eindeutig, lokalisiert, genau umrissen ist. Das Problem des Erfindens stellt sich jedoch niemals auf diese Weise.

Der gewünschte Gegenstand, der einen besonderen Bedarf erfüllen soll, kann sich dem Geist nicht als schon verwirklicht darstellen.

Dagegen gibt es immer zu gleicher Zeit Gegenstände, die eine zwar ungenügende, aber reale, greifbare Teillösung bringen können. Die Erfindung setzt in Richtung dieses schon vorhandenen Gegenstandes ein.

So wird auch das Werkzeug nicht vom gewünschten Gegenstand hervorgerufen, sondern besteht zunächst neben einem schon vorhandenen Gegenstand. Wenn es sich vervollkommnet, so zuerst in Abhängigkeit von diesem Gegenstand.

Hat sich der Mensch spontan mit Werkzeug ausgerüstet? Auf den ersten Blick scheint das Werkzeug nicht spontan entstanden zu sein. Sehen wir aber genauer hin, so stellen wir fest: a) Die überwundenen oder umgangenen Schwierigkeiten haben niemals das Fortschreiten zum besseren Werkzeug verhindert, und dieses Fortschreiten *läßt sich nicht unterdrücken;* b) das bestehende Werkzeug, das sich besser bewährt, verdrängt überall das ungenügende vorherige Werkzeug; c) überall dort, wo die Menschen – auch über weite Entfernungen – ständige Beziehungen mit geistigem Austausch und Austausch von Gegenständen unterhalten konnten, sind die Verbesserungen des Werkzeugs bald von anderen übernommen worden; d) bei den Menschen, die man als »primitiv« einstuft, ist die Ursache für den Stillstand der Werkzeugentwicklung in ihrer Isolierung und nicht in ihrem geistigen Niveau zu suchen; sie verfügten trotz allem stets über einen Bestand an Werkzeug, der ihren Lebensverhältnissen durchaus angemessen war; e) die sogenannten »Wilden« übernehmen sofort ein besseres Ersatzwerkzeug, wenn es lange Zeit ohne Reparaturen benutzt werden kann; f) wenn man einem Menschen mit mittlerer Intelligenz ein für einen speziellen Gebrauch bestimmtes Werkzeug übergibt, nimmt er es häufig in Benützung, wenn auch oft für ungewöhnliche Tätigkeiten, die er besonders gut beherrscht (Beispiel: Holzschnitzereien der Hirten).

Alle diese Feststellungen führen zu der Annahme, daß der Mensch sich spontan

4   *Drei Tanzmeisterzirkel (einer mit Namenszug), mit denen die äußeren und inneren Maße eines Gegenstandes abgenommen werden; ein kleiner Dickzirkel (Metalldreher).*

für Werkzeug interessiert. Erst in Gesellschaften, in denen aus der Vielfalt der sozialen Funktionen schließlich lange Geschlechterreihen mit abstrakten Beschäftigungen hervorgegangen sind, stoßen wir auf Menschen, die keine Werkzeuge haben und denen nichts daran liegt, sich Werkzeuge anzueignen oder sie zu erfinden.

Die sogenannte »Arbeitsteilung«, die Aufsplitterung in begrenzte Funktionen, wurde von den Philosophen teils als Segen, teils als unausweichliche Notwendigkeit und manchmal als Unglück und, wenn sie ins Extrem getrieben wird, als Gefahr dargestellt.

Die vielen »Bastler«, besonders unter den geistig Tätigen, zeugen jedoch von spontanem Widerstand gegen eine Verarmung und von einer spontanen Rückkehr zur praktischen Tätigkeit, zum Gebrauch des Werkzeugs.

Klassifizierung der Werkzeuge

Sobald eine Werkzeugausrüstung umfangreich wird, erfordert sie genau wie Bücher in Regalen, Dokumente in Heftern und alle zum Gebrauch gesammelten Dinge eine Ordnung, eine Klassifizierung, eine vernünftige Aufbewahrung, damit man bei Bedarf schnellen Zugriff hat, ohne jedesmal umständlich suchen zu müssen. Von den möglichen Klassifizierungen nennen wir hier nur diejenigen, die unseres Wissens am häufigsten angewandt werden.

Der Handwerker, der viele Werkzeuge besitzt und sie nacheinander immer dann zur Hand nimmt, wenn er sie zur Arbeit braucht, verfügt über zwei Klassifizierungsweisen, die er nebeneinander bestehen lassen will:

1. Nach der Art der Arbeit, die damit ausgeführt wird.

So legt der Schreiner die Hobel nebeneinander auf ein Regal, er hängt die Sägen flach an die Wand oder hintereinander auf eine Leiste, er bewahrt die Bohrkurbeln möglichst nahe bei den Bohreinsätzen (diese in Schachteln oder Schubladen) auf, er streift die Scheren über ein Gestell etc.

2. Nach Gebrauchshäufigkeit (die Werkzeuge, die am häufigsten benutzt werden, befinden sich am nächsten beim Arbeitsplatz).

Diese Anordnungen treten jedoch ziemlich oft hinter besonderen Vorlieben zurück. Der Handwerker findet an manchen Werkzeugen größeren Gefallen als an anderen. Diese Werkzeuge möchte er stets sehen können, er möchte sie berühren, in die Hand nehmen und ihren Zustand prüfen, auch wenn er sie im Augenblick nicht benutzt. Dies ist keine Phantasie, sondern eine allgemeine Feststellung, eine beobachtete Tatsache. Gefühle beeinflussen also das beim Arbeiter wie bei jedem Techniker trotz allem spontane Bemühen, sich an Kriterien der Nützlichkeit, an Verstandesgründen zu orientieren und Zeitverluste zu vermeiden.

Der Industriearbeiter wird wahrscheinlich eine ähnliche, von Gefühlen kaum beeinflußte Klassifizierung vornehmen. Vor allem wird er sich bemühen, eine Überfülle zu vermeiden. Die Plätze, die er dem einzelnen Werkzeug (oder den Werkzeugsätzen) zuweist, richten sich nach den Raumverhältnissen; er wird also sein Werkzeug möglichst platzsparend aufbewahren. Ebenso handelt der Kaufmann; bei ihm spielt der verfügbare Platz eine noch größere Rolle. Der Werkzeughändler jedoch wird dazu neigen, die Werkzeuge nach Arten anzuordnen. So liegen in einem von den Arbeitern häufig aufgesuchten Pariser Geschäft 98 verschiedene Hämmer nebeneinander auf einem Gestell (Hämmer für Mechaniker, für Polsterer, für Packer etc.).

Dies ist dann die »Abteilung für Hämmer«, wie es auch die »Abteilung für Sägen« und viele andere gibt. Der Anblick dieser Ordnungen (die eher der Bezeichnung als der Funktion folgen) ist übrigens sehr aufschlußreich; er weist

5   *Säge (Brillenschleifer).*

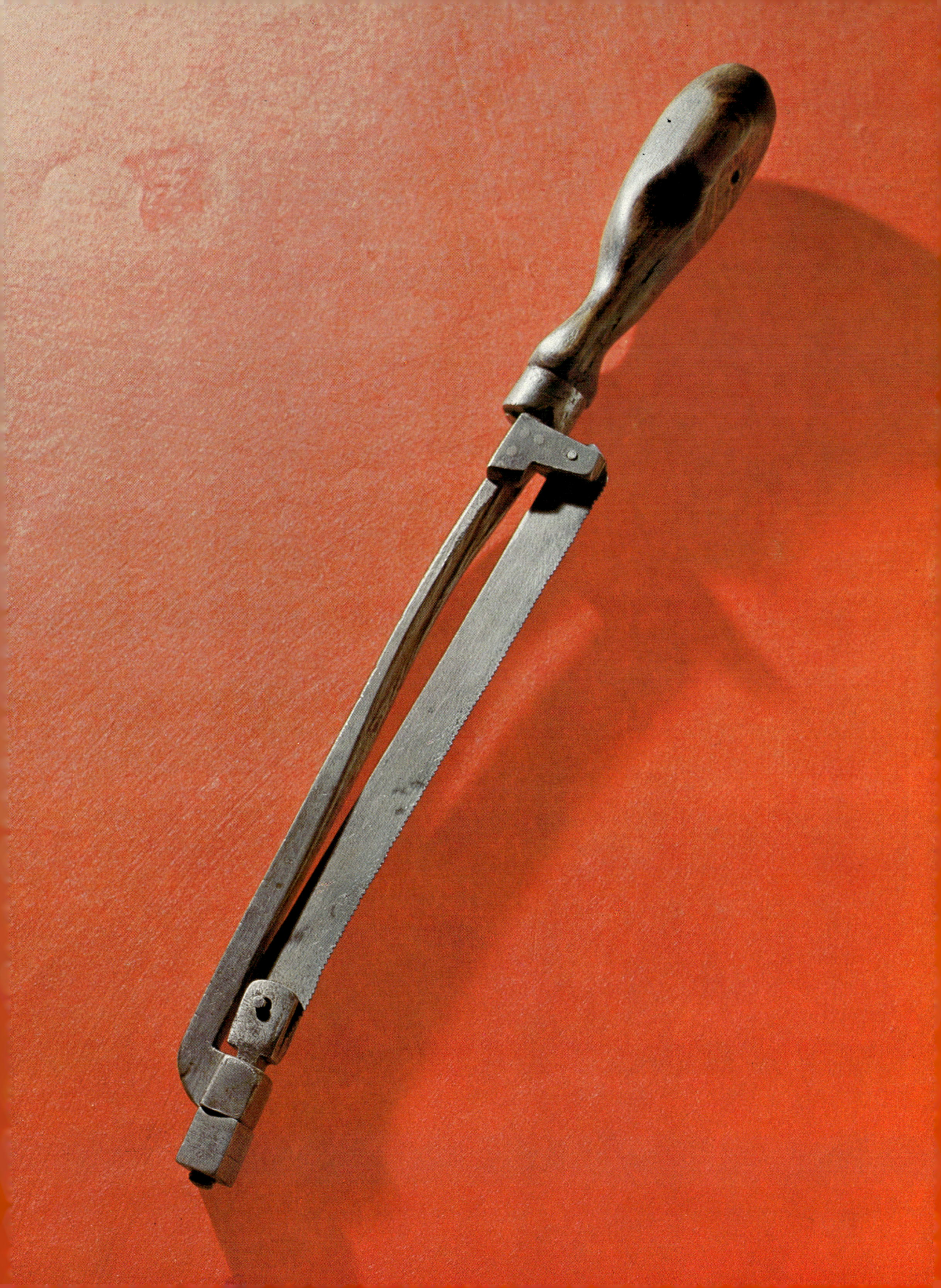

(sehr unvollkommen, aber doch in gewisser Weise) auf relative numerische Bedeutung hin.

Der Museumskonservator nimmt (für dasselbe Werkzeug oder für verschiedene Werkzeuge) eine Klassifizierung nach dem Herkunftsort oder nach der (wirklichen oder mutmaßlichen) Entstehungszeit des einzelnen Werkzeugs vor; der Volkskundler dagegen bemüht sich um eine Gruppierung nach Handwerken, das heißt um Zusammenstellungen, die gewissen Lebensweisen entsprechen.

Auch der Werkzeugsammler ist versucht, so vorzugehen; an ihn werden jedoch andere Ansprüche gestellt, auf die wir noch zurückkommen werden. Wenn er das Werkzeug versteht und gleichzeitig über eine ausreichende technische Vorbildung verfügt, wird er sich stets zu einer funktionalen Gruppierung hingezogen fühlen; dies ist eine nicht zu unterdrückende Neigung und bietet auch intellektuelle Befriedigung. Es stellt eine große Gefahr dar, weil dies zu Exzessen führen kann, die jede Erforschung der Präsenz, der Realität des Werkzeugs zunichte machen kann.

Nicht die Arbeiter, ja nicht einmal die technischen Enzyklopädisten haben sich als erste vorgenommen, eine funktionale Klassifizierung der Werkzeuge zu erstellen; es waren vielmehr die reinen Intellektuellen, die Philosophen, die Soziologen und die Theoretiker unter den Anthropologen.

Der erste Versuch einer funktionalen Klassifizierung der Werkzeuge, der so große Bedeutung erlangte, daß manche pädagogischen Autoren heute noch darauf zurückgreifen und die Anthropologen sich oft darauf beziehen (ohne allerdings zu zitieren), stammt von dem Philosophen P. J. Proudhon.

Proudhon legte diese Klassifizierung vor mit dem Ziel, die klassischen Volkswirtschaftler anzugreifen, die *den Menschen* in ihrer Gesellschaftskonstruktion absichlich *übergangen* hatten, und um aufzuzeigen, daß die Evolution des Geistes stets parallel zur Evolution der Produktion verlief.

Der Text, der 1858 in *De la justice dans la Révolution et l'Eglise* veröffentlicht wurde, trägt den Titel *Alphabet des outils*. Er stammt aus dem Jahr 1847. Es ist die (stark mit Kommentaren durchsetzte) Wiedergabe einer Rede, die P. J. Proudhon am 8. Januar 1847 hielt, »um als Freimaurer im Grade eines Lehrlings« in die Loge von Besançon aufgenommen zu werden.

Proudhon wollte darlegen, daß die »symbolischen Arbeiten« der Logen sich auf wirkliche Arbeiten, denen auch Überlegungen zugrunde lagen, beziehen lassen, und daß die Symbole zunächst konkrete Dinge darstellten. Es war ein für jene Zeit und jenen Ort sehr wagemutiger Versuch.

»Es gibt«, sagt Proudhon, »in den Archiven des menschlichen Geistes etwas Früheres als all die Zeichen, die als Träger und Instrument des Wissens dienen; nämlich die ersten Geräte der Fertigung, die wir Elemente der Arbeit nennen können.

Von allen Werkzeugen der menschlichen Arbeit ist das elementarste, das universalste, auf das infolgedessen alle anderen zurückgehen, *der Hebel, die Stange.*« (Man sieht, daß Proudhon mit den großen technischen Populärschriftstellern, mit Hachette und Baron Dupin, vertraut war.)

»Alles, was der Mensch unternimmt«, fährt Proudhon fort, »alles, was er sich vorstellt, kann als Schaffung des Gleichgewichts und als Bruch des Gleichgewichts definiert werden.« (Wenn er als dritten Begriff »erneute Herbeiführung des Gleichgewichts« genannt hätte, könnte man ihm dann noch dialektische Mängel vorwerfen?)

»Alles reduziert sich auf eine kleine Anzahl von verschiedenartigen, komplizierten Arbeitsgängen, die je nach Bedarf kombiniert werden. Trotz des ungeheuren Aufschwungs der modernen Industrie können alle Arbeiten darauf wie auf ihr erstes, ursprüngliches Vorbild zurückgeführt werden: schneiden, sägen, bohren, schaben, schärfen, nageln, schlagen, zusammenbauen, spalten, weben, nähen, spannen, färben.«

6   *Dechsel (Zimmermann).*   »Das sind in etwa diese typischen, einfachen Arbeitsgänge.«

Anschließend gliedert er die Arbeitsgänge nach dem Werkzeug, und das ist dann das »Alphabet der Werkzeuge«.

- A: Stangen oder Hebel (Pfahl, Bolzen, Pfosten, Stab, Pflock)
- B: Haken, Krummstange (Klammer, Spange, Splint, Klemme, Kloben, Anker, Zapfen, Greifer)
- C: Zange (Kluppe, Schraubstock, 2 verbundene Haken)
- D: Band (Faden, Seil, Kette, Rute)
- E: Hammer (Vorschlaghammer, Keule, Stampfer, Flegel, Stößel)
- F: Stift (Lanze, Pike, Speer, Pfeil, Spieß, Nagel, Nadel etc.)
- G: Keil
- H: Axt (Messer, Säbel, Degen)
- I: Klinge (Feile)
- J: Säge
- K: Schaufel (Spaten, Spatel, Kelle)
- L: Gabel (Dreizack, Rechen, Hechel, mit zwei, drei und mehr Zinken)
- M. N.: Rampe oder schiefe Ebene
- O: Walze (ergibt durch Drehung das Rad und die Rolle)
- P: Rohr (Trommel, Röhre, Siphon, Rinne, Schlot)
- Q: Ruder und Steuer
- R: Bogen (Feder)
- S: Meßlatte
- T: Wasserwaage
- U: Winkelmaß
- V: Zirkel
- X: Pendel oder Lot
- Y: Waage
- Z: Kreis (Kugel, Schleife)

Die »Tafel« endet mit einer Apologie des *Arbeiters,* einem Vorschlag für eine harmonische Synthese zwischen dem aktiven Arbeiter und dem symbolischen Arbeiter, einem Plan für die Ausbildung der Arbeiter und einer »Charta der Arbeit«, die man selbst jetzt, nach über hundert Jahren, noch mit Interesse lesen kann. »Doch leider war es unmöglich«, stellt der Philosoph 1858 fest, »daß der Anwärter und die ›Eigeweihten‹ einander verstanden.«

Diese Klassifikation weist Lücken und seltsame Zuordnungen auf. Warum steht beispielsweise unter den Hämmern der Stößel, der doch reibt und in all seinen alten und neuen Formen rasch unbrauchbar wäre, wenn er als Schlagwerkzeug benutzt würde?

Der bekannte Pädagoge Célestin Freinet nahm diese Klassifikation in *L'éducation du travail* (1943; Seite 343) wieder auf und wandelte sie ab. In Wirklichkeit ergänzt er die Liste und legt folgende Gliederung vor:

- A: Schlitten, Wagen, Schubkarren
- B: Meißel
- C: Schere
- D: Weberei, Leder
- E: Amboß
- F: Keile
- H: Schaufel, Kreuzhacke, Hacke, Gabel, Pflug, Egge (»L« bei Proudhon)
- I: schiefe Ebene
- J: Walze, Rad, Rolle
- K: Rohr, Rinne, Trommel, Siphon
- L: Ruder, Schiff, Flugzeug
- M: Bogen, Feder
- N: Meßlatte
- O: Wasserwaage
- Q: Zirkel
- R: Pendel, Lot
- S: Waagen

7 *Zwei Ziseleurhämmer (die Herstellung des Stiels mit den vier Emblemen erforderte fünf Stunden), zwei Uhrmacherhämmerchen.*

T: Kreis, Kugel, Scheibe
U: Maßstab
V: Antrieb, Getriebe, Blockrolle
X: Exzenter
Y: Schiene, Kabel
Z: Zylinder, Kolben, Ventile

Man erkennt das zweifache Anliegen: Einerseits soll nichts vergessen werden, andererseits und vor allem soll aber ein vollständiges »aktives Museum« für die theoretische und praktische Schulung, die ihm vorschwebte, dargeboten werden. Er setzt hinzu: »Es genügt nicht, daß diese Werkzeuge in der Schule vorhanden sind. Die Schüler müssen danach verlangen, sie zu einem praktischen Zweck zu benutzen. Das Werkzeug erhält wie der Gedanke seinen ganzen menschlichen Wert erst dann, wenn es in seiner Dynamik im persönlichen und sozialen Gebrauch erfaßt wird.«

Dies ist auch Proudhons Vorstellung: Identität zwischen geistigem und materiellem Akt.

Die Anthropologie, die über alle heutigen und vergangenen Arbeitsweisen, über die Vorgeschichte wie über das industrielle Zeitalter Bericht erstatten will, ließ sich einen sorgfältigeren Funktionalismus angelegen sein, denn alle Vorgänge müssen sich einfügen lassen. Wir wollen die nicht selten vorgetragenen Vorschläge und tastenden Versuche übergehen und kommen nach einem Sprung von hundert Jahren zur ersten gültigen Klassifikation, die André Leroi-Gourhan 1934 in dem Werk *Traité d'Ethnologie cyclo-culturel* (Payot, S. 459ff.) niedergelegt hat.

Diese Klassifikation ist nicht so streng funktional, wie es zuerst den Anschein hat. Trotzdem bringt uns die offenkundige Bemühung, in den Werkzeugen Familien zu sehen, einem allgemeinen funktionalen Schema näher, das seither all denen vor Augen steht, die die Formen der materiellen Zivilisation ordnen und *Handlung* und *Idee* nicht mehr trennen wollen, da ja die Idee die Handlung bestimmt und auslöst. Dies verleiht der (sehr allgemein gehaltenen und eindeutig anthropologischen) Veröffentlichung von Leroi-Gourhan ihren besonderen Wert und bedingt auch die leichte Verständlichkeit seiner beiden Bücher über die Entwicklung der Techniken (*L'Homme et la Matière* und *Milieu et Technique*, Paris 1945), deren gut ausgewählte Illustration noch erheblich zur Verdeutlichung beiträgt. Nach seiner Klassifizierung behält das Werkzeug seine Eigenpräsenz, bleibt aber stets seinem Gebrauch und seinem historischen Ort verbunden. Und vor allem wird, was man in vielen anderen philosophisch-technischen Werken vergeblich sucht, die mit dem Werkzeug auszuübende Tätigkeit niemals von der Idee getrennt, die es geschaffen und spezialisiert hat. Wir nähern uns somit einer funktionalen Klassifizierung, deren anthropologischer Wert so allgemein ist, daß alle Werkzeuge darin Platz finden, die einfachsten und die hochentwickelten, die untergegangenen, die heute vorhandenen und sogar die zukünftigen Werkzeuge.

Wir können als ein für dieses Anliegen relevantes Beispiel *das Schneiden durch Schlagen* anführen und Gaston Bachelard zitieren (*La Terre et les rêveries de la Volonté*, S. 44):

»Wie Leroi-Gourhan vermerkt, vollzieht sich das Schlagen mit Hilfe von dreierlei Werkzeugen.

1. Ein *schwungloses* Schlagen, wie wenn man das Messer auf dem Holz ansetzt, was einen *genauen, aber wenig energischen Schnitt* ergibt.

2. Ein *schwungvolles* Schlagen, wie wenn man mit der Hippe schneidet, was einen *ungenauen, aber energischen Schnitt* ergibt.

3. Ein *schwungloses* Schlagen mit Hilfe eines *Schlagwerkzeugs*, wobei sich die Vorzüge des schwunglosen Schlagens (Genauigkeit) und des schwungvollen Schlagens (Kraft) vereinigen. Hier beginnt die Dialektik der Werkzeuge und ihre Synthese.

Man spürt, daß hier drei verschiedene innere Strukturen, eine dreifache

8   *Spitzmeißel; der Griff wurde aus einem alten Peitschenstiel gefertigt (Schmied).*

Dynamik des *Widerstands* ihren vorherrschenden aktiven Charakter finden.

Die dritte Art eröffnet uns eine Kenntnis und eine Macht, die uns in ein neues Reich versetzen, in das *Reich der angewandten Kraft*.

Die zwei Hände (die linke, die das Schneidwerkzeug hält, und die rechte, die das Schlagwerkzeug hält) zeigen sich mit ihren jeweiligen Privilegien: für die eine ist es die Geschicklichkeit, für die andere die Kraft.«

Auch eine Klassifizierung, die nach strenger Funktionalität strebt und nichts anderes berücksichtigen will als die Handlung während ihrer Ausführung und an ihrem genauen Ausführungsort, kann schließlich doch nicht umhin, *die Ideen, die der Handlung vorangehen*, mit aufzuführen; diese Ideen sehen die Handlung in jeder Phase voraus, und da sie im Verlauf dieses rein technischen Akts verändert werden können, wandeln sie zugleich auch unverzüglich die Handlung ab.

Wir kommen also damit zu der Einsicht, daß ein Versuch einer *Gesamtklassifizierung* der Werkzeuge in den Bereich der »Suche nach dem Absoluten« gehört.

Dieser Versuch ist vergeblich, weil er von Anfang an und in allen Teilen von analytischen Vorstellungen beherrscht wird. Das Werkzeug ist aber ebenso wie der zu bearbeitende Werkstoff *ein gegebenes Ganzes* von komplexer Beschaffenheit; das analytische Denken isoliert willkürlich Elemente der Materie von Elementen der Funktion, um ein völlig ungenügendes Ausgangsschema zu erstellen. Julien Pacotte, ein reiner Technologe, sieht darin nur Figuren einer rationalen Mechanik.

Eine gewisse Praxis im Umgang mit Werkzeugen (die theoretische, technologische und historische Kenntnisse nicht ausschließt) hat uns gelehrt, daß *ein einziges Werkzeug*, dessen Einfügung in ein Klassifizierungssystem entweder eine Umstellung oder eine Abwandlung oder die Beifügung einer Sonderunterteilung erfordern würde, schon genügt, um die Nichtigkeit des vorgelegten Systems zu beweisen. Nun kennen wir aber nicht nur ein, sondern eine große Anzahl solcher Werkzeuge.

Nach allem kommen wir deshalb auf das zurück, was am Anfang dieses Kapitels gesagt wurde. Da wir in der Inkommensurabilität der Werkzeuge eine Wahl treffen müssen (und jeden Tag entstehen neue), gehen wir nach Art des Handwerkers vor. Das erste, das zur Hand ist, ist das Werkzeug *par excellence*; die Anordnung der anderen geht von diesem aus.

Das Werkzeug und der Arbeiter

Es fällt uns schwer, einen Arbeiter ausfindig zu machem, der soeben ein bestimmtes Werkzeug erfindet. Alle diese Erfindungen sind nämlich, wie schon gesagt, kaum lokalisierbar, weder in der Zeit (im Zeitraum eines Jahres oder einer Epoche) ihres Entstehens noch auch hinsichtlich ihres Entstehungsorts.
Historiker, die Erfindungen von Maschinen datieren wollen und vor dem 18. Jahrhundert auf Mutmaßungen und vor dem 15. Jahrhundert auf Legenden stoßen, haben den Ausdruck »anonyme Erfindung« geprägt. Da jeder Gebrauchsgegenstand zwangsläufig Gemeingut ist, erhielten wir aus der Feder der Volkskundler einen zweiten Ausdruck: »kollektive Erfindung«. Dies ist eine Maske, die man von jetzt an dem Anonymen überstülpt. Daß es sich in der Masse verliert, ist selbstverständlich, da dies ja seine herausragende und sogar großartige Bestimmung ist.
Wenn es uns nicht beschieden war, der Erfindung eines Werkzeugs beizuwohnen (andere mögen mehr Glück haben), so konnten wir doch gelegentlich beobachten, wie Werkzeuge vervollkommnet und in sehr kluger Weise für Arbeiten hergerichtet wurden, die besondere Anforderungen stellten. Sind dies keine Erfindungen? In ihrer kursorischen Form neigt die Geschichte des industriellen Zeitalters noch zu sehr dazu, uns das Werkzeug und die Maschine darzustellen, als seien sie mit einem Schlag fertig, vollkommen und endgültig aus der Hand der großen Erfinder hervorgegangen, wie sie vor Urzeiten aus der Hand der Götter und Helden hervorgingen.
Die modernen Erfindungen, deren Geschichte bis zu einem gewissen Grad erwiesen ist, lassen aber erkennen, daß den großen Erfindern, denen sie zugeschrieben werden, *stets* weniger bekannte Persönlichkeiten *vorangingen*, die die Dinge in Näherungsform vorstellten. Den Erfindern folgten dann andere (gelegentlich anonym; aber es waren wohl immer Fachleute), die bessere Formen beisteuerten, Formen, die überdauert und sich verbreitet haben.
So war es zweifellos auch bei den Werkzeugen. Selbst wenn man sie keinem bestimmten *Neuerer* zuschreiben kann, darf man doch nicht das Verdienst ihrer Erfindung der »Kollektivität« beilegen, es sei denn, man betrachte diese als Gesamtheit von zeitlich und räumlich getrennten Einzelpersonen, die man mit Hilfe eines Kunstgriffs der »Geschichtsschreibung« zusammenfaßt. Es ist im Gegenteil ein Akt der Gerechtigkeit, der Bescheidenheit und des Wagemuts, wenn man bestätigt (oder zunächst einfach feststellt), daß das Werkzeug ausschließlich das Ergebnis einer Reihe von Erfindungen ist, die von Arbeitern und Handwerkern gemacht wurden, und zwar zusammenwirkten, aber doch in den persönlichen Handlungen verschiedener Einzelpersonen lokalisiert sind.
Es handelt sich hier seit der Vorgeschichte bis in unsere Tage um Manifestationen des Denkens und um aufeinanderfolgende, ausschließlich handwerkliche Taten,

an denen der Mann der reinen Wissenschaft, also der Intellektuelle, keinen Anteil hat und in die er niemals eingreift, nicht einmal, um das Ergebnis am Werkzeug selbst festzustellen; außerdem hat es abgesehen von wenigen seltenen Ausnahmen nicht den Anschein, als kümmere er sich um das Zweitresultat, das ihn erreichte: das Produkt des neuen Werkzeugs.

Wir wissen, daß Pascal sich verzweifelt über die Uhrmacher seiner Zeit beklagte, denen er die Ausführung der Teile seiner Maschine anvertraut hatte, und daß zahlreiche Versuche notwendig waren, bis ein zufriedenstellendes Modell entstanden war. Pascal hat sich aber nicht entschlossen, selbst das Uhrmacherhandwerk zu erlernen, um die Gründe für die Irrtümer zu erforschen; und waren seine Zeichnungen deutlich genug, daß man fehlerfrei danach konstruieren konnte?

Sich selbst wie ein Arbeiter manuell zu betätigen, war ein Vorgang, den die gebildeten Techniker erst vom Anfang des 19. Jahrhunderts an vollzogen. Den Ingenieur im heutigen Sinne gibt es noch nicht so lange.

Daß der Handarbeiter das Werkzeug, das er von einem anderen erhält, seinen eigenen Fähigkeiten anpaßt, ist eine feststellbare Tatsache. Oft hängt es mit den besonderen, individuellen Eigenschaften zusammen. Linkshänder haben beispielsweise verlangt, daß für sie eigene Werkzeuge hergestellt werden.

Auch ein weit verbreiteter Gebrauchsgegenstand (wie es wesensgemäß das Werkzeug ist) war stets am Anfang außergewöhnlich. Seine Verbreitung ist nur darauf zurückzuführen, daß er sich bewährt.

Wenn man Gegenstände in die allgemeine Entwicklung einordnet, findet man keinen, der gleich geblieben wäre; alle sind ständigen Abwandlungen unterworfen. Die Gegenstände, die man als charakteristisch für eine Zeit oder einen Stil anführt, sind alles Dinge, die zunächst ihren Hersteller zufriedengestellt haben. Der Handarbeiter gibt sich nicht mit unbrauchbaren Dingen zufrieden; das verbietet ihm sein Beruf und sein Bewußtsein.

Die Entwicklung der Werkzeuge

Ursprung und Wandlung der Werkzeuge

Das Werkzeug teilt das Schicksal aller Körperorgane, die sich für einen besonderen Gebrauch verändert haben: In der Spezialisierung verliert es seine Anpassungsfähigkeit; es scheint sie in seinem Bemühen um Verwandlung erschöpft zu haben.

Das perfektionierte, sehr komplizierte Werkzeug ist nicht mehr weit von seinem Untergang entfernt, es wird von irgendeiner Maschine verdrängt. Es hat die Möglichkeit, sich in ein noch besseres Werkzeug zu wandeln, verloren. Eine weitere Vervollkommnung oder Anpassung an ein anderes Handwerk als dasjenige, das ihm seine Form verliehen hat, ist nur durch eine Neuentdeckung möglich, die oft zum Prototyp und Ausgangspunkt der Entwicklung zurückgeht.

Hierin folgt das Werkzeug dem allgemeinen Prinzip der technischen Veränderung, das unseren Feststellungen erstaunlich nahekommt.

Hammer und Esse führen auf natürliche Weise zum hydraulischen Hammerwerk mit dem geschäfteten Stahlhammer, der beim Niederfallen einen Kreisbogen beschreibt. Die weitere Vervollkommnung gelang mit dem seitlich geführten Rammbock, einem Fallhammer, ähnlich dem uralten Werkzeug, mit dem einst die Pfähle eingeschlagen wurden.

9 *Zwei Handsägen zum Einkerben der Bretter für Parkett oder Holztreppen (Fußbodenleger).*

An anderer Stelle wurde schon gesagt, daß man keinesfalls annehmen kann, die Fertigung eines Werkzeugs sei die Folge des Verlangens nach einem bestimmten Gegenstand. Es ist undenkbar, daß ein Gegenstand, der in seiner genau definierten Form noch nicht existiert, die Schaffung eines Werkzeugs auslösen könnte. Ein Werkzeug (das den möglichen späteren Anforderungen noch nicht angepaßt ist) geht stets dieser unbekannten Bestimmung voraus. Es ist allerdings nicht ausgeschlossen, daß der Zufall beim Entstehen eines Werkzeugs mitwirkt. Wenn die Wirkungsweise dieses ungebräuchlichen Werkzeugs nach vielen Versuchen als brauchbar erwiesen ist, kann das Werkzeug systematisch angewandt werden. Zwischen der Feststellung des Ungewöhnlichen und dem fortdauernden, vertrauten Gebrauch können Jahre vergehen.

Wenn gewisse Werkzeuge überdauert haben, so vor allem, weil sie die beste, nützlichste Form erreicht hatten. Ein neues Werkzeug wurde nie durch eine funktionale Umwandlung eines schon bestehenden Werkzeugs, durch eine Zerstörung seiner Sonderfunktion erzielt.

Ein Werkzeug entsteht immer aus einer eigenständigen Bemühung, einen neuen Effekt an einem schon bekannten, gemeisterten und bearbeiteten Werkstoff zu erreichen. Und wenn dieser in seinen Anfängen unvollkommene Versuch zum Streben nach Verbesserung führt, gelangt man nach vielen Experimenten, Annäherungen und Umwegen ans Ziel.

Als Beispiel sei die mögliche Entstehungsgeschichte der Bohrwerkzeuge angeführt. Der Übergang vom Bohrer mit Bogen und Sehne zum Leierbohrer ist eindeutig zu bestimmen. Der Bogenbohrer hatte eine vollkommene Form erreicht; er ist heute noch in der Schmuckherstellung gebräuchlich (Steinbohrer), doch scheint der Hohlbohrer der Ausgangspunkt für die modernen Formen gewesen zu sein.

Diejenigen, die sich verzückt über die Perfektion der Maschinen äußern und meist weder die Werkzeuge noch die Maschinen kennen, legen ihnen besondere Eigenschaften bei, bis hin zu der Fähigkeit, die Beziehungen zwischen den Dingen und dem Menschen zu verändern. Diese Beziehungen haben aber in ihrem heutigen Auftreten eine lange Tradition, in der sich viele moderne Erscheinungsweisen wiederfinden. Schon in der Steinzeit führte man teils das bewegliche Werkzeug an den feststehenden Gegenstand, teils den beweglichen Gegenstand an das feststehende Werkzeug heran (Polierstein des Neolithikums).

In der Metallbearbeitung wurde sehr bald der Gegenstand dem beweglichen Werkzeug »präsentiert«. Seit jeher entscheidet der Handwerker von Fall zu Fall nach Zweckmäßigkeit, ob das Werkstück auf dem Werkzeug bewegt wird oder umgekehrt. Die Maschinen des 19. Jahrhunderts haben also keineswegs neue Beziehungen »sozialisiert«, wenn man den reinen Nützlichkeitsaspekt dieser Produktionsbeziehungen betrachtet.

Erhaltung der Werkzeuge

Während manche Autoren weiterhin behaupten, viele Techniken seien untergegangen, stellen wir bei der Prüfung der Sammlungen von archäologischen Funden fest, daß alle identifizierten römischen Werkzeuge mit kaum veränderten Formen überdauert haben und vielen modernen Werkzeugen ähnlich sind. Aber wie sind diese Werkzeuge auf uns gekommen?

Die Mönche waren im Abendland die großen Bewahrer der Techniken. Die Zisterzienser waren als Schmiede, Steinmetzen und Zimmerleute tätig. Die Kartäuser haben die Drehbank und die Schmiede vervollkommnet; die Minimen haben viel zur Entwicklung der Holzbearbeitungswerkzeuge beigetragen. Diese Männer besaßen Geduld, Beobachtungsgabe und praktischen Sinn, sie waren an Zusammenarbeit gewöhnt, sie bewahrten die Handschriften über die Wissenschaften und Handfertigkeiten der römischen Zivilisation auf und studierten sie.

10 Hackmesser aus Brabant; das seitlich ausladende, den Griff absetzende Teil hebt die Schweißnaht hervor (Haushalt).

In der Zeitlosigkeit des Klosters konnten Mönche bis ins hohe Alter lehren und ihr Wissen weitergeben. Schon häufig wurde den Klöstern des Hochmittelalters zu Recht das Verdienst an der Erhaltung der Kunst beigemessen, und heute beginnt man sich ihrer Bedeutung für die Überlieferung von handwerklichen Techniken bewußt zu werden.

Viele weltliche Herren legten Wert darauf, innerhalb ihres Schloßbezirks eine Schar von Handwerkern anzusiedeln: Maurer, Zimmerleute, Schlosser, Waffenschmiede, Weber, Grobschmiede, Sattler etc. Auf natürliche Weise traten sie die Nachfolge der Oberhäupter der großen gallo-römischen Villen an, aus denen in den einstmals römischen Gebieten die meisten heutigen Städte hervorgingen. Viele Werkzeuge dieser Handwerker sehen wir auf den bildlichen Darstellungen des Mittelalters. Vom 7. bis 13. Jahrhundert scheinen keine großen Veränderungen der römischen Werkzeuge eingetreten zu sein. Das 13. Jahrhundert zeigt sich jedoch als eine Zeit der großen Umwälzungen im Handwerk und in den Künsten. Es ist die erste Renaissance in Westeuropa.

Von der Werkzeugausrüstung des 13. bis 16. Jahrhunderts sind genügend Elemente erhalten, um daraus zu schließen, daß in jenen Jahrhunderten eine ungeheure Menge von Werkzeugen, darunter auch viele ganz neue, hergestellt wurde.

Im 17. Jahrhundert geht die Entwicklung weiter, aber der Grundstock unseres technischen Arsenals ist vorhanden. Jetzt kommt es zu den großen Spezialisierungen. Gewisse Handwerkszweige wie die Goldschmiedekunst, die Schreinerei, die Kunsttischlerei, die Steinmetzkunst, die Weberei haben uns Erzeugnisse hinterlassen, deren Qualität bis heute unübertroffen ist. Die Werkzeuginventare, die nach dem Tod mancher Handwerker aufgestellt wurden, erstaunen uns durch ihre Vielfalt und ihren Umfang. Auf Stichen von Werkstätten der Schlosser, Goldschmiede, Sattler etc. sehen wir zahllose, säuberlich geordnete Werkzeuge, wie in unseren besten Werkstätten, die »rationell durchorganisiert« sind, dazu viele Regale, Aufhängevorrichtungen, Gestelle und große Schränke mit Schubladen, die man sich gefüllt vorstellen muß.

Perfektionierung der Werkzeuge

Der Handwerker erhält von seinem Meister ein Werkzeug, das sich schon bewährt hat. Es war Gegenstand einer langsamen Vervollkommnung; denn in allen Fällen läßt sich seine Geschichte durch die Zeiten zurückverfolgen. Verändert der Handwerker nun das Werkzeug auf zufriedenstellende, dauerhafte Weise?

Dies ist zunächst eine Frage der Persönlichkeit. Es gibt Handwerker, die von Natur aus erfinderisch sind, und andere, die eher konservativ eingestellt, aber deshalb nicht weniger begabt und beruflich geschickt sind. Es steht aber fest, daß manches Werkzeug sich in bestimmten Händen verändert. Einige Werkzeuge sind vollendet. Andere sind in Umwandlung begriffen, bis die endgültige Form (oder die Form, die man lange Zeit dafür hält) gefunden ist. Oft überdauern die alten Formen; das abgewandelte Werkzeug braucht lediglich einem Sonderfall zu dienen, für den das klassische Werkzeug wenig geeignet ist und Schwierigkeiten bietet, die eine Umwandlung gerade erfordern. Ein Beispiel ist der zweiteilige Falzhobel, der das Problem der in verschiedenen Abständen zu hobelnden Falze löst. Ein neues Werkzeug verdrängt selten das alte ganz; hierin gleicht es jedem anderen technischen Gegenstand.

Auch der qualifizierteste Handwerker kann das neue Werkzeug nur fertigen, wenn er das überkommene Werkzeug genau kennt und über einen Erfahrungs- und Kenntnisschatz verfügt, der seine praktische Qualifikation übersteigt.

Die Vorstellungskraft allein genügt nicht. Eine lange, geduldige Erprobung ist darüber hinaus notwendig. Henri Robert stellte im Jahr 1850 fest, die Uhr-

11 *Engländer (verstellbarer Schraubenschlüssel, auch Franzose genannt) mit einfachem Maul (Mechaniker).*

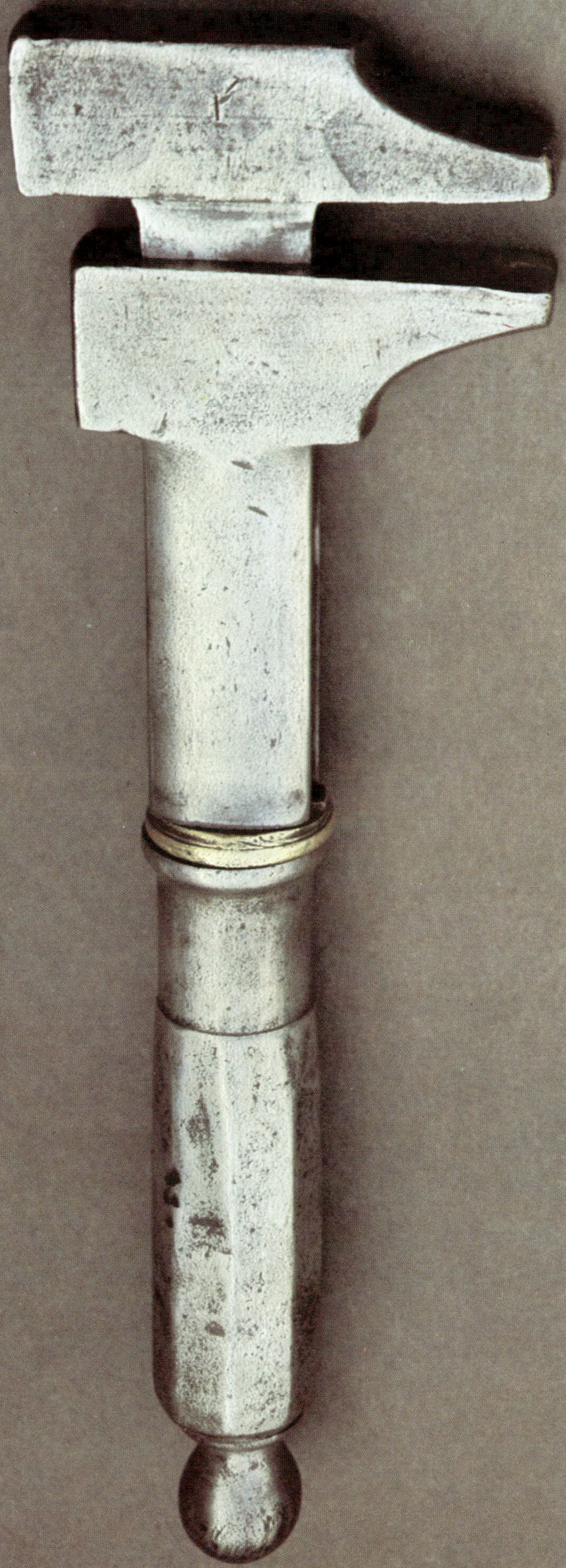

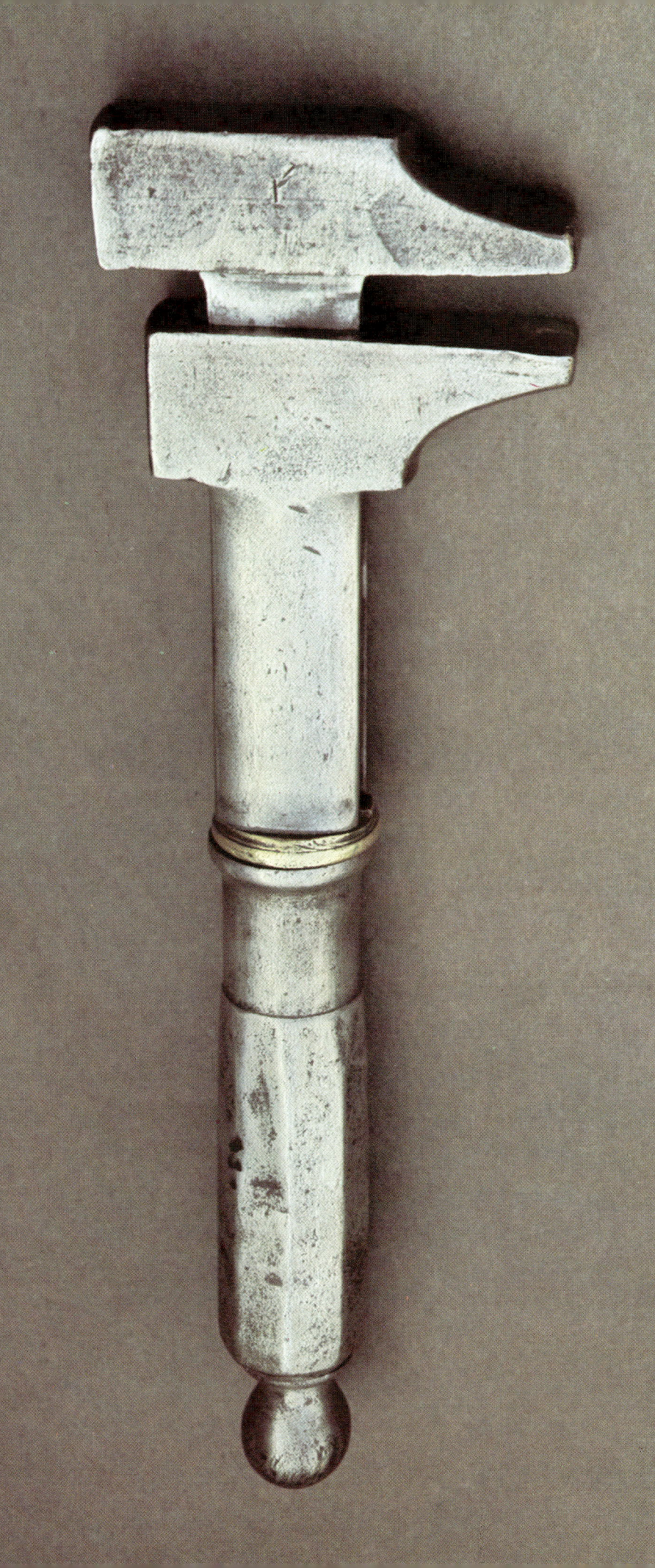

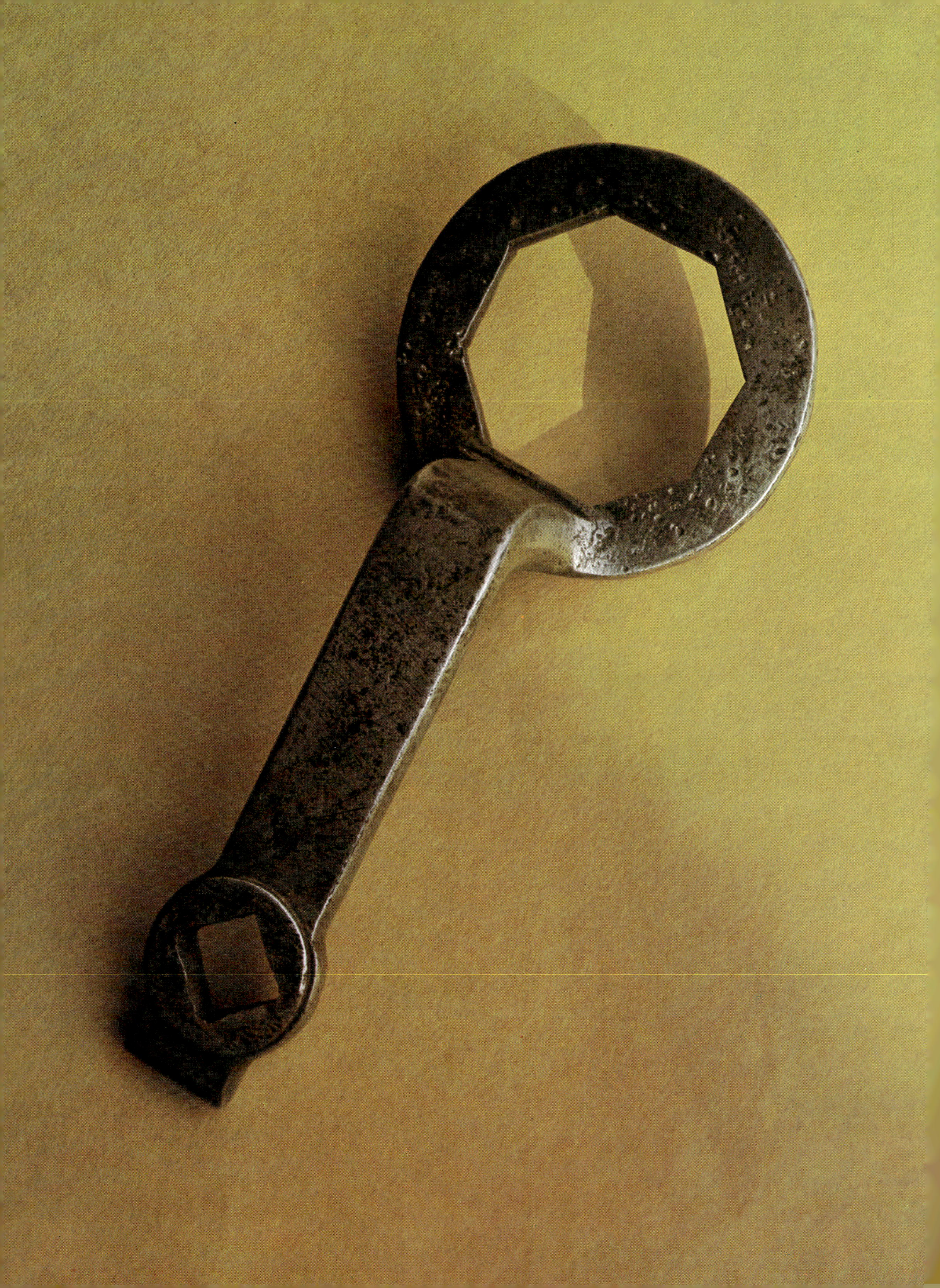

macherkunst habe zwischen 1800 und 1840 einen Stillstand erlitten, weil einige Meister gewisse Neuerungen als definitiv durchgesetzt und damit die jungen Uhrmacher vom Experimentieren abgeschreckt hätten.

»Was die Geister am meisten verwirrt, ist die Manie, etwas erfinden zu wollen, ohne das, was vorher gemacht wurde, genau zu kennen. Es genügt nicht, daß die Ursache einer Besonderheit gedanklich begriffen und vorhergesehen wird und daß man versucht, sie durch Einführung eines neuen Hilfsmittels zu beheben. Zuerst muß man die Erfahrung nach den Ursachen dieser Besonderheit befragen und sich bemühen, sie mit einfachen Mitteln zu meistern. Der gute Experimentator in der Werkzeugherstellung bewahrt die Probestücke, die ihn immer näher an den zufriedenstellenden Gegenstand herangebracht haben, nicht auf; er wirft alles weg, was unvollkommen, unsicher, zu kompliziert ist. Letztlich muß das angenommene und benutzte Werkzeug brauchbar sein und eine anerkannte, dauerhafte Verbesserung aufweisen.«

Werkzeuge in ständiger Entwicklung

Während viele Werkzeuge seit dem Ende des 17. Jahrhunderts ihre allgemeine Form und die Proportionen zwischen den verschiedenen Teilen bewahrt haben, kennen wir auch andere, deren Entwicklung noch nicht abgeschlossen ist und es auch nicht so bald zu sein scheint. Dazu gehören Hämmer, Zangen und Schraubenzieher.

Für die Hämmer wurde auf die Gründe schon hingewiesen: Sie können nicht durch ein anderes Werkzeug ersetzt werden, sie werden zwangsläufig bei allen Arbeiten der jüngeren Handwerke, deren Entwicklung sie mitvollziehen, gebraucht. Die Weiterentwicklung der Hämmer setzt sich fort. Beim Stiel wie beim Kopf finden wir neue Ausformungen, die stets aus dem Streben nach größter Schlagkraft hervorgegangen sind. Es gibt deshalb Hämmer mit einem aluminiumbeschichteten Kopf aus einer Zinn-Blei-Legierung oder Hämmer mit Kunststoffüberzug und einem beweglichen Masselkopf im Inneren.

Das Werkzeug, das seit seinem ersten Gebrauch ständig weiterentwickelt wurde, ist unbestreitbar der Schraubenzieher. Dies rührt offenkundig von der außerordentlichen Vielfalt der Schrauben her. Der Schraubenzieher des Schlossers und des Kunstschmieds ist so beschaffen, daß man mit ihm eiserne Schrauben zwischen einer Spirale und dem angrenzenden Eisenteil erreichen kann. Der Schraubenzieher des Elektrikers ist manchmal bis wenige Millimeter vor der Spitze isoliert und hat oft im Griff ein Kontrollämpchen, das aufleuchtet, wenn er unter Strom steht.

Werkzeug und Maschine

Eine Unterscheidung zwischen *Werkzeug* und *Maschine* wird eigentlich nur künstlich getroffen.

Schon seit frühester Zeit besteht neben dem Handwerkszeug gleichzeitig die Maschine. Die ersten Drehmaschinen (Bohrer, Drehbänke, sich drehende Mahlsteine) und die ersten Maschinen mit zusammengebauten Hebeln und Rädern wie Zugwinde und Flaschenzug waren Zeitgenossen von Werkzeugen, die ganz ähnlich wie heute benutzt wurden. Stets wurden sowohl Werkzeuge als auch Maschinen bei der Arbeit verwendet.

Seit langem ist dieser parallele und gleichzeitige Gebrauch von Werkzeug und Maschine in den Werkstätten und auf den Baustellen, bei der Feldarbeit und in der Seefahrt gleich geblieben.

12 Doppelter Lochschlüssel (Stellmacher).

Eine Unterscheidung wurde erst im 18. Jahrhundert beim Aufkommen der Industrie getroffen; sie ist eher sozialer als funktionaler Natur. Werkzeug und Maschine sind keine Gegensätze; die Menschen haben vielmehr willkürlich entschieden, es müsse Männer des Werkzeugs und Männer der Maschine geben, beschäftigt mit Arbeiten, zwischen denen zu differenzieren sei.

Das Werkzeug ist ein Element eines konstanten Ganzen, der Ausrüstung. Die Maschine ist ein weiteres Element dieser Ausrüstung.

Die Werkstatt des Handwerkers, zu welcher Zeit auch immer, ist reich an Werkzeugen und Maschinen. Das unteilbare Ganze ist, wie man heute sagen würde, eine *Struktur*.

In diesem Zusammenhang ist eine Unterscheidung möglich, aber nicht nach den jeweiligen Eigenfunktionen, sondern nach Situationen, deren spezielle Entwicklung zu Abweichungen führte.

In der Werkstatt greift der Handwerker, ob er nun Geselle, Meister oder Lehrling ist, zum Werkzeug wie zur Maschine, da er mit beiden umzugehen versteht. Auch die kleinste Werkstatt hatte im 18. Jahrhundert schon komplizierte Maschinen und im 19. Jahrhundert Antriebsmotoren, ohne auch nur auf ein einziges Werkzeug zu verzichten.

In der Werkstatt des Handwerkers wird unter dem *Zeichen der Einheit* gearbeitet.

Alle Mitarbeiter haben hier die Möglichkeit, sich zum Nutzen des Fortgangs der Arbeit gegenseitig zu ersetzen. Hier gebietet das Handwerk. Meister und Gesellen sind Fachleute; der Lehrling will dies noch werden. Von vornherein besteht also ein Streben nach höchster Qualifikation der Menschen und nach dem Erwerb ergänzender, zusätzlicher Qualifikationen, die zu einem Austausch der Mittel befähigen. Dies geht so weit, daß sofort ein Mitarbeiter an die Stelle des Meisters treten kann, wenn dieser ausfällt, was in der Industrie nur selten möglich ist. Im Handwerk befinden sich Meister und Geselle den Produktionsmitteln gegenüber in derselben Position, und hier zeigt sich der Unterschied zwischen den beiden Endpunkten einer auseinanderlaufenden Entwicklung: Der Handwerker liebt sein Werkzeug, aber kann der Industriearbeiter jemals die Maschine lieben? Die Maschine in der handwerklichen Werkstatt vermag er freilich zu lieben, denn dort steht sie im Dienst des Menschen, des ganzen Menschen. In der Industrie wird die Maschine vom Menschen *bedient*; sie *dient* nur dem Industriellen, und dieser Ausdruck bezeichnet oft genug eine Autorität, die weder die Maschine noch das Werkzeug selbst kennt.

In der schon vollzogenen Trennung, die sich ständig verschärft, scheint die Industrie jede Möglichkeit verloren zu haben, eine organische Einheit zu werden und von handwerklichen Überlegungen bestimmt zu werden. Jede sogenannte »Spezialaufgabe« ist eine Fiktion, ebenso auch die angebliche Spezialisierung des Arbeiters, der sie ausführt. Mit demselben Abgleiten der Terminologie in die Abstraktion wird dieser als »Facharbeiter« bezeichnet.

Der Maurer, der Steinmetz kann auch mit dem Schmiedehammer umgehen. In der Industrie wäre dies undenkbar; die Spezialisierung ist so weit gediehen, daß sie die Qualifikation einschränkt.

In der Industrie kann die Maschine keinesfalls die innere Einheit der Werkstatt zustande bringen, denn sie betont im Gegenteil alle Diskrepanzen, die vor ihrer Aufstellung bestanden; sie vermehrt die Unvereinbarkeiten. Schon im 19. Jahrhundert hat sie in der mittleren Industrie die Kluft zwischen Arbeitgeber und Arbeiter verbreitert. In der Entwicklung der Großindustrie spaltet sie die soziale Schicht der Arbeiterschaft auf; die Arbeiter führen nur noch Teilarbeiten aus. Eingezwängt in diese angebliche »Spezialisierung« werden sie, ohne es selbst zu merken, wieder zu jenen Sklaven, die den Göpel im Kreis treiben. Wird nicht der Arbeiter der reinen Handwerkszeit (vom 17. bis zur Mitte des 19. Jahrhunderts), der seine Werkzeugausrüstung selbst herstellte, bei den Historikern eines Tages als der gelten, der den Gipfel einer beruflichen und menschlichen Entwicklung, die als Vorbild dienen müßte, erreicht hat?

Die wichtigsten Werkzeuge

Einführung

Die wichtigsten Werkzeuge lassen sich in zwei Kategorien unterteilen:
A: Die allgemein gebrauchten Werkzeuge, die, selbst wenn sie ursprünglich für eine besondere Technik verwendet, für viele andere Handwerke erneuert, verändert und angepaßt wurden. Es spielt dabei keine Rolle, ob sie nun in ihrem ursprünglichen Handwerk (falls dieses noch ausgeübt wird) verblieben oder dort von anderen abgelöst worden sind (Beispiele: Hämmer, Sägen etc.).
B: Die Werkzeuge, die in jedem Beruf die hohe Qualifikation kennzeichnen.
Viele qualifizierte Praktiker können uns natürlich vorwerfen, daß wir ihre Werkzeuge nicht in diese Sonderkategorien aufgenommen haben.
Wir können aber hier die Technologie der Arbeit nicht in ihrer Gesamtheit darstellen. Die Enzyklopädie von Diderot, die eine solche Darstellung gegen Ende des 18. Jahrhunderts unternahm, umfaßt viele Berufe und Werkzeuge; für einige bringt sie aber nur einen in Text und Bild sehr ungenügenden Abriß aus zweiter Hand. Und viele Berufe haben sich seit dem 18. Jahrhundert in einzigartiger Weise weiterentwickelt und ihre Werkzeugausrüstung erneuert oder verändert.
Die Herren von der »Akademie der Wissenschaften« konnten sich damals auf die Mithilfe von Fachleuten wie Hulot sen., Roubo jun., Perret etc. stützen.
Man wird deshalb im Nachstehenden Lücken finden, die teils absichtlich, teils zwangsläufig entstanden sind; dagegen sind wir auf nicht wenige Punkte eingegangen, die rein technologischer Art zu sein scheinen, weil wir es für notwendig hielten, auf die Bedeutung gewisser Elemente für die Entwicklung der Arbeitstechniken hinzuweisen. So wird erläutert, warum die Werkzeuge in manchen Fällen sehr bald durch Maschinen ersetzt wurden und warum sie in anderen Fällen heute noch angewandt werden, allein oder zusammen mit mechanischen Hilfsmitteln.
Die Archäologen, die die Geschichte der Techniken rekonstruieren – eine trotz einigen bemerkenswerten, lange vereinzelt gebliebenen Pionieren ganz neue Wissenschaft –, räumen dem Handwerkszeug wenig Platz ein. Sie meinen (wie die klassischen Archäologen), das Werkzeug sei in den Erzeugnissen des Handwerks *inbegriffen* und die davon zeugenden Grabungsfunde seien durch unmittelbare Bemühung um den herzustellenden Gegenstand entstanden. Manche solche Gegenstände werfen jedoch Probleme auf, die den Fachleuten und auch manchen Archäologen Kopfzerbrechen bereiten (beispielsweise die ägyptische Juwelierkunst). Wie wurden die Schmuckstücke geschaffen? In neueren, durchaus anerkennenswerten Sachbüchern finden wir die Erklärung, manche Techniken seien eben untergegangen. Qualifizierte Fachleute teilen

diese Ansicht selten. Wir wollen die Entwicklung gewisser Werkzeuge nachvollziehen und auf die *notwendige* Koexistenz mancher Werkzeuge mit den erhaltenen Produkten hinweisen, um damit aufzuzeigen, daß wenige Techniken tatsächlich verlorengegangen sind und daß es äußerst schwierig zu entscheiden ist, ob der Gegenstand das Werkzeug oder das Werkzeug den Gegenstand hervorruft; sie beide stehen in einer ganz anderen Beziehung als der von Ursache und Wirkung. Es ist vielmehr eine *Symbiose*, um einen Begriff zu verwenden, der heute schon weit über die Biologie hinaus verbreitet ist.

Das Aufkommen neuer Werkzeuge bedingt nur selten, daß das alte Werkzeug in Vergessenheit gerät, nicht mehr benutzt wird und untergeht.

Wenn die Techniker vom 18. bis zum 20. Jahrhundert neue Werkstoffe erfunden und die Mittel zu ihrer Bearbeitung vervollkommnet haben, so haben sie doch niemals die alten Werkzeuge außer Gebrauch gesetzt. Dies rechtfertigt unsere Gliederung der wichtigsten Werkzeuge, die alle in den alten Formen überdauern, seit sich diese Formen als brauchbar und zweckmäßig erwiesen haben. Die heutigen Vervollkommnungen sind nur spezielle Zurichtungen, die zum Teil erstaunliche, sehr alte Vorbilder haben.

Holz in der Werkzeugherstellung

Man unterscheidet den *Splint*, die unter der Baumrinde befindliche weiche Holzschicht, in der der Saft steigt, vom *Kern*, dem inneren Teil, in dem der Saft nicht zirkuliert.

Die *Jahresringe* sind konzentrisch, verschieden dick und entsprechen durchschnittlich dem Wachstum des Baums in einem Jahr. Die Verholzung geht langsam vor sich; das Holz wird dabei nach innen gepreßt. Der Kern ist deshalb fester als der Splint, dessen äußere Schichten oft Risse aufweisen. Kernholz ist das beste Material für Werkzeuge. Die verschiedenen Baumarten können unterschiedlich verwendet werden. Hartholz wird stets für Werkzeuge bevorzugt, die stark beansprucht werden oder mit Metallteilen zusammengebaut sind. Auch aus exotischen Hölzern wurden gelegentlich Werkzeuge gefertigt. Sie schützen sich selbst vor Parasiten durch chemische Bestandteile (Guajakol, Fettessenzen).

Die Waldarbeiter waren stets der Ansicht, das Holzfällen müsse sich nach den Mondphasen richten. Tatsächlich ist erwiesen, daß der Saft in den Bäumen bei abnehmendem Mond zu steigen aufhört, während er bei Neumond und Vollmond steigt.

Im folgenden seien einige Hölzer, die zur Werkzeugherstellung am häufigsten verwendet werden, aufgeführt:

Werkbänke:
die *Tischplatte:* Ulme oder Buche, »meist das letztere Holz, das sehr dicht und kompakter ist als das andere«;
der *Aufbau* (Rückwand und Streben der Werkbank): sehr festes, trockenes Eichenholz;
die *Beine:* »aus hartem, sehr festem Eichenholz«;
Holzhämmer: Buche, Weißbuche oder Ulme;
Sägen:
das *Gestell:* aus Tannenholz, »weil dieses Holz leicht ist und starr und sich weniger leicht biegt als jedes andere«;
die *Handgriffe:* »gewöhnlich aus sehr trockenem Eschenholz«;
Rauhbänke, Schlichthobel, Falzhobel etc.: für den Hobelkasten wird gewöhnlich Eberesche verwendet.

13 *Klöppel (Spitzenklöppelei).*

14 *Drei Spalter aus Buchsbaum (Korbflechter). Ein Glättholz aus Buchsbaum (Sattler).* ▶

15 *Zwei Holzhämmerchen aus Buchsbaum; das erste, ein Klempnerhammer, dient zum Ausarbeiten der Rohröffnungen.* ▶▶

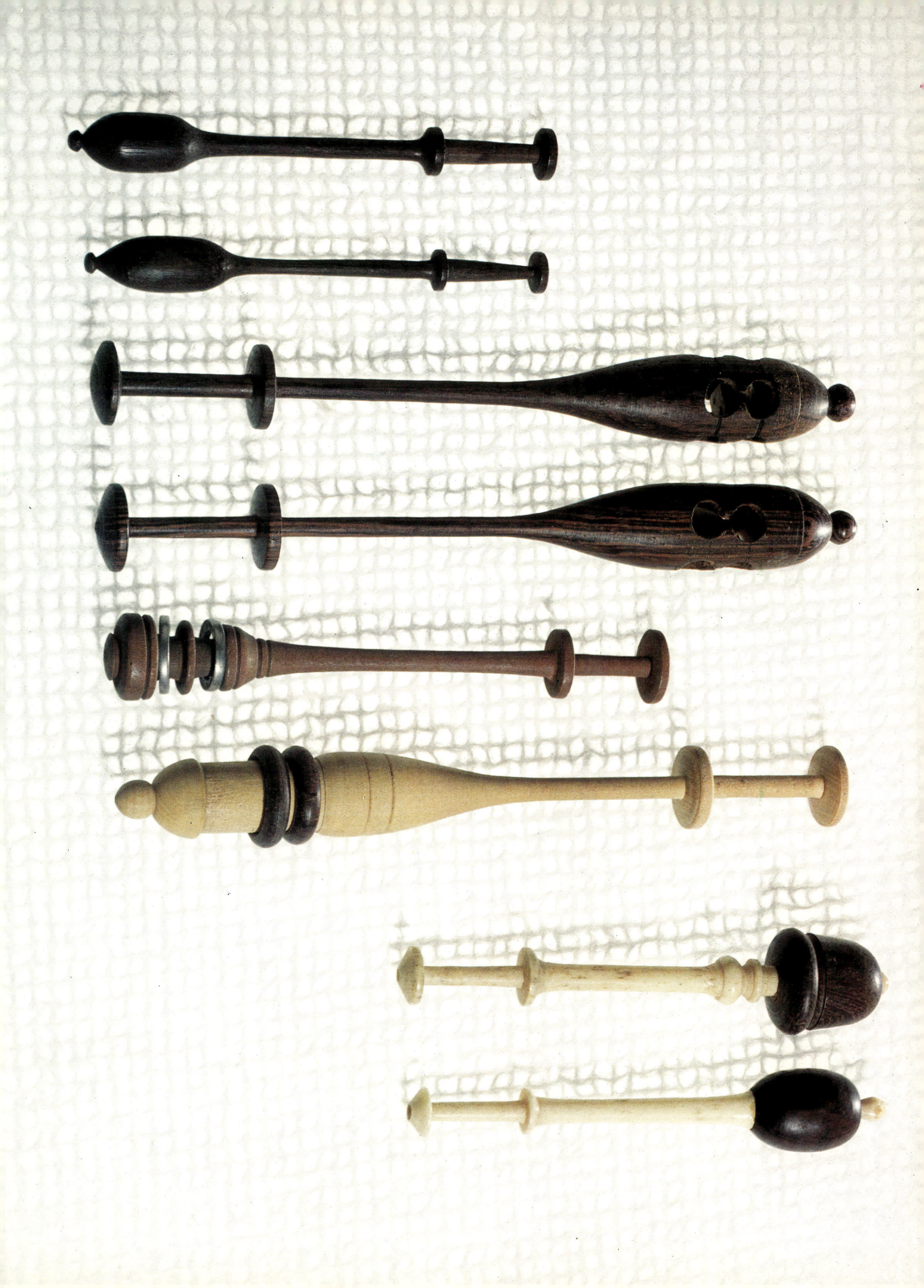

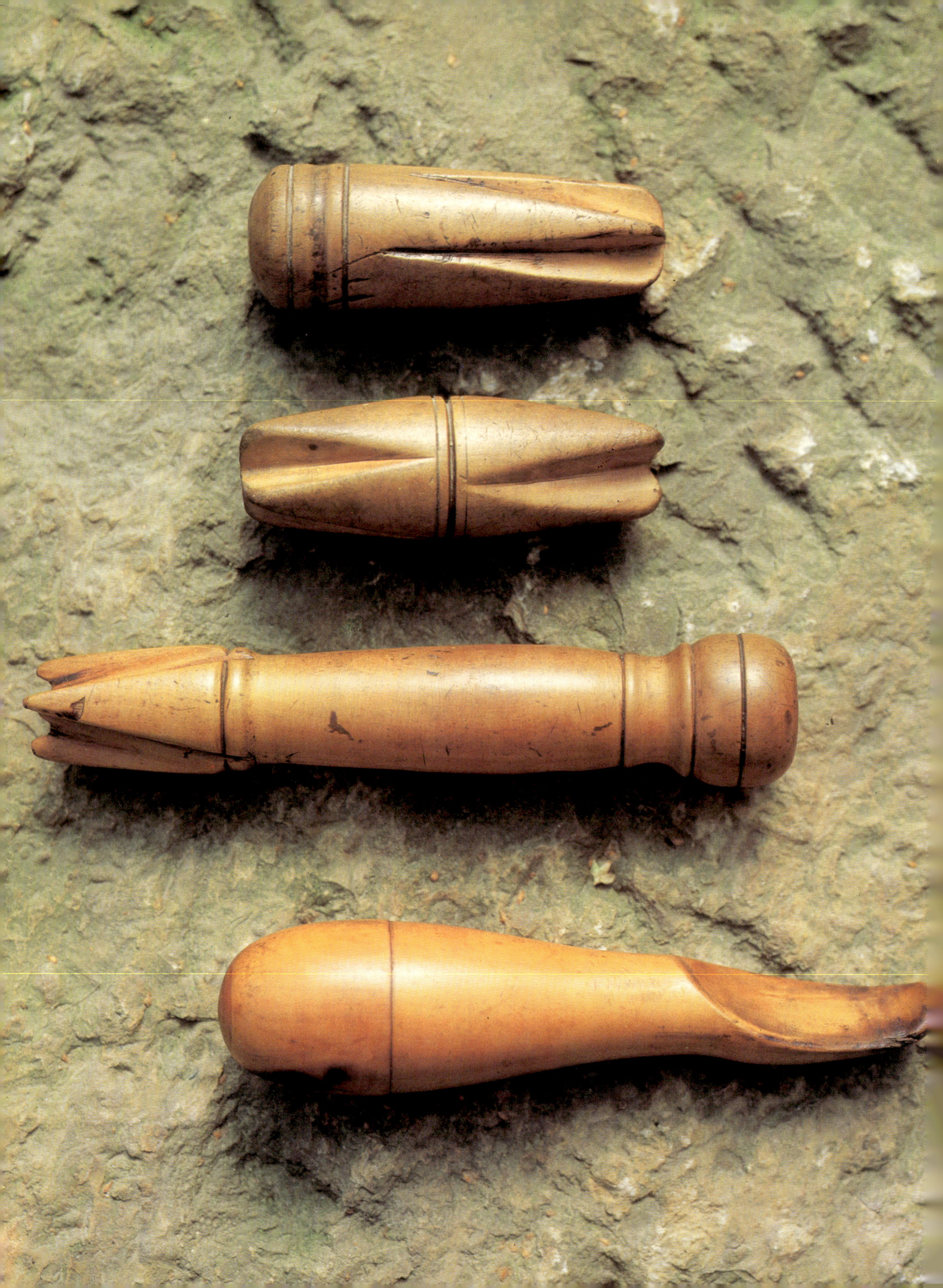

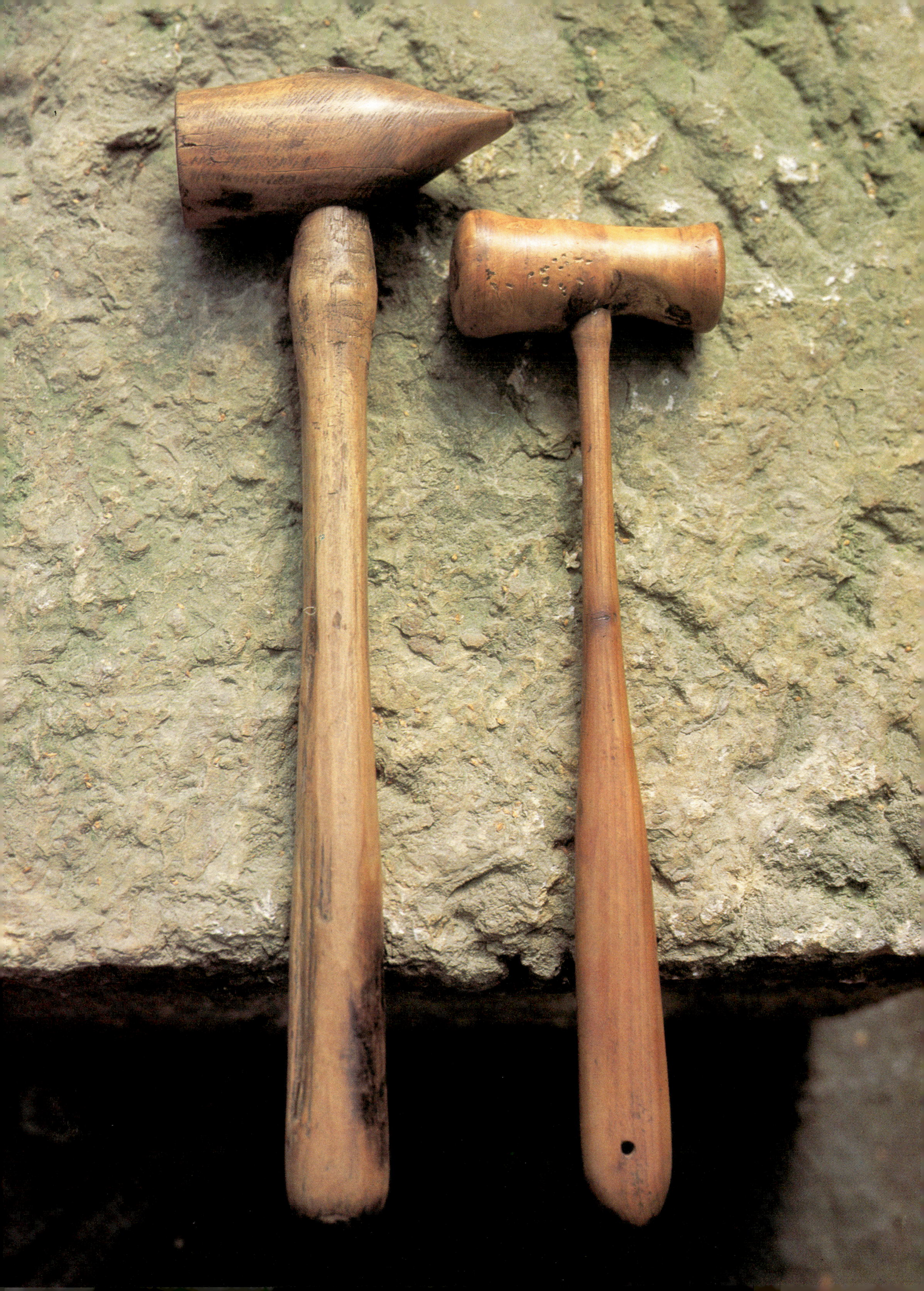

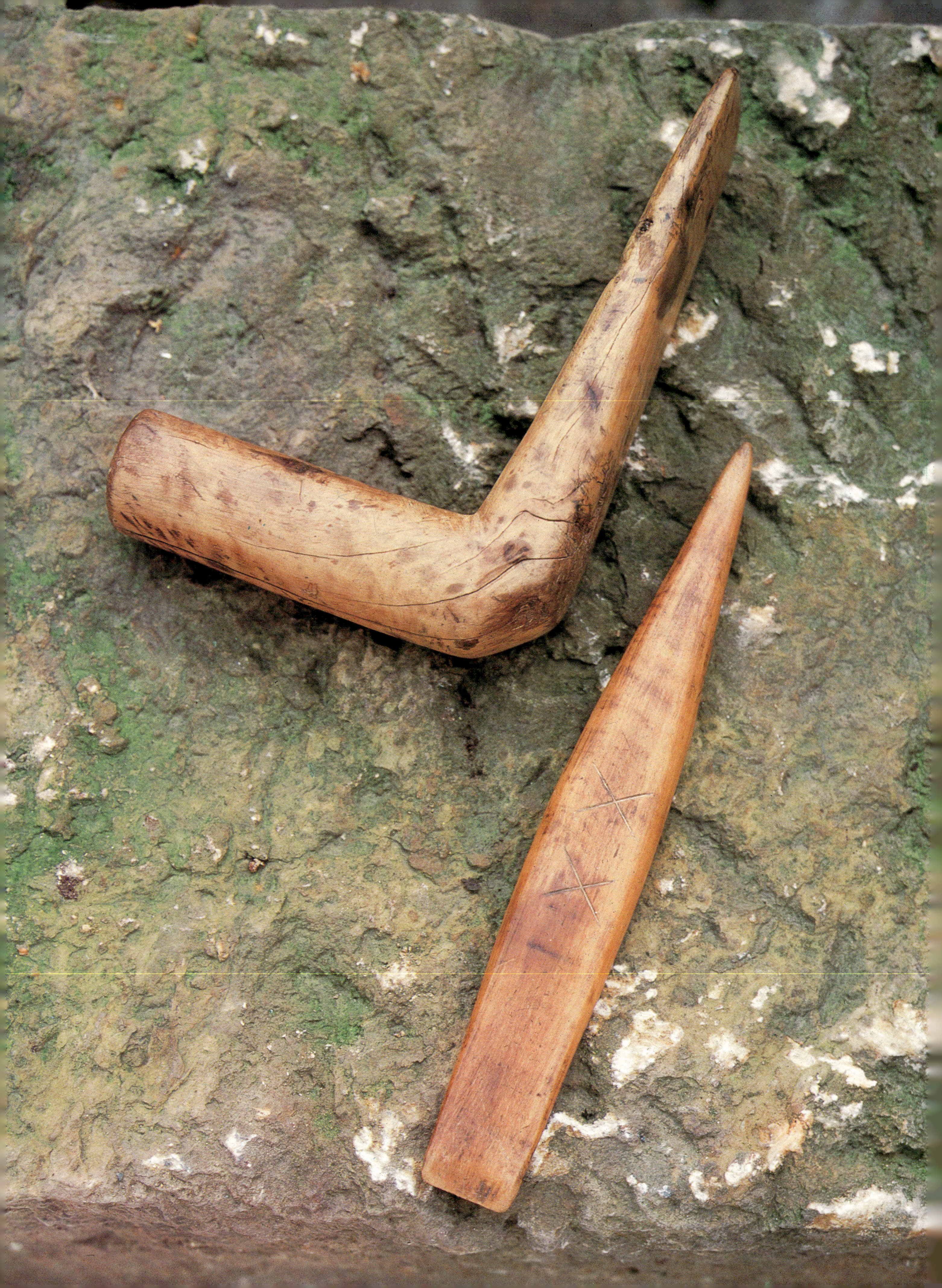

Profilhobel: der Hobelkasten ist aus Eichenholz, das »sehr trocken sein muß, damit es leichter ist und sich nicht wirft«;
Keil und *Sohle* werden aus Eberesche oder einem anderen harten Holz gefertigt.
Stiele und *Griffe* von Werkzeugen: gewöhnlich werden sie aus Eschenholz oder dem Holz des Korneliuskirschbaums hergestellt. Das geschlagene, getrocknete Holz ist noch nicht verwendungsfähig. Jedes Handwerk bearbeitet es für seine Zwecke weiter.

Werkzeugholz wird von den Handwerkern besonders gepflegt und in manchen Fällen lange und eingehend vorbereitet. Grundsätzlich werden dabei etwa noch vorhandene Lebewesen ausgeschieden, die Fasern zusammengepreßt und Formveränderungen unmöglich gemacht. Die häufigste Veränderung ist, daß sich das Holz wirft, und dies muß vor allem bei langen Werkzeugen und Werkzeugteilen vermieden werden (Griffe, Rauhbankkästen etc.).

Die gebräuchlichen Verfahren schwanken von einem Handwerk zum andern; insgesamt wird aber das Holz »imprägniert«. Ein altes Verfahren bestand darin, daß man das Holz in einer Jauchegrube »marinierte«. Es verlor den Saft und saugte sich mit Substanzen gegen den Hausschwamm (darunter Formaldehyd) voll. Besonders sorgfältig behandelten die Schreiner ihre Hobel. In das Holzstück für den Hobelkasten bohrten sie zuerst (etwa in der Mitte) das Keilloch und dann in beide Enden ein zylindrisches Loch von etwa 1 cm Tiefe. Das Holz wurde aufrecht in eine kleine Zinkwanne gestellt. In das obere Loch wurde Leinöl gegossen, bis es beim Keilloch austrat; dann wurde das Holz umgedreht und von der anderen Seite ebenso behandelt. So kommt es, daß sich manche Hobel lange Zeit ölig anfühlen. Sie sind ebenso schön wie stabil und verdienen deshalb besondere Beachtung.

Griffe und Stiele

Ursprung der Griffe und Stiele

Die Tiere nutzen den Schwung eines Glieds, des Kopfes oder des ganzen Körpers aus, um eine Kraftwirkung zu erzielen. Das Picken des Vogelschnabels ist kräftig und genau. Die Primaten werfen Steine. Auch der Mensch hat zweifellos sehr früh natürliche Gegenstände in die Hand genommen, um sie zu werfen. Die erste Entdeckung, die am Ursprung des menschlichen Umgangs mit Werkzeug anzusiedeln ist, war sicherlich, daß der Stein in der Hand behalten wurde für geplante Schlagtätigkeiten.

Selbst wenn dieses Halten nur vorübergehend war, kommt ihm doch keine tierische Lebensäußerung gleich; es ist ein Faktum, das *nur dem Menschen* zugehört.

Das zweite Faktum, das den Menschen auszeichnet, ist das *Aufbewahren des Steins*, weil man ihn als für spätere Benutzung geeignet betrachtet.

So erweist sich die Existenz des *ersten* rudimentären *Hammers*: Es ist ein aufbewahrter Stein, der nicht zufällig, sondern systematisch viele Male benutzt wird. Die Vorgeschichtler leiten sein Vorhandensein aus den Spuren eines oftmaligen, ständigen Gebrauchs ab. Die Schlagspuren sind Auswirkungen seiner Benutzung, und sie nennen ihn *Schlagwerkzeug*.

Das dritte Faktum, das den Stein des prähistorischen Werkzeugverhaltens mit dem *Hammer* (unserem Hammer) gleichsetzt, ist die Beifügung des *Stiels*.

Die Bestielung trat viel später auf, erst in der Mittelsteinzeit. Manche Werkzeuge sind so beschaffen, daß man sie kaum verwenden kann, wenn man sie unmittelbar in der Hand hält; sie verlangen geradezu nach dem Stiel. Diese

16 *Keil aus Buchsbaum zum Eintreiben des Wergs (Kalfaterer). Füllstock, mit dem das Stroh in den Sitz gestopft wird (Stuhlmacher).*

Bestielungen sind noch nicht völlig erforscht. Man gelangt häufig zu der Ansicht, daß sie denen glichen, die man heute noch bei primitiven Völkern und ihren steinzeitlichen Werkzeugen sehen kann: Der Kopf wurde in einen gespaltenen Stiel halb eingeführt und festgebunden oder in einem in das Holz gebohrten Loch verankert und festgekittet. Gegen Ende des Paläolithikums (oder zu Anfang des Neolithikums) ging man wohl dazu über, Geweihe als Stiel zu verwenden. Das Stirnbein wurde nicht entfernt; benutzt wurde eine Stange mit Quersprossen. Die Höhlung für den Stein war tiefer, breiter und leichter anzubringen. Manche Steine des Neolithikums scheinen sich gut für diese Bestielungsart geeignet zu haben.

Von da an setzte sich die Entwicklung der Axt und des Hammers bis in die Eisenzeit fort. Aus dem Neolithikum kennen wir Äxte und Axthämmer, bei denen der Stiel in ein zylindrisches Loch im Stein eingefügt wurde; daneben gab es aber unleugbar auch noch andere Verfahrensweisen.

Die prähistorische Typologie nennt verschiedene, darunter
1. der Stein wird mit doppelten Nuten versehen und halb ins Holz eingeschoben;
2. der glatte Stein dringt durch das Holz und wird an seiner Außenfläche durch einen Wulst – Astgabel – abgestützt.

Bei diesen beiden Bestielungsarten kam wahrscheinlich noch ein Festbinden und Verkitten hinzu.

In der Bronzezeit gab es nebeneinander halb eingeschobene und durchgeschobene Stiele.

Aus der Eisenzeit fanden sich von der La-Tène-Periode II an Hämmer, deren Finne deutlich hervortritt. Das Loch, in das der Stiel eingeführt wird, ist schon etwas oval. In gallo-römischer Zeit weisen Äxte und Hämmer schon die äußeren Formen und die Stiellöcher unserer modernen Werkzeuge auf.

Die Sägen, Raspel und Feilen wurden seit der La-Tène-Zeit II mit hölzernen Griffen versehen.

Stiele der Schlagwerkzeuge

Diese Werkzeuge, Hämmer und Äxte, sind meist direkt bestielt. Der Stiel ist in den Metallkopf, der im Abstand von der Hand (oder den Händen) gehalten wird, eingefügt. Das Holz wird stets in der Längsrichtung der Fasern zu Stielen verarbeitet.

Auf die Bedeutung dieser Stiele, die die Anfänge der Werkzeugbestielung anzeigen, wurde schon hingewiesen. Es sind fast immer lange Stiele, für beide Hände bei den großen Äxten und Vorschlaghämmern, für eine Hand (die linke oder die rechte) bei den Beilen und Hämmern. Meist sind sie gerade oder nur schwach gebogen, oft haben sie auch einen Knauf am Ende, damit sie der Hand nicht entgleiten.

Bei diesen Werkzeugen (mit einigen Ausnahmen: Schmiedehammer, Brechhammer etc.) geht der Hub nicht über 40 cm hinaus, bei manchen liegt er sogar unter 10 cm (Goldschmiedhämmerchen).

Oft strebt man bei diesen Hämmern nach einem Elastizitätseffekt. Das Werkzeug oder das bearbeitete Werkstück reagiert im Augenblick des Hämmerns auf den Hammer. Der Hammer muß diese Reaktion auffangen; der Rückstoß darf den Arm nicht verletzen, der Hammer darf am Werkstück nicht abprallen. Dies ist um so wichtiger, je leichter der Hammer ist. Daher rührt eine Verjüngung des Stiels in einem gewissen Abstand vom Kopf. Dazu tritt die Notwendigkeit eines sicheren Griffs der Hand, und beides zusammen ergibt oft seltsam geschweifte Stiele.

Die Stiele der Schlagwerkzeuge werden besonders sorgfältig gefertigt. Dies erfordert mehrere, bis zu fünf, Arbeitsstunden (Ziseleurhammer).

Die Verankerung des Holms im Werkzeug richtet sich nach dem Werkzeug und schwankt in der Form je nach der zu verrichtenden Arbeit, dem Gewicht

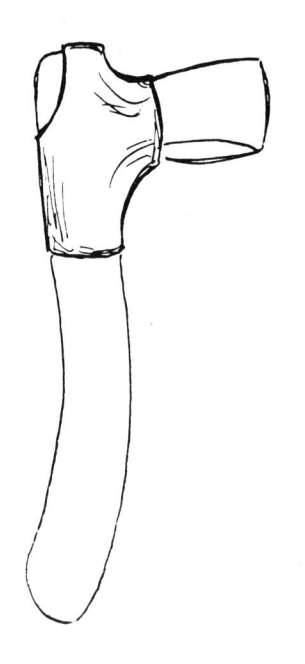

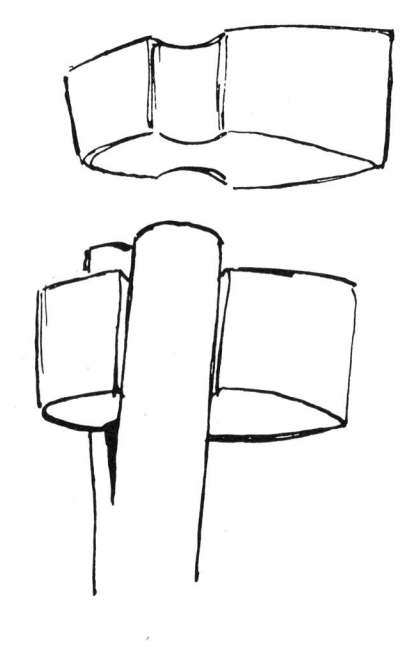

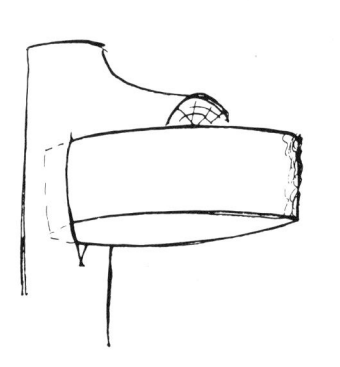

Neolithische Axt (der Stein ist in Hirschhorn vom Chalins-See im französischen Jura eingefaßt)

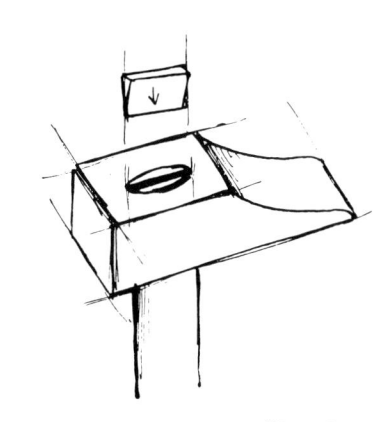

Einsetzen des Keils in das Öhr oder Auge des Hammers

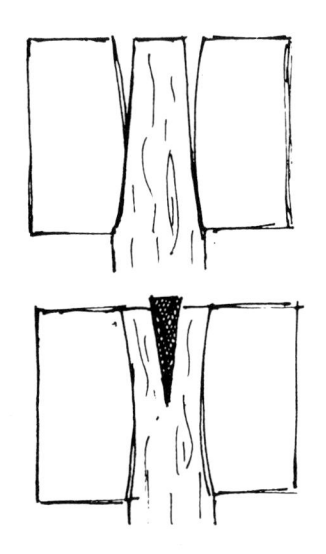

vor und nach dem Einsetzen des Keils

und der Form des Kopfs. Das Loch ist das *Öhr* oder *Auge* des Werkzeugs. Es kann quer liegen und rund sein oder oval-zylindrisch, es kann auch eine abgerundete Mischform mit rechteckigen, geraden Teilen aufweisen (Uhrmacherhämmerchen), es kann von längszylindrischer, konischer oder beidseitig konischer Form sein.

In allen Fällen ist man bestrebt, dafür zu sorgen, daß der Werkzeugkopf beim Schlagen nicht aus dem Stiel springt.

Ist das Öhr zylindrisch oder konisch, so wird der Kopf mit einem Holz- oder Metallteil festgeklemmt, das oben am Werkzeug fest ins Holz eingetrieben wird und das Stielende seitlich gegen das Metall drückt. Dieses Teil ist der *Keil*. Oft weist der Keil seitlich fischgrätenartige Verzahnungen auf, damit er fest im Holz haftet. Diese Widerhaken werden mit dem Meißel im Warmverfahren angebracht.

Bei den Werkzeugen, die ein rundes oder ein quadratisches Öhr mit abgerundeten Ecken haben, setzt man den Keil in der Richtung der Werkzeugbewegung ein (bei der geraden Axt in der Richtung der Schneide, beim Hammer in der Richtung der Finne). Bei den Werkzeugen mit ovalem Öhr setzt man den Keil oft leicht quer ein.

Die Werkzeuge, deren Öhr nach oben breit konisch verläuft, werden ohne Keil bestielt; oft muß man bei ihnen befürchten, daß sich der Kopf beim Schlagen (durch Zentrifugalkraft) vom Stiel löst.

Der Stiel ist gleich konisch geformt wie das Öhr und steht oben über.

Bei den Hämmern ist das Öhr wegen der kleinen Grundfläche nicht selten beidseitig konisch ausgebildet; man treibt den Stiel am einen Ende ein, der Keil zwängt das Holz auseinander und paßt es nach oben genau an die Öhrwände an. Dies ist offenbar die beste Lösung, doch erfordert sie ein besonders geformtes Öhr, das im Warmverfahren mit dem Locheisen angebracht wird und nicht allen Werkzeugmachern gleich gut gelingt.

In diesem Zusammenhang sei eine Anweisung von Hulot sen. zitiert (*L'Art du tourneur-mécanicien*, 1775), die heute noch befolgt wird, wenn auch nicht für Hämmerchen und Beile, so doch für die schweren Schlagwerkzeuge:

»Das beste Holz für die Stiele der Hämmer und Äxte ist Viertelholz der Esche. Es ist darauf zu achten, daß die Seite des Kernholzes auf die Seite einer der Wangen des Öhrs der Axt oder des Hammers kommt und die Seite der Rinde auf die Seite der anderen Wange, so daß man, wenn man das Ende dieses Stiels betrachtet, den Eindruck hat, daß mehrere Holzplättchen nebeneinander liegen und nur gegeneinander drücken«, was bedeuten soll, daß die Jahresringe in Parallelrichtung zur Schneide verlaufen.

Damit ist die Elastizität des Stiels und zugleich das richtige Einsetzen des Keils gewährleistet. »Wenn man diese Vorsichtsmaßnahmen ergreift«, setzt Hulot hinzu, »halten die Stiele länger.«

Manche Schlaghämmer haben gebogene Stiele. Die Krümmung kann am Stiel allein auftreten (Ziseleurhämmerchen), sie kann aber auch im Werkzeugkopf vorhanden sein. Das Öhr ist dann schräg. Die Hämmer der Nagelschmiede haben solche Stiele. Der gesuchte und erzielte Vorteil besteht darin, daß bei diesen Hämmern, mit denen man in rascher Folge von Schlägen hämmert, der Arm nur leicht angehoben zu werden braucht und eine wenig ausholende Bewegung nötig ist.

Stiele und Griffe mit Zwingen

Alle Werkzeuge, die man hin- und herführt, haben einen Stiel oder Griff mit Zwinge. Dies ist notwendig, damit die Angel den Griff nicht sprengt.

Die Meißel des Zimmermanns, des Schreiners und des Holzschnitzers weisen zweierlei Hefte auf:

a) aus Hartholz ohne Zwinge. Sie haben einen achteckigen Querschnitt und sind am Fuß leicht gebaucht. Der Wulst unten an der Schneide drückt auf die Spitze des Hefts. Die Schreiner- und Zimmermannsmeißel sind breit und verbreitern sich noch zur Spitze hin. Diese Werkzeuge werden mit dem Holzhammer geschlagen; das Holz fängt die Wucht auf, so daß kein Splittern hervorgerufen wird.

b) aus weicherem Holz mit Zwingen oben und unten. Damit sind sie gegen Splittern geschützt und können schmaler sein. Der Querschnitt ist achteckig oder kreisförmig.

– Die Zwinge ist ein Metallring am Werkzeuggriff, der das Holz fest zusammendrückt.

– Die Angel ist die eiserne Verlängerung des Werkzeugs. Sie ist zugespitzt und hat einen viereckigen Querschnitt.

Bei manchen Werkzeugen (und vielen alten Werkzeugen) verläuft die Angel ganz durch den Griff und ist außen umgebogen oder auf einer Scheibe vernietet. Da das Werkzeug oft eine Dreh- oder Reißwirkung auf die Griffspitze ausübt, wird die Zwinge stets sehr sorgfältig angebracht. Sie muß widerstandsfähig sein und das Holz zusammenhalten. Manche Zwingen (schon im 18. Jahrhundert) sind innen der Angel zu gebogen, andere sind angenietet oder angenagelt.

Da es wichtig war, den Holzgriff beim Anbringen der Zwinge in seiner Dicke zu belassen, fertigten viele Handwerker selbst Zwingen mit den genauen Abmessungen an, wenn sie keine passenden Zwingen zur Hand hatten und auch keine Zwingen verwenden wollten, die ein Eindrehen erfordert hätten. Daher finden wir Zwingen aus Weicheisenplättchen, die plattgehämmert, abgefeilt, gerollt, schwalbenschwanzartig angebracht und schließlich verlötet wurden, ebenso auch heißgeschweißte Zwingen.

– Bei manchen gedrechselten Holzmeißelheften ist die Zwinge in einer Rille oben eingearbeitet und ragt nicht nach außen. Bei dieser Anordnung kann die Hand das Heft sehr nahe bei der Schneide halten.

– Bei vielen Werkzeugen, mit denen Häute oder Textilien bearbeitet werden, hat die Zwinge eine konische, mehr oder weniger längliche Form. In manchen Fällen ist sie eine *Haube*. Bei den *Ahlen* des Schuhmachers und des Sattlers läßt sie nur so viel Platz, daß die Angel der Nadel hindurchpaßt. (Diese Zwingen sind aus Eisen oder Kupfer.) (Abb. S. 55)

– Die Griffe der Schneidewerkzeuge der Leder-, Textil- und Nahrungsmittelindustrie sind ähnlich geformt wie die Griffe sonstiger Werkzeuge, die man hin- und herführt; ihre Vielfalt ist bekannt. Viele bestehen aus Hartholz, das in zwei Teilen auf die flache Angel genietet ist, manche aus Horn, Elfenbein oder sonstigen Werkstoffen. Diese sollen lediglich das Heft stärker machen, damit es gut in der Hand liegt.

Die Schleif- und Polierwerkzeuge des Goldschmieds (Polierstahl) gleichen den Ahlen. Sie haben eine lange Zwinge, die den Griff festigt. Das Werkzeug (Achat oder ein anderer harter Stein) ist einzementiert.

Schraubenzieher, Schraubenschlüssel

Beim Schraubenzieher ist die Drehwirkung sehr stark, so daß Gefahr besteht, daß sich das Metall vom Griff löst. Obwohl der Schraubenzieher seit dem 19. Jahrhundert im Eisenwarenhandel erhältlich ist, haben es die Handwerker oft vorgezogen, ihn selbst zu fertigen. Der Griff hat einen runden oder – noch besser – einen ovalen Querschnitt und ist stark gerillt. Große Schraubenzieher haben in der Mitte der Klinge ein Loch, durch das man einen Hebel stecken kann. Die linke Hand kann den Schraubenzieher daran drehen, während die rechte Hand ihn fest in die Kerbe der Schraube eindrückt. Wir stoßen hier auf das Prinzip des Bohrers. Ganz allgemein ist die Griffoberfläche stets geriffelt

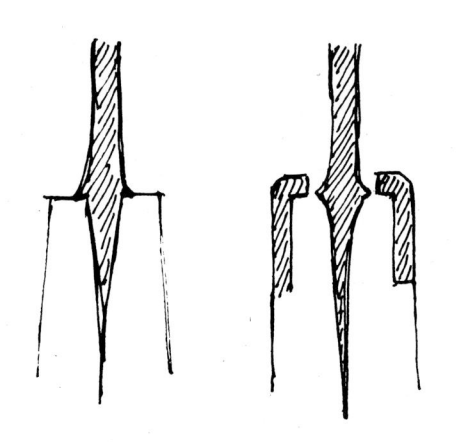

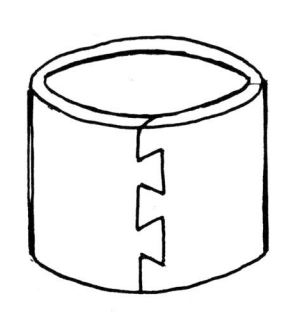

17   Scherdegen (Gerber).

18   Kelle aus Messing (Maurer).

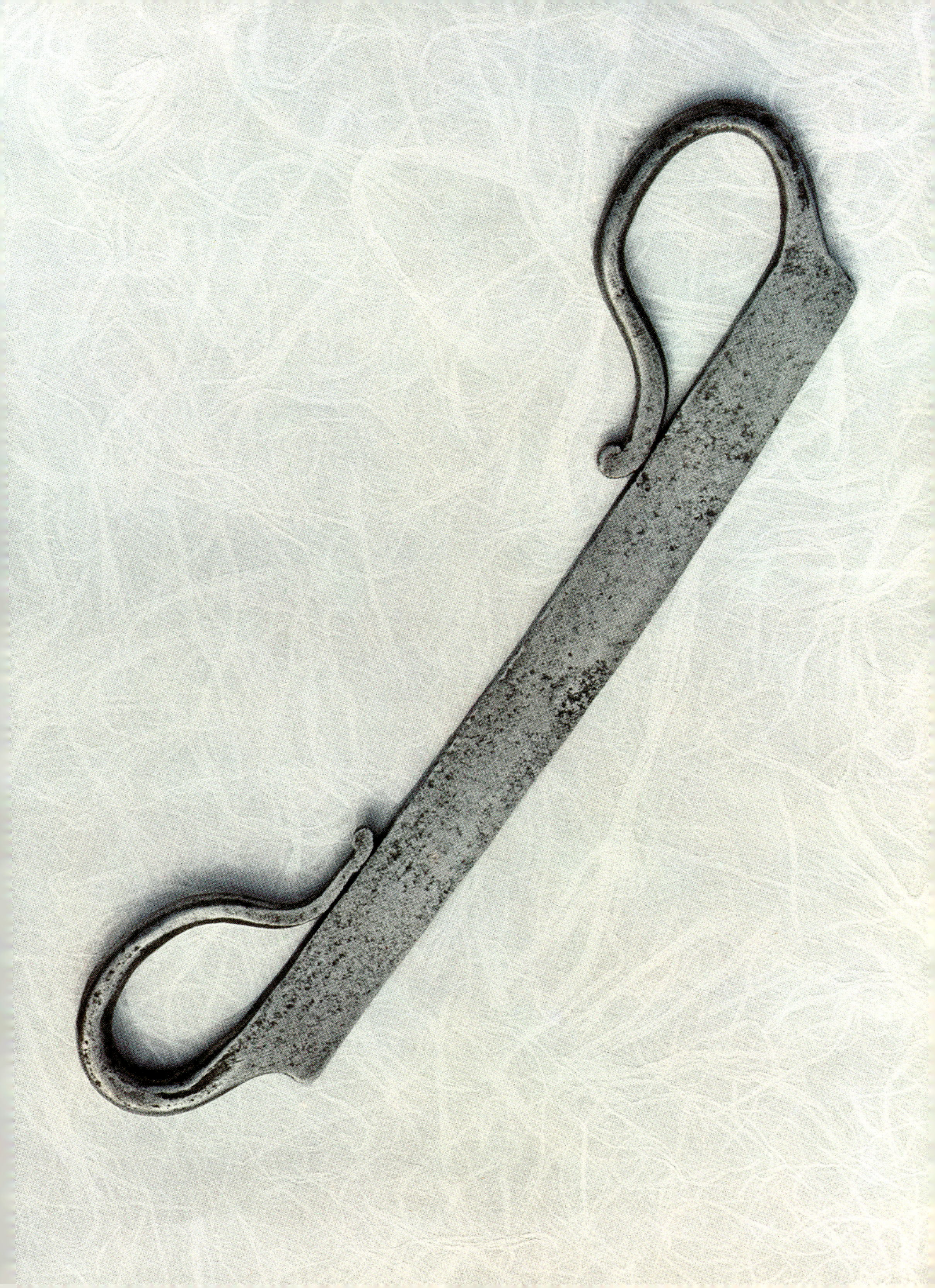

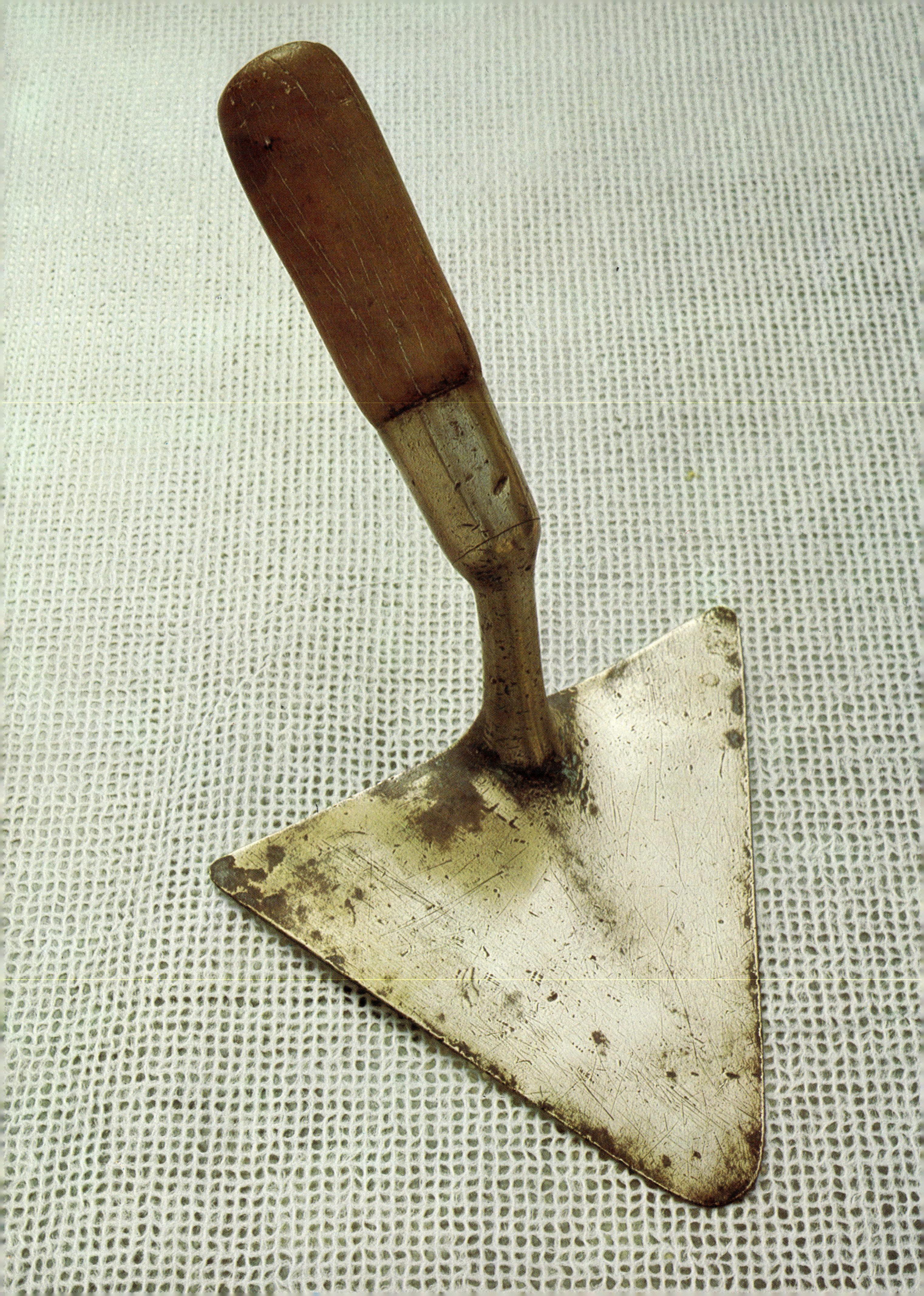

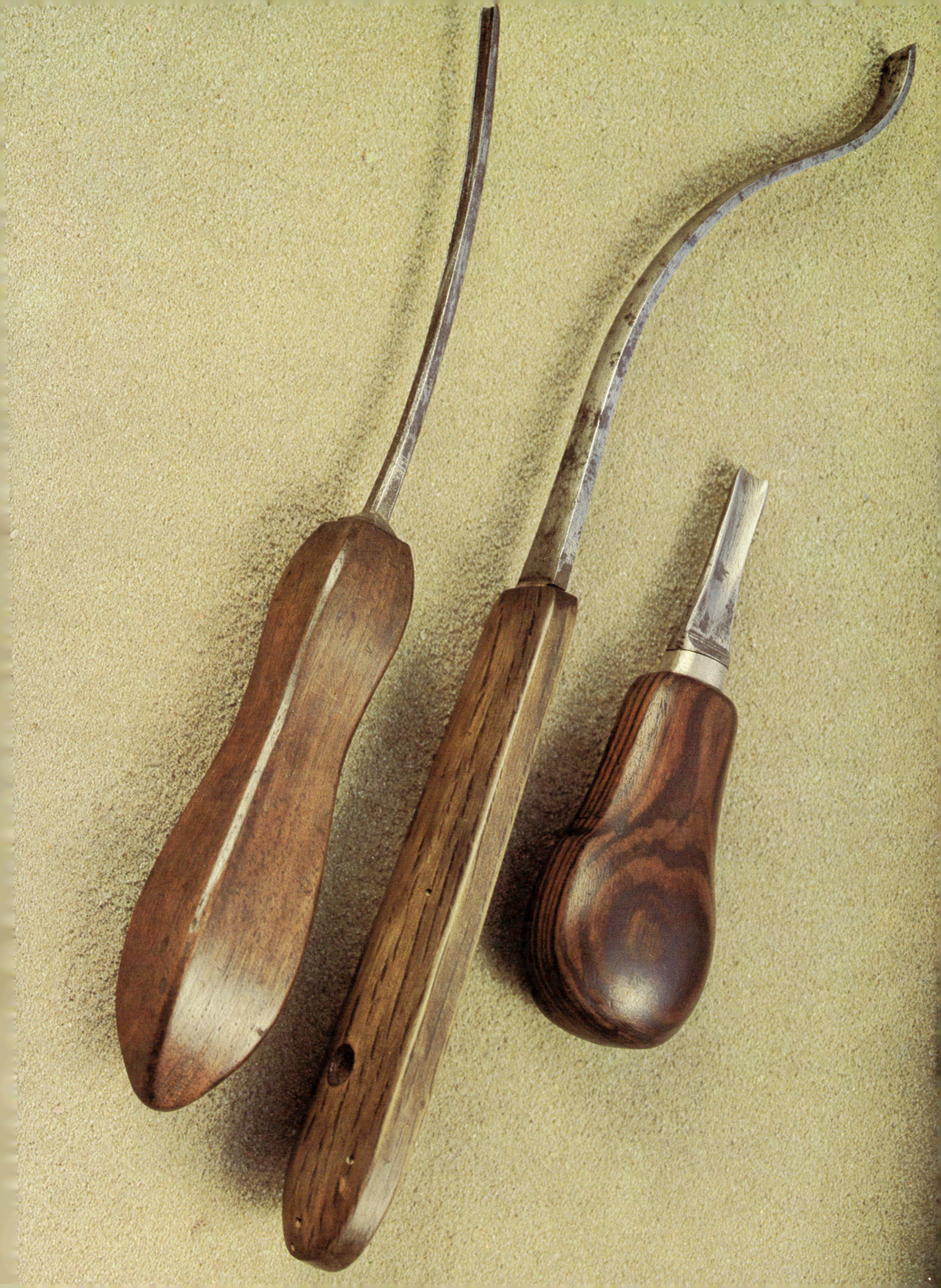

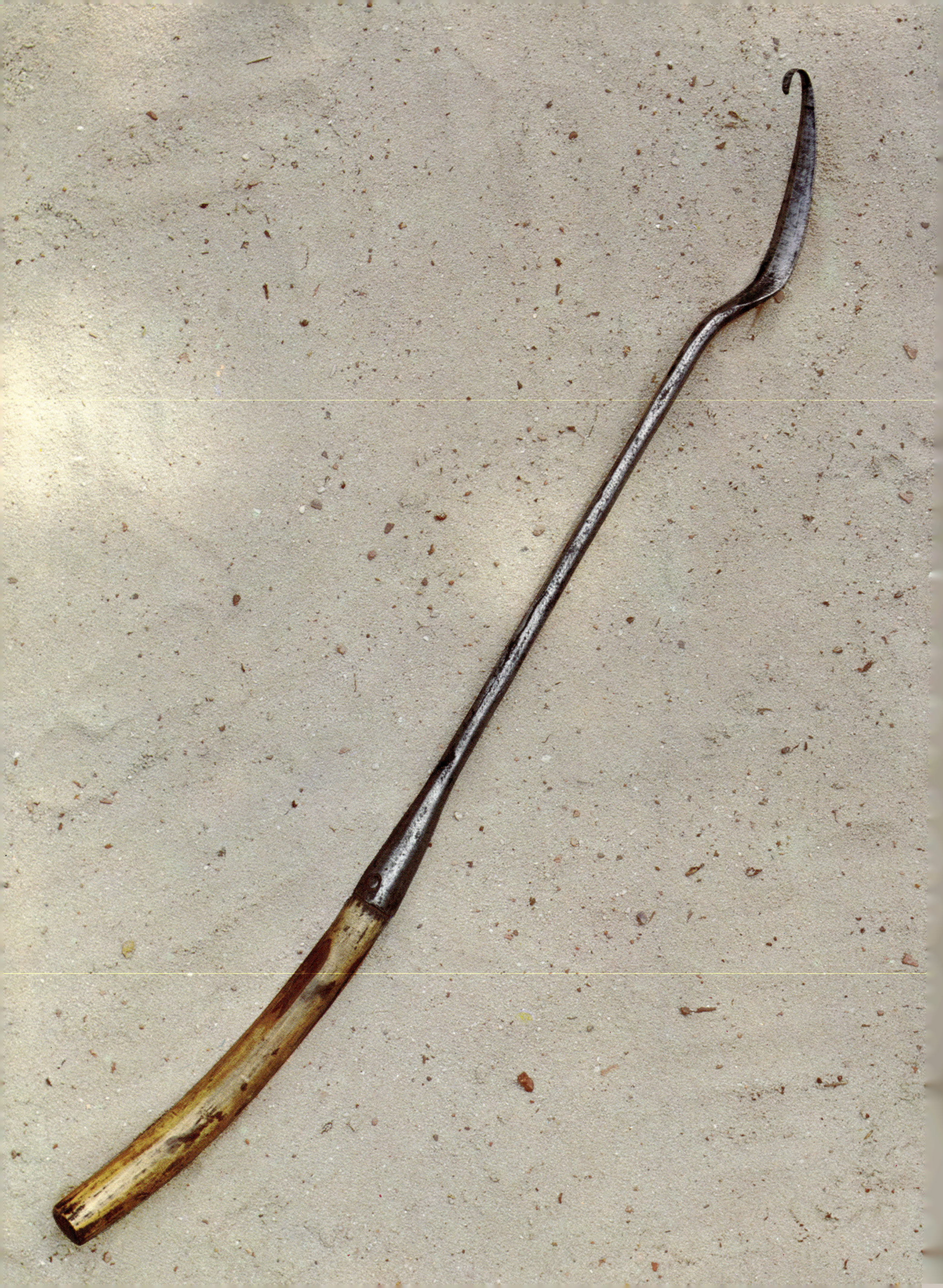

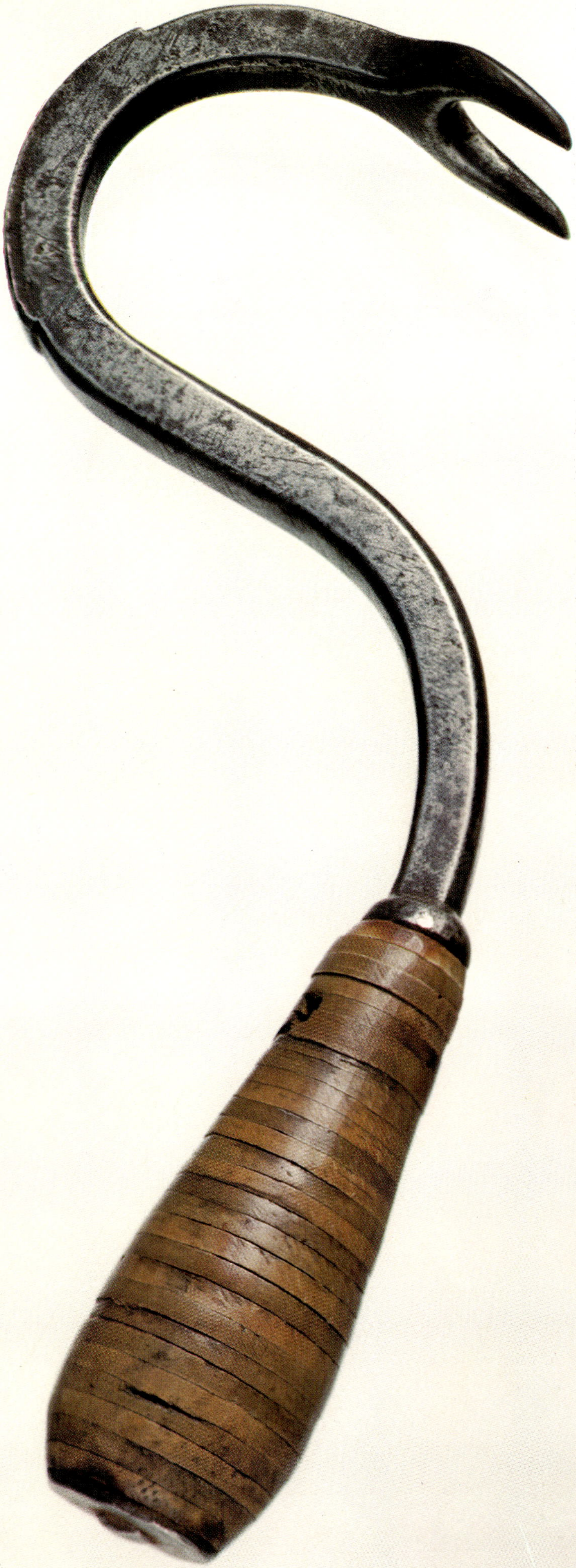

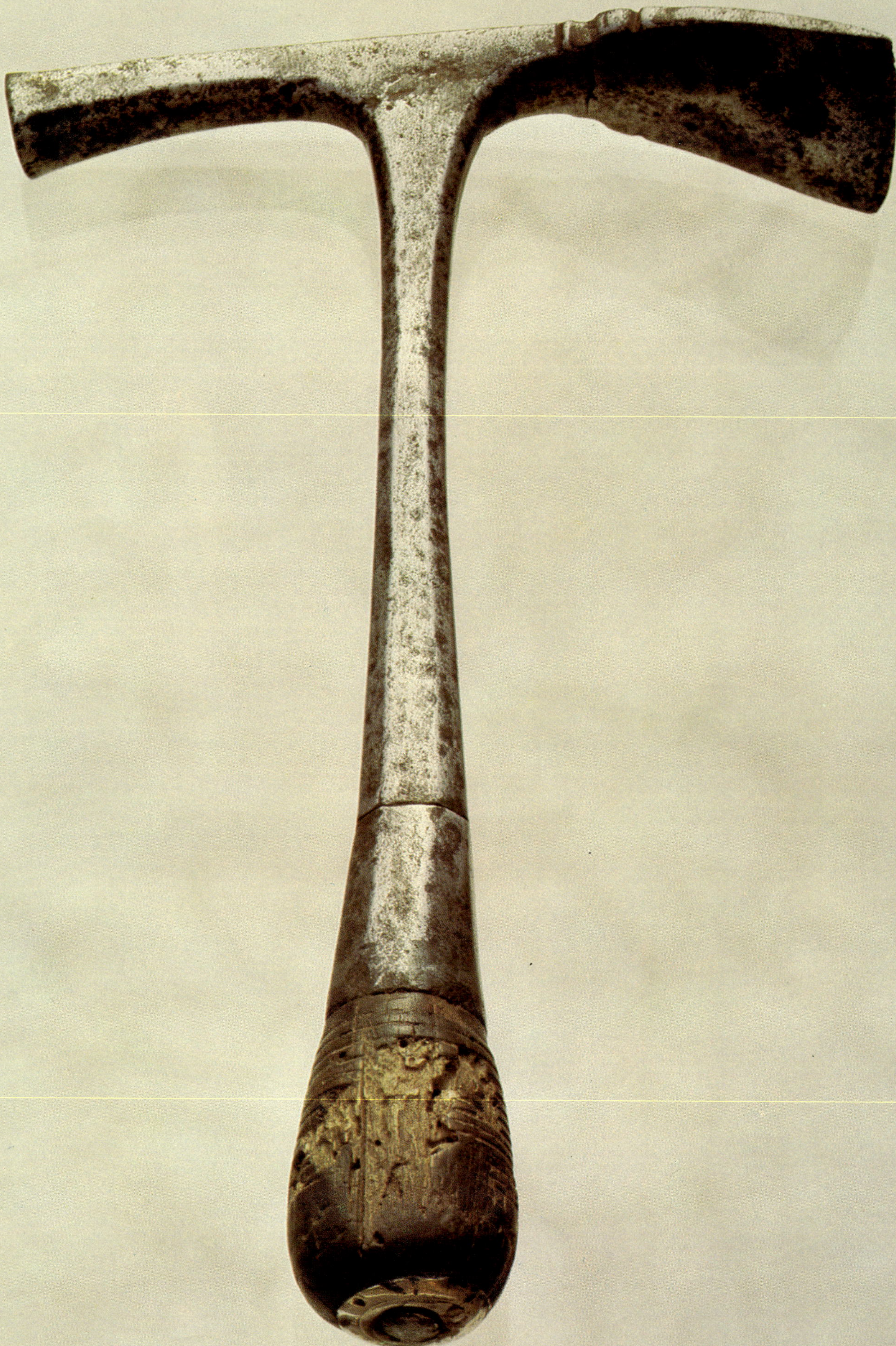

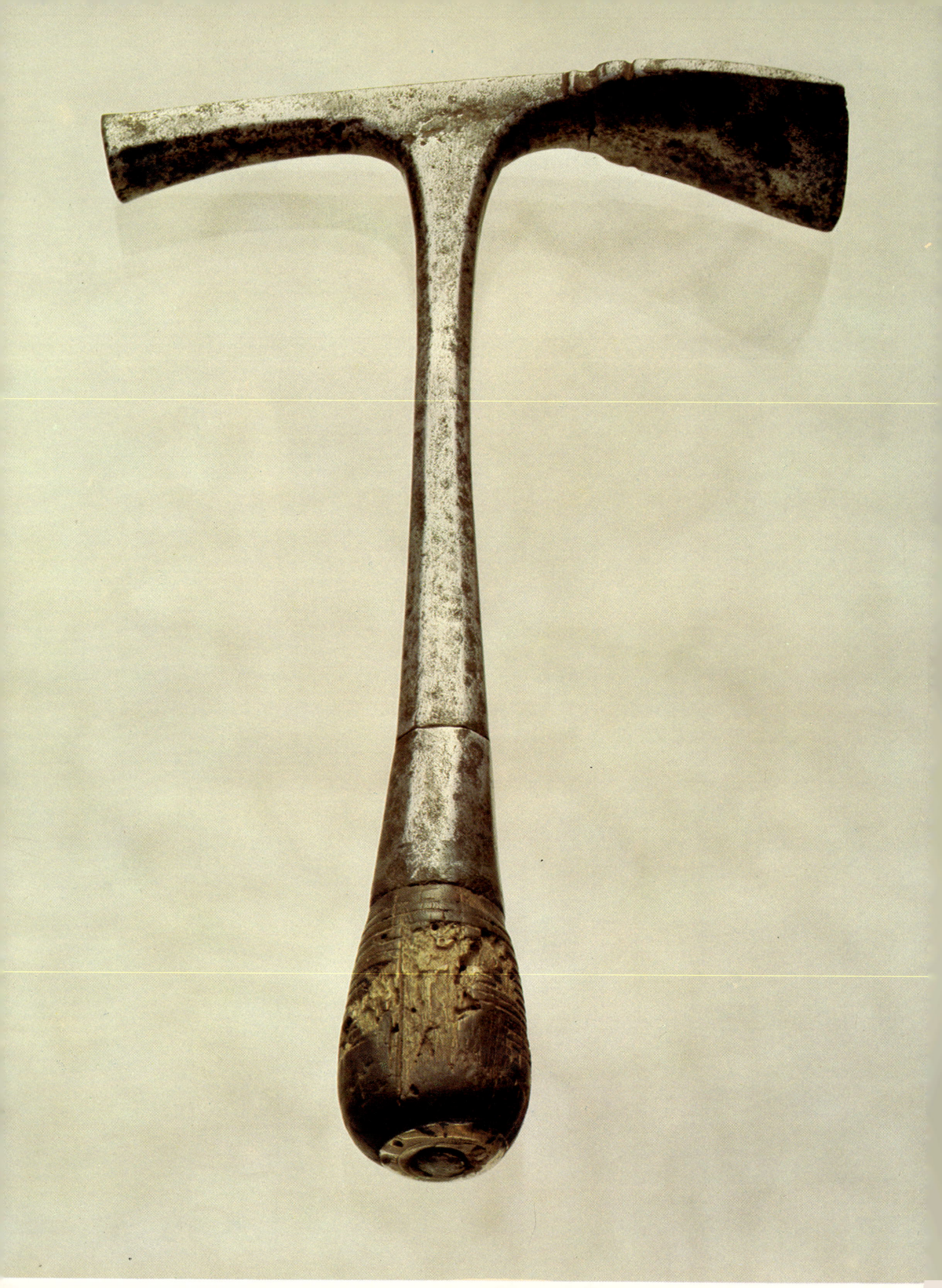

oder mit einem sonstigen Relief versehen, damit er sicher und fest in der Hand liegt. Einige dieser Reliefs sind phantasieanregende Darstellungen (vgl. Abb. 3, S. 17).

Unter den Bohreinsätzen für den Leierbohrer ist stets auch ein Einsatz mit Schraubenzieherkopf enthalten, denn die Holzhandwerker schrauben oft mit dem Bohrer.

Es wäre sinnlos, eine Gesamtübersicht über die Schraubenzieher geben zu wollen. Dieses Werkzeug hat sich seit dem 18. Jahrhundert, als es allgemein gebräuchlich wurde, weiterentwickelt. Die Schraube hat seit der Mitte des 19. Jahrhunderts so große Bedeutung erlangt, daß immer noch neue, für heutige Bedürfnisse ausgelegte Formen entstehen. Ob man mit Abstand oder aus nächster Nähe arbeitet – der Schraubenzieher bietet sich in drei großen Gruppen an: lange Schraubenzieher mit zylindrischem Griff, kurze Schraubenzieher mit flachem Griff und Schraubenzieher mit Quergriff. In denselben allgemeinen Formen gibt es Sätze mit Schraubenziehern für alle Durchmesser der Schraubenköpfe.

Der Schraubenschlüssel, der sozusagen die entgegengesetzte Funktion des Schraubenziehers erfüllt (Muttern werden auf feste Schrauben gedreht), ist oft aus einem einfach oder doppelt gebogenen Eisenstab geschmiedet, so daß die Mutter unter verschiedenen Winkeln gepackt werden kann.

Erwähnt sei noch der *Engländer* (verstellbarer Schraubenschlüssel), der seit der Mitte des 19. Jahrhunderts untrennbar zur Mechanik gehört.

Die meisten Engländer haben einen Holzgriff, durch den die eiserne Angel verläuft; manche sind auch ganz aus Eisen und weisen einen achteckigen Querschnitt auf.

Schuhmacherahle

Einige Merkmale der Griffe und Stiele

Die meisten Handwerker bestielen ihre Werkzeuge selbst, auch wenn Werkzeug und Griff aus der Eisenwarenhandlung stammen. In allen holzverarbeitenden Handwerken richtet der Handwerker gewöhnlich den Griff selbst her, ehe er ihn anbringt. Das Werkzeug muß gut in der Hand liegen; der Handwerker paßt es an die besondere Form seiner Hand an und konzipiert es danach, was seiner Hand erfahrungsgemäß möglich ist.

Am Griff zeigt sich der Stempel der Persönlichkeit. Es gibt Abnutzungen an Griffen, deren Vorhandensein von unschätzbarem Wert ist und die uns vieles verraten.

Wir konnten feststellen, daß auf Grund dieser eigenhändigen Bestielung kein Werkzeug eines Holzschuhmachers oder eines Küfers einem anderen gleicht und daß in einigen holzverarbeitenden Handwerkszweigen Werkzeuge aus sehr hartem Holz mehreren Generationen dienten.

»Hier«, sagte uns ein Holzschuhmacher und deutete auf eine Abflachung an einem Griff, »das hat der Daumen meines Vaters gemacht. Ich drücke meinen Daumen etwas weiter hinten an ...«

◀◀◀ 19 *Ein Flacheisen, ein gekröpftes Flacheisen, eine Gutsche (Hohleisen), um Vertiefungen auszuarbeiten (Bildhauer).*

◀◀ 20 *Schabklinge zum Ausarbeiten des Holzschuhs von innen (Holzschuhmacher).*

◀ 21 *Zweizinkiger Haken. Die Angel ist mit Holzringen eingefaßt.*

22 *Dachdeckerhammer zum Annageln der Dachlatten (Schieferdecker).*

Der Hammer

23   Dachdeckerhammer (Schieferdecker).

Allgemeines

Wir wollen nicht weiter auf die ungeheure Wichtigkeit der Schlagwerkzeuge sowohl in den Ursprüngen der Werkzeugverwendung als auch in ihrer Beziehung zur Entwicklung sämtlicher Techniken eingehen. Unter all diesen Werkzeugen nimmt der Hammer eine Sonderstellung ein: Er ist vollendet; er ist auf die Arbeit, die man ihm abverlangt, vollkommen eingerichtet; sobald er mit einem Stiel versehen war, hat er sich weiterentwickelt, seine Formen spezialisiert und sie an alle Arbeiten angepaßt, ohne daß die zugrunde liegende Idee verändert worden wäre.

Es ist unmöglich, alle verfügbaren Hämmer namentlich aufzuzählen, nicht nur weil die handwerkliche Ausrüstung keinen der seit dem Altertum benutzten Hämmer aufgegeben hat, sondern auch weil täglich neue Hämmer für neue Arbeiten, Werkstoffe und Verfahren geschmiedet werden.

Eine erste Vervollkommnung verdient jedoch, in den prähistorischen Ursprüngen hervorgehoben zu werden. Die Axthämmer aus Stein, schon im Neolithikum bestielt wie die unseren, konnten nur einen Werkstoff von einer gewissen Plastizität (Holz, Knochen, Bein) schlagen und zerbrachen rasch beim Aufprall auf ein hartes Material. Erst im Bronzezeitalter treffen wir den Metallhammer an, dessen Schlag auf jeden beliebigen Gegenstand oder auf ein anderes hartes Werkzeug den widerstandsfähigen Kopf nicht gefährdet. Der eiserne Hammer bringt endgültig die Verwandlung des Schlagkopfs zuwege, und wir haben schon damals unseren Schmiedehammer, den Ausgangspunkt der Entwicklung mit aufeinanderfolgenden Differenzierungen. Dieser Hammer war wahrscheinlich gegen Ende der Hallstatt-Zeit vorhanden. Die Eisenwaffenherstellung jener Epoche bedingt die Differenzierung des Kopfs: Die Bahn schlägt breit auf eine Fläche, die Finne schlägt linear, schräg oder quer auf das Eisen. In der La-Tène-Zeit III weist dieses Werkzeug schon zahlreiche Modelle auf, die sich für die verschiedensten Feinarbeiten eignen (Hämmer von Celles, Karlstein und Stradonitz).

So sah also der Vorfahr unserer Hämmer aus: Der aus gestähltem Eisen gefertigte Kopf hat zwei Teile, die quadratische Bahn und die gegenüberliegende Finne, die schräg abgeflacht ist und am Ende eine schmale, fast lineare Kante aufweist.

Das Öhr, das durch den Kopf hindurch verläuft, ist oval. Der Stiel ist drei- bis viermal so lang wie der Metallkörper und paßt genau in das Oval des Öhrs.

Aus gallo-römischer Zeit haben wir Hämmer für Messingschläger, Goldschmiede, Münzer, Schuhmacher (zum Klopfen des Leders), Zimmerleute, Schreiner, Steinmetzen und sogar schon Hämmer mit gespaltener Finne als Nagelzieher, dazu eine Fülle von Hämmern, deren Formen sich schwer zu den Handwerken jener Zeit in Beziehung setzen lassen, die aber an unsere Hämmer erinnern. Viele schwere Hämmer wurden wahrscheinlich zum Schmieden, zum Einschlagen von Pfosten, zum Zerkleinern von Steinen und zu zahlreichen anderen Schwerarbeiten verwendet.

Alle diese Hämmer haben das Mittelalter ohne große Veränderungen überdauert. Vom 13. Jahrhundert an setzt jedoch die Weiterentwicklung und die Differenzierung wieder ein (wie wir es auch für viele andere Werkzeuge festgestellt haben). Im folgenden können wir nur wenige Hämmer vorstellen und wählen dafür die charakteristischsten.

Der Gebrauch des Hammers

Die Arbeit des Hammers, sagt der Physiologe Demeny, ist proportional zum Produkt seiner Masse und dem Quadrat seiner Geschwindigkeit.

Sein Nutzeffekt rührt also von dem Arm her, der ihn handzuhaben versteht. Er kann nach der zum Einschlagen eines Nagels notwendigen Kraft und danach bemessen werden, wie weit dieser Nagel in das Brett eingedrungen ist ...

Der Hammer erhält seine Geschwindigkeit auf einer Schwunglinie, die ihm Zeit läßt, sich ohne zu große Kraftaufwendung zu neigen. Die Masse des Hammers wirkt in derselben Richtung und erhöht die Wucht des Schlags. Es genügt nicht, den Hammer eine lange Schwungbahn beschreiben zu lassen; man muß vor allem unablässig die Bewegung beschleunigen und sie niemals abbremsen. Die Hand muß stets schneller sein als der Hammer und somit einen Druck auf den Stiel in der Richtung der Schwunglinie ausüben. Alle Teile des Arms, des Unterarms, des Handgelenks und der Finger tragen dazu bei. (Demeny, *Mécanisme et éducation des mouvements.*)

Weiterhin ist wichtig, Ablenkungen zu vermeiden, sei es im Augenblick des Aufpralls, sei es unmittelbar danach als Folge des Aufpralls.

Diese Erfordernisse werfen ein Problem auf, das von den ersten Handwerkern schon in vorgeschichtlicher Zeit durch Auswahl geeigneter Formen gelöst wurde, also lange ehe die Theorie der Mechanik diese Formen bestätigte.

Theorie des Hammers

Bedingungen für den wirkungsvollen Gebrauch des Hammers:
1. Der Schlag muß schwungvoll und gezielt sein; im Augenblick des Aufpralls darf der Hammerkopf nicht in einer abweichenden Bewegung sein, die Werkzeug und Werkstück beeinträchtigen würde;
2. Hand und Arm dürfen weder seitlich abgelenkt noch nach oben geschleudert werden.
Diesen Voraussetzungen entspricht die Form des Hammers, das heißt seine Längssymmetrie, die es ihm gestattet, Querbewegungen Widerstand zu leisten. Die Finne (P) ist dem Stiel zu abgeflacht; der Schwerpunkt (G) der Metallmasse liegt deshalb hinter und etwas unter dem Schlagpunkt (R).
Das durch den Aufprall entstehende Drehmoment hat also einen sehr kleinen Rotationsradius (GR'); dies führt dazu, daß der Hammer angehoben und die Hand unten abgestützt wird, was man als gute Gebrauchsverhältnisse bezeichnen kann. Wenn der Schwerpunkt G vor R' liegen würde, würde sich der Hammer senken und die Hand heben, was die Arbeit erschweren würde.
Bei gewissen alten Hämmern, wo die Finne länger ist als der Teil mit der Bahn, stellt man nicht selten Ausbuchtungen im Kopfprofil fest. Die Wirkung dieses breit ausgebildeten Kopfes wie auch die Verjüngung der Finne besteht darin, daß der Schwerpunkt hinter den Schlagpunkt verlegt wird.
Erst in der Mitte des 17. Jahrhunderts bemühten sich die Gelehrten Wren, Huyghens und Wallis, die im Verhältnis zur beteiligten Masse erhebliche Kraft zu untersuchen, die vom Schlag des Hammers entwickelt wird. Ihr Ziel war dabei nicht, die Arbeit des Hammers herauszustellen (was vielleicht bedauerlich ist), sondern die Wirkung der Wurfgeschosse und der Rammen der Pfahlwerkbauer zu erforschen.
Von der »Royal Society« in London wurden 1668 zufriedenstellende Formeln veröffentlicht. Begreiflicherweise änderten sich die Hämmer nicht; man konnte damals nur ihre Vollkommenheit feststellen.

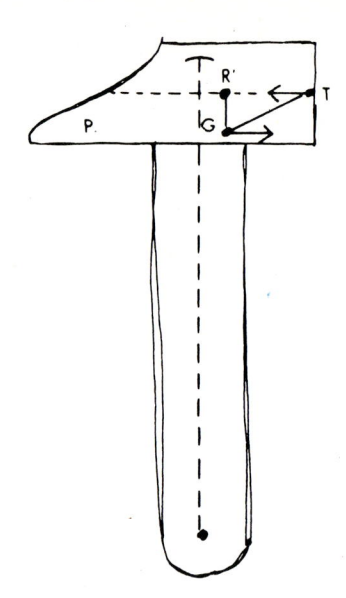

G: *Schwerpunkt*
T: *Berührungspunkt*
R: *Schlagpunkt*

Einige gebräuchliche Hammerformen

Die schweren Hämmer brauchen einen geraden Stiel, wenn der Schlag nicht sehr oft wiederholt wird und ein weitausholender Schwung nötig ist, der sich am Ende des Falls in Energie verwandelt, und sie brauchen einen kurzen, dem Kopf zu gebogenen (das heißt »geschlossenen«) Stiel, wenn der Schlag häufig wiederholt wird, aber die Schlaghöhe gering ist.
Im ersten Fall begegnen wir den Vorschlaghämmern der Schmiede und den Hämmern der Metzger und Steinklopfer, im zweiten Fall den Hämmern der Nagelschmiede, der Kupferschmiede und der Feilenhauer, alles Hämmer ohne Finne (vgl. Abb. 60, S. 119).
Die mittelgroßen Hämmer ähneln der klassischen Form des Hammers, dem *Niethammer*. Sie haben stets eine Finne, die für lineares Hämmern oder, wenn sie gespalten ist, als Nagelzieher benutzt werden kann.
Manche Hämmer, die für einen sehr kurzen, schwachen, aber fortdauernden rhythmischen Schlag verwendet werden, haben einen hinter dem Kopf verjüngten Stiel. Dieser Stiel ist etwas elastisch. Hierher gehören der Hammer des Polsterers und die Hämmerchen der Graveure, Goldschmiede und Uhrmacher.
Die Hämmer für die Kaltbearbeitung der Metalle haben oft zwei verschiedene, gegenüberliegende Bahnen mit halbkugelartigen oder anderen Formen, so daß das Metall in der gewünschten Richtung getrieben werden kann.

24 *Schmiedehammer zum Schmieden des Hufeisens (Hufschmied).*

25 *Dieser Handschlägel verstärkt die Kraft, sein Griff ist entsprechend geformt (Pflasterer). Niethammer (Schlosser).*

26 *Setzhammer zum Festhalten des Werkstücks bei der Bearbeitung (Metalldreher).*

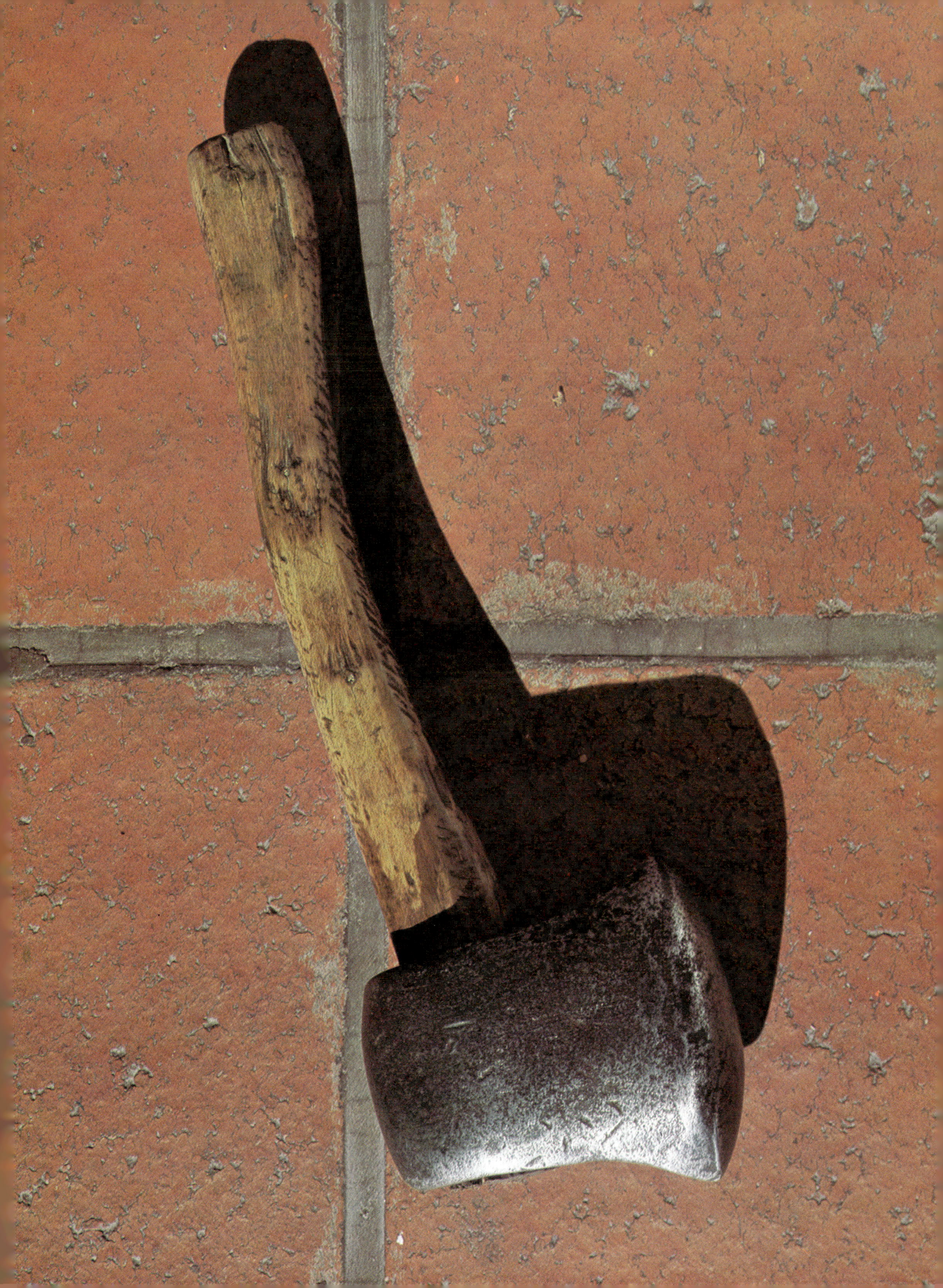

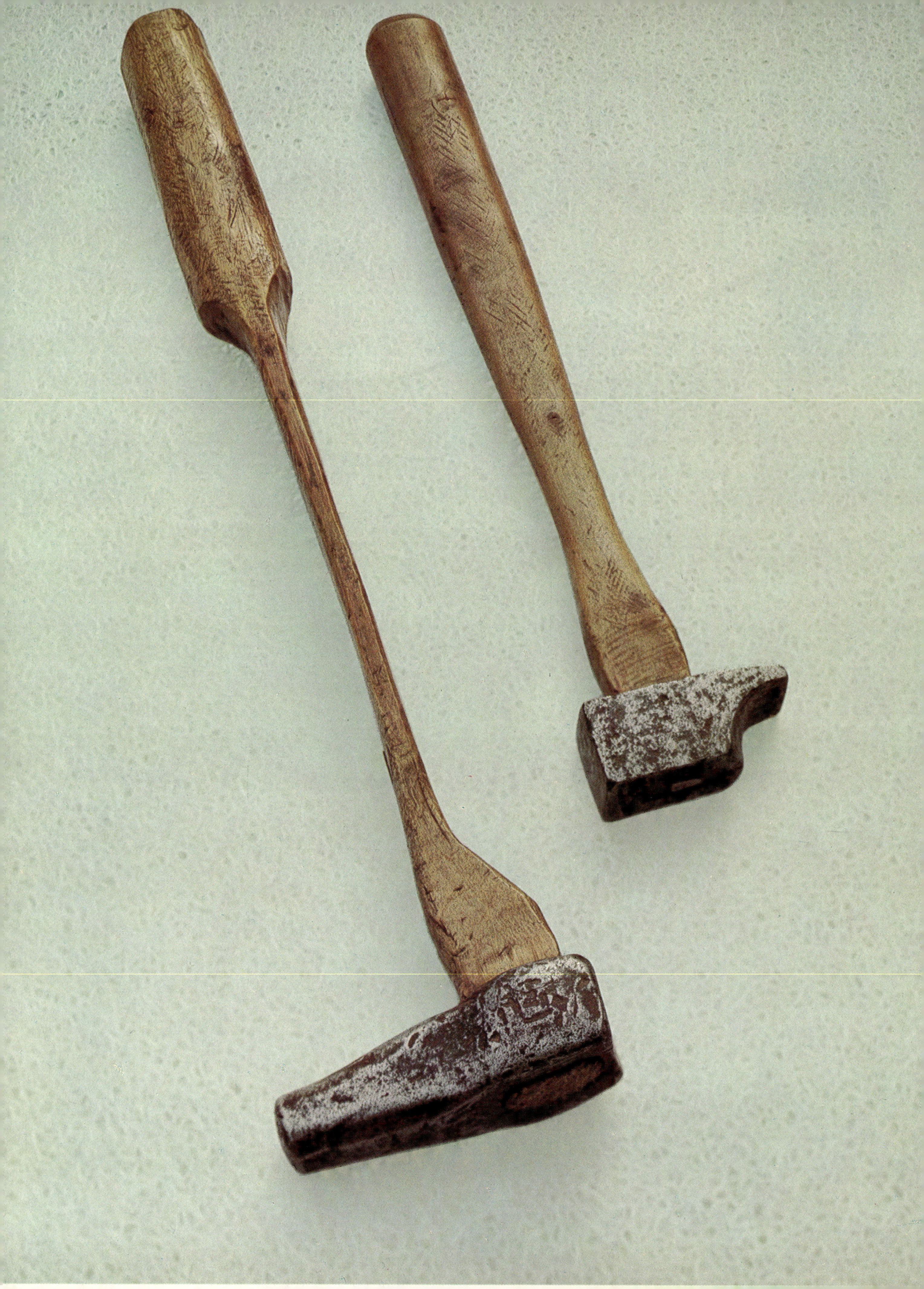

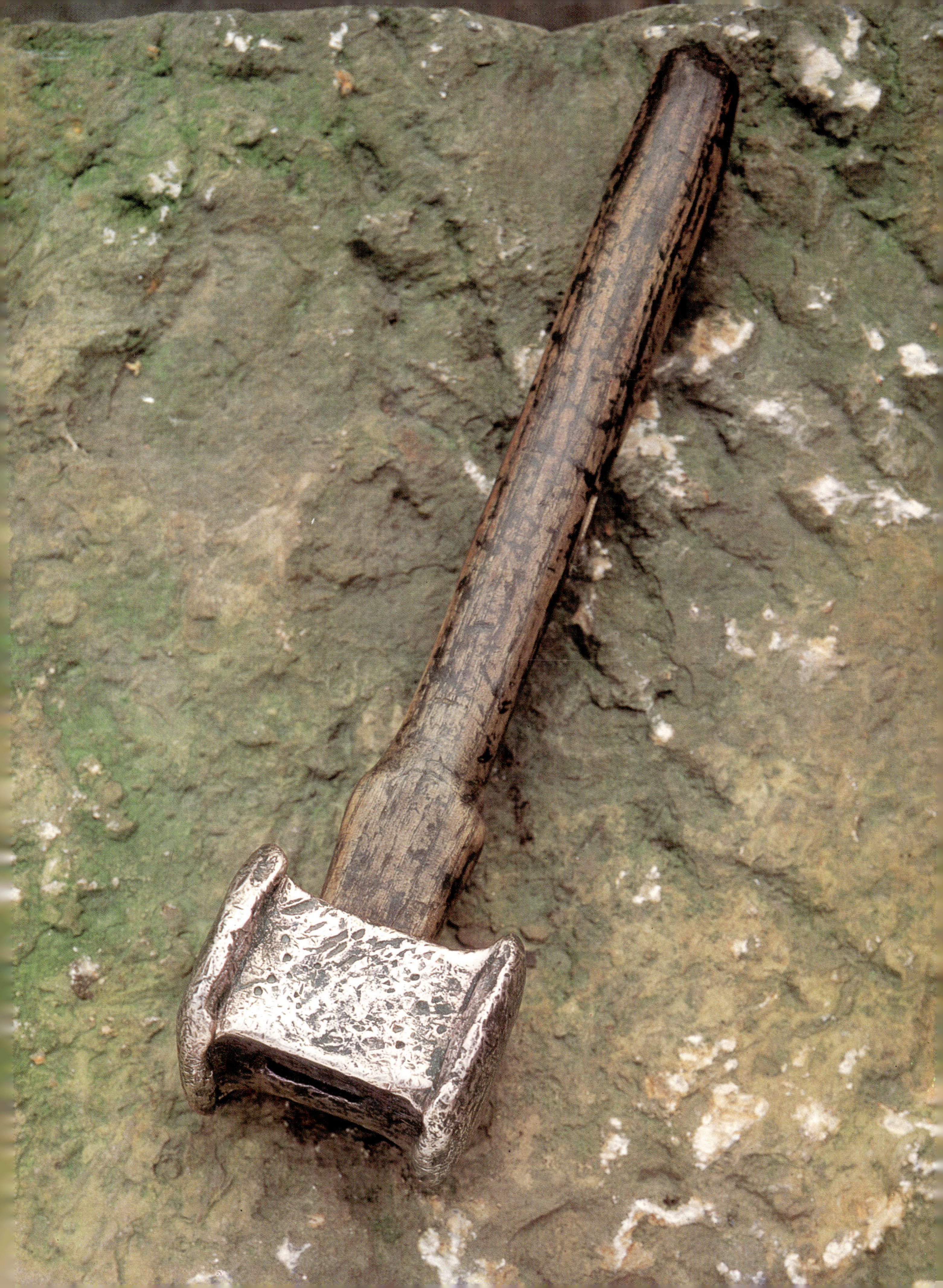

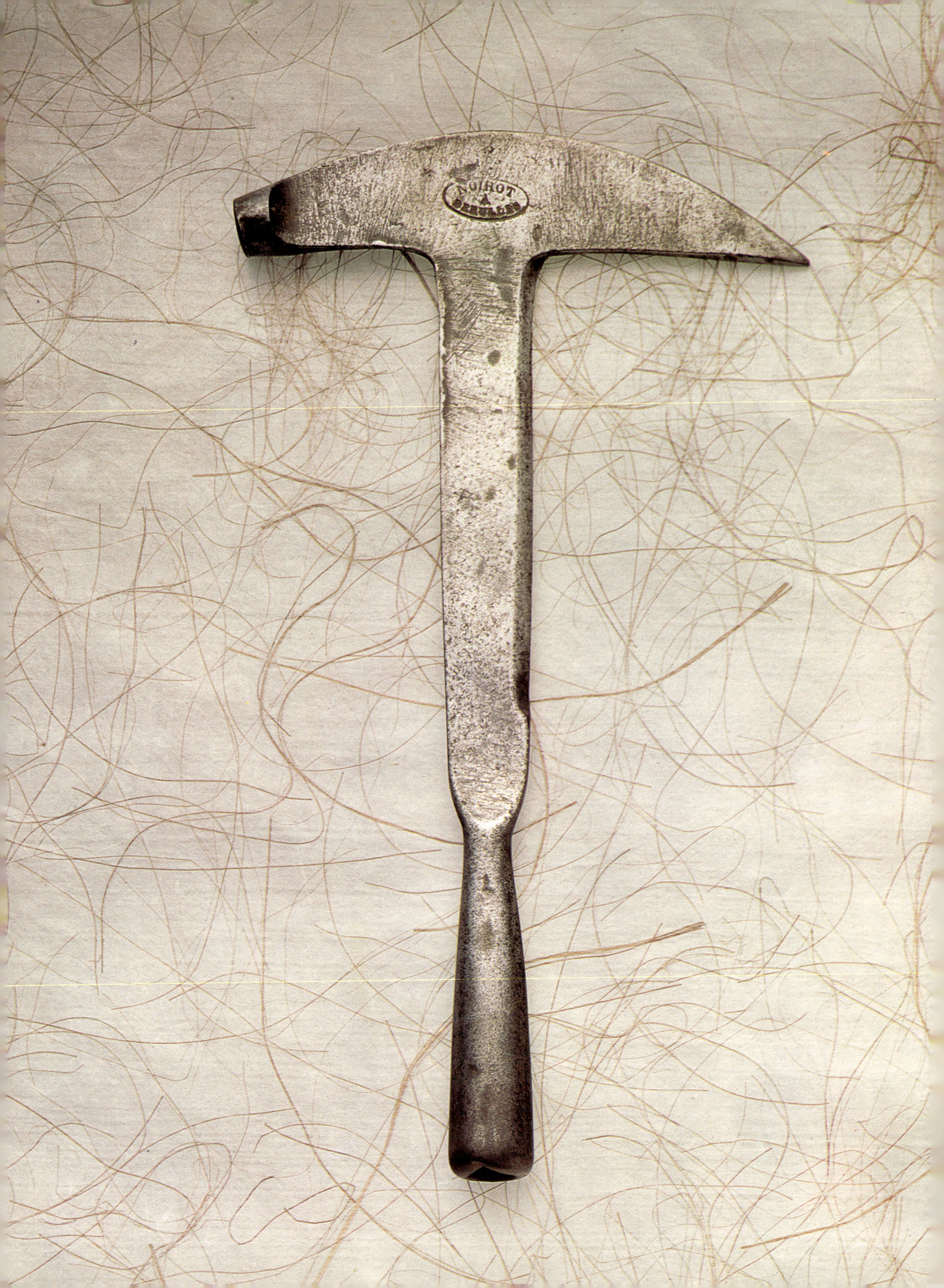
NOIROT
A

Hämmer und Fäustel

Die angestählten Hämmer mit dem kurzen, harten Schlag, dessen Wucht ganz auf das Werkstück übergeht, sind ungeeignet für bestimmte Arbeiten, bei denen das Werkstück geschont werden muß. Wenn es zerbrechlich und wenig schlagfest ist oder wenn es im Gegenteil sehr hart ist, muß der Schlag gemildert und vom Hammer selbst aufgefangen werden. In solchen Fällen werden zwei weitere Arten von Hämmern verwendet: Hämmer mit Köpfen aus Weichmetall oder Hämmer mit Köpfen aus elastischen Naturmaterialien (Büffelhorn, Holz, Faser etc.).

Es gibt auch Hämmer aus Kupfer (für Schmiede, Waffenschmiede, Dreher, Mechaniker), aus Messing oder aus Blei (entweder in einem Stück gefertigt oder als Bahn in den Kopf eingelassen).

Die Holzhämmer

Der Holzhammer (Fäustel, Schlegel, Schlägel, Klüpfel, Dichthammer, Eisenhammer) ist im allgemeinen ein Hammer mit einem Kopf aus Holz. Am weitesten verbreitet ist der Holzhammer des Schreiners, des Zimmermanns und anderer holzverarbeitender Handwerke. Meist wird Holz mit ihm gehämmert, sei es der Griff eines Werkzeugs (Meißel), seien es Holzteile (Dübel, Keile, Zapfen, die in Nuten eingeschlagen werden, oder Teile für Falze).

Wenn beim Hämmern ein Schaden entsteht, zieht man es in all diesen Fällen vor, daß das Werkzeug und nicht das Werkstück leidet.

Der oft sehr dicke und schwere Holzhammer der Zimmerleute und Schreiner hat zwei zum Stielende geneigte Bahnen und zwei parallele Seitenflächen. Der Stiel ist in der Mitte angebracht. Die Bahnen werden abwechselnd gebraucht. Alle Kanten sind abgerundet. Meist wird Weißbuche oder Ulme verwendet, vorzugsweise Knorrenholz.

Das schmucklose Aussehen der Holzhämmer sollte nicht täuschen; sie werden mit äußerster Sorgfalt hergestellt. Der gebogene Holzhammer des Steinklopfers wird meist aus einem Kniestück gefertigt, so daß die Fasern auf den beiden Bahnen aufrecht stehen.

Schon im Altertum tritt der kegelförmige Holzhammer mit dem in der Mitte eingesetzten Stiel für die Holz- und Steinbearbeitung auf. Die Anordnung der Teile läßt ein *geschlossenes* Werkzeug entstehen, zu dessen Handhabung der Arm nicht zu sehr gehoben werden muß. Es wurde von den Steinmetzen des Mittelalters benutzt und dient heute noch denselben Zwecken.

In den Ratschlägen der Werkmeister für die Steinmetzen der alten Zeit ist genau festgehalten, daß man den Holzhammer bei jedem Schlag in der Hand drehen muß, damit sich die Abnutzung auf die ganze Fläche verteilt und das Werkzeug sein Gleichgewicht behält.

Auch die Gießer verwenden einen Holzhammer mit langem, elastischem Stiel zum Festklopfen des Sandes in den Formen, in die das flüssige Metall gegossen wird. Die Hammerköpfe weisen die unterschiedlichsten Formen auf.

Für manche Arbeiten ist auch der Holzhammer noch zu hart; der Hammerkopf wird dann aus einem elastischeren Material hergestellt.

Einer der merkwürdigsten Hämmer ist der Dichthammer, mit dem das Werg in die Holzfugen von Schiffsrümpfen und -decks eingetrieben wird. Hierfür ist große Elastizität erforderlich. Daher hat der Dichthammer einen langen, manchmal geschlitzten Kopf.

Oben ist oft eine dicke Scheibe aus weichem Holz oder Horn eingelassen. Lange Zeit wurde das holzige Horn des Rhinozeros, in einen Eisenring eingefaßt, verwendet.

Kegelförmiger Klüpfel

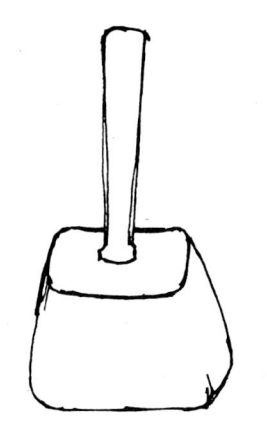

Schreinerklüpfel

27 Schieferhammer (Schieferdecker).

Schneide- und Schleifwerkzeuge

Der Schnitt als technischer Arbeitsvorgang

Von den Physikern des 18. und beginnenden 19. Jahrhunderts wurde der Schnitt als mechanisches Phänomen untersucht. Diesen Forschern erschien es seltsam (und es wird auch heute noch gelegentlich als merkwürdiges Zusammentreffen erwähnt), daß die festgestellten physikalischen Prinzipien »theoretische Erklärungen« geben, die alle Werkzeuge, ja sogar alle Zahlen der allgemeinen Praxis in den Werkstätten untermauern. Man verstieg sich sogar zu der Ansicht, es sei doch eigenartig, daß der Handwerker, »ohne es zu wissen«, experimentelle Wissenschaft betrieben habe. Es gibt aus den Anfängen der für ein breites Publikum bestimmten technologischen Veröffentlichungen Literatur, deren Lektüre uns heute zum Schmunzeln bringt. Gelehrte Theoretiker gestehen naiv, es sei für sie eine große Überraschung gewesen, feststellen zu können, daß manche Werkzeuge (und manche weit verbreiteten Maschinen) aus Teilen zusammengesetzt seien, die ihrer Funktion vollkommen entsprechen. Gelehrte und Philosophen vom Ende des 19. Jahrhunderts erläuterten dann mit größerer Einsicht, die Theoretiker könnten sich ja nur der theoretischen Wissenschaft hingeben, weil die Praktiker seit Jahrtausenden und heute noch *effektiv experimentelle Wissenschaft* betreiben. Zudem bestünden die Forschungsmethoden sowohl für die besten Arbeitsverfahren als auch für die zweckmäßigste Anordnung der Werkzeuge in bezug auf die Materialien stets darin, daß alle ungenügenden Ergebnisse nacheinander ausgeschieden wurden, und dies dank der »Experimente«, bei denen der Arbeiter selbst die Resultate feststellt. Dies ist in der Tat das Grundprinzip der experimentellen Wissenschaft, wie es im 17. Jahrhundert von Descartes und vor ihm schon von anderen aufgestellt, aber von jeher, seit den Anfängen des Werkzeuggebrauchs, von den Arbeitenden angewandt wurde.

Die Wissenschaft hat also festgestellt – und diese Feststellung auch festgehalten –, daß die Schneidewerkzeuge den Werkstoff in der Art eines Keils bearbeiten, der schräg in den Werkstoff eindringt, und daß beim Eintreiben zwei Winkel zu berücksichtigen sind (vgl. Diagramm):

Der Winkel T (bac im Diagramm) als *Schneide- oder Schnittwinkel* des Werkzeugs, gebildet von den zwei Schrägflächen des Werkzeugs.

Der Winkel M (bad im Diagramm) zwischen der Oberfläche des Werkzeugrands (Ansatzfläche) und der Oberfläche des Werkstücks, *Ansatzwinkel* genannt. Manchmal wird in Fachbüchern noch der Winkel I (cad im Diagramm) als *Anstellwinkel* genannt; er entspricht der Differenz zwischen den beiden vorigen Winkeln.

Der beim Schneiden zu überwindende Widerstand erfordert:
– die zur Führung des Werkzeugs notwendige Kraft;
– die zum Eindringen des Werkzeugs unter den Span notwendige Kraft;
– die Kraft, die den Gegendruck des Spans auf die obere Seite der Schneide überträgt und den Span sich krümmen läßt.

Die moderne Technik und das *Handwerk* seit seinen Anfängen verfolgen damit ein doppeltes Ziel:

A 1: Es soll bei diesem Arbeitsvorgang möglichst wenig Energie aufgewendet (also eine möglichst große Leistung erzielt) werden.

2. Der Span soll möglichst groß sein.

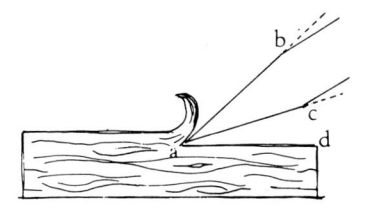

Schnitt-, Ansatz- und Anstellwinkel des Werkzeugs

28 *Zwerch- oder Queraxt zum Ausarbeiten der Zapfenlöcher (Zimmermann).*

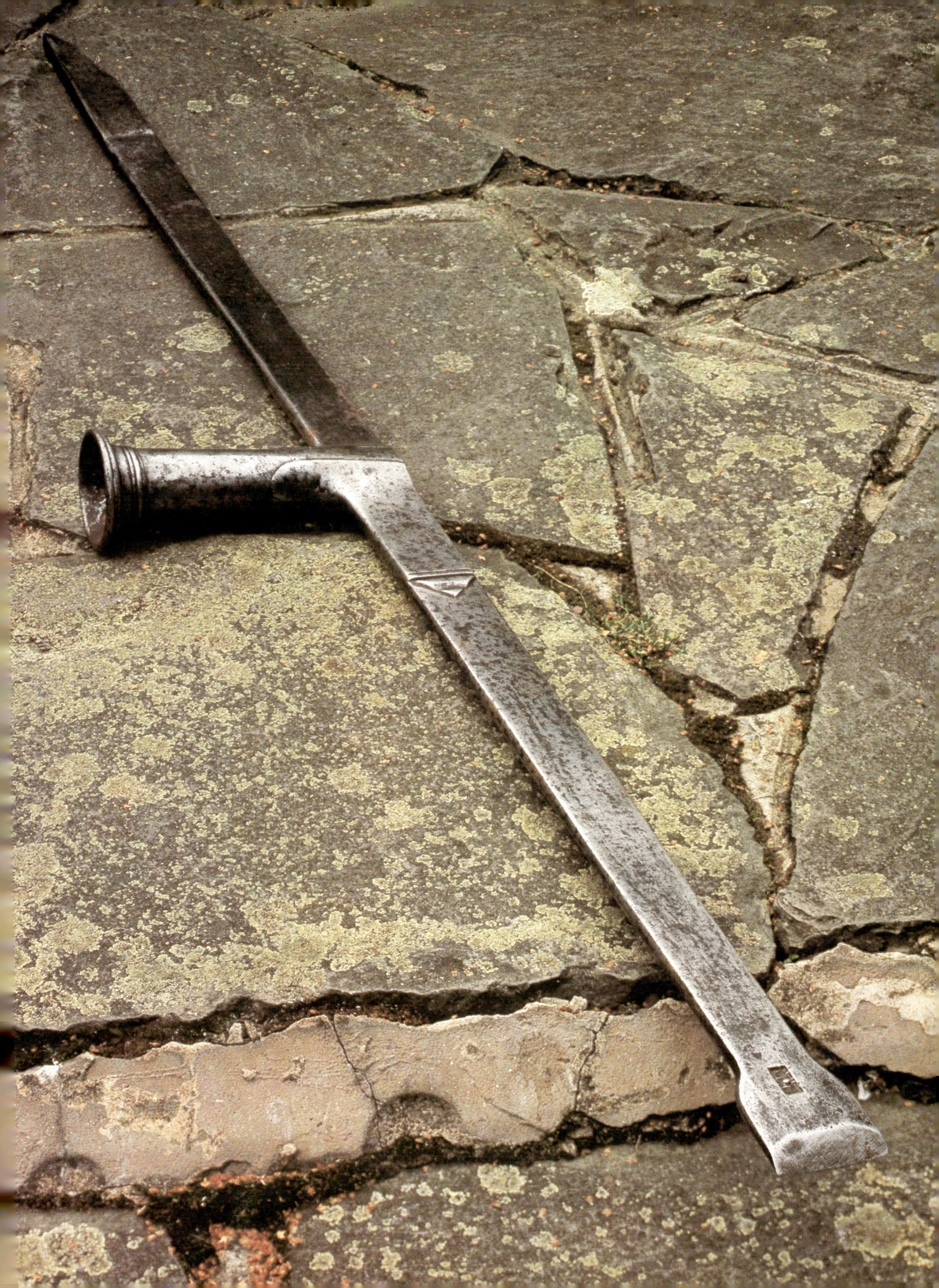

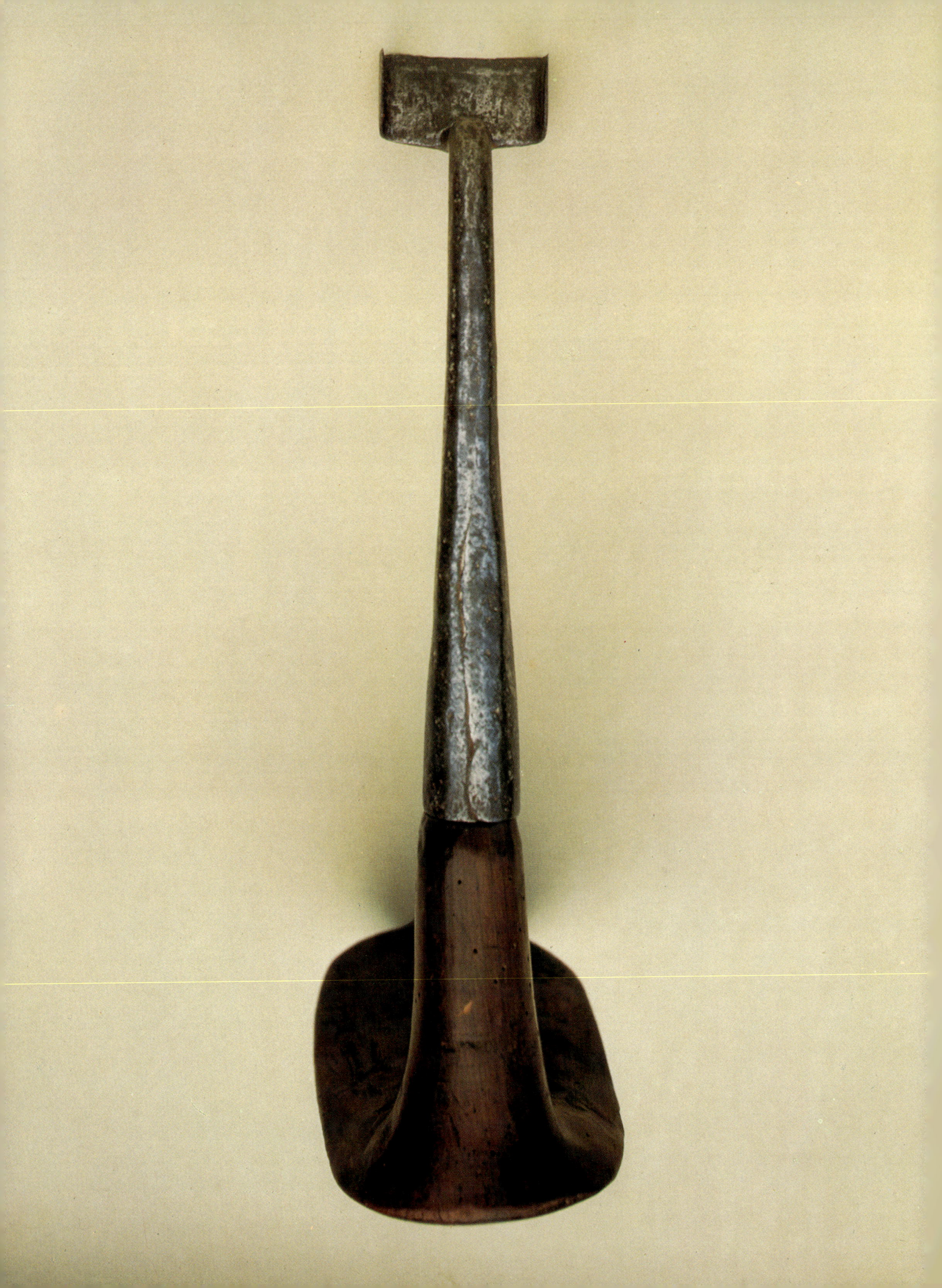

B 1. Das Werkzeug soll geschont werden (der Schnittwinkel soll nicht kleiner sein als notwendig, damit die Schneide und dadurch das Werkzeug unbeschädigt bleibt).

2. Das Werkstück soll geschont werden (es darf durch das Werkzeug nicht eingerissen werden).

Bemerkt sei, daß die meisten Werkzeuge, die durch Abtragung arbeiten, einen Schnitt bewirken, sei es, daß sie Späne von fühlbarer Größe und Form abheben (Meißel, Hobel), sei es, daß die Abtragung körnig oder pulverförmig ist (Sägemehl). Im letzteren Fall könnte man meinen, es handle sich um einen besonderen Arbeitsvorgang, nämlich um ein Abreißen; der Vorgang setzt sich aber aus einer ununterbrochenen Folge winziger Schnitte zusammen. Die dafür verwendeten Werkzeuge haben deshalb immer *Zähne*, die elementare Schneiden darstellen und jeweils einen eigenen Ansatz- und Schnittwinkel aufweisen.

Von den gebräuchlichsten Werkzeugen seien genannt:

Werkzeuge zur Holzbearbeitung: Flachmeißel, Hohlmeißel, Axt, Schlichtmeißel, Hobel, Säge, Löffelbohrer, Wendelbohrer.

Werkzeuge zur Eisenbearbeitung: Flachmeißel, Kreuzmeißel, Kehlmeißel, Säge, Feile, Wendelbohrer, Reibahle.

Hohlmeißel

Die Werkzeuge zur Holzbearbeitung

Der Meißel ist vom Ende des Paläolithikums auf uns gekommen. Vielleicht gab es schon vorher ähnliche Werkzeuge, die jedoch das Holz eher spalteten. Mit manchen Steinen des Altpaläolithikums wurde das Holz geschnitten, und die kleinen Schneidewerkzeuge des Mesolithikums haben einen genau festgelegten Schnittwinkel. Aller Wahrscheinlichkeit nach wurden einige dieser Steine bei der Arbeit nicht direkt in der Hand gehalten, sondern waren geschäftet, doch scheint keiner in diesem Zustand gefunden worden zu sein. Dagegen entdeckte man aus dem Neolithikum Steine, die in Hirschhorn gefaßt sind und als unleugbare Vorfahren unseres Meißels, Beitels und Stemmeisens gelten.

Der Meißel aus der Bronzezeit hat die Form einer kleinen Axt und eignete sich für alles, was man sich an haltbar gezimmerten Konstruktionen jener Zeit vorstellen kann. Einige reine Formen von Bronzemeißeln mit zylindrischem oder ovalem Querschnitt sind schon dreifach gegliedert wie unsere heutigen Meißel: Schneide, Schaft und abgeflachter Kopf, auf den geschlagen wird.

Die Eisenzeit behält anfangs die beiden Formen der Bronzezeit bei: Meißel mit axialer Zwinge am Kopf, wo sich das Heft befindet, und stichelartige Meißel. In der La-Tène-Zeit II taucht der Meißel mit der in das Heft reichenden Angel auf, und in der La-Tène-Zeit III sehen wir das Ende einer Entwicklung, die zu unserem heutigen Meißel führte: axiale Bestielung mit Eisenwulst (Krone) zwischen Schneide und Angel, so daß der vom Heft aufgenommene Schlag weitergeleitet wird (Meißel von Stradonitz).

Aus gallo-römischer Zeit sind sehr viele Meißel mit verschiedenen Schneiden erhalten; die holzverarbeitenden Handwerke differenzierten sich. Bilder aus römischer Zeit zeigen die Holzbearbeitung an der Werkbank; die damals errungenen Grundlagen sind geblieben, wenn auch das Verfahren vervollkommnet wurde.

Der *Meißel* ist ein flaches Werkzeug mit länglichem Schaft und quer verlaufender, geradliniger, einfach abgeschrägter Schneide. Mit der einen Hand faßt man das Heft und hält es im richtigen Winkel, mit der anderen Hand schlägt man darauf, entweder mit der flachen Hand oder mit einem Holzhammer.

Das Eisen läuft in eine Angel aus, die in das Heft eingelassen ist. Die Krone am Heft nimmt den vom Kopf durch die geradlinigen Holzfasern übermittelten Schlag auf. Die Abschrägung schwankt je nach der auszuführenden Arbeit

Flachmeißel

29 *Schabmesser (Holzschuhmacher).*

(30–35°). Die Härtung darf nicht zu stark sein; nach dem Härten wird der Stahl vergütet.

Die der Schrägfläche gegenüberliegende Meißelfläche, der *Kopf*, wird angestählt; die Verstählung erkennt man an der schimmernden Glätte.

Bei einer Sonderform des Meißels, dem *Fermoor*, haben Schaft und Schneide in ihrer Dicke dieselbe Symmetrie-Ebene; die Schneide ist also nicht abgeschrägt. Die Stahlauflage ist in das Schafteisen eingelassen.

Der *Kreuzmeißel des Schreiners* ist ein schmaler, dicker Meißel. Mit seiner länglichen, schmal zulaufenden Schneide dient er zum Ausheben der Nuten. Er schneidet die Holzfasern quer.

Schaft und Schneide des *Hohlmeißels* (Hohleisens) sind rinnenförmig. Er wird für Rillen, Nuten, Hohlkehlen, zum Vorbohren von Löchern oder zum Durchbohren von Löchern, die mit Drehwerkzeugen vorgebohrt wurden, verwendet. Die Schrägkante kann innen oder außen, abgerundet oder gerade sein. Benutzt man einen Hohlmeißel für eine konkave Form, so ist die Schneide innen in der Höhlung. Nimmt man ihn für eine konvexe Form, so ist sie außen.

Meißel und Hohleisen werden in verschiedenen Größen in allen holzverarbeitenden Handwerken verwendet. Bildhauer, Stukkateure und Graveure haben zahlreiche Meißel, Stichel und Nadeln in schmalen, eleganten Formen mit Schneiden, die auf das absolut Notwendige begrenzt sind. Die Werkzeuglinie nimmt (im Relief) sämtliche Umrisse der auszuführenden Schnitte an.

Die Meißel werden leicht eingeölt und stets in Sätzen aufbewahrt. Man steckt sie – jeden zweiten in entgegengesetzter Richtung – in ein leinenes Etui, das zusammengerollt und im Werkzeugkasten untergebracht wird. Während der Arbeit sind sie dann in strenger Ordnung (die bei jedem Handwerker anders ist) nebeneinander ausgebreitet, so daß man sie zur Hand nehmen kann, ohne hinzusehen. Die Schneide aus sehr hartem Stahl muß stets gut geschärft sein.

Der *Schlichtmeißel* (das Zugmesser, Schäleisen) ist ein Messer und wird mit beiden Händen geführt. Er besteht aus einem flachen Eisen mit zwei Handgriffen. Das Eisen ist gerade oder gebogen und steht über die beiden Angeln hinaus, so daß die Schneide freiliegt. Die geschmiedeten Angeln sind rechtwinklig zurückgebogen und in den Handgriffen verankert. Die Handgriffe sind entweder Kugeln, die vorn abgeplattet sind, oder längliche Hefte, die hinten ausgebaucht sind. Man zieht das Werkzeug zu sich her. Seine Handhabung sieht sehr einfach aus; dies ist jedoch eine Täuschung. Großes Können gehört dazu, den Schlichtmeißel exakt zu führen, denn er hat stets die Neigung, zuviel Holz abzunehmen. Offenbar ziehen auch die beiden Hände nicht gleichmäßig; vielgebrauchte Schlichtmeißel sind oft auf der aktiveren Seite mehr abgenutzt. Der Schlichtmeißel wird in allen holzverarbeitenden Handwerken gebraucht, besonders dort, wo Werkstücke gerundet werden: Küfer, Zimmermann, Wagner, Stuhlmacher, Kunsttischler. Manche Schnitzmesser des Stuhlmachers, mit denen Stuhlbeine gefertigt werden, weisen eine Schneide mit Hohlprofil auf. Die damit hergestellten ausgebauchten Rundformen sind ebenso streng zylindrisch, wie wenn sie gedrechselt wären.

Die Werkzeuge zur Eisenbearbeitung

Die Werkzeuge zur Bearbeitung von Eisen (und anderen Metallen) folgen denselben Prinzipien, unterliegen den gleichen Notwendigkeiten und werden unter sehr ähnlichen Verhältnissen gebraucht wie die Werkzeuge zur Holzbearbeitung. Sie unterscheiden sich nur durch ihre Beständigkeit, ihre viel größere Kraft und ihren viel größeren Schnittwinkel.

Der *Flachmeißel* wird zum groben Vorbearbeiten wie auch zum Aushöhlen verwendet. Er spielt in der Metallbearbeitung eine ähnliche Rolle wie der Meißel in der Holzbearbeitung.

30 *Einhändiges Breit- oder Schlichtbeil aus der Picardie zum Zurichten des Holzes (Dachdecker).*

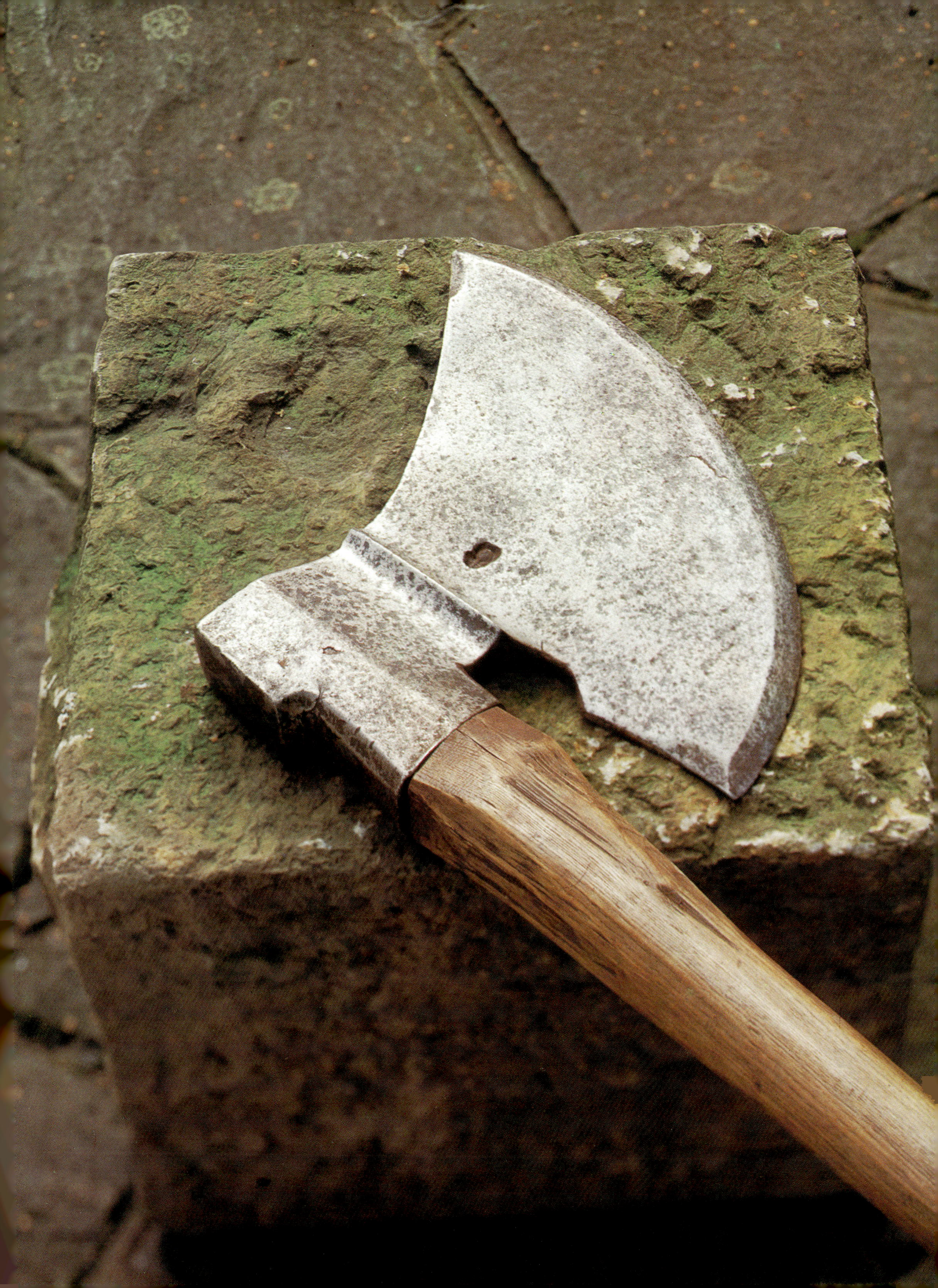

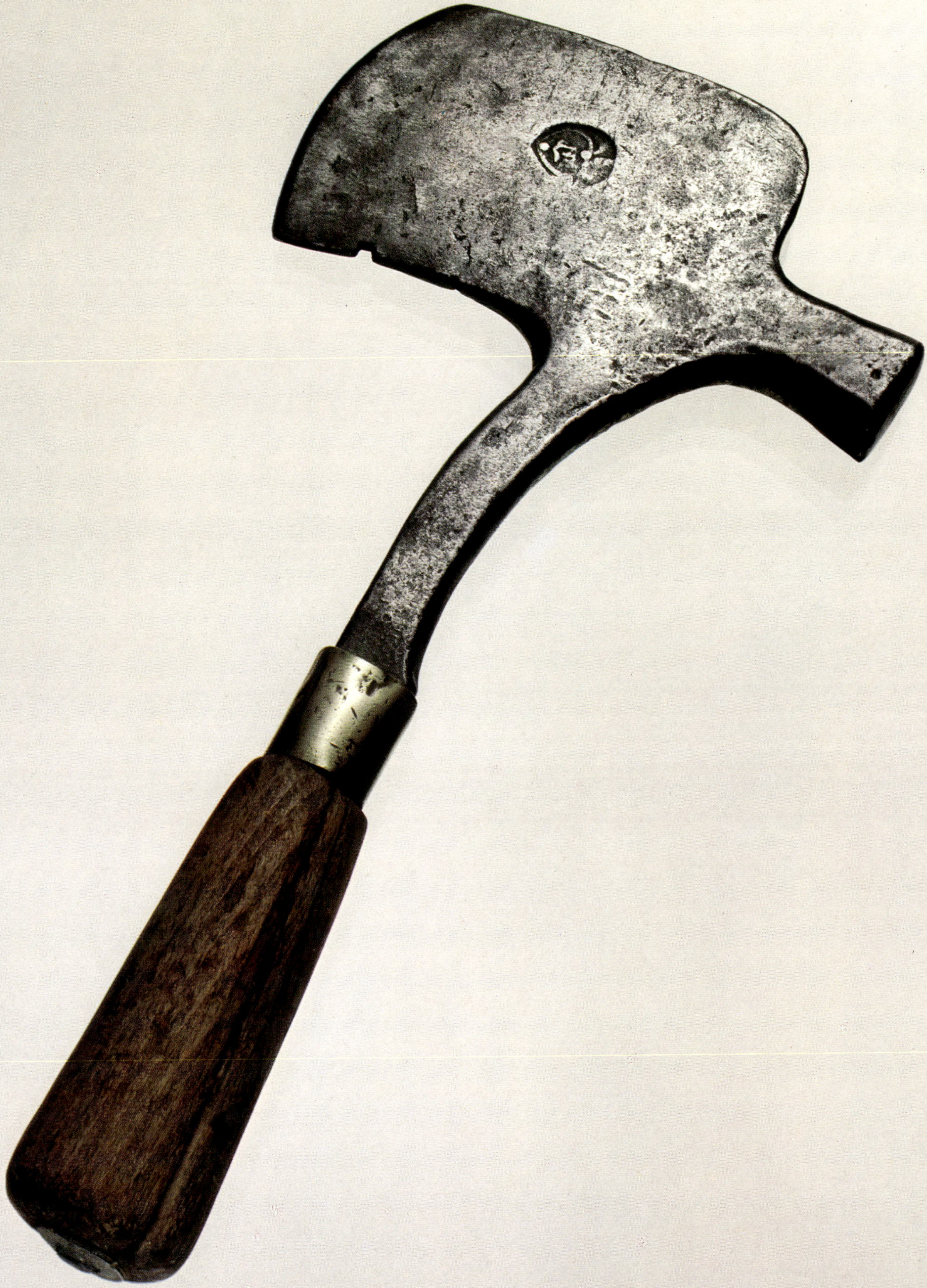

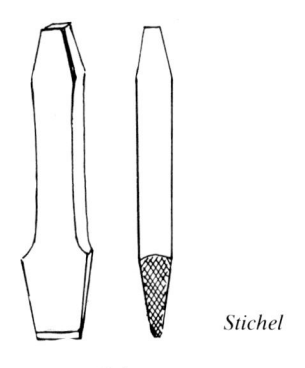

Flachmeißel *Stichel*

Der Flachmeißel ist ein dickes Stahlstück mit breiter Schneide. Der Kopf ist getempert, damit er unter den Hammerschlägen nicht so leicht springt. Die gehärtete und vergütete Schneide weist zwei symmetrische Schrägflächen auf. Der Meißelkopf nimmt den Hammerschlag auf und leitet ihn weiter. Der Kopf wird in Form eines Pyramidenstumpfes mit abgerundeten Kanten geschmiedet. Bei vielbenutzten Meißeln verbreitert er sich pilzförmig unter der Gewalt der ständig wiederholten Schläge. Die Ränder dieses Pilzes hängen nach unten und bilden einen struppigen »Bart«, einen für den Arbeiter sehr gefährlichen »Schmuck«, der ihn beim Abplatzen verletzt oder ihm in den Daumen dringt, wenn die Schneide ausweicht und der Meißel abgleitet. Man entfernt den Bart mit dem Hammer auf der Amboßbahn (abgraten) und schmiedet den Kopf neu, dann tempert man das ganze Werkzeug und härtet die Schneide.

Gebrauchte Feilen und heute auch die Ringe von Kugellagern sind beliebtes Material für die Herstellung von Meißeln.

Der *Kreuzmeißel* unterscheidet sich vom Flachmeißel durch die teilweise dreikantige Form. Die ganze Wucht des Schlags konzentriert sich auf eine schmale Schneide, deren Schrägen 70 bis 80° betragen. Im Gegensatz zu sonstigen Meißeln steht der Grat der Schneide senkrecht zur Werkzeugfläche. Hinter der Schneide verjüngt sich der Meißel, da er sich sonst nur schwer aus der Kerbe lösen ließe.

Der Kreuzmeißel arbeitet schräg. Durch das Abheben kleiner Späne entstehen Höhlungen und Hohlkehlen.

Ein anderer Kreuzmeißel weist zwei abgerundete Schrägen in der Richtung der Werkzeugfläche auf und dient nur zur Herstellung rinnenförmiger Vertiefungen. Die mehr beanspruchte Schneide hat einen etwas größeren Schnittwinkel.

Der *Kehlmeißel* ähnelt dem Kreuzmeißel. Die beiden Schneidenflächen sind leicht gerundet. Er ist schwer zu schmieden. Manche Modelle sind gebogen.

Der *Schrotmeißel* dient zum Schneiden von Eisen oder Stahl in Barren oder Bleche. Es ist ein dicker, kurzer Meißel mit einem 20–30 cm langen Querheft, das jenseits des Öhrs endet und nicht verkeilt ist. Mit dem Heft wird das Werkzeug an Ort und Stelle gehalten. Der Schrotmeißel kann also zur Warmbearbeitung von Werkstücken beim Schmieden verwendet werden. In diesem Fall ist er breit, und das Heft ist sehr lang, da die Hitze gemieden werden muß.

Der Schrotmeißel wird mit dem Vorschlaghammer geschlagen. Das Werkstück liegt auf dem Schmiede- oder Handamboß.

Der *Abschroter* ist ein Schrotmeißel mit breiter, firstförmiger Schneide. Der Schaft wird in das Amboßloch gesteckt, die Schneidengrundfläche ruht auf der Bahn. Man legt die leichten Werkstücke darauf und klopft sie mit dem Hammer.

Abschroter

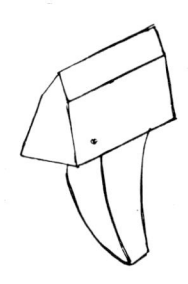

31   Schlichtbeil aus Schwaben zum Zurichten des Holzes in Querrichtung (Holzschindelmacher).

Äxte und Beile

32 Zimmermannsaxt

Die gallo-römische Axt

Die gallo-römische Axt war schon sehr weit entwickelt. Zweifellos überdauerten alle Versuchsformen der La-Tène-Zeit II und III und ergaben spätere Beilformen, aber das Werkzeug selbst, das zum Fällen wie auch zum Behauen des Holzes dient, ist eine Axt mit breiter Schneide und großem Öhr.

Dechsel und Hauen gab es schon; bei manchen hatte sich die Bestielung der steinzeitlichen Äxte erhalten, bei der kein durch das Eisen verlaufendes Öhr nötig ist. Diese Art der Bestielung, die schon in neolithischer Zeit sehr sicher gehandhabt wurde, hat die Jahrtausende durchlaufen und sich in gewissen handwerklichen Geräten bis heute erhalten. Die Dechsel scheint sowohl für die Holz- als auch für die Eisenbearbeitung verwendet worden zu sein und ist oft auf Grabmälern dargestellt; ihre Symbolik ist noch nicht eindeutig geklärt.

Die große Fällaxt des 14. bis 16. Jahrhunderts, die so oft als Streitaxt benutzt wurde, hatte wie die gallo-römische Axt einen symmetrischen, im Öhr axialen Körper. An der Seite wurde schon eine Tülle angebracht, die eine Art Schaft bildet. Die Fällaxt war mit Keilen bestielt, und die Tülle ragte weit über das Eisen hinaus, so daß der Körper des Werkzeugs sehr fest saß. Gelegentlich wurden seitlich am Holm Splinte angenietet, so daß weitausholende Schwünge möglich waren, ohne daß sich der Holm löste. Diese zusätzliche Sicherung findet sich bei vielen modernen Werkzeugen bis hin zum Haushaltshammer.

Der Holm ist lang, nach hinten gebogen, leicht kegelstumpfförmig und am Ende verbreitert, so daß er fest in der Hand liegt.

Gallo-römische Axt

Fällaxt (Mittelalter)

Die schmiedeeiserne Axt

Sobald sie ihren Zustand eines für die Holzbearbeitung genau passenden Werkzeugs erreicht hat, stellt sich die Axt als aus einem eisernen Körper und einem

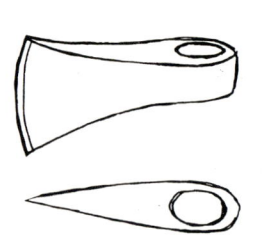

33 Segerz oder Lenkbeil zum Formen des Holzes (Holzschuhmacher).

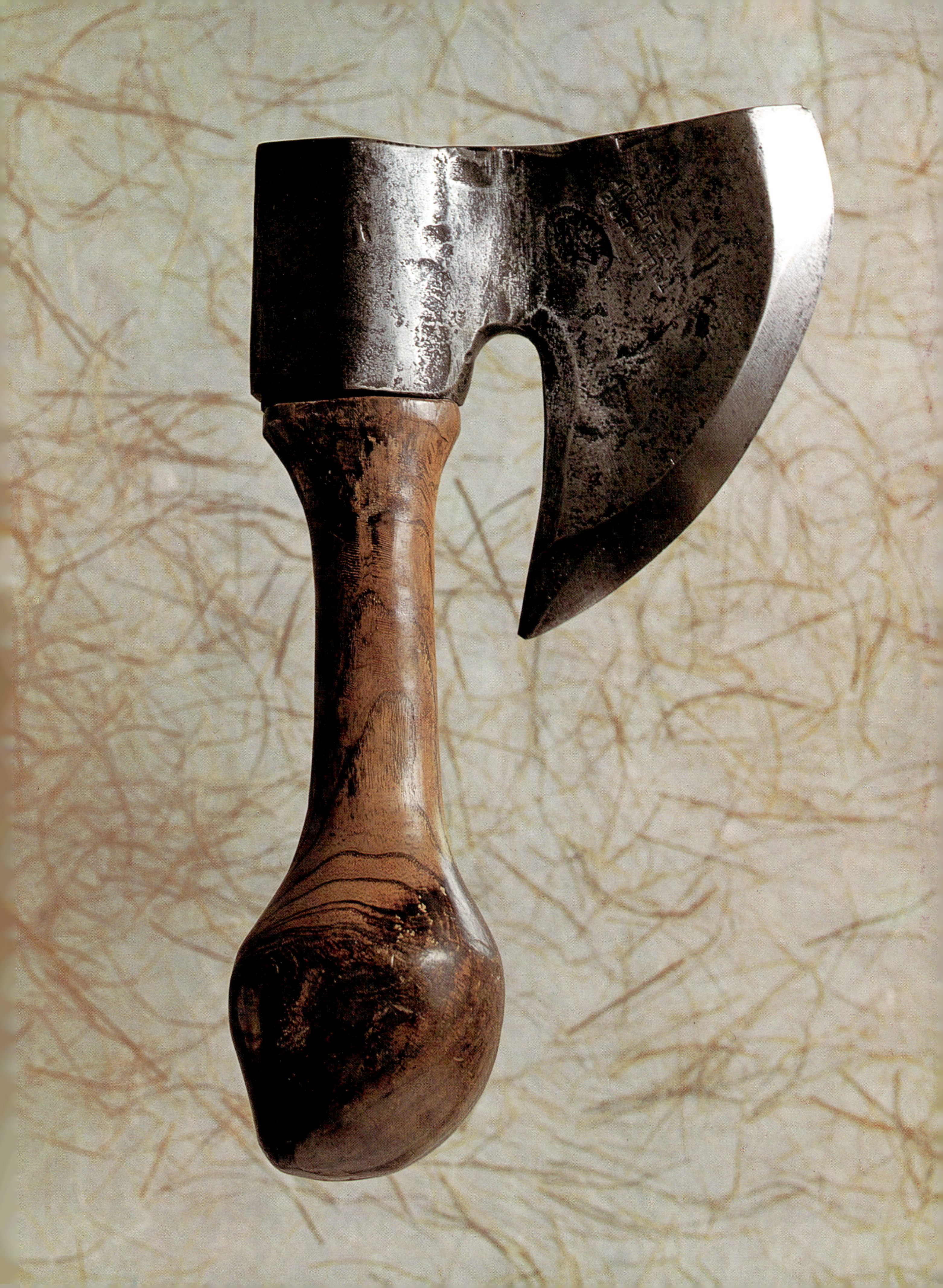

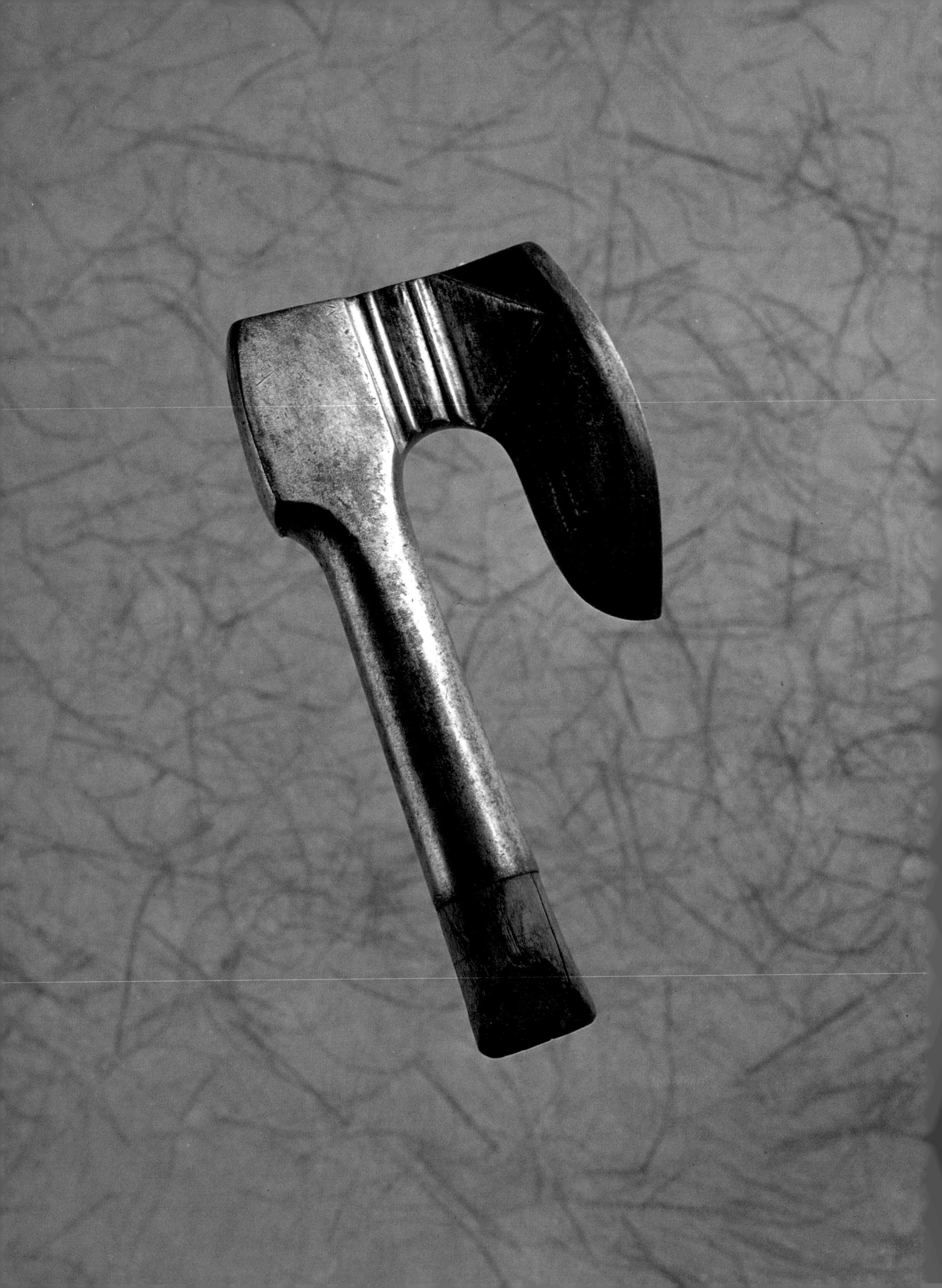

Holm gebildet dar. Das geschmiedete Eisen ist dick und von der Schneide bis zu etwa einem Drittel seiner Länge angestählt; das Öhr für den Holm geht ganz hindurch. Der Holm ist meist lang und gerade oder leicht gekrümmt.

Der eiserne Körper wird auch *Blatt* genannt; die beiden Wangen sind nur bei der Waldaxt plan, bei vielen anderen Äxten sind sie leicht gewölbt.

Es gibt drei Hauptarten von Äxten:

a) Äxte, deren Schneide parallel zum Holm verläuft (Fällaxt, Waldaxt, Beile etc.)

b) Äxte, deren Schneiden hauenförmig quer verlaufen (Dechsel, Haue, Dachsbeil etc.)

c) Äxte, deren Holm gegenüber der Schneidenkante leicht quer steht (Schlichtbeil, Segerz, Dünnbeil etc.)

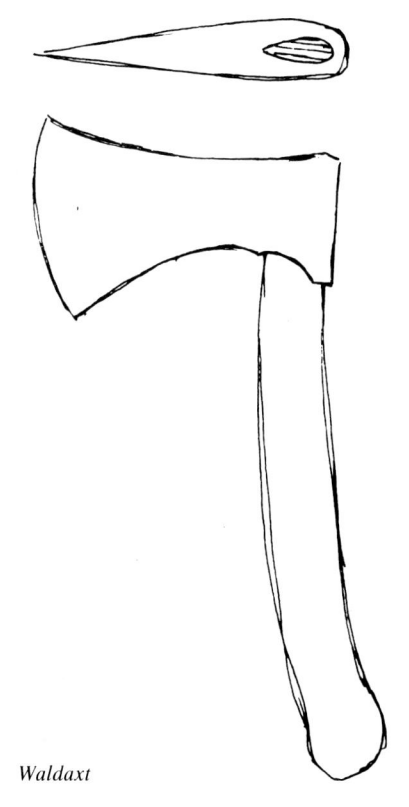

Die Fällaxt

Die Fällaxt unserer Holzfäller unterscheidet sich wenig von der Axt des Mittelalters. Der Körper ist etwas schmaler, die Schneide fast gerade.

Normalerweise wird der Baum unten mit der Fällaxt von rechts und von links angehauen; dann sind die beiden Schrägflächen gleich. Manchmal ziehen es die Waldarbeiter jedoch vor, um den Baum herumzugehen, um eine große Kerbe auf der einen und eine kleine auf der anderen Seite einzuhauen. Der Baum fällt auf die Seite der großen Kerbe und splittert auf der gegenüberliegenden Seite nicht. In diesem Fall sind zwei verschiedene Kanten abgeschärft, eine kürzere auf der Seite des Holzes, eine längere auf der Seite des Spans. Der Körper weist eine leichte Verbreiterung der Wangen auf, die somit zur Werkzeugachse symmetrisch stehen. Das Öhr ist dreieckig, die Keile sind rund.

Die Waldaxt

Die Waldaxt unterscheidet sich von anderen Äxten durch ihre Keilform. Sie schlägt quer zur Faserrichtung ins Holz, ohne in Richtung der Fasern abzugleiten. Daher sind stets zwei Schläge nötig: Der erste schneidet den Span und hebt ihn an, der zweite, weiter ausholende, läßt ihn abplatzen.

Die Umstände, unter denen man lieber zur Waldaxt greift als zu anderen Äxten, sind unterschiedlich; sie bleibt aber das notwendige Werkzeug für das Fällen von sehr hartem Holz und für das Roden von Stümpfen. Der Körper ist breit, dick, gebogen und keilförmig. Der Holm wird regional verschieden gestaltet.

Die Schlichtbeile

Neben den symmetrischen Äxten gibt es asymmetrische: Schlichtbeile, Segerzen usw.

Der Holm sitzt entweder in einem durch den Eisenkörper reichenden Öhr oder in einer ziemlich langen, quer an das Blatt geschweißten Tülle. Der Holm ist auf diese Weise weiter von dem zu bearbeitenden Holz entfernt. Er wird ganz in die am Ende geschlossene Tülle eingeschoben.

Das Schlichtbeil ist ein schönes Werkzeug, ein Meisterstück des Schmiedehandwerks.

Die »dem Holz zugewandte« Seite des Schlichtbeils ist meist plan; manchmal ist sie leicht konvex (Schlichtbeil des Holzschindelmachers).

Die »dem Holz abgewandte« Seite wirkt zwar wie eine echte Verzierung, weist

Waldaxt

34 *Handbeil (Schlichtbeil) zum Formen der Dauben (Faßbinder).*

aber mehrere aufeinandergeschweißte Eisenlagen auf, mit denen Blatt und Tülle verbunden sind.

Das Werkzeug wird mit einer Hand geführt; da man quer zur Länge des Holzes zuschlägt, sorgt der Abstand von Tülle und Holm dafür, daß die Hand den schon bearbeiteten Teil des Holzes nicht berührt.

Das Schlichtbeil wird aus der Nähe mit kleinen Schlägen gehandhabt; seine Wirkung beruht auf dem Fall seines Gewichts auf das Holz, die Hubhöhe muß mindestens 30 cm betragen. Die Hand muß also möglichst nahe beim Schwerpunkt liegen. Damit erklärt sich, daß die Tülle vom Körper absteht und daß die Verbindung zwischen beiden besonders sorgfältig geschaffen wird.

Die Form des Schlichtbeils schwankt je nach dem Handwerk.

A) Das Schlichtbeil des Holzschindelmachers ist rechteckig, fast quadratisch. Die Schneide ist gerade. Der Holm, der etwas länger ist als der Körper, ist gerade.

B) Das Schlichtbeil des Faßbinders ist rechteckig, die Schneide ist geradlinig. Die Tülle ist lang, der Holm, der um die Länge des Eisenkörpers übersteht, wird mit der rechten Hand gehalten. Der Faßbinder stützt beim Schlichten das Ende des Holms auf seinem Oberschenkel auf.

»Er legt den Daumen auf den Holm des Werkzeugs; seine Hand dient vor allem zum Lenken des Schlichtbeils. Die Bewegung, die er mit seinem Oberschenkel ausführt und die mit der Bewegung seines Handgelenks übereinstimmt, erleichtert den Arbeitsvorgang.« (Jaubert, *Dictionnaire des Arts et Métiers*, 1733, Bd. IV, S. 286.)

Fast alle Faßbinder hatten einen breitgedrückten, von ihrem Schlichtbeil längs eingekerbten Daumen.

C) Das Handbeil des Böttchers (Abb. 34) hat eine längere Tülle, die über das gewölbte Blatt hinausragt. Der kurze, hölzerne Holm ist schräg abgekantet, er dient zum Festklopfen der Faßbänder. Schlichtbeil und *Gehrklinge* (Abb. 92) werden beide zum schrägen Einkerben und zum Zusammenfügen von Reifen und Dauben verwendet.

D) Gehrklinge des Faßbinders.

E) Das Dünnbeil des Zimmermanns: Das Blatt ist trapezförmig, zum Holm hin rechteckig, die Tülle ist abgeflacht, die gerade Schneide ist etwa 40 cm lang, Rippen betonen die Verschweißung der Tülle mit dem Blatt.

Schlichten bedeutet ebnen, glätten, abflachen; wir finden deshalb auch ganz anders geartete Schlichtwerkzeuge als die genannten, darunter folgende:

Das *Doliermesser des Handschuhmachers*, ein Zugmesser wie das des Weißgerbers, aber länger und breiter. Es dient zum Dünnschaben (Dolieren) des Leders. Die Schneide ist sehr scharf. Man trennt damit die Häute der Dicke nach in zwei Teile.

Die *Rührstöcke der Maurer* zum Mischen und Anmachen des Mörtels auf dem Bauplatz.

Das *Schneideeisen* zur Bearbeitung des Schiefers im Steinbruch ist eine zweischneidige, zweizinkige Haue, mit der die Schieferplatten auf dem Block vierkantig behauen werden.

Dieses Werkzeug verdient besondere Beachtung, denn es ist eine der seltenen erhaltenen Formen der zweischneidigen, in gallo-römischer Zeit weit verbreiteten Äxte, die bis ins 17. Jahrhundert als Werkzeuge und Waffen verwendet wurden und im Mittelalter untergingen; sie werden heute irrtümlich »Franziska« (zweischneidige Streitaxt der alten Franken) genannt.

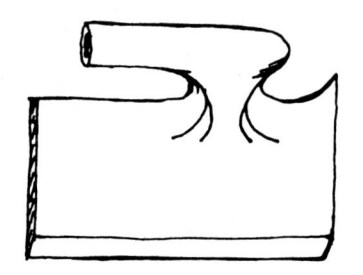

Schlichtbeil des Holzschindelmachers

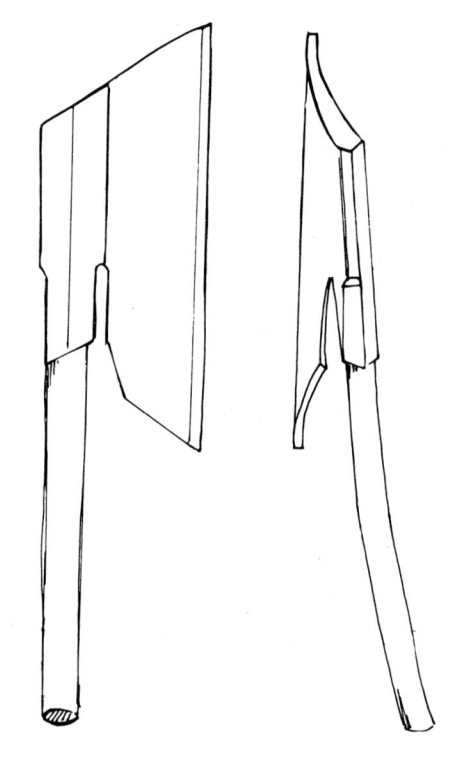

Dünnbeil des Zimmermanns

35   Segerz oder Lenkbeil mit eichenem Griff zum Formen des Holzes (Holzschuhmacher).

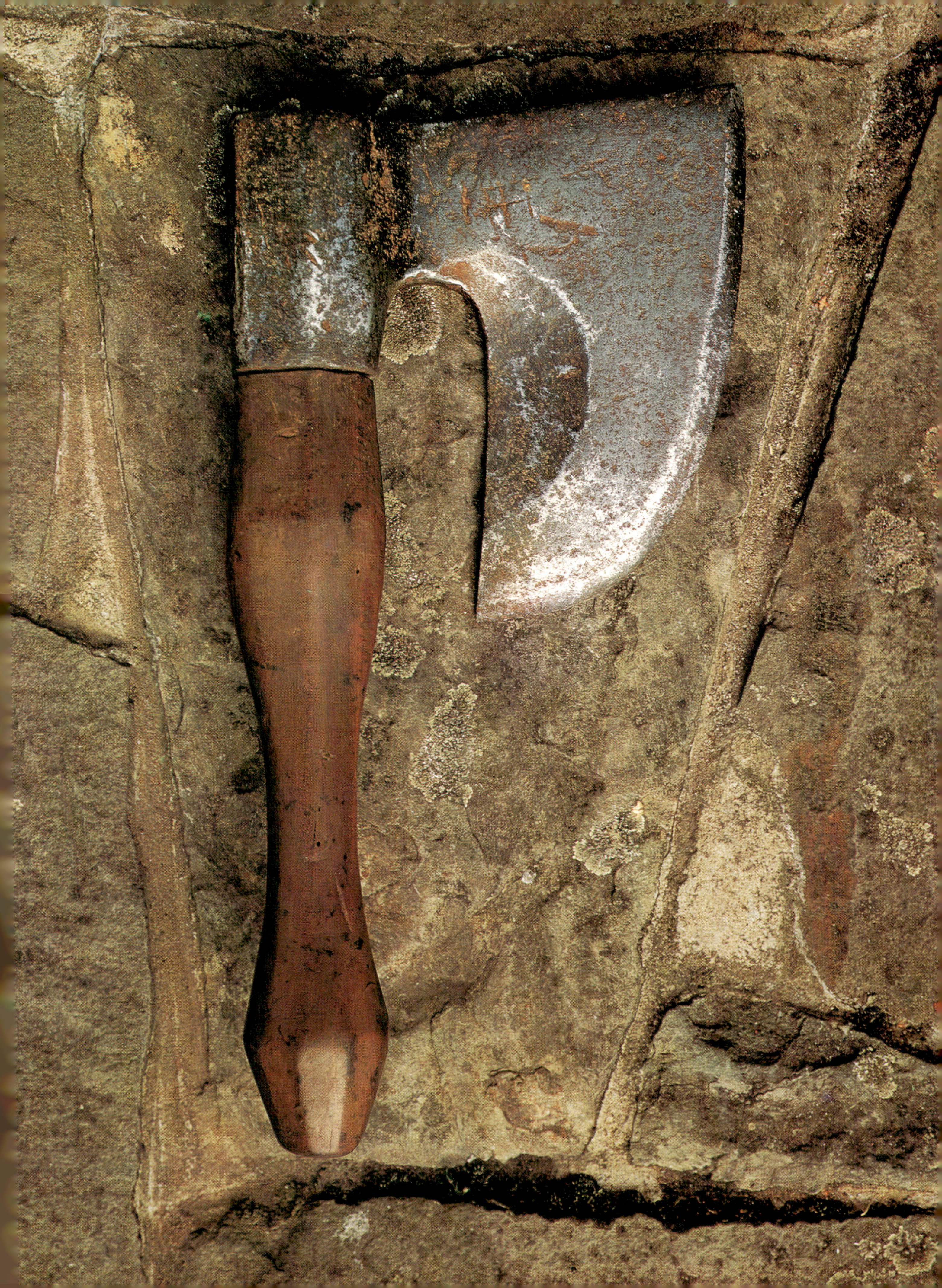

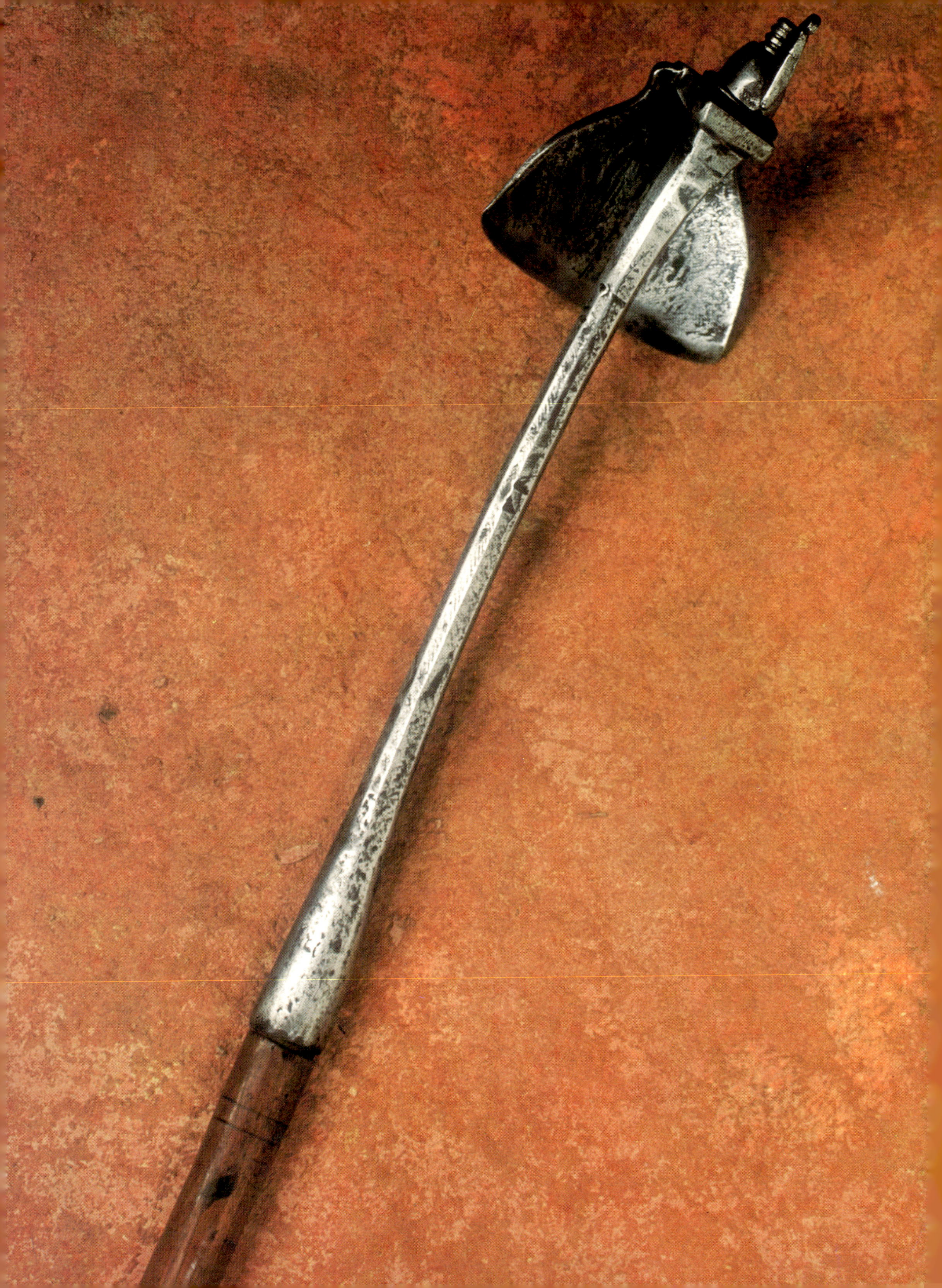

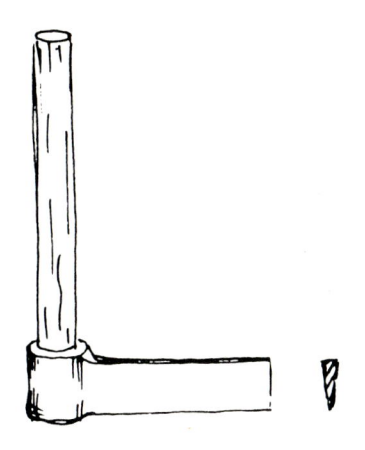

Einige Sonderformen

Die *Segerz des Holzschuhmachers*. Mit diesem Lenkbeil wird das Holz geglättet. Der aus Esche oder Birnbaum gefertigte Holm ist gewölbt (Abb. 33, 35, 77).

Das *Lenkbeil des Drechslers* ähnelt dem des Holzschuhmachers; der Holm ist gerade. Bei beiden ist die Tülle abgesetzt.

Das *Spaltbeil des Daubenmachers* hat einen langen Körper, rechteckige Wangen, einen keilförmigen Querschnitt und ist seitlich doppelt abgeschrägt. Mit diesem Werkzeug wird nicht gehauen; man legt es vielmehr mit der Schneide auf das zu bearbeitende Holz und treibt es durch Schläge mit dem Holzhammer ein. Der Nacken ist deshalb sehr breit und flach. Die Tülle ist kegelstumpfförmig; der Holm ist wie bei den Hauen von unten nach oben eingesetzt und dient nur dazu, das Werkzeug an Ort und Stelle zu halten. Mit einer Drehbewegung nach außen spaltet man das Daubenholz ab.

Der Holm wird mit der linken Hand gehalten, er ist ungefähr 30 cm lang. Das Werkzeug dient auch zum Spalten von Pfählen und Pfosten.

Das *Klöbeisen des Daubenmachers* (und des Faßbinders) dient zum Zurichten der Dauben. Es ist gleich bestielt wie das Spaltbeil; der leicht gekrümmte Eisenkörper ist nur einfach abgeschrägt, so daß er nur an einer über seine ganze Länge verlaufenden Rippe dick ist.

Die Tülle ist nach außen (Seite des Spans) versetzt. Man schlägt mit dem Werkzeug von oben nach unten und spaltet das Holz durch Druck auf den Nacken. Das Eisen ist an der Spitze wimpelförmig eingekerbt. Der Holm ist etwa 60 cm lang.

Die meisten Handwerke, in denen Holz entweder als Grundstoff oder als Werkstoff für eine Sonderarbeit verwendet wird (Zimmerungen und Stützwerke im Tiefbau, Bergbau oder Hausbau), verfügen über Handbeile, die eigens für diese Aufgaben gestaltet sind.

Das *Beil des Zimmermanns* im Bergwerk. Das Eisen ist oft zurückgebogen und auf die Tülle genietet. Es ist das wichtigste Werkzeug des Hauers, das er nicht aus der Hand gibt.

Das *Beil des Maurers* oder Bauzimmermanns hat einen Hammerkopf und einen Nagelzieher.

Das *Beil des Holzmarkierers* hat einen Hammerkopf und dient zum Anbringen von Initialen oder anderen Markierungen; es wird Markierbeil genannt.

Der Feuerwehrmann benutzt eine *Spitzhaue*; in den Seekriegen früherer Zeiten war das *Enterbeil* ein wichtiges Gerät.

Dechsel, Dachsbeile, Querbeile

Die Dechsel ist ein Werkzeug zum Zurichten (Abschärfen etc.) einer schon geschruppten Holzfläche. Sie arbeitet aus der Nähe entlang den Fasern. Die Schneide steht senkrecht zum Holm (Abb. 6). Die Schönheit des Holms fällt auf. Die Schrägkante der Dechsel ist stets innen (dem Holm zu). Das Werkzeug verursacht kleine, aufeinanderfolgende Abspaltungen, so daß das damit bearbeitete Zimmerwerk ein ganz besonderes Aussehen erhält.

Die Dechsel des Zimmermanns hat einen zylindrischen oder abgeflachten Holzholm, der etwa 90 cm lang ist.

Die Dachsbeile der Faßbinder, Scheffelmacher, Holzschuhmacher etc. haben einen sehr kurzen Holm, besonders das Glättbeil des Faßbinders, das zum inneren Auswölben der Dauben dient. Sein Holm ist sehr oft gekrümmt und läuft gelegentlich in eine Volute aus. Die Schneide ist gerade (Dachsbeil des Holzschuhmachers) oder gebogen (Dachsbeil des Faßbinders). Jede Gegend hat eigene Modelle.

Spaltbeil des Daubenmachers

Klöbeisen des Daubenmachers

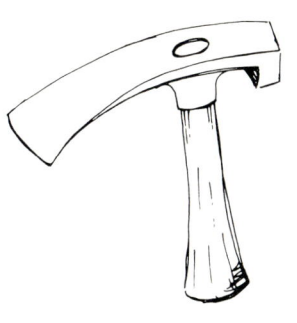

Dachsbeil des Faßbinders zur Bearbeitung der Daubenkanten

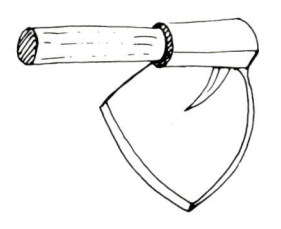

Schneidedechsel des Faßbinders zur Bearbeitung der Daubenflächen

36   Kopfgerbmesser (Faßbinder).

Die Säge

Allgemeines

Mit den Sägen wird Holz, Metall, Stein und jedes andere harte Material geschnitten. Der schneidende Teil ist das Sägeblatt aus Hartmetall (Stahl) mit eng nebeneinanderstehenden Zähnen, durch die Teilchen des Materials abgelöst und nach außen geworfen werden (Sägespäne, Sägemehl).
Die *Sägen* verursachen eine Kerbe (Sägeschnitt), die etwas breiter ist als die Stärke des Sägeblatts. Dies rührt daher, daß die Zähne geschränkt (rechts und links abgebogen) sind. Schon bei den einfachsten Sägen findet man diesen technischen Kniff, eine der erstaunlichsten Erfindungen des Handwerksgeistes. Manche Sägen (Holzfällersäge für hartes Holz, Reißsägen, Sägen der Intarsienarbeiter, Metallsägen) haben keine oder nur eine geringe Schränkweite. In diesem Fall hat aber das Blatt keinen rechteckigen Querschnitt, sondern ist dem Rücken zu schräg abgeschliffen.
Die Säge zerreißt das Material, sie zerlegt es nicht in Schichten. Im Grund ist sie eine reduzierte und gelenkte grobe Feile. Wahrscheinlich gingen ihr zu Beginn des Neolithikums schmale Feilen voraus, nebeneinander gefaßte Steinchen auf Holzblättern. In der Bronzezeit gewann sie ihre Gestalt (Griechenland, Ägypten, Skandinavien). Sie war damals ein bronzenes, gezahntes Blatt, am einen Ende bestielt. Die Pfahlbauer haben uns jedoch Sägeblätter hinterlassen, die an beiden Enden durchlöchert sind, so daß man auf eine Bestielung in der Art unserer heutigen Sägen schließen kann. Die Eisenzeit vervollkommnete die Säge, spezialisierte ihre verschiedenen Formen und näherte sie noch mehr den heutigen Formen an.
Gehämmertes und angestähltes Flacheisen und danach der Stahl eigneten sich besonders für die Herstellung dieses Werkzeugs. Aus Ägypten sind einige bemerkenswerte Modelle erhalten. Die Hauptschwierigkeit, ein längeres Sägeblatt gespannt zu halten, ist schon mit einer Bügelbestielung gelöst.
Aus dem römischen Altertum haben wir die Sägen, die bis zum 14. Jahrhundert im Abendland den Grundstock bildeten:
– Kurze (oder halblange) Säge mit festem Griff auf einer Seite, eine Zugsäge, Vorläufer unseres Fuchsschwanzes.
– Lange Zuschneidesäge, die in der Mitte eines großen, rechteckigen Gestells gehalten wird, ähnlich wie die Holzsäge, mit der in Längsrichtung gesägt wird.
– Säge mit mittlerem Gestell.
– Säge zum Quersägen (mit kurzen Griffen auf beiden Seiten) wie unsere Schrotsäge (ziehen – schieben).
– Bügelsäge mit einem Handgriff.
Das 15. Jahrhundert fügte kaum mehr als unsere Holzfäller- und Laubsägen hinzu sowie die Metallsägen, für die sehr harte Stahlsorten erforderlich sind.
Seit der Bronzezeit sind die Sägen geschränkt. Im Mittelalter wurde die Anordnung der Zähne eingehend erforscht; es entstanden (in Westeuropa mehr als im Mittelmeerraum) schon Sonderformen je nach dem zu bearbeitenden Holz.

37 *Bügelsäge (Handwerk?).*
38 *Rückensäge (Schreiner).* ▶

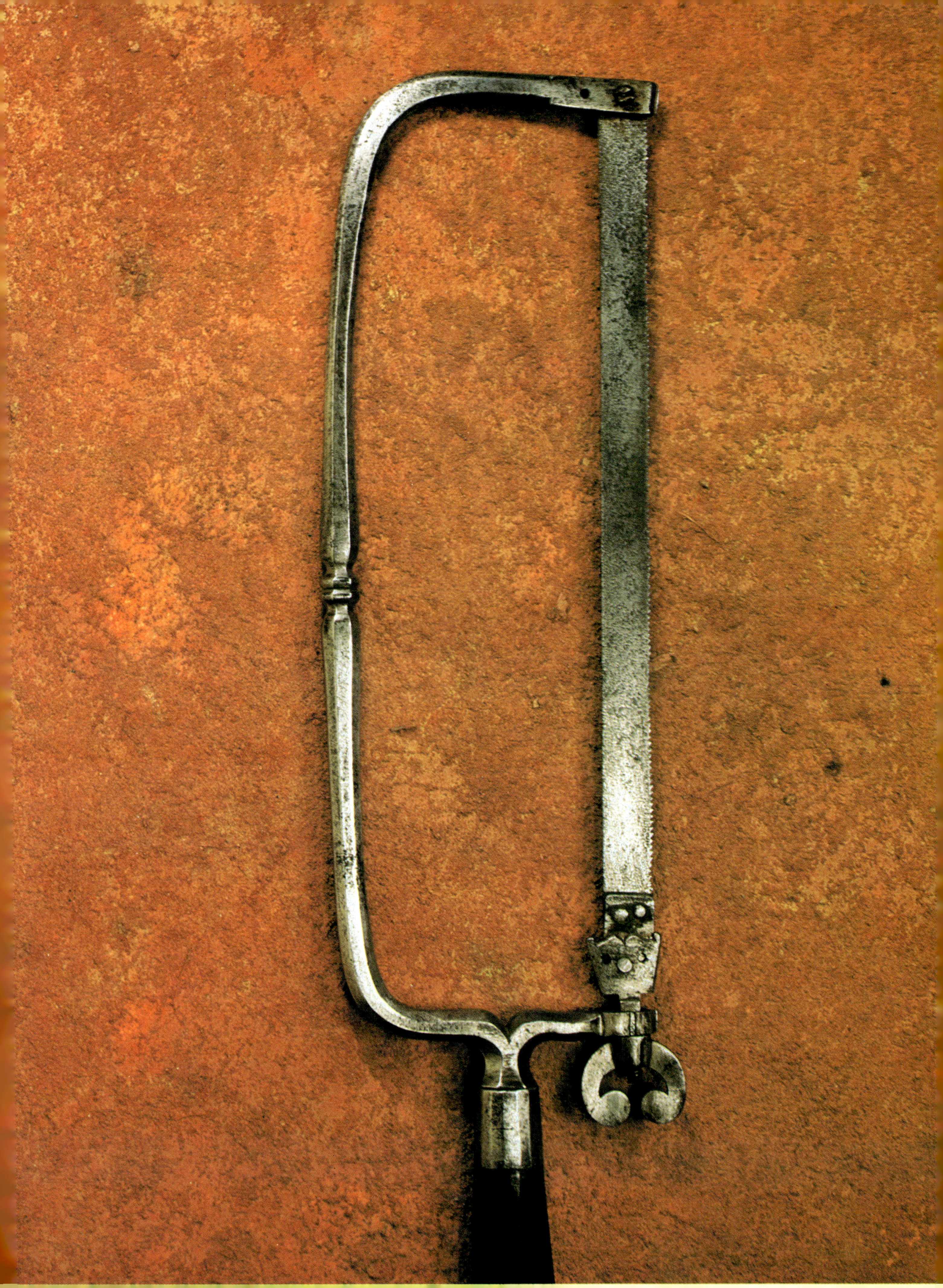

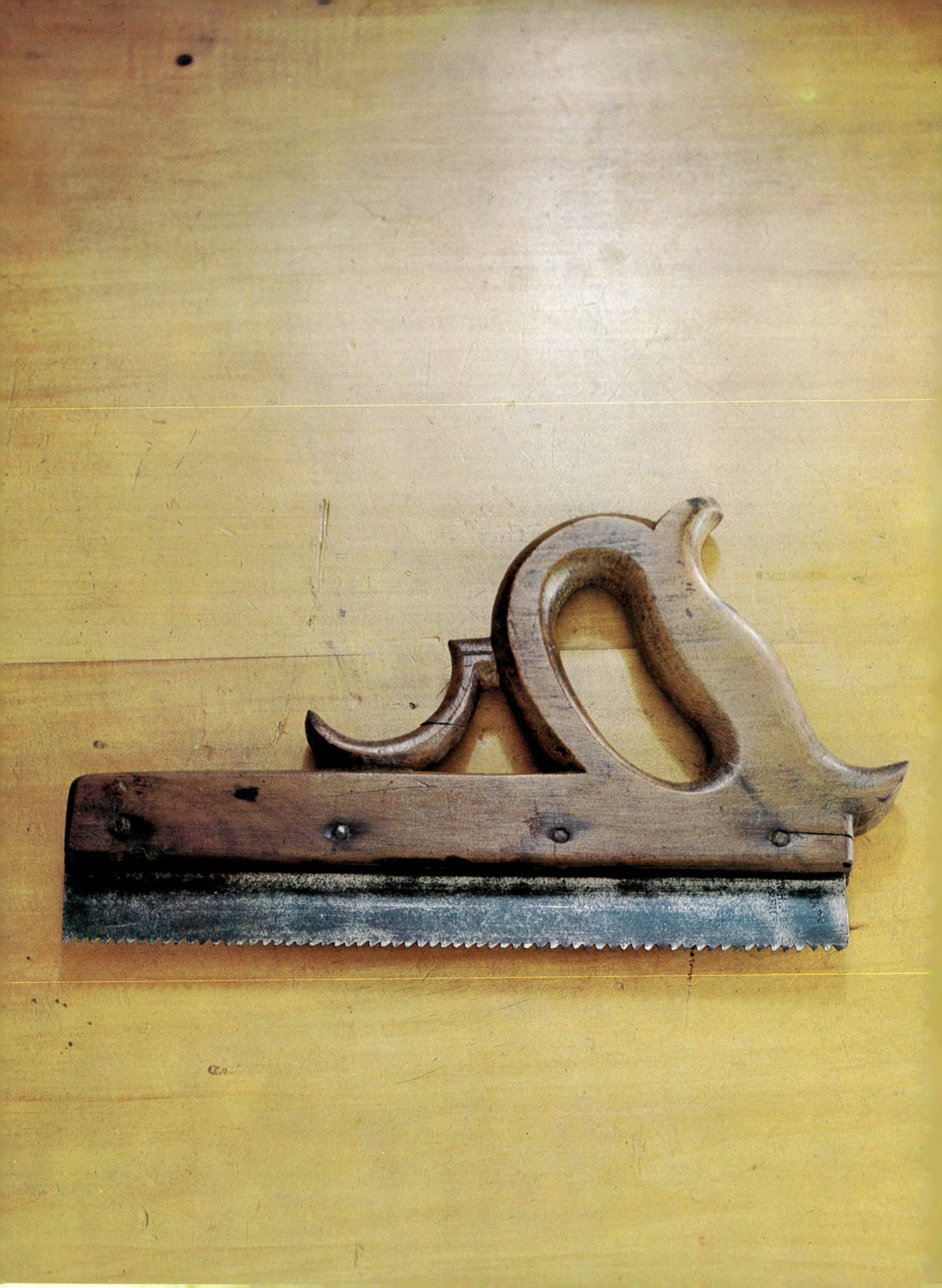

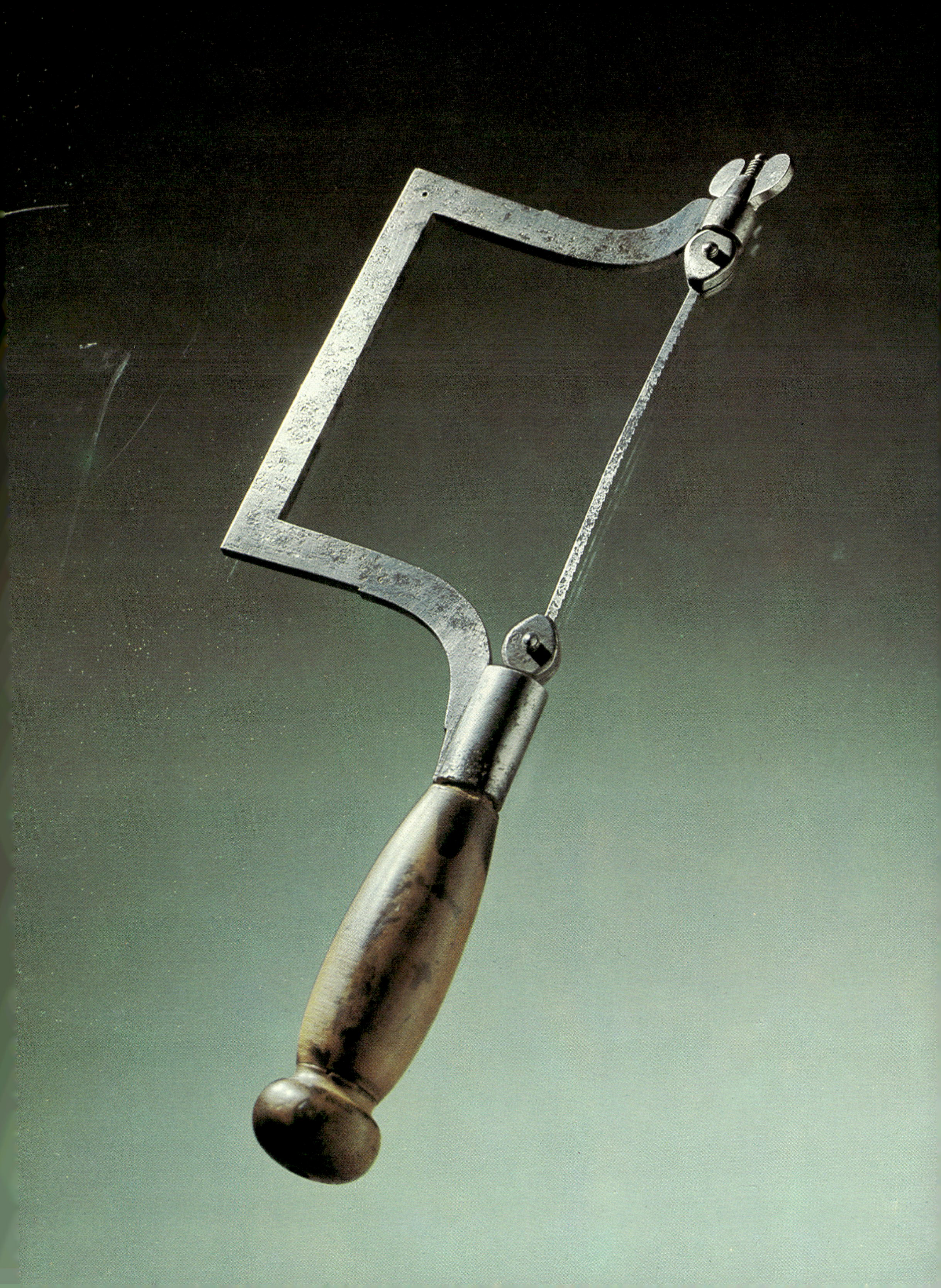

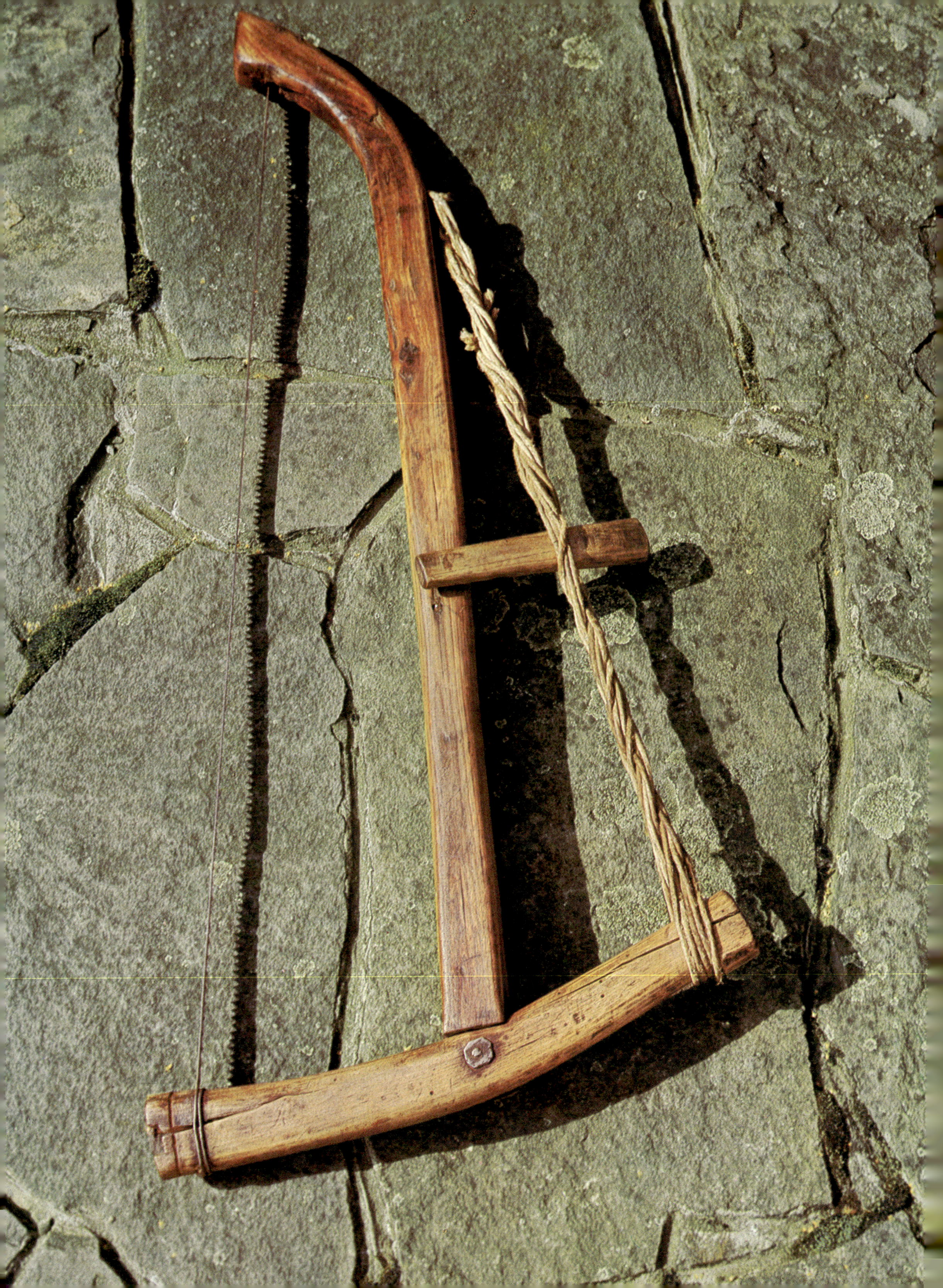

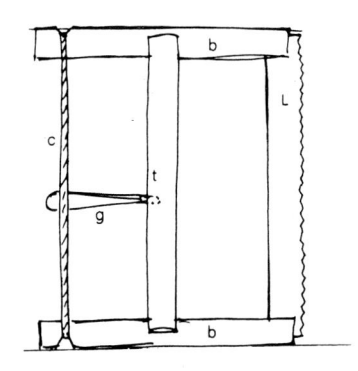

Teile der Spannsäge:
L: Sägeblatt
b: Arme
t: Bügel
g: Knebel
c: Spannschnur (doppelte, verdrehte Schnur mit dem Knebel in der Mitte, der auf dem Bügel festsitzt)

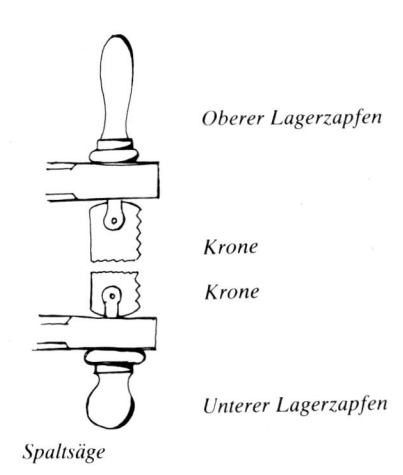

Oberer Lagerzapfen

Krone

Krone

Unterer Lagerzapfen

Spaltsäge

◀ 39 *Kleine Säge für Intarsienarbeiten. Das Blatt wird durch Anziehen der Flügelschraube gespannt (Kunsttischler).*

40 *Spannsäge (Faßbinder).*

Die Spannsägen

Die Spannsäge zum Zuschneiden ist am weitesten verbreitet, auch im Hausgebrauch. Die Spannsäge hat ein hohes Alter. Ihre sämtlichen Teile und ihren Aufbau finden wir schon auf Abbildungen aus römischer Zeit.

Das Gestell besteht aus einem Mittelteil, dem *Bügel*, der mit Hilfe zweier Zapfen (die in den Zapflöchern etwas beweglich sind) an zwei parallelen Armen befestigt ist. Auf der einen Seite der beiden Arme ist das *Sägeblatt* ins Holz eingefügt und wird mit durchgesteckten Stiften festgehalten. Auf der anderen, kürzeren Seite der Arme befindet sich am Ende eine Kerbe für die Spannschnur, die in der Mitte von einem hölzernen *Knebel* gehalten wird. Durch Hebelwirkung spannt die Schnur das Sägeblatt; der Knebel sorgt für die zur Spannung nötige Drehung und wird vom Bügel gehalten.

Die Anordnung von Bügel und Armen schwankt, ebenso der Abstand zwischen Bügel und Sägeblatt bzw. Bügel und Spannschnur, je nach Gebrauch.

Die Hand greift die Säge möglichst nahe am Sägeblatt, das nur gezogen und geschoben werden kann und während der Arbeit immer gerade bleiben muß. Wenn das Sägeblatt nicht gerade ist, wird der Schnitt unregelmäßig. Es muß linear vordringen. Die durch die Drehung der Spannschnur hervorgerufene Spannung muß genügen, um dem Sägeblatt eine gewisse Starrheit zu verleihen; sie muß jedoch geregelt werden, damit Bügel und Arme nicht unnötig beansprucht werden.

Nach der Benutzung muß man das Sägeblatt der Spannsäge *lockern* (entspannen); dies ist besonders auch nachts notwendig, da die Spannschnur infolge der Luftfeuchtigkeit schrumpfen könnte, so daß die Arme brechen würden.

Die Bügel werden aus Tannenholz gefertigt, weil dieses Holz leichter, starrer und weniger verformungsanfällig ist als jedes andere; die Arme werden gewöhnlich aus sehr trockenem Eschenholz hergestellt, damit sie sich nicht werfen.

Die *Spaltsäge* hat ein längeres Gestell. Das Sägeblatt ist an hölzernen Handgriffen befestigt, die in Tüllen am Ende der Arme drehbar sind.

Diese Handgriffe (Lagerzapfen) bestehen aus gut gedrechseltem Hartholz. Das Sägeblatt ist in zwei inneren Verlängerungen (Kronen) befestigt, die manchmal aus Eisen sind und in die Handgriffe hineinreichen.

Diese Anordnung ermöglicht es, die Ausrichtung des Sägeblatts je nach der Stellung des Arbeiters und nach dem zu sägenden Holz abzuwandeln.

Die Spaltsäge sägt in Längsrichtung des Holzes und wird leicht geschoben. Die Zähne sind deshalb in spitzem Winkel zum Arm angeordnet.

Eine ähnliche Säge, die *Schweifsäge*, hat ein dünnes Sägeblatt, mit dem man gebogene Teile aussägen kann.

Diese Sägen werden mit der rechten Hand am Griff und mit der linken Hand am Bügel gehalten.

Verschiedene andere Sägen

Die *Einmannsägen* sind Sägen mit einem Sägeblatt, das vorn beweglich ist, während hinten ein Handgriff das Eisen fest umschließt.

Der *Fuchsschwanz* hat dieselbe Form, jedoch ein schmales Blatt. Der Handgriff ähnelt einem Pistolengriff und weist zwei Ausbuchtungen auf.

Diese Sägen werden mit der rechten Hand geführt und dürfen bei der Arbeit nicht *flattern*.

Die *Lang-* oder *Klobsäge* dient zum Vierkantschneiden der gefällten Baumstämme. Sie arbeitet in Längsrichtung von oben nach unten (auf einem Sägebock oder anders). Sie wird von zwei Arbeitern bedient, manchmal auch von dreien, da oben zwei nötig sind, um die Säge zu ziehen.

Mit der Schrot- oder Trummsäge wird das Holz nach Maß zugesägt. Schrotsägen mit beweglichem Sägeblatt (deutsche Sägen) dienen zum Abschneiden feiner Latten von den Brettern. Die Doppelblattsäge ist eine kombinierte Schrot- und Schweifsäge.

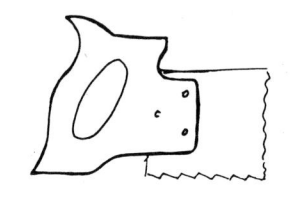

Einmannsäge

Die Metallsäge

Die Metallsäge hat ein Bogengestell. Die Säge des Kettenmachers – und im allgemeinen auch die Säge des Intarsienarbeiters – hat keine Spannvorrichtung; man spannt die Säge durch Einklopfen des Gestells im Bogen.
Die Metallsäge hat sehr feine Zähne, die in der Form an die Zähne der Sägen für trockenes und hartes Holz erinnern. Der Querschnitt des Sägeblatts ist im Verhältnis viel dicker als der der Holzsägen. Das Blatt ist nach oben abgeschrägt, damit es leichter läuft. Die Schränkweite der Zähne ist gering.
Seit dem 18. Jahrhundert besteht das Gestell aus Eisen und weist Schraubvorrichtungen auf, mit denen die Spannung des Sägeblatts eingestellt werden kann.

Fuchsschwanz

Schränken und Schärfen der Sägen

Die beiden Wartungsarbeiten für Sägen sind das *Schränken* und das *Schärfen*. Die Zähne der Sägen sind geschränkt, d.h. sie müssen abwechselnd nach rechts und nach links leicht abgebogen werden, sonst wird das Sägeblatt vom Holz und vom Sägemehl eingeklemmt. Der Schnitt der Säge ist somit breiter als das Blatt und läßt ihm Spielraum. Der Abstand zwischen den Zähnen ist nie größer als die Stärke des Sägeblatts.
Man schränkt die Sägezähne mit dem Schränkeisen, einem haltbar bestielten Stahlwerkzeug, das rund oder rechteckig sein kann und drei oder mehr Kerben aufweist. Die Kerben erweitern sich nach innen kreisförmig, um die Spitze der eingeführten Sägezähne zu schonen. Das Werkzeug packt den Zahn senkrecht zum Blatt und biegt ihn quer (vgl. Abb. 108, zwei Wendeeisen zum Anreißen des Holzes mit Schränkeisen, das eine ganz aus angestähltem Eisen mit Initialen).
Das *Schärfen* geschieht mit dreieckigen Feilen (Dreikantfeilen). Die üblichsten haben einen gleichseitigen Querschnitt (dreimal 60°). Andere haben nur zwei Feilflächen mit 40 oder 50°.
Die Waldarbeiter schärfen ihre Sägen mit einer Feile von ovalem Querschnitt.
Metzgersägen werden manchmal mit der Finne eines kleinen Hammers geschränkt, der verkehrt herum bestielt sein kann (die Finne von der Hand entfernt).
Für grünes und sehr weiches Holz braucht man eine symmetrische, gleichseitig dreieckige Zahnung, für hartes und trockenes Holz eine asymmetrische, verschoben dreieckige Zahnung. Die Schränkweite ist größer für die Bearbeitung von grünem und weichem Holz und kleiner für die Bearbeitung von trockenem und hartem Holz. Die Säge greift um so besser, je spitzer der Winkel ihrer Zähne ist.
Dies erklärt, warum die meisten Werkstattsägen nur in einer Richtung greifen.

Die Hobel

Allgemeines

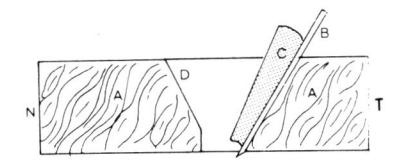

Hobel sind Werkzeuge zum Glätten und Zurichten von Holzteilen, die zuvor mit der Säge zugeschnitten und gegebenenfalls mit dem Beil geschlichtet wurden.

Diese Bearbeitung mit der Säge und dem Beil ergibt eine Oberfläche, die niemals ganz plan ist. Wenn das Holz für die Fertigung eines Möbelstücks, einer Tür, eines Rahmens oder vor allem für den Zusammenbau mit einem anderen Holz bestimmt ist, müssen die Flächen eben und glatt sein.

Der Hobel ist ein Parallelflächner aus Hartholz, in den das Hobeleisen von der Ober- bis an die Unterseite eingeschoben ist. Dieses Hobelmesser ragt etwas über die Unterfläche, die Sohle, hinaus. Man schiebt den Hobel auf dem Holz und trägt Hobelspäne ab; durch die Wiederholung dieses Vorgangs wird das Werkstück in die gewünschte Form gebracht.

Der Hobel besteht (zumindest) aus folgenden Teilen:
Hobelkasten, Hobeleisen oder Hobelmesser, Keil, Keilloch.

Der Hobelkasten hat sechs Flächen: Oberseite und Unterseite oder Sohle, zwei Seitenflächen oder Wangen, Vorderseite und Rückseite. Das Loch heißt Keilloch oder Durchbruch; der Keil, dessen Name Form und Zweck bezeichnet, klemmt das Hobeleisen nach hinten und ruht selbst auf zwei Widerlagern im Keilloch. Die Kunst besteht darin, die Schneide des Hobelmessers gut festzukeilen, damit der Hobel nicht schrapt, d. h. ungleichmäßig arbeitet.

Während Äxte, Beile, Meißel und Sägen schon in der Bronzezeit Gestalt gewannen, scheint der Hobel erst ziemlich spät in der Eisenzeit aufgekommen zu sein. Die ältesten aufgefundenen Hobel und zweifelsfrei feststehenden bildlichen Darstellungen von Hobeln gehen in gallo-römische Zeit zurück und stammen aus dem römischen Reich oder aus den von den Römern besetzten Ländern.

Das dünne Eisen einer angestählten und ziemlich spitzen Schneide wird geschmiedet. Anschließend wird das Eisen auf mindestens einem Drittel seiner Länge gehärtet. Die zahlreichen Funde aus Gallien, Germanien, Italien, Skandinavien und sogar England erweisen, daß die abendländischen Werkstätten schon mehrere Hobel besaßen. Mindestens zwei sind klassisch und auf den gallo-römischen Grabdenkmälern gut zu erkennen: der Schrothobel und der Schlichthobel (der deutlich länger ist als der heutige).

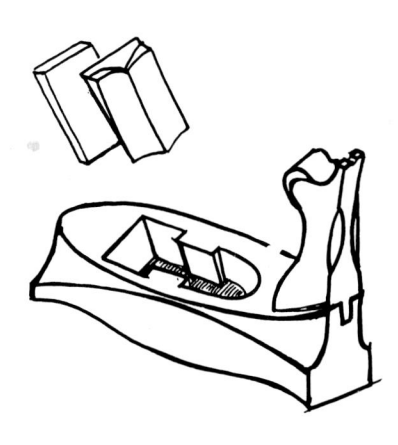

Der gallo-römische Schrothobel hat meist vorn und hinten je einen Handgriff, der durch große seitliche Öffnungen in den Hobelkasten eingelassen ist. Die Sohle ist oft aus Eisen oder Bronze und quer über das Holz mit dicken Nägeln angenietet. Mit diesem schon vervollkommneten Werkzeug (der Schnittwinkel ist etwa der heutige: 50–60°) war es zweifellos möglich, gute Schreiner- und Zimmermannsarbeit zu leisten.

Die etwas kürzeren skandinavischen Hobel scheinen eher für den Schiffsbau geeignet gewesen zu sein.

Aus den archäologischen Funden kann man den römischen Schrothobel sehr genau rekonstruieren. (Bei Greber findet sich eine zuverlässige archäologische Studie.)

Einige alte Hobel (vor dem 17. Jahrhundert) haben nur vorn einen Handgriff (die Nase), entweder gerade aufgesetzt wie beim Hobel der »Melancholie« von Albrecht Dürer oder aus einem Stück mit dem Hobelkasten gearbeitet und aufgebogen. Diese im 16. und 18. Jahrhundert häufige Anordnung findet man bis heute bei kleinen Hobeln.

Die Handwerker, die ihre Hobelkästen selbst herstellen, legen Wert darauf, die für die Arbeit und das verwendete Holz am besten geeignete Handhabung

Schnitt des Hobels

A: *Hobelkasten*
B: *Hobeleisen, Hobelmesser*
C: *Keil*
D: *Keilloch, Durchbruch*
N: *Vorderseite, Nase*
T: *Rückseite*

Hobel der »Melancholie«

zu erzielen. Man findet deshalb heute noch solche Hobel aus Handwerkerhand oder sogar in den Sammlungen der deutschen, schweizerischen und englischen Werkzeugmacher. Die modernen Werkzeugfabrikanten bringen bei Hobeln aller Größen oft auch vorn einen Handgriff in Knaufform an.
Die gewölbten Hobel der Geländermacher, Holztreppenmacher, Stellmacher, Geigenbauer und Kistenmacher haben oft vorn und hinten je einen Aufsatz.

Holz und Eisen für Hobel

Das für die Herstellung von Hobeln benutzte Holz muß formfest und erschütterungsbeständig sein (sowohl bei zufälliger als auch bei arbeitsmäßiger Beanspruchung), es muß gegenüber Schwankungen der Temperatur und Luftfeuchtigkeit weitgehend unempfindlich sein, und es muß so massiv sein, daß es genügend Wucht entwickelt. Der Hobelkasten besteht daher meist aus Ebereschenholz, aus immergrüner Eiche, aus westindischem Holz oder einem anderen sehr harten Holz.
Ebereschenholz eignet sich am besten; es verzieht sich nicht, wenn es trocken ist, es hat eine feine, dichte Äderung, es gleitet leicht (das Holz des Mehlbeerbaums ebenfalls), und es ist sehr verschleißfest (die Sohle muß sehr hart sein).
Seit dem Anfang des 19. Jahrhunderts bringen manche Hersteller an ihren Hobeln den Vermerk »Echt Eberesche« an. Wenn das Holz nicht künstlich naßgefärbt wird, ist es hell kirschrot; dies ist die natürliche Farbe des Ebereschenholzes.
Das Hobeleisen ist länglich. Es hat eine ähnliche Schneide wie der Holzmeißel, ist jedoch dünner und viel breiter. Es arbeitet in mehr oder weniger geneigter Stellung, so daß ein Splittern vermieden wird, und hebt entweder einen Span ab, der sich ringelt, oder ein sehr dünnes Holzblättchen (aufrechter Hobel).
Das Putzmesser (Hobeleisenklappe, Spanbrecherklappe) ist eine Erfindung, die für bessere Ausnutzung der Schneide sorgt. Es verhindert das Splittern des Holzes und vermeidet ein Schlottern des Hobeleisens infolge der Vibration seines unteren Teils, den der Keil nicht ganz festhält. Oben liegt das Putzmesser genau auf dem Eisen, unten löst es sich etwas davon und stützt sich dann bei der Schneide wieder darauf. Diese Fuge muß sehr eng sein, damit keine Späne oder Holzteilchen dazwischengeraten. Daher wird das Putzmesser geschliffen und sogar angeschärft, was ihm das Aussehen einer leicht gebauchten Klinge verleiht.

Flachhobel mit innen eingesetztem Eisen

Um eine Vorstellung von den verschiedenen Hobeln mit innen eingesetztem Eisen zu vermitteln, die alle das Holz flach bearbeiten und deshalb ein Eisen mit geradliniger Schneide und ein nach oben offenes Keilloch haben, seien einige in abnehmender Größe aufgezählt: Fughobel (Fugbank, Fugbock), Rauhbank, Schrothobel (Schrupphobel), Schlichthobel, Kleinhobel. Näheres findet sich bei Greber, *Die Geschichte des Hobels*, S. 138.
Der Fughobel, auch Fugbank oder Fugbock genannt, ist eine große, umgedrehte Rauhbank, auf der Küfer, Scheffelmacher und Kistenmacher die Seiten der Bretter und Dauben bearbeiten. Der nach vorn geneigte Fughobel ist so schwer, daß er fest auf seinen drei Beinen steht. Man führt das zu bearbeitende Teil auf seiner Oberseite entlang, auf einem Drittel des Weges hobelt das Eisen die Daube. Aus den ca. 50 cm langen Spänen, die von der Fugbank abfallen, werden die Randteile der Käseschachteln hergestellt. Der Umgang mit dem Fugbock ist sehr gefährlich.

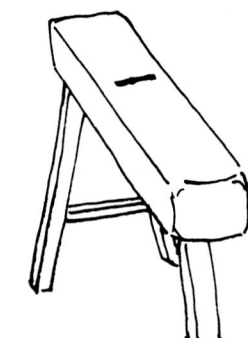

Fughobel, Fugbock

41 *Rauhbank (Schreiner).*

42 *Hobel aus immergrüner Eiche (Faßbinder).*
Hobel aus Buchsbaum (Schreiner). ▶

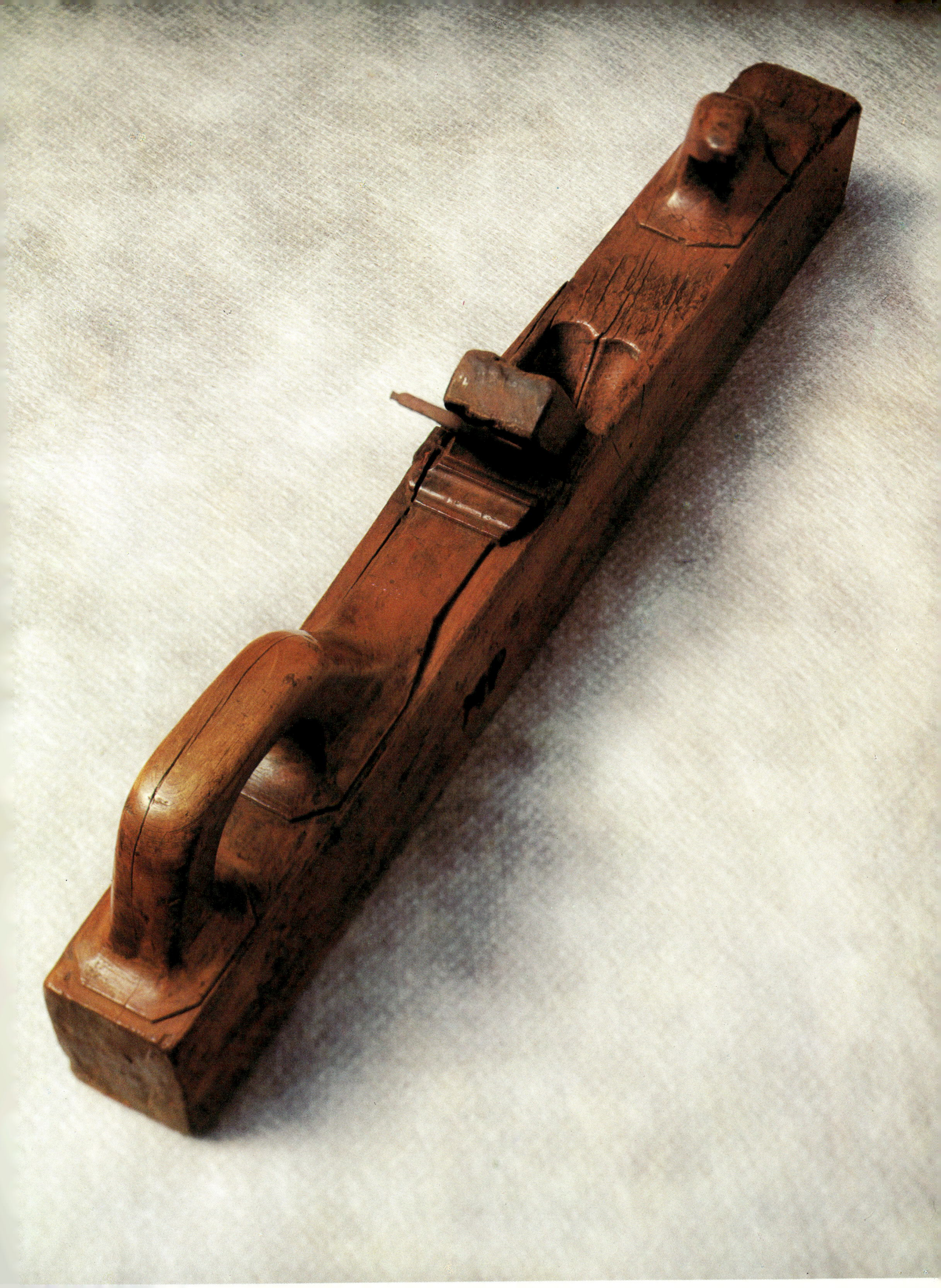

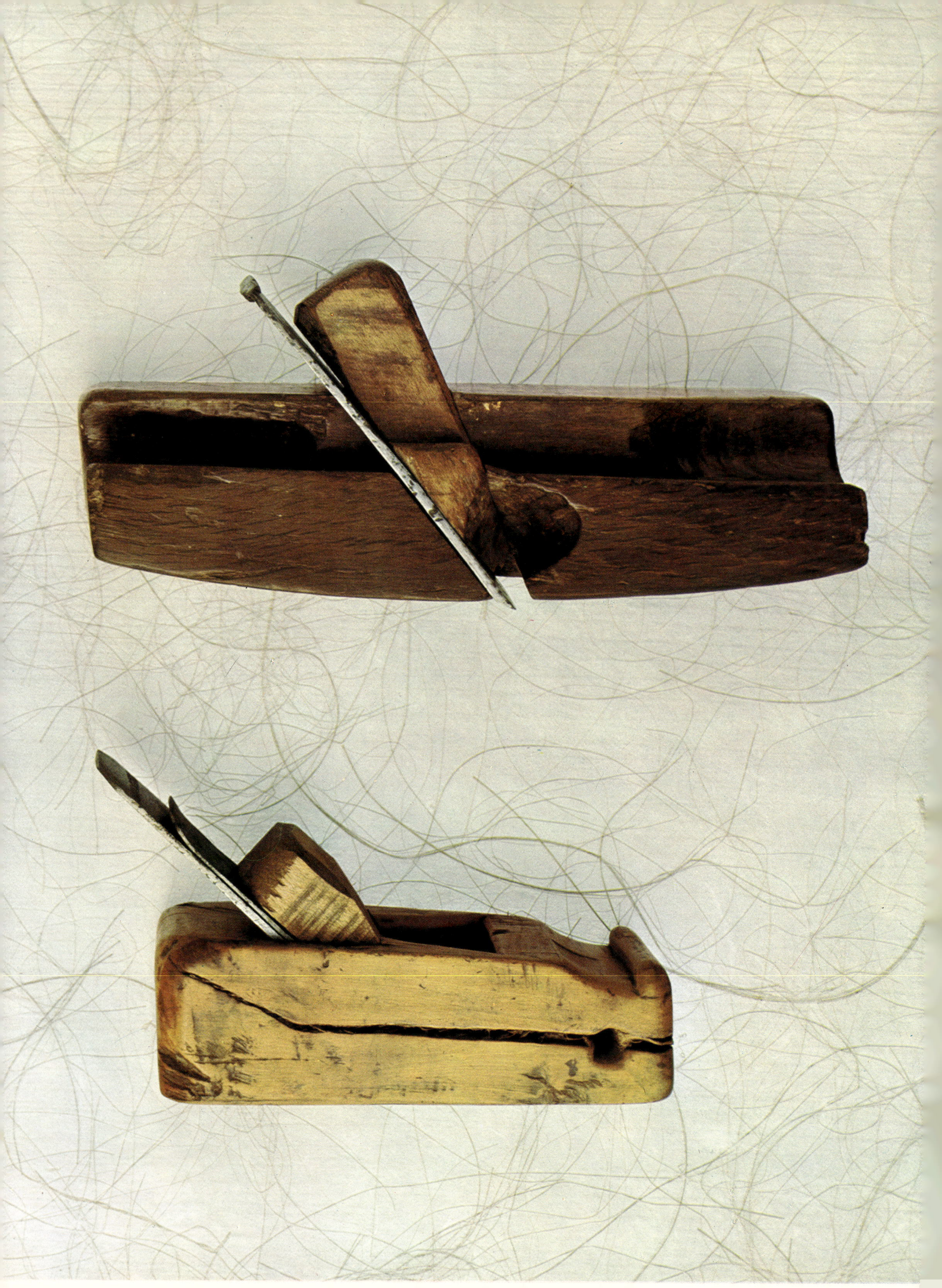

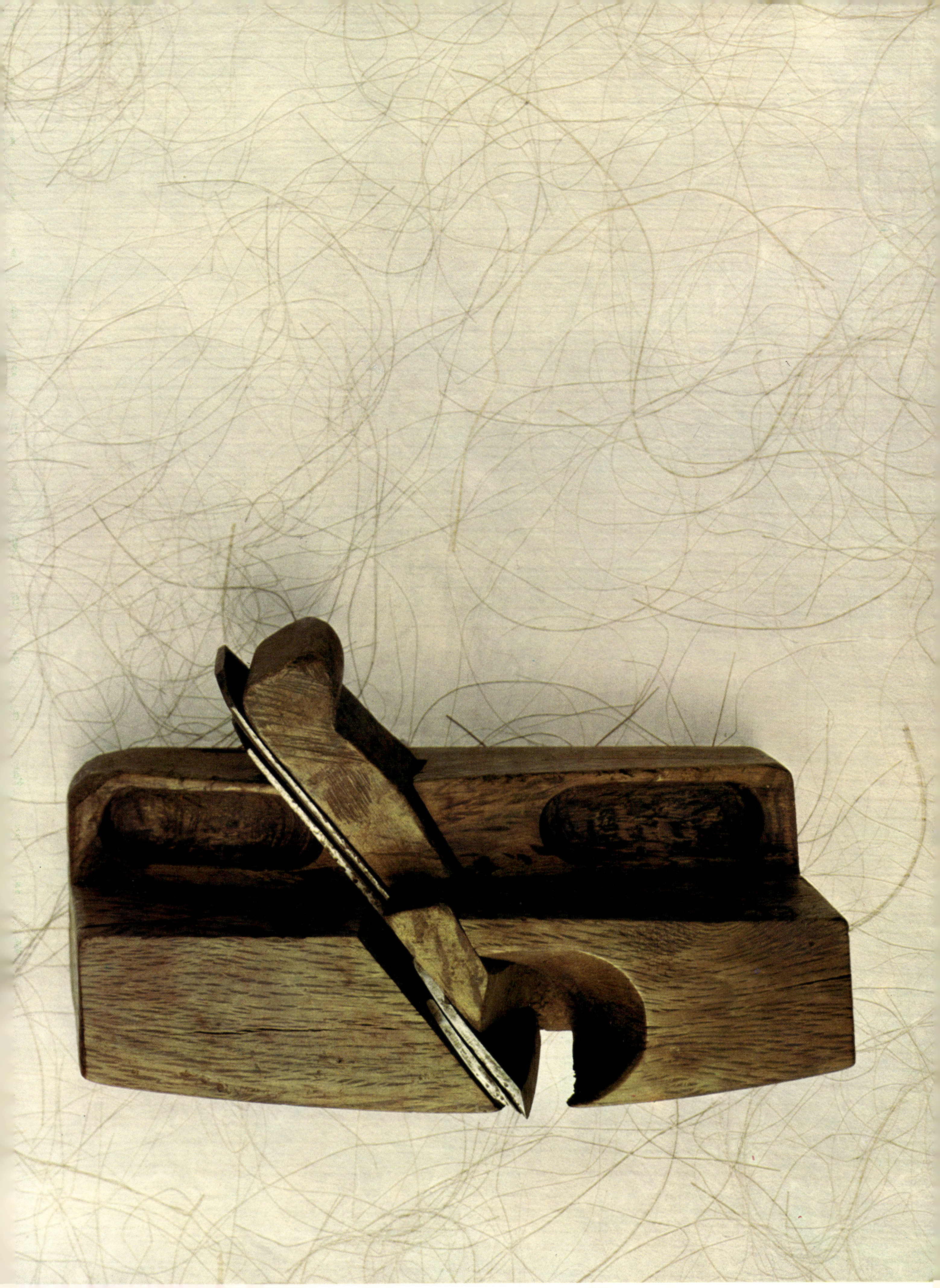

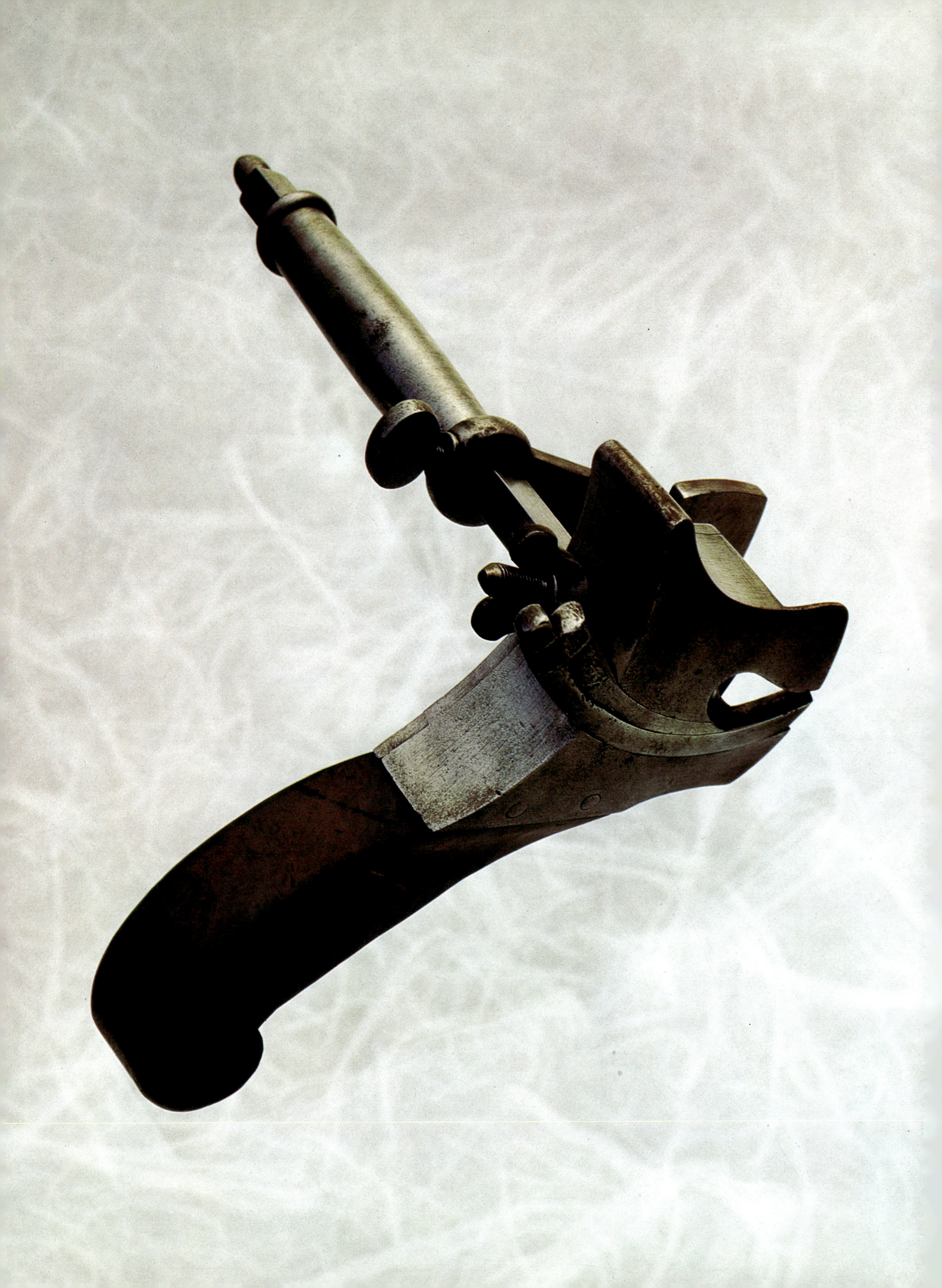

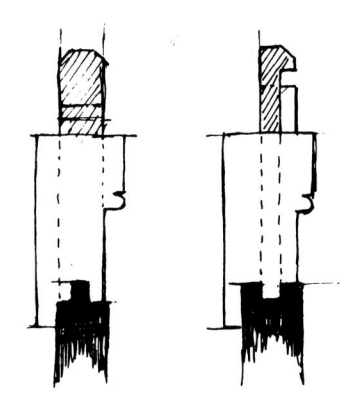

Schnitt von Falzhobeln

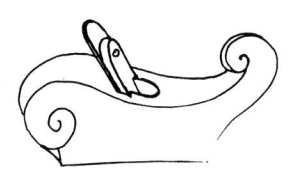

Kleinhobel

◀ 43 Hobel aus immergrüner Eiche (Faßbinder).

44 Gewölbter Falzhobel zum Aushöhlen (Schreiner).

Die Rauhbank ist ein ziemlich großer, schwerer Hobel, den man mit beiden Händen führt.

Ein starker *Handgriff* ziemlich nahe am hinteren Ende wird zum Schieben benutzt, vorn dient ein Knauf, der näher beim Ende als beim Messer sitzt, zum Lenken des Werkzeugs.

Bei manchen großen Modellen führte ein Loch seitlich durch das Vorderteil. Man steckte einen Stock hindurch, an dem eine Schnur befestigt war, so daß ein Geselle ziehen konnte, wenn das zu bearbeitende Holz besonders hart war.

Von den alten Werkzeugen sind die Rauhbänke am besten erhalten. Vom 16. bis zum 18. Jahrhundert wurden die Handgriffe (oder Nasen) geschnitzt. Teils wurden künstlerische Formen, teils sehr merkwürdige Figuren gestaltet (Delphine, Sirenen, Baumäste, Blattwerk etc.).

Die Qualität des Holzes, die Imprägnierung, das durch den Gebrauch entstandene polierte Aussehen und die Schnitzereien führten dazu, daß diese Werkzeuge schon sehr früh (seit dem 18. Jahrhundert) als Raritäten galten. Viele Rauhbänke, die mit den Initialen des Handwerkers versehen und datiert sind oder einen Sinnspruch aufweisen, sind echte Museumsstücke.

Im Unterschied zur Rauhbank hat der Schrot- oder Schrupphobel ein schmaleres Hobelmesser zur groben Bearbeitung der Teile, die dann mit der Plattbank weiter gehobelt werden. Beim Schrothobel fallen schmalere Späne ab als bei der Rauhbank.

Beim Schlichthobel ist das Hobeleisen anders geneigt als bei der Rauhbank. Er ist das Werkzeug für die Feinarbeit des Ebnens und Glättens. Das Hobelmesser kann zwei Stellungen einnehmen. Wenn es dünne Späne abheben soll, ist die Schneide vorn und die Schräge hinten. Wenn es sehr hartes Holz bearbeitet, wird die angeschärfte Kante schräg nach vorn gestellt.

Die *Kleinhobel* (Putzhobel) dienen zur Feinbearbeitung spezieller Hölzer in kleinen Teilen (Geigenbauer, Kunsttischler, Kistenmacher etc.) und sehen oft malerisch aus, sind aber sehr wirkungsvolle Werkzeuge. Nicht selten haben sie zur einfacheren Führung vorn einen Knauf. Von den Kunsttischlern und Geigenbauern des 17. und 18. Jahrhunderts sind eindrucksvolle Modelle erhalten.

Falzhobel mit seitlich angebrachtem Eisen

Wie aus den Holzarbeiten und Bildnissen vom Ende der Kaiserzeit in Rom ersichtlich ist, scheint man sich damals nicht mehr damit begnügt zu haben, die Holzflächen nur eben zu bearbeiten.

Mit zwei verschiedenen Hobeln verstand man es, vertiefte und bauchige Profile zu gestalten und Holzteile so zu hobeln, daß sie fest zusammengefügt werden konnten. Es waren die Simshobel und die Nuthobel. Diese Hobel scheinen sich bis ins Mittelalter erhalten zu haben (wenigstens gewisse Nuthobel), aber sie waren wohl ziemlich selten und die Hobeleisen wenig unterschiedlich.

Am Ende des 13. Jahrhunderts sind sie jedoch im Schreinerhandwerk nachgewiesen und haben unwiderlegbare Spuren an den Möbeln hinterlassen. Im 15. Jahrhundert erweiterte sich ihr Gebrauch. Im 16. Jahrhundert zeugen bildliche Darstellungen und erhaltene Möbel vom Vorhandensein genau differenzierter Sims- und Nuthobel in den holzverarbeitenden Handwerken.

Der Falzhobel dient zum Aushöhlen von Nuten und zum Herstellen von Federn. Bretter werden oft in Nut- und Federverbindungen gefügt. Man braucht den Falzhobel auch für Tür- und Fensterrahmen, die gut schließen und sich leicht öffnen müssen. Das Werkzeug wird stets seitlich geführt und gleitet auf der ebenen Fläche des zu bearbeitenden Holzes.

Grundsätzlich gibt es zweierlei Falzhobel: Mit dem einen wird die *Feder* gefertigt, mit dem anderen die *Nut* ausgehöhlt. Manchmal dient ein und dasselbe Werkzeug für beide Arbeiten.

Kennzeichnend für den Falzhobel ist eine Art Leitvorrichtung (an der hinteren Wange), die seitlich am Werkstück anliegt, so daß der Abstand zwischen Fläche und Nut oder Feder genau eingehalten wird und die zwei Teile beim Zusammenfügen genau ineinanderpassen.

Das Keilloch (der Durchbruch) ist nur so groß, daß Hobeleisen und Keil gerade hineinpassen; sie füllen es ganz aus. Der Span tritt seitlich durch ein trichterförmiges, dem Arbeiter zugekehrtes Spanloch aus. Es wäre deshalb für das Werkzeug gefährlich, wenn man das Eisen durch Klopfen auf den Hobel herausnehmen wollte. Man schlägt vielmehr mit der Finne des Hammers auf den Keil. Daher rührt die eigenartige Form des Keils mit der sich verjüngenden Sperre am Kopf. Der Keil muß öfters ausgewechselt werden.

Die Eisen der Falzhobel werden sehr genau geformt. Nut und Feder müssen mit sehr leichtem Druck exakt ineinanderpassen (die Feder ist ganz wenig breiter als die Nut). Da die Seitenteile des Hobeleisens am Holz entlangstreifen, schrägt man sie nach hinten leicht ab, damit das Werkzeug »besser läuft«. Ebenso wird das Eisen nach oben schmaler, damit es beim Herausklopfen keinen Widerstand leistet. Es muß sowohl im Keilloch als auch auf der Tragfläche des Keils genau ausgerichtet sein, damit es nicht ausrutscht, d.h. von der Achse abweicht, die parallel zur Achse der Leitvorrichtung verläuft.

Der *Leistenhobel* folgt dem Prinzip des Falzhobels: Das Hobeleisen wird parallel zu einer Leitfläche geführt; es ist sehr fein, da es zur Fertigung schmaler Profile dient.

Der zweiteilige Falzhobel

In seiner einfachen Form existiert der Falzhobel zweifellos seit langer Zeit. Die Schreiner ersannen jedoch verstellbare Falzhobel, die auf zwei an einem beweglichen Anschlag befestigten Hebeln eingestellt werden können. Die vordere Wange mit dem Hobeleisen ist also in entsprechendem Abstand durch die beiden Hebel mit dem Anschlag verbunden. Dieser doppelwandige Falzhobel wurde wahrscheinlich gegen Ende des 17. Jahrhunderts erfunden, doch dauerte es längere Zeit, bis er allgemein in Gebrauch kam. Verschiedene technische Lösungen zur Einstellung des Abstands zwischen Anschlag und Hobeleisen blieben nebeneinander bestehen. Besonders schwierig war es, eine feste Verbindung zwischen den beiden Teilen herzustellen. Félibien zeigt uns einen zweiteiligen Falzhobel, der sicher nicht sehr weit verbreitet war; aus der ziemlich schlechten Zeichnung wird die Art der Befestigung nicht ersichtlich. Roubo dagegen hat uns eine hervorragende Beschreibung hinterlassen.

Die zwei Teile des Falzhobels müssen stets parallel bleiben; sie sind durch zwei Eisen, die zu den Wangen senkrecht stehen, verbunden. Das vordere Teil mit dem Hobeleisen ist der eigentliche Hobel, das hintere Teil, der Anschlag, ruht auf der Fläche des zu bearbeitenden Holzes mit einem Profil, das tiefer liegt als die Schneide des Hobeleisens. Der Abstand wird mit Dübeln eingestellt, die durch das Holz des Anschlags hindurch die Querhebel festkeilen.

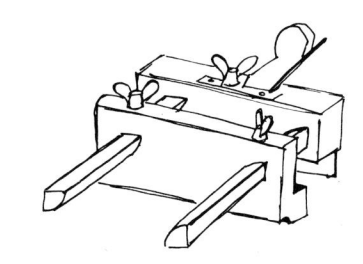

Die Verbindung zwischen Anschlagteil und Hebeln kann der Handwerker je nach Bedarf beliebig verändern, und zwar mit Hilfe von zwei Keilen, die ganz durch den Anschlag verlaufen und die Hebel in der Mitte festklemmen. Der Anschlag hat (wie der gewöhnliche Falzhobel) unten eine Vertiefung, in die der Arbeiter die Fingerspitzen legt. Die beweglichen Teile sind so exakt gebaut, daß sie bei geschlossenem Anschlag genau aufeinanderpassen. Dies ist die Vorbedingung für vollkommene Parallelität.

Zweiteiliger Falzhobel mit Schraubverbindung

Im Zuge einer Weiterentwicklung des zweiteiligen Falzhobels wurden die zwei Hebel zur Einstellung des Abstands durch Holzschrauben ersetzt. Diese

Zweiteiliger Falzhobel

45 *Falzhobel für dünne Leisten (Schreiner).*

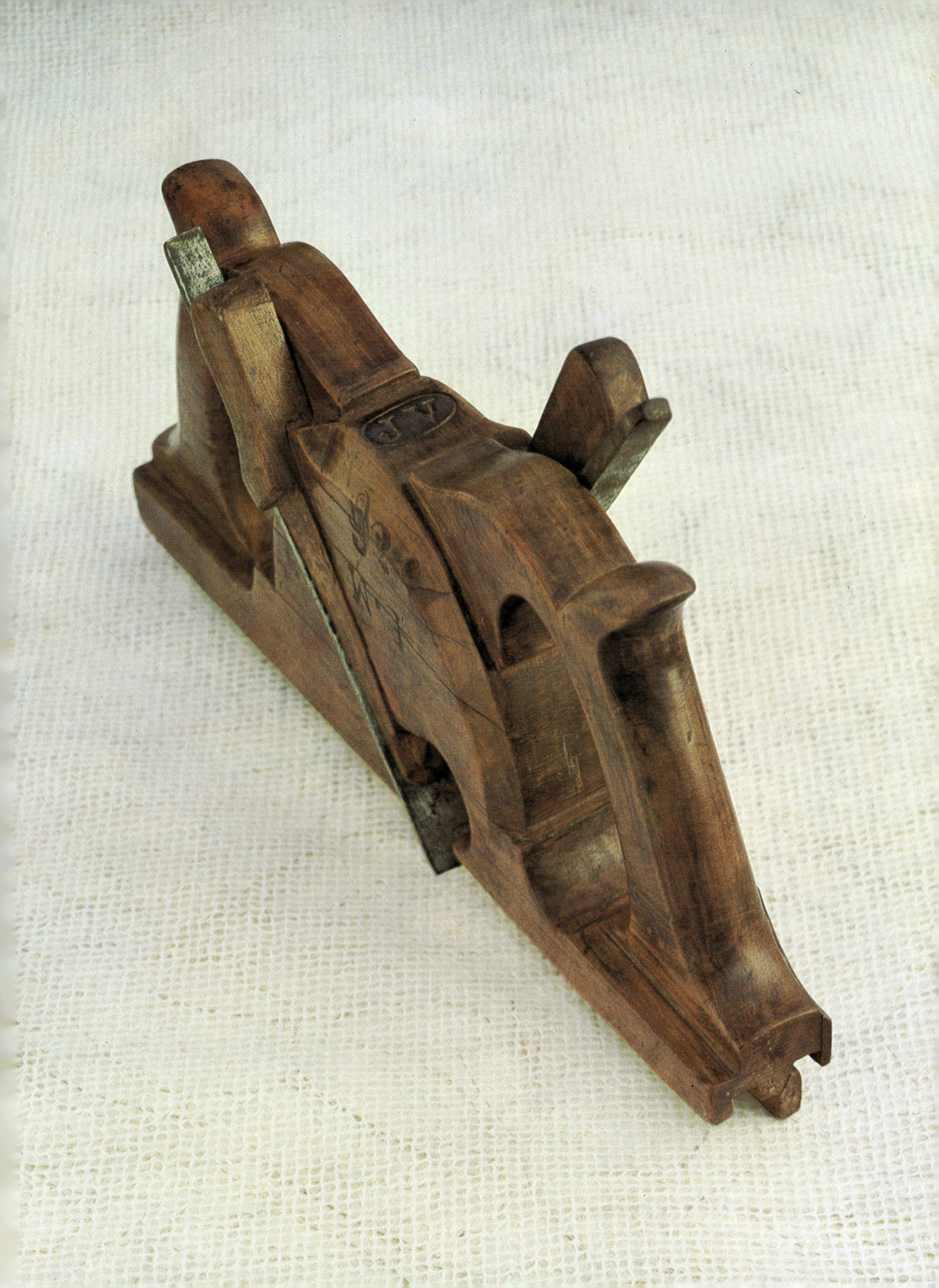
JV

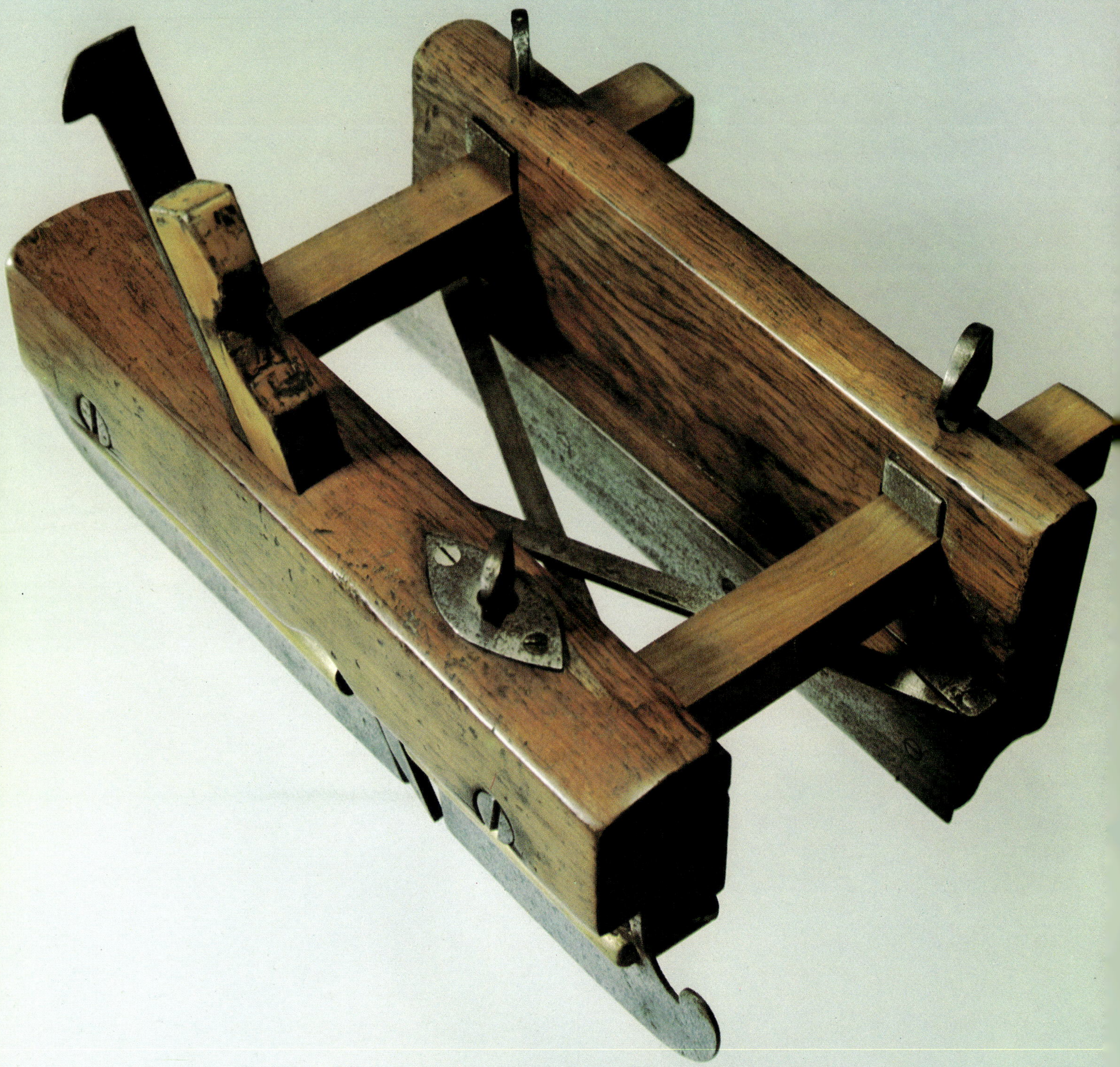

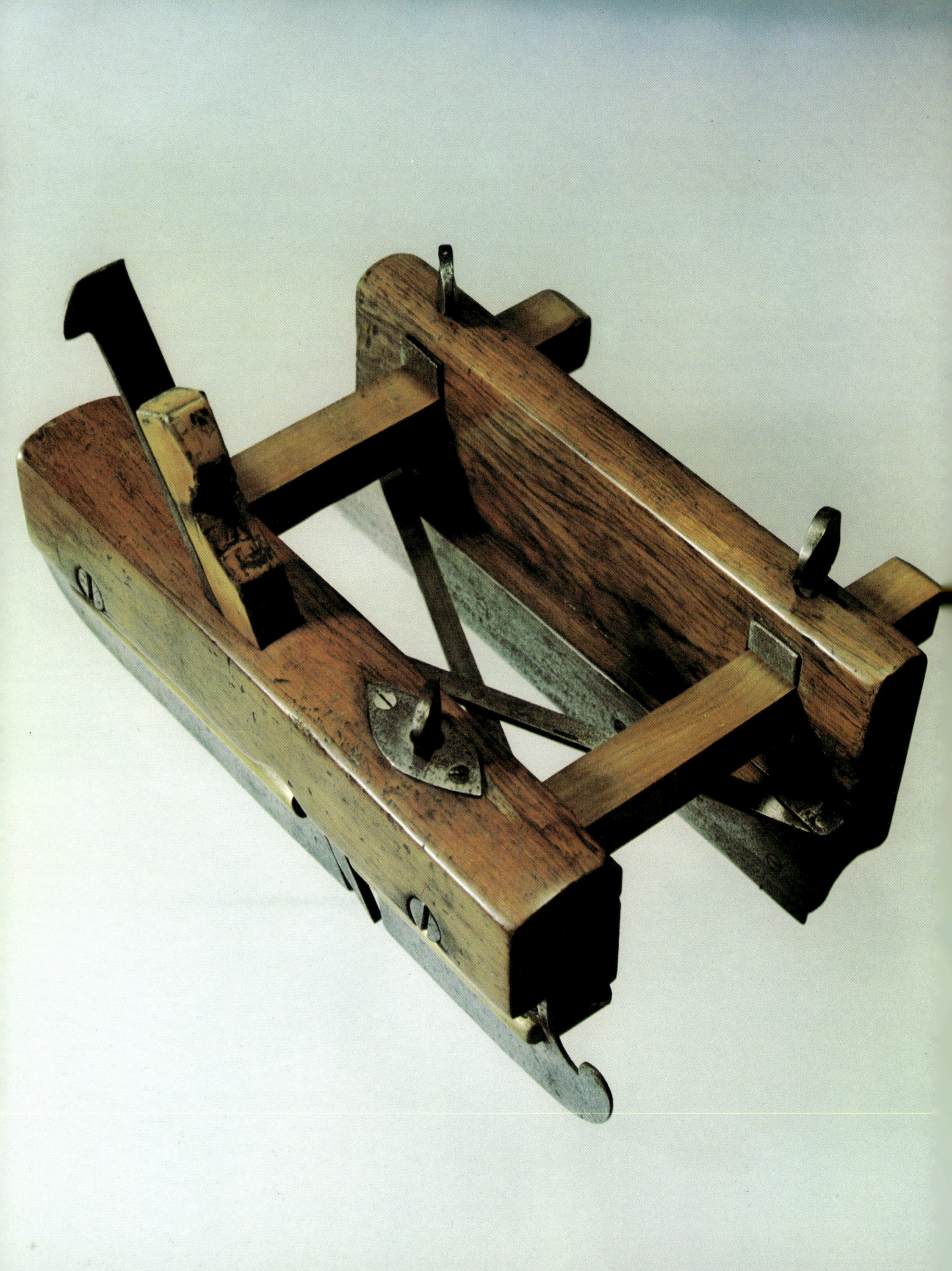

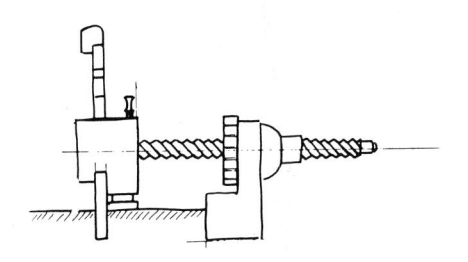

Zweiteiliger Falzhobel mit Schraubverbindung

Schrauben sind auf dem Hobelteil befestigt und werden auf dem Anschlagteil mit je zwei hölzernen Muttern eingestellt. Die Mutter auf der Vorderseite des Anschlagteils ist glockenförmig, die Mutter auf der Rückseite des Anschlagteils ist nußförmig. Sie ist gedrechselt und stark ausgebaucht, damit man sie gut greifen kann.

Das Ganze ist ein ungewöhnliches Werkzeug, das hohe Präzision verrät. Neben den alten Kurbelbohrern ist es das gesuchteste Holzwerkzeug.

Seit dem Ende des 18. Jahrhunderts bis heute haben die Kunsttischler Falzhobel von außergewöhnlicher Qualität gestaltet, Zeugen einer vollkommenen Handwerkskunst. Manche sind gewölbt und mit Metall beschlagen. Mit ihren ausgewogenen Proportionen und der genauen Anordnung der Teile sind sie hochentwickelte Werkzeuge, die Präzision mit leichter Handhabung verbinden.

Die Profilhobel

Vom 13. Jahrhundert an und ganz besonders zwischen dem 14. und 16. Jahrhundert treten zu den Hobeln mit geradliniger Schneide zahlreiche dünnere, schmalere Hobel mit Schneiden, die den Kehlen entsprechen.

Möbel, Türen und Täfelungen in den Häusern nahmen um jene Zeit Formen an, die sie vorher kaum kannten und die besondere Werkzeuge erforderten.

Falzhobel gab es zweifellos auch schon früher; Kanten und Fugen von Möbeln vor dem 13. Jahrhundert lassen darauf schließen. Ein Hobel aber, der bei der Arbeit ein Rundrelief ausbildet, scheint nicht verbreitet gewesen zu sein.

Nicht zu zählen sind die Hobel, die für Längsprofile in Faserrichtung des Holzes dienen (manchmal auch in Querrichtung, wenngleich die Querteile besonders der Rankendekors des 15. und 16. Jahrhunderts wohl eher mit dem Hohl- und Flachmeißel hergestellt wurden). Schreiner und Kunsttischler fertigten, mit Ausnahme des Hobeleisens, ihre Profilhobel selbst, und dies ist bis heute so geblieben. Sie folgen dabei dem Bedarf, ihrer Vorstellung von dem zu erzielenden Profil und dem Zeitgeschmack.

Die Hobel tragen daher vor allem in den Kunsttischlerwerkstätten die verschiedensten Namen: Spundhobel, Grundhobel, Seitenkantenhobel, Rundhobel, Rundstabhobel, Grathobel, Kehlleistenhobel etc. Ganz allgemein verwendet man die Bezeichnungen Simshobel, Leistenhobel, Hohlkehlhobel, Kehlhobel, Karnieshobel. Die Terminologie ist fließend; Profilhobel ist der umfassende Ausdruck.

Hohlkehlen und Gesimse zu fertigen, war eine schwierige Arbeit, die selbst geübten Handwerkern Probleme bot. Manche hatten sich darauf spezialisiert; man nannte sie Gesimstischler. Ganz allgemein sind die Sims- und Leistenhobel nicht so kompakt wie die Lang- und Schrupphobel, bei denen das Hobeleisen mitten im Holz steckt. Sie weisen vielmehr relativ schmale Rechteckformen auf, durch die das Eisen nur oben verläuft.

Die Sims- und Leistenhobel sind etwa 30–40 cm lang, 4–9 cm breit und 9–15 cm hoch. Die größeren tragen manchmal hinten einen Handgriff.

Die Hohlkehlhobel, Kehlhobel und Karnieshobel sind kleiner. Bei diesen Profilhobeln wird das Hobeleisen nur oben festgehalten; das Keilloch wird also ganz vom Eisen und vom Keil ausgefüllt. Die Späne treten unten seitlich durch das trichterförmige Spanloch aus. Der Hobelkasten ist aus Eichenholz (oder aus einem anderen sehr harten Holz mit geradlinigen Fasern).

Oft wird oben seitlich zur Verstärkung des Hobelkastens eine Wange und unten eine Sohle aus Eberschenholz angebracht.

46 *Zweiteiliger Falzhobel zum Ausheben und Vertiefen von Nuten. Eine zirkelartige Spannvorrichtung sorgt dafür, daß die beiden Teile parallel bleiben (Kunsttischler).*

Das Hobeleisen der Sims- und Leistenhobel

Da jede Werkstatt ihre bevorzugten, gebräuchlichsten Profile hatte, war die Fertigung der Hobeleisen und des Sohlenprofils stets Sache der einzelnen

Handwerker. Roubo teilt uns (im 18. Jahrhundert) mit: »Es gibt keine fertigen Hobeleisen (für Leisten- und Hohlkehlhobel). Deshalb sind die Schreiner gezwungen, sie selbst herzustellen. Sie kaufen Leistenhobeleisen, die sie enthärten und in die passende Form bringen. Anschließend härten sie sie wieder.«
Die Schneide wurde auf dem Schleifstein vorgeformt und mit Bimsstein geschliffen, bis sie genau die spiegelbildliche Form des gewünschten Profils hatte.

Der Hobel in der Hand des Arbeiters

Der Hobel ist ein Werkzeug, das gut in der Hand liegen muß. Wenn der Handwerker ihn nicht selbst herstellt, verändert er ihn oft, wie präzis auch die Werkzeugfabrik gearbeitet haben mag. Außerdem stellt er das Hobeleisen stets nach Bedarf ein. Es muß aus dem Hobelkasten herausragen, aber nur um so viel, wie gerade nötig ist; es muß gut greifen, es muß einen gleichmäßigen Span abheben, der sich beim Austritt aus dem Spanloch von selbst ringelt; es muß in Längsrichtung der Holzfasern leicht gleiten und gegebenenfalls auch quer schneiden. Ganz allgemein muß dieses Werkzeug gut ausgewogen sein. Greift der Handwerker zum Hobel, so wiegt er ihn zuerst einmal in der Hand. Es ist aufschlußreich, einem Arbeiter zuzusehen, wie er seinen Hobel fertigmacht: Er richtet den Überstand des Hobeleisens ein, das er vor- oder zurückschiebt, wobei er es leicht mit kleinen, kurzen Hammerschlägen klopft und jedesmal prüfend über die Sohle blickt, bis er den Keil mit einem kurzen Schlag fest eintreibt. Um das Hobeleisen herauszunehmen, klopft man mit dem Hammer auf die Rückseite des Hobels, dann fällt das Eisen heraus. Bei den Rauhbänken wird oft abwechselnd auf die Rückseite und auf die Nase gehämmert, um das Eisen zu entfernen. Bei vielen Rauhbänken ist zu diesem Zweck bei der Nase ein großer Nagel ganz eingetrieben, auf dessen gewölbten Kopf man schlägt, um nicht Gefahr zu laufen, daß das Werkzeug an seiner schwächsten Stelle, dem Keilloch, bricht.
Die Hobel werden vorsichtig gehandhabt, sorgfältig gepflegt und seitlich nebeneinander auf einem Brettergestell liegend aufbewahrt.

47 *Leierbohrer mit eingebauter Brustplatte (Schreiner).*

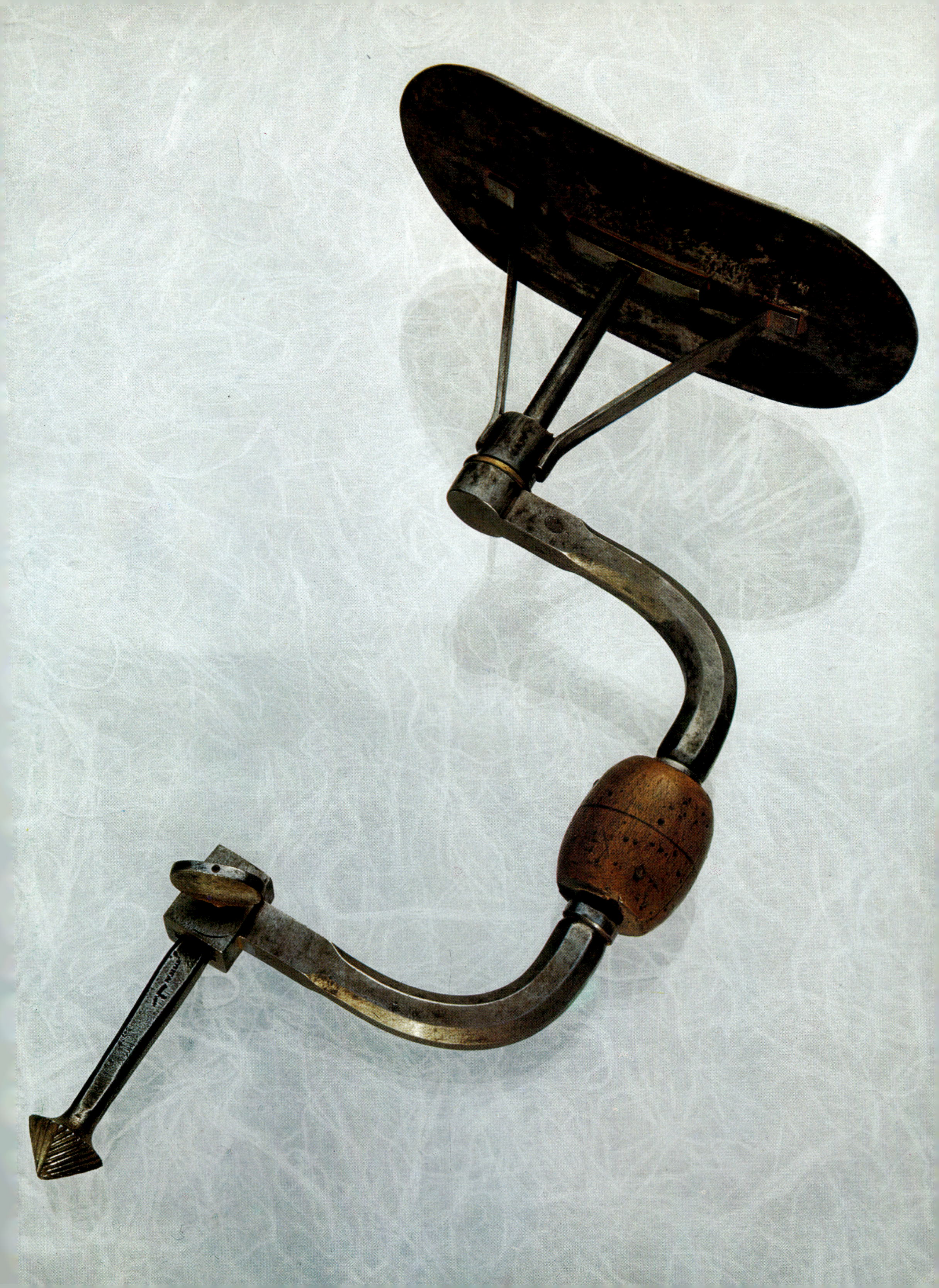

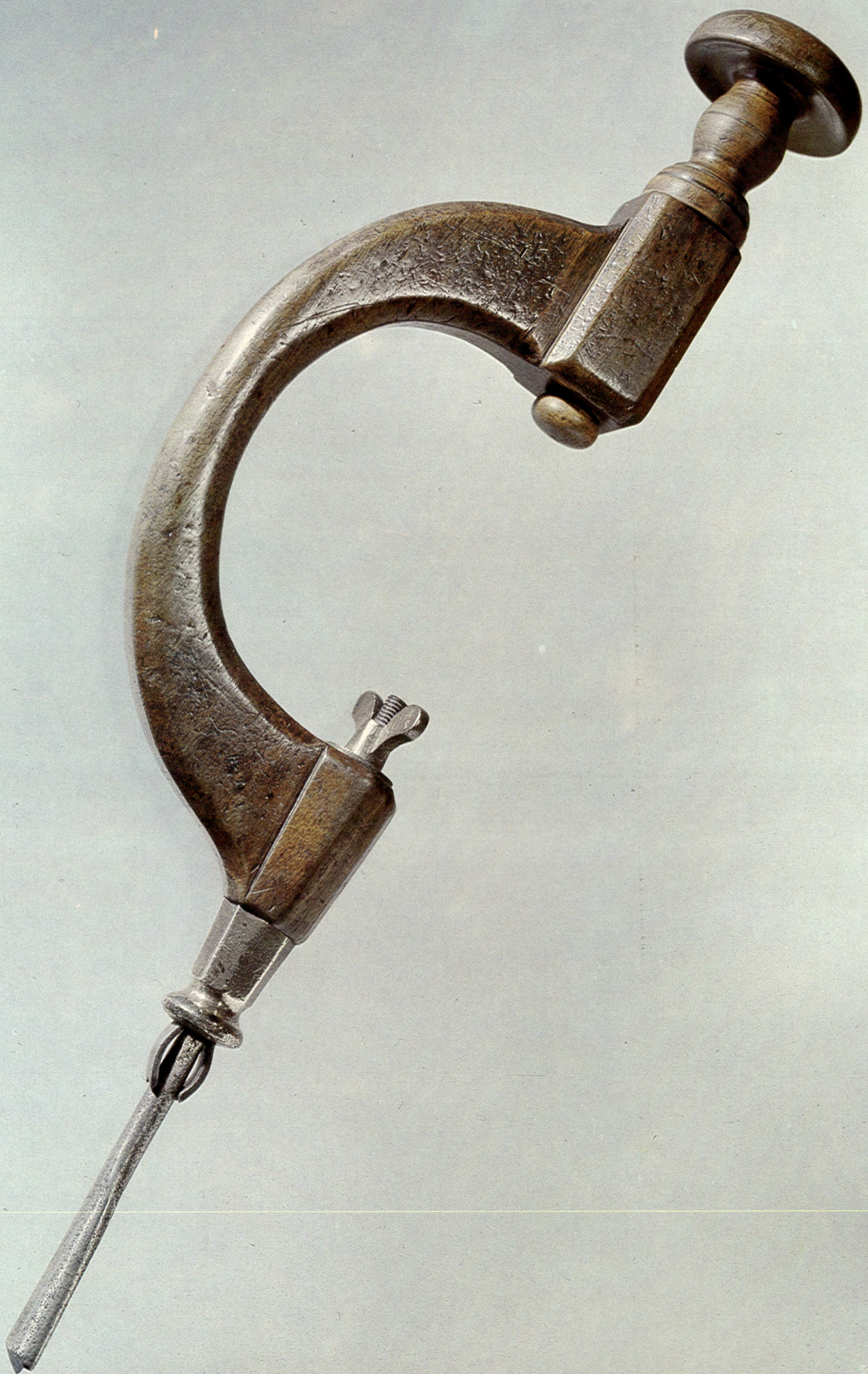

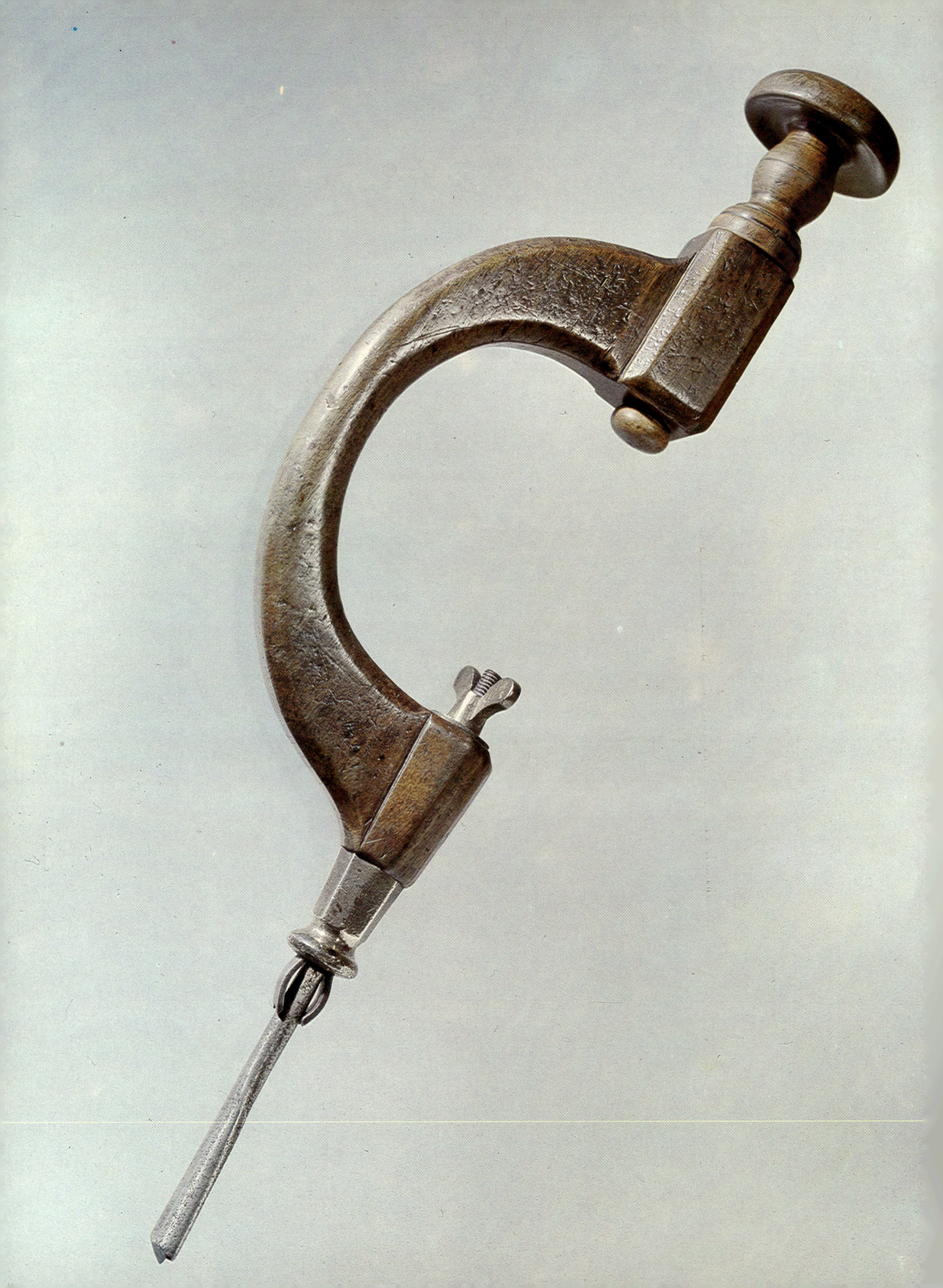

Der Bohrer

48   Leierbohrer für Zapfenlöcher, Griff und Knauf aus Buchsbaum (Schreiner).

49   Zwei Löffelbohrer (verschiedene Handwerke).

*Die ersten Bohrwerkzeuge,
Vorläufer des Leierbohrers*

Zwei Werkzeuge sind zu betrachten, ehe wir uns dem Leierbohrer zuwenden. Sie sind ihm vorausgegangen, und der Leierbohrer ist sozusagen aus ihnen beiden entstanden. Allein schon diese geschichtliche Entwicklung könnte Gegenstand einer langen Abhandlung sein; wir können sie hier nur in kurzen Zügen schildern.

Das ursprüngliche Bohrwerkzeug bestand aus einem zugespitzten, am Ende mit einem Holzgriff bestielten Stein, der zwischen den flachen Händen gedreht wurde. Im Magdalénien diente dieser Bohrer zum Aushöhlen runder Löcher in Stein, Knochen oder Horn.

Aus diesem Werkzeug entwickelte sich der *Bogenbohrer*, der gleich gestaltet wurde, aber mittels einer um den Griff geschlungenen Schnur, an deren beiden Enden man zog, in Drehbewegung versetzt wurde. Am Kopf befand sich eine hohle Nuß (aus Holz oder Stein), die mit der Hand festgehalten wurde (bei den alten Nordländern mit den Zähnen). Diese Nuß sorgte dafür, daß das Werkzeug an der Bohrstelle fest aufgesetzt und zugleich in Bohrlochrichtung geführt werden konnte.

Auf bildlichen Darstellungen aus dem alten Ägypten sehen wir schon zwei Vervollkommnungen des Drillbohrers: In der Mitte des Drehgriffs wurde eine Spindel von genau kreisförmigem Querschnitt aufgesetzt, die der sie drehenden Sehne mehr Schwung verleiht, und die Sehne wurde mit einem Bogen gespannt. Mit der rechten Hand bediente der Handwerker Sehne und Bogen, die Linke hielt, drückte und lenkte die Nuß. Mit diesem Werkzeug war Präzisionsarbeit möglich.

Um das 13. Jahrhundert wurde die Spindel aus Metall gefertigt; im 14. Jahrhundert wurde die auswechselbare, verschieden geformte Bohrerspitze erfunden, mit der zylindrische, verhältnismäßig tiefe und im Durchmesser unterschiedliche Löcher gebohrt werden können. Die Nuß nahm die Form einer Platte an und wurde *Nußeisen* genannt.

Der etwas spätere *Löffelbohrer* geht etwa auf die Mitte der Bronzezeit zurück und findet in der Eisenzeit seine endgültige Form.

Der Bogenbohrer wird rasch in abwechselnder Bewegung gedreht. Er bohrt exakte, aber wenig tiefe Löcher. Der Löffelbohrer wird mit seiner Winde stetig und langsam gedreht, bohrt aber tiefe Löcher.

Der Bogenbohrer wurde von den Schlossern und Goldschmieden des 17. Jahrhunderts vervollkommnet und hat bis in unsere Tage überdauert. In den heutigen Werkstätten ist daneben der mit Motor angetriebene Bohrer getreten, der aber die wichtigsten Teile und sogar die Formen beibehalten hat (Platte, Spindel, Einsätze).

Eine Art *Aufziehbohrer* scheint in gallo-römische Zeit zurückzureichen; asiatische Modelle lassen allerdings auf einen viel früheren Ursprung schließen. Die Drehbewegung wird durch das Abwickeln einer Sehne auf dem Schaft erzielt; dies wiederum geschieht durch den Druck (von oben nach unten) eines Querhebels. Eine Kugel (oder ein Kreisel) aus Metall am unteren Teil des Schafts wirkt als Schwungrad und wickelt die Sehne wieder auf, wobei der Hebel nach oben gleitet und für einen neuerlichen, die Drehbewegung auslösenden Druck nach unten bereit ist. Wie der Bogenbohrer ist dies also ein sich drehendes Werkzeug, dessen Drehrichtung abwechselt und das nur in einer Richtung greift, beim Bogenbohrer in Zugrichtung des Bogens, beim Aufziehbohrer in Abwärtsrichtung des Hebels. Der letztere wird im Goldschmiede- und Uhrmacherhandwerk noch benutzt.

Der Bogenbohrer wurde von der Bohrwinde nicht ganz verdrängt. Seit dem 18. Jahrhundert kennt man Drillbohrer, die statt der Platte einen pilzförmigen Handgriff haben. Die Stange dreht sich darin frei, wird aber durch ein Profil im Inneren gehalten. Die Teile sind gut miteinander verbunden, und das Werkzeug ist vielseitig verwendbar.

Drillbohrer mit Handgriff

Der Brustbohrer

Schon im Altertum wurde wahrscheinlich versucht, den Drillbohrer für die Holzbearbeitung zu verwenden. Der Drillbohrer war für das Bohren von Metall sehr gut geeignet und wird auch heute noch dafür verwendet, aber in Holz drang er nicht stark und tief genug ein. Um das Holz in der Dicke zu bohren, brauchte man ein langsameres, robusteres Werkzeug, das sich kontinuierlich und nicht wechselnd bewegt. So wurde der Brustbohrer als Zwischending aus dem Löffelbohrer entwickelt und führte in seiner Vervollkommnung dann zum Leierbohrer.

Der Brustbohrer scheint nordischen Ursprungs zu sein; nur wenige Stücke sind erhalten. Auf dem Bayeux-Teppich ist er dargestellt. Die skandinavischen Schiffszimmerleute benutzten ihn im 11. Jahrhundert (und vielleicht schon lange vorher). Der Brustbohrer besteht aus einem Löffelbohrer mit starkem Schaft, durch den das Eisen verläuft und der (oben) mit einem Knauf aus Hartholz endet. Mit einer Winde am Schaft wird das Werkzeug betrieben. Der Knauf dreht sich in der breiten Höhlung einer dicken Brustplatte, die der Arbeiter umgeschnallt hatte. Daher rührt der Name Brustbohrer.

Der Handwerker stützte also das Werkzeug mit dem Oberkörper ab und drehte es mit einer Hand nach der andern. Um in allen Achsrichtungen zu arbeiten, wie es das Schiffsgebälk erforderte, mußte der Zimmermann mit seiner Körperhaltung dafür sorgen, daß der Knauf stets fest in der Brustplatte saß. Die Handhabung dieses Werkzeugs war deshalb zweifellos schwierig, aber es hatte den Vorteil, daß es in sehr dickem Holz tiefe, breite und exakte Löcher bohrte.

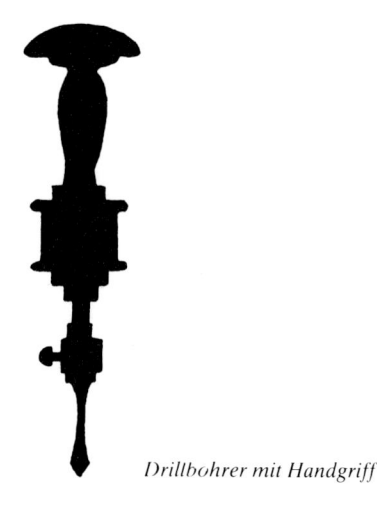

50 *Vier Kern- oder Zentrierbohrer, ein Zentrumbohrer und zwei Zapfenbohrer, der eine für Rechts-, der andere für Linksdrehung (Mechaniker).*

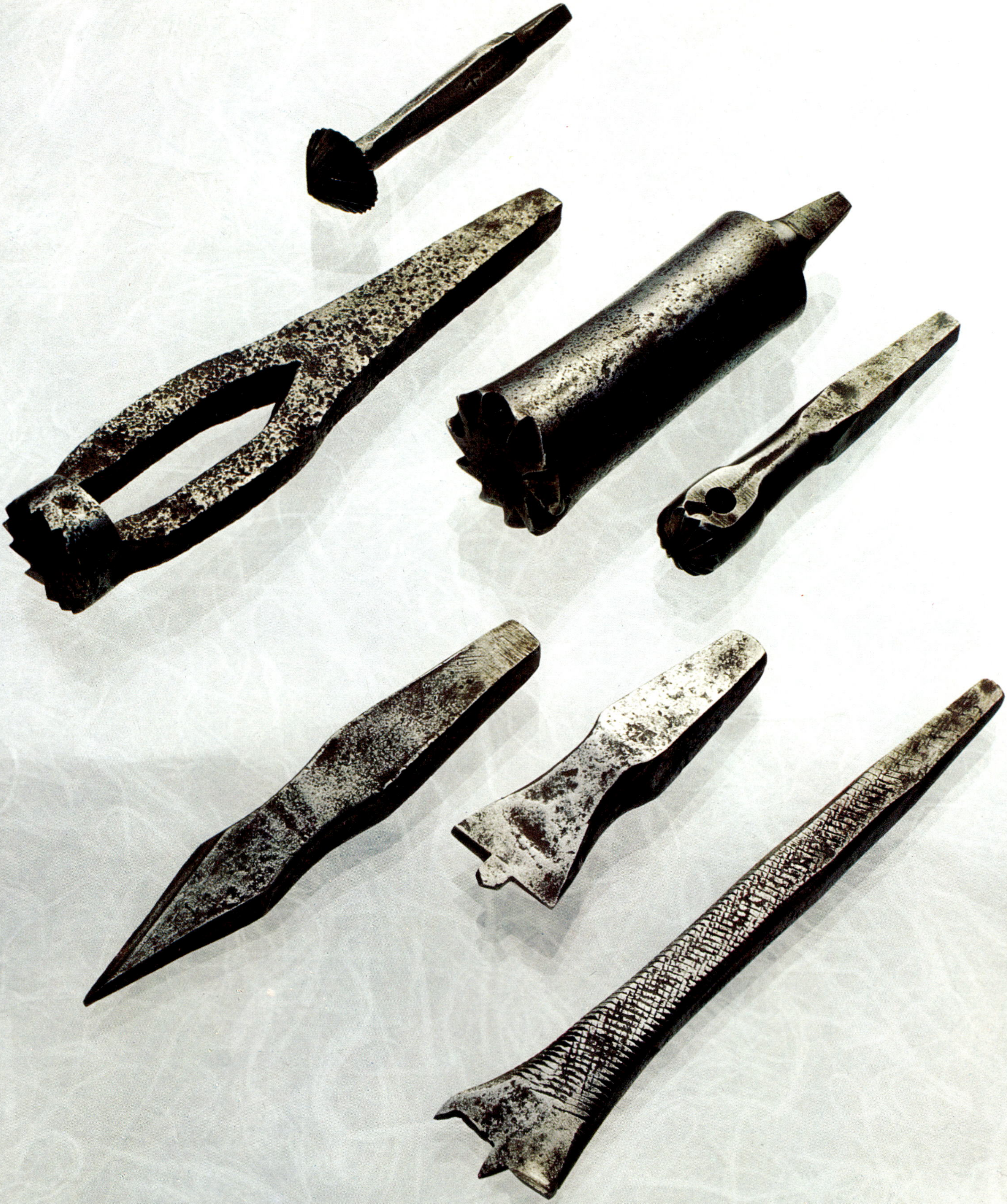

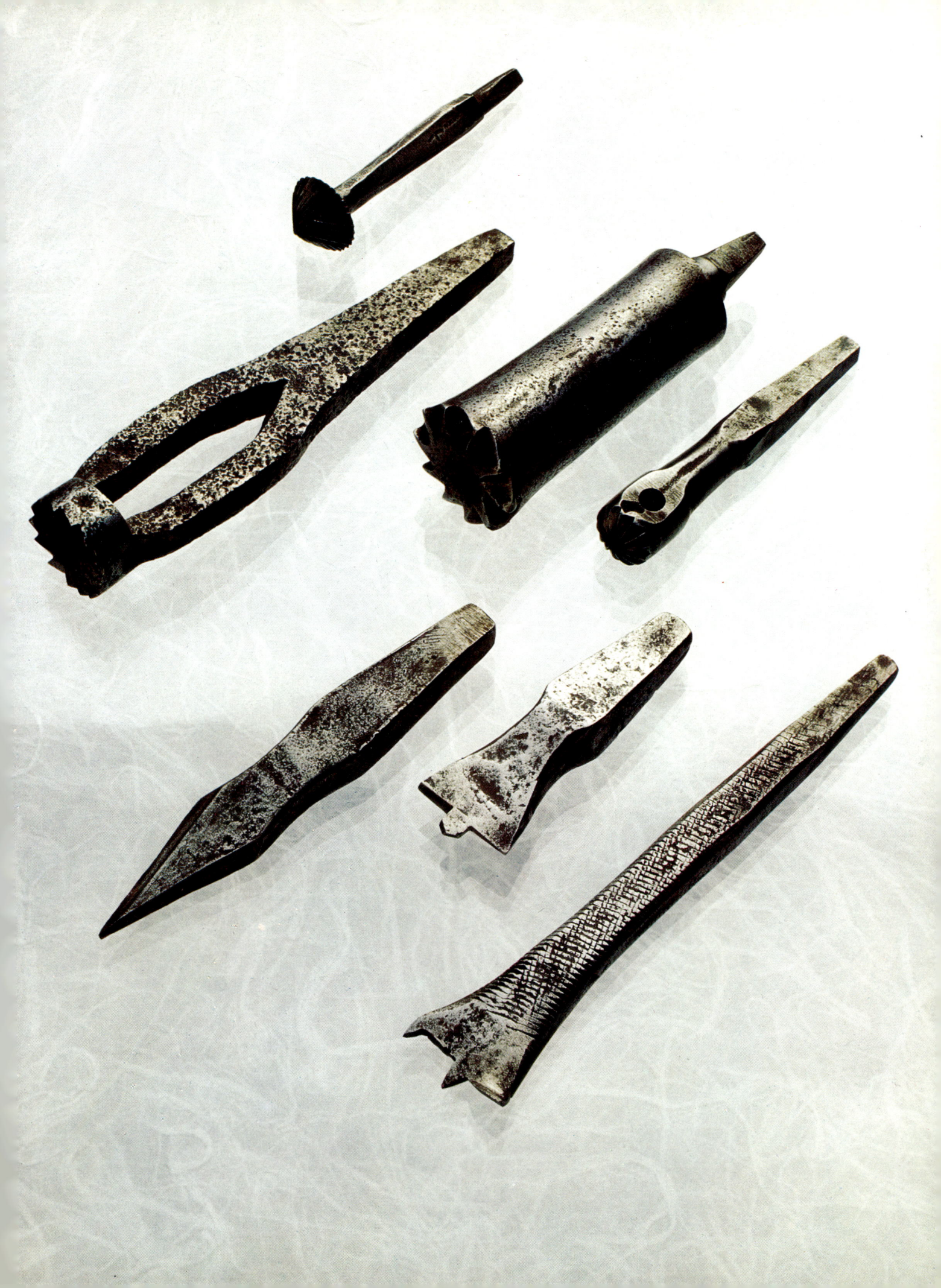

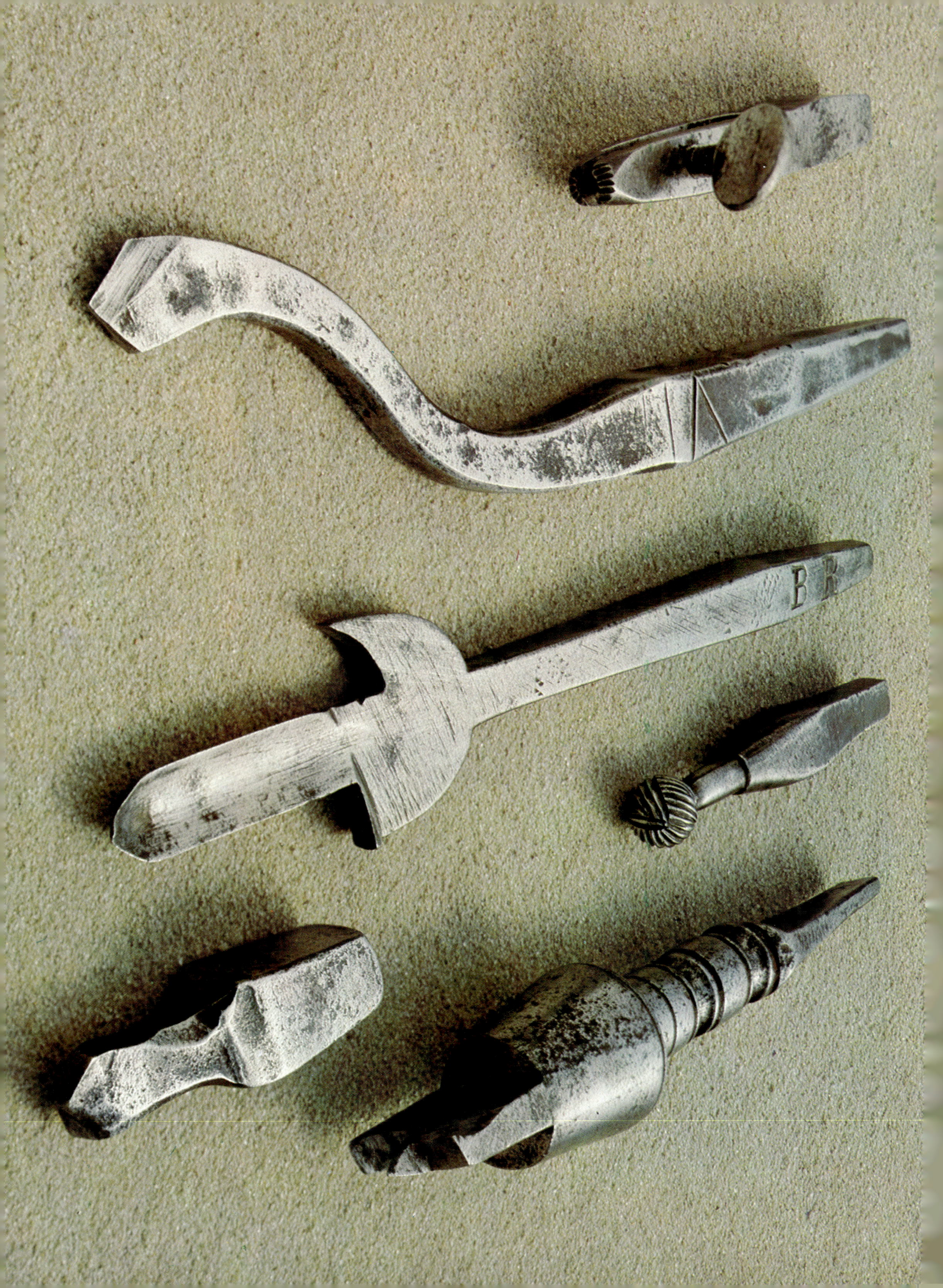
B R

Durch die Länge des Schafts entwickelte es leicht große Bohrkraft. Die langsame Drehung erhitzte die Brustplatte nicht zu sehr. Die erhaltenen Wikingerschiffe zeugen mit dem tiefen Nägelwerk, dem sie ihren Bestand verdanken, von der Arbeit dieses Werkzeugs.

Der Brustbohrer scheint vom 11. bis 13. Jahrhundert an den Küsten von der Ostsee bis zum Ärmelkanal verbreitet gewesen zu sein. Im Binnenland wurde er kaum benutzt, höchstens auf Schiffswerften für Flußschiffe, wo man ihn auch heute noch findet.

Der Leierbohrer mit Platte

Ein weiteres Zwischenwerkzeug, der Leierbohrer mit Platte, kam im 15. Jahrhundert auf und hielt sich bis zum Beginn des 19. Jahrhunderts in den Werkstätten.

Wie der heutige Leier- oder Kurbelbohrer hat er die Form eines C und wird mit der Hand gedreht. Am einen Ende des Werkzeugs befindet sich der Bohreinsatz, axial ausgerichtet auf einen Drehbolzen am anderen Ende. Die stumpfe Spitze des Bolzens wird in das Loch einer Platte, die der Arbeiter in Magenhöhe trägt, eingeführt.

Das Holz für die Holzteile des Bohrers muß beanspruchungsbeständig sein. Es ist ein langsames, leicht zu führendes Werkzeug, das für das Problem des Bohrens in Holz schon eine sehr zufriedenstellende Lösung bot. Die Stuhlmacher haben ein ganzes Sortiment Einsätze. Schon bald forschten aber die Schreiner nach einem beweglicheren, leichteren Werkzeug, das ohne Platte benutzt werden kann, da die Platte waagrechtes Bohren erschwert. Dieses Werkzeug, das man als endgültig bezeichnen kann, ist der Leierbohrer.

Der Leierbohrer mit Drehknauf

Mit dem Leierbohrer (Kurbelbohrer, Bohrwinde) werden runde Löcher gebohrt, Ränder von Löchern geglättet und vorgebohrte Löcher vertieft. Als vollständigste Definition sei Roubos Beschreibung vom Ende des 18. Jahrhunderts zitiert: »Der Leierbohrer ist ein Holzwerkzeug etwa wie ein Halboval. Am einen Ende befindet sich ein Handgriff mit einem Drehbolzen, der durch den Kopf des Bohrers hindurchgeht. Dieser Bolzen hat an seinem Ende eine Verdickung, die ihn am Herausgleiten aus dem Kopf hindert, während sein anderes Ende im Handgriff befestigt ist. Am anderen Ende des Bohrers ist ein Vierkantloch gebohrt, in dem ein Holzstück steckt, das man Spindel nennt; dort müssen die eisernen Bohrstifte, die das Holz bohren, eingefügt oder eingesetzt werden.« Diese Schilderung bezieht sich auf den hölzernen Leierbohrer. Bei Hulot sen. (*L'Art du Tourneur Mécanicien*, 1775, Taf. 20) findet sich eine Anweisung, wie man einen Leierbohrer sowohl aus Holz als auch aus Eisen selbst herstellen kann.

Der Leierbohrer mit Knauf scheint in dieser Form im ersten Viertel des 15. Jahrhunderts, vielleicht auch schon früher, aufgetreten zu sein. Die erste bekannte Darstellung findet sich auf der »Verkündigung« des Meisters von Flémalle (1438). Der Bohrer hatte die Form eines wenig offenen C und erlaubte wohl keine sehr großen Bohrungen. Die Erfinder forschten nach einer kontinuierlichen Bewegung und größerer Kraftentwicklung, damit tiefere und größere Löcher gebohrt werden konnten.

Der hölzerne Leierbohrer blieb bis zum Ende des 16. Jahrhunderts allein; dann traten die ersten Leierbohrer aus gebogenem Eisen hinzu, die im 18. Jahrhundert ihre allgemeine Gestalt annahmen und sie bis ins 19. Jahrhundert behielten (die Form eines C).

Den Leierbohrer aus Schmiedeeisen kennt man seit dem Ende des 16. Jahrhunderts, wie aus dem Buch von Ambroise Paré hervorgeht. Dort sind sehr

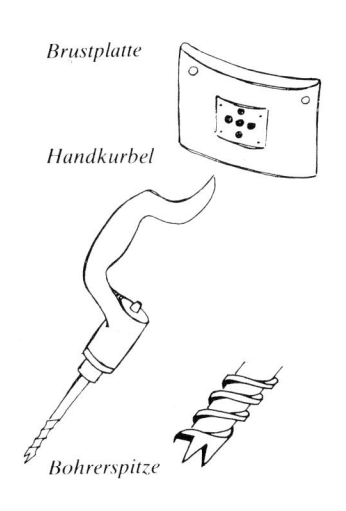

Brustplatte

Handkurbel

Bohrerspitze

Brustbohrer

51 1. Versenkbohrer mit Stellschraube für Führungszapfen (Mechaniker); 2. Schlangenbohrer (Metalldreher); 3. Holzbohrer zum Bohren des Lochs für den zu versenkenden Zapfen (Stellmacher); 4. Versenker oder Krauskopf (Schlosser); 5. kleiner Metallbohrer mit Linksdrehung (Schlosser); 6. Spundbohrer (Faßbinder).

elegant geformte Bohrer vorgestellt; auch die Stellschraube ist erwähnt, mit deren Hilfe man austauschbare, differenzierte Bohreinsätze und Trepanierbohrer, Vorläufer unserer heutigen Senker, verwenden konnte.

Der Wunsch nach einem leichten Werkzeug ließ die hölzernen Formen von der Mitte des 16. Jahrhunderts bis ins 19. Jahrhundert fortbestehen. In den skandinavischen, deutschen und holländischen Sammlungen finden sich Modelle, die deshalb so kostbar sind, weil sich an ihnen die ganze Entwicklung ablesen läßt. Erwähnt sei, daß dieses Werkzeug wegen seiner seltsam anmutenden Form und dem präzisen Zusammenbau flacher und gebogener Teile schon früh von den Sammlern gesucht wurde, während sie sich um andere Werkzeuge noch kaum kümmerten. Auf diese Weise sind uns Leierbohrer erhalten, die die Entwicklung in allen Schritten aufzeigen.

Bis ins 19. Jahrhundert hinein zogen die Schreiner oft hölzerne Leierbohrer vor, obwohl eiserne Leierbohrer leicht erhältlich waren. Oft stellten sie diese Bohrer auch selbst her, wobei sie sie mit künstlerischem Verständnis fein ausarbeiteten und an ihre besonderen Aufgaben anpaßten.

Dies erklärt einen bei den Werkzeugen außergewöhnlichen Archaismus der Formen, der dazu führt, daß Sammler von manchen Leierbohrern meinen, sie seien sehr alt, während sie in Wirklichkeit aus der Mitte des 19. Jahrhunderts stammen. Schon seit dem Ende des 18. Jahrhunderts waren sie sogar im Handel.

Leierbohrer mit eingebauter Brustplatte

Bei manchen Leierbohrern, die fest auf das Werkstück aufgesetzt werden müssen, wurde statt des Knaufs eine hohl gewölbte Metallplatte verwendet, die genau in die Magengrube des Arbeiters paßt. Es ist dies eine Rückkehr zur Brustplatte, die aber in das Werkzeug eingebaut ist. Sie ist auf der Drehachse mit zwei angenieteten Streben befestigt. Diese Leierbohrer werden meist in Handarbeit hergestellt und weisen interessante Einzelheiten der Schmiede- und Justierarbeit auf (Abb. 47).

Das Einsetzen der Bohrstifte in die Spindel

Es gibt mehrere Arten, die Bohrspitzen in die Spindel oder das Bohrfutter einzusetzen.

Das Einsetzen muß guten Halt gewährleisten, die Bohrspitze darf nicht herausfallen, wenn man das Werkzeug aufhebt und an einer anderen Stelle ansetzt; andererseits muß der Einsatz leicht herauszunehmen und auszuwechseln sein. Eine Methode besteht darin, daß der Einsatz mit einem Querbolzen festgeklemmt wird; eine andere Möglichkeit ist, die vierkantige Angel der Bohrspitze zu verlängern und einzuschieben. Ein kurzer, leichter Schlag genügt dann, um die Spitze herauszulösen. Es gibt auch seitlich angebrachte Federbolzen und Bohrspitzen, deren Angel eine Feder bildet, die sich nach dem Einsetzen öffnet. All diese Vorrichtungen erfordern, daß die Bohreinsätze jeweils für die gleiche Einsetzmethode ausgebildet sind und daß das Werkzeug vom Handwerker selbst hergestellt wird.

Die seitliche Druck- oder Flügelschraube findet sich schon bei den ersten eisernen Leierbohrern. Sie wurde zu Beginn des 18. Jahrhunderts allgemein verbreitet.

52 *Drei Feilklöbchen zum schonenden Festklemmen des Werkstücks (Brillenschleifer).*

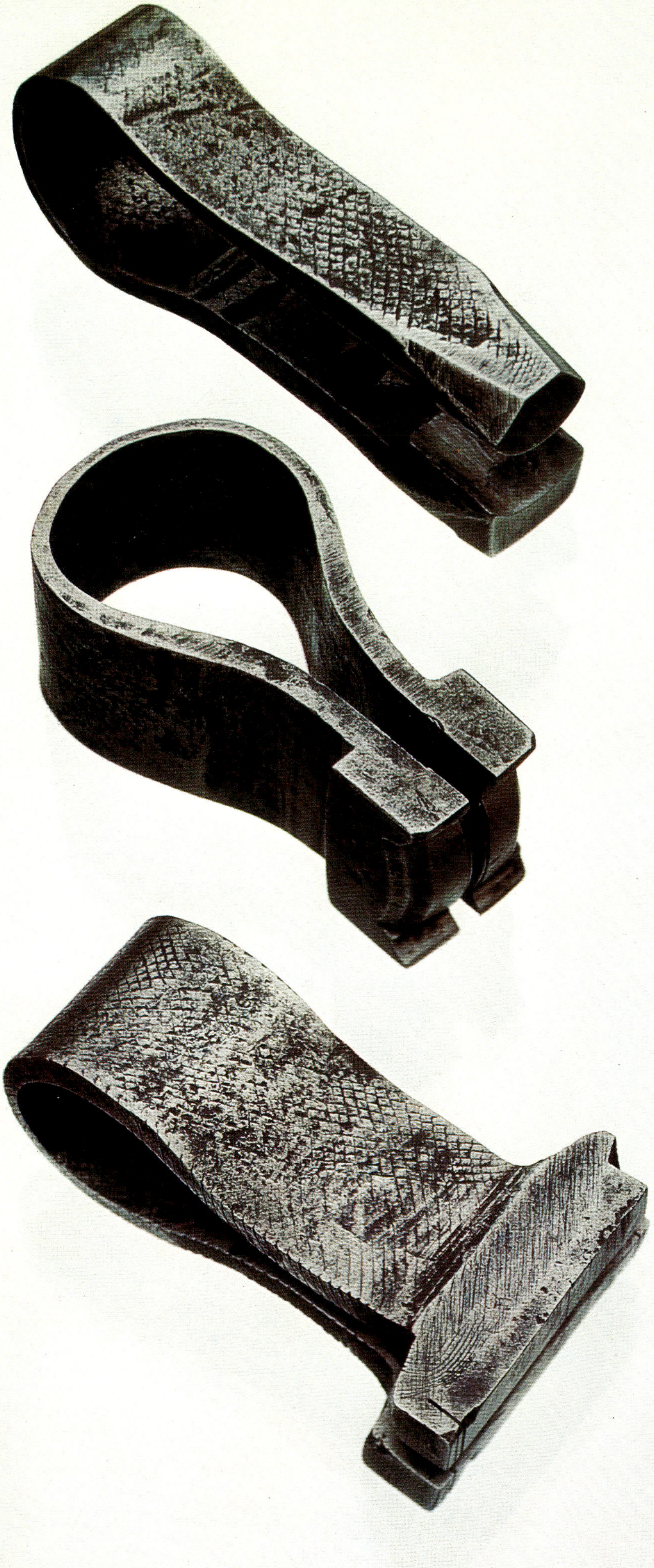

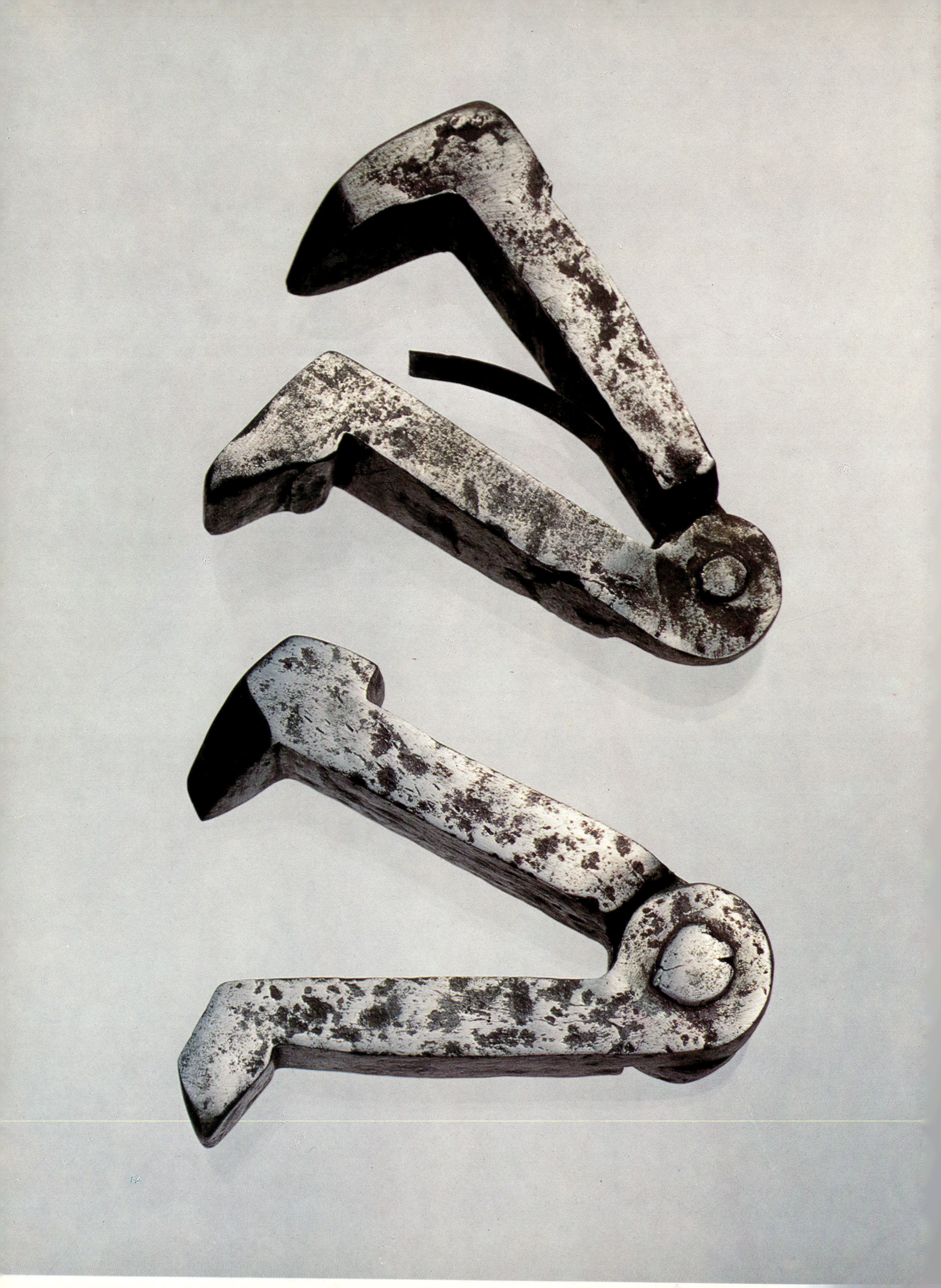

Der Schraubstock

53 Zwei Reifkloben mit abgeschrägten Backen zum Festklemmen der Schere beim Feilen des Scharniers (Messerschmied).

54 Feilkluppe; sie paßt mit ihrem Innenprofil auf eine der Backen des großen Schraubstocks (Mechaniker).

Der Schraubstock, auch Kloben, Kluppe, Presse, Zwinge oder Zange genannt, ist ein wichtiges Werkzeug der meisten Handwerke, bei denen die Hauptarbeit im Sägen, Feilen, Meißeln, Bohren usw. besteht.

Er ist dazu bestimmt, ein meist schon bearbeitetes Werkstück von begrenztem Umfang festzuhalten, damit es weiterbehandelt werden kann.

Die ursprüngliche Form ist bekannt. In Ländern mit einfachen technischen Mitteln ist es ein Holzklotz mit einem U-förmigen Einschnitt, in den das Werkstück eingelegt und mit Holzkeilen festgeklemmt wird. Die Holzschuhmacher benutzen heute noch eine derartige Zwinge.

Die Entdeckung der Schraube gegen Ende der Bronzezeit brachte dieses Werkzeug zu einer Form, die fast unverändert beibehalten wurde, wenn es auch durch die Fortschritte in der Metallbearbeitung erheblich leichter geworden ist.

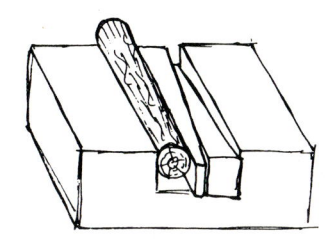

Der Einsatz der Schraube zur Kraftentwicklung ist späteren Datums. Im Altertum kannte man nur die Druckschraube. Von der Bronzezeit bis zum 12. Jahrhundert erhielt der Kloben die lange, senkrechte Klemmbacke, die aber noch durch Verkeilung gespannt wurde. Die ersten Schraubstöcke scheinen (in einer Form, die sich allmählich der heutigen annäherte) schon im 14. Jahrhundert aufgetaucht zu sein. Im 16. und 17. Jahrhundert traten die endgültigen Vervollkommnungen hinzu: Die bis zum Boden reichende Spitze (Angel, Fuß), die das ganze Gewicht trägt, die vordere Spannschraube, die großen, starken Spannklauen. Das Einspannen des Werkstücks und der feste Stand des Schraubstocks sind vordringliche Notwendigkeiten, damit das Werkzeug bei der Arbeit den Schraubstock nicht bewegt. Dazu war es oft erforderlich, das Werkstück nahe bei einem schweren Werktisch (Werkbank) zu befestigen. Wir können uns vorstellen, wie die ersten Klemmvorrichtungen der Holzarbeiter ausgesehen haben, wenn wir an die seit dem 17. Jahrhundert erhaltenen bildlichen Darstellungen denken. Sie mußten das Werkstück – meist zwischen Holz – so einspannen, daß es festgehalten wurde und doch leicht wieder herausgenommen werden konnte, ohne daß es durch das Spannen oder die kraftvolle Bearbeitung beschädigt wurde. Eine hölzerne oder eiserne Schraube mit großem Durchmesser eignet sich gut für diesen doppelten Zweck. Aus mechanischen Gründen muß die Schraube möglichst nahe beim Werkstück sitzen. Der Hebel zum Spannen der Schraube muß ziemlich lang sein, damit ein großes Drehmoment entwickelt wird. Die Schraube spannt die beiden senkrechten Wangen des Schraubstocks und verringert den Abstand zwischen den beiden oberen Elementen (Klemmbacken oder Spannklauen), zwischen denen das Werkstück steckt. Vor dem 15. Jahrhundert waren die Schraubstöcke wahrscheinlich aus Holz und nur die Spannklauen mit Eisen beschlagen. Sie glichen zweifellos den heutigen Schraubzwingen an den Werkbänken der Schreiner.

Seit dem Beginn des 16. Jahrhunderts scheinen Schlosser und Waffenschmiede eiserne, etwas leichtere Schraubstöcke mit Eisenschrauben benutzt zu haben. Der heutige Schraubstock ist etwa so geblieben, wie er schon im 18. Jahrhundert war. In manchen Handwerken ist er etwas zierlicher geworden, aber im Hufschmiede-, Schmiede- und Schlosserhandwerk hat er sich nicht verändert.

Der Schraubstock des Hufschmieds ist massiv, damit die noch heißen Werkstücke bearbeitet werden können, ohne daß sich der Schraubstock selbst zu stark erhitzt. Er wiegt 90–180 kg, während die Schraubstöcke in den Schlossereien ein Gewicht um 30 kg haben.

Der Schraubstock besteht aus zwei starken, eisernen Wangen, die unten durch ein Gewinde zusammengehalten sind und sich oben erweitern, um die *Spannklauen* oder Klemmbacken zu bilden.

In ihrem oberen Teil sind die Wangen verstärkt und mit einem Loch (Öhr) versehen, durch das die Schraube gesteckt wird. Die Schraubenmutter ist an der feststehenden Klemmbacke angebracht.

Die Schraubenmutter verbreitert sich hinten stark und endet mit einer Kalotte. Die verstählten, gehärteten Spannklauen werden heißgeschmiedet und mit Kreuzhieb auf den Bahnen versehen, die genau aufeinanderpassen müssen, wenn die Schraube des leeren Schraubstocks angezogen wird. Die feststehende Bahn muß senkrecht sein.

Im 16. und 17. Jahrhundert befestigte man den Schraubstock oder die Schraubzwinge mit einer an der feststehenden Wange angenieteten Platte auf dem Werktisch. Die Platte war zwei- oder dreifach gelappt und glich im 18. Jahrhundert der Lilienblüte (vgl. Abb. S. 200).

Gegen Ende des 18. Jahrhunderts ging man immer mehr dazu über, den Schraubstock mit einer Klemme an der Werkbank zu befestigen. Die Klemme konnte quadratisch sein und die Backe genau umgreifen; sie konnte auch rund ausgebildet sein, so daß der Schraubstock im Verhältnis zur Achse der Werkbank leicht geneigt werden konnte.

Die Feder ist entweder an der feststehenden Wange in der Klemme oder unten im Gewinde befestigt; sie gleitet auf der beweglichen Wange, so daß der Schraubstock sich von selbst öffnet, wenn man die Schraube aufdreht.

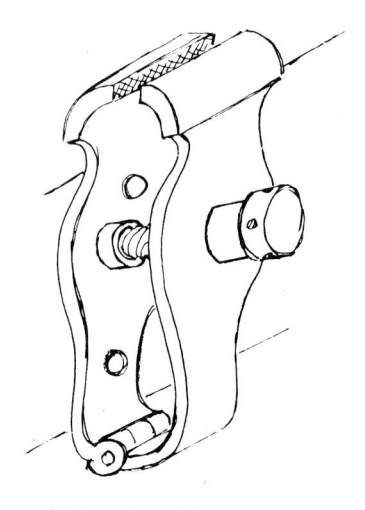

Feilkloben des Schlossers (17. Jahrh.).

55 *Reifkloben (Messerschmied).*

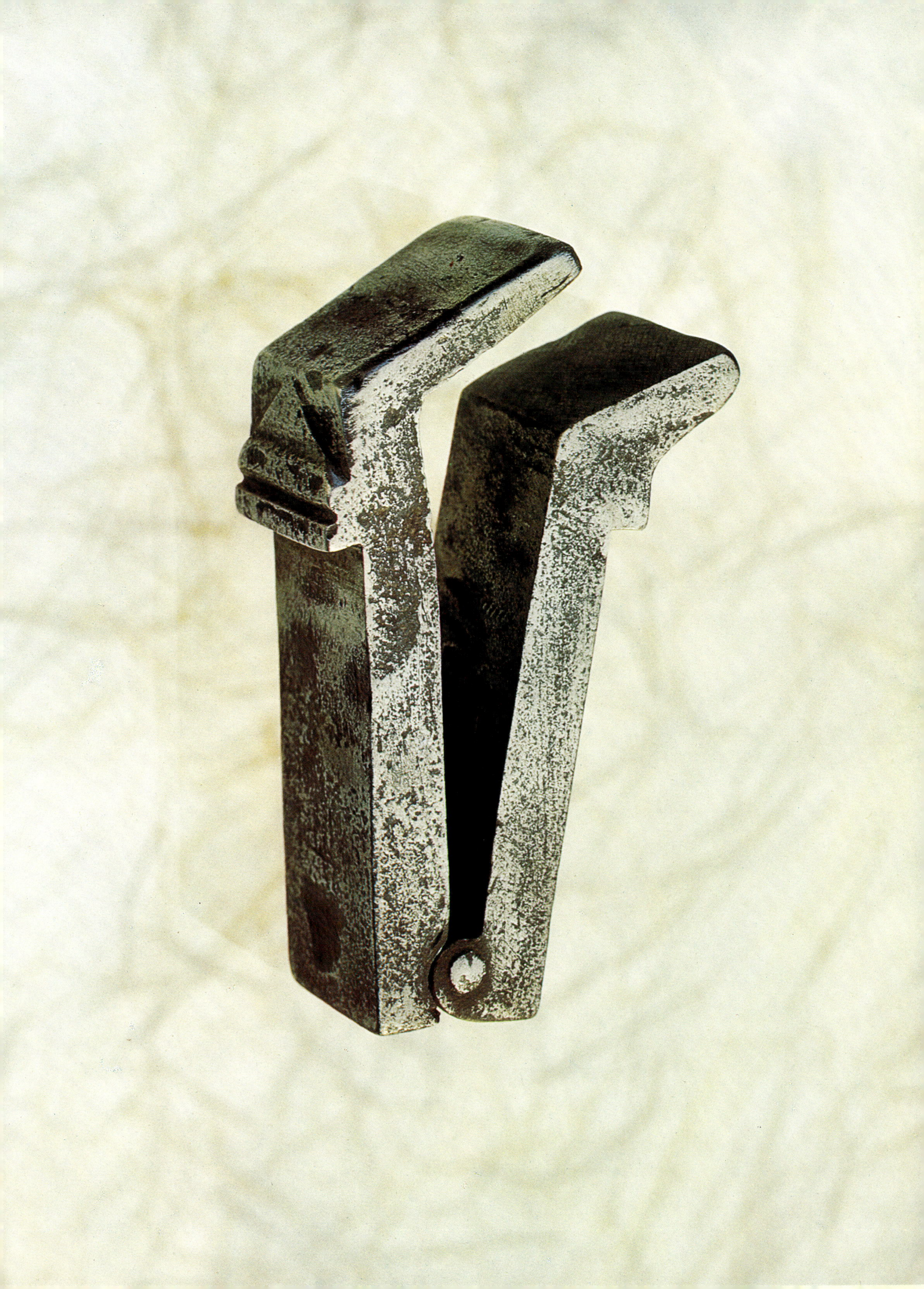

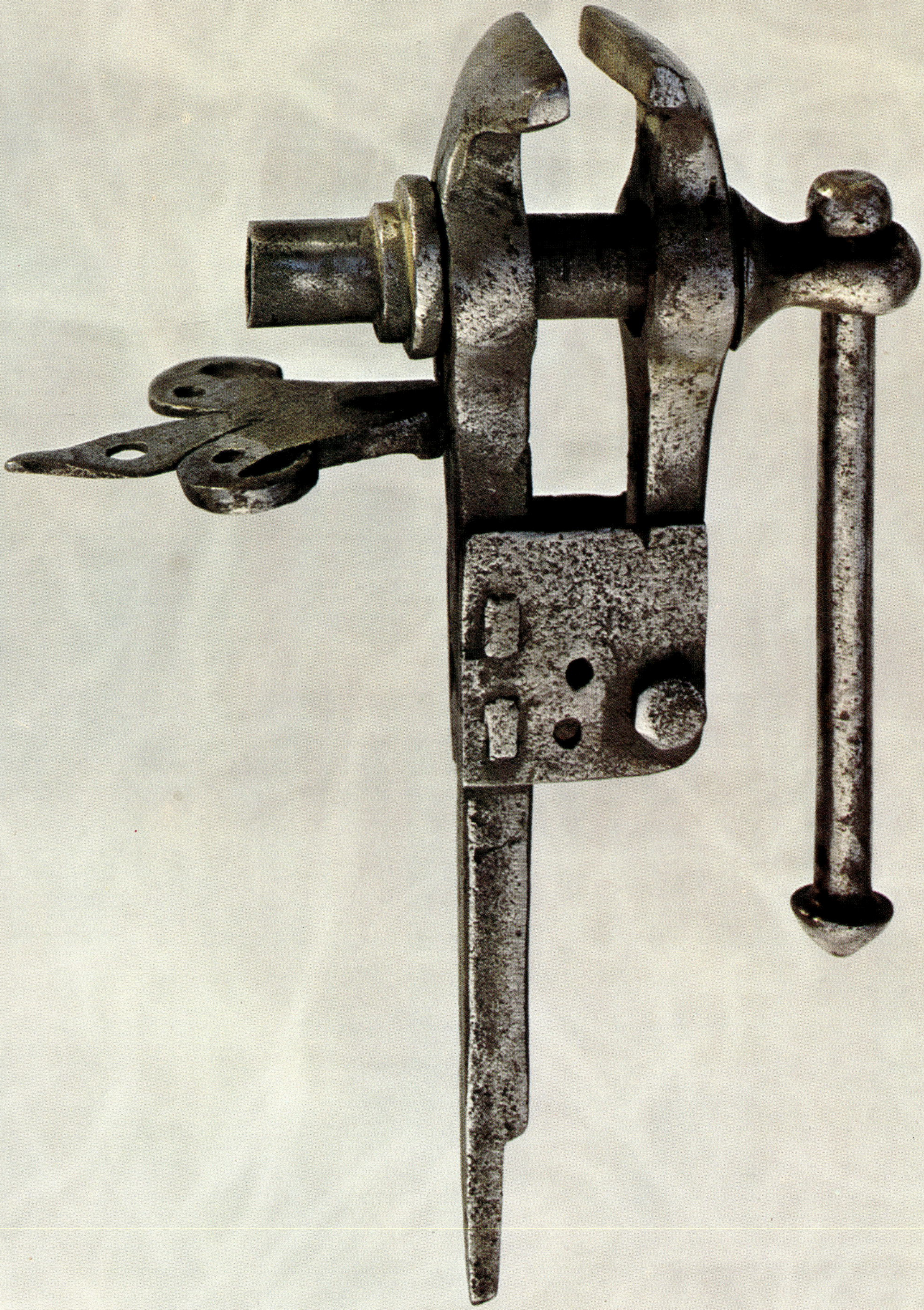

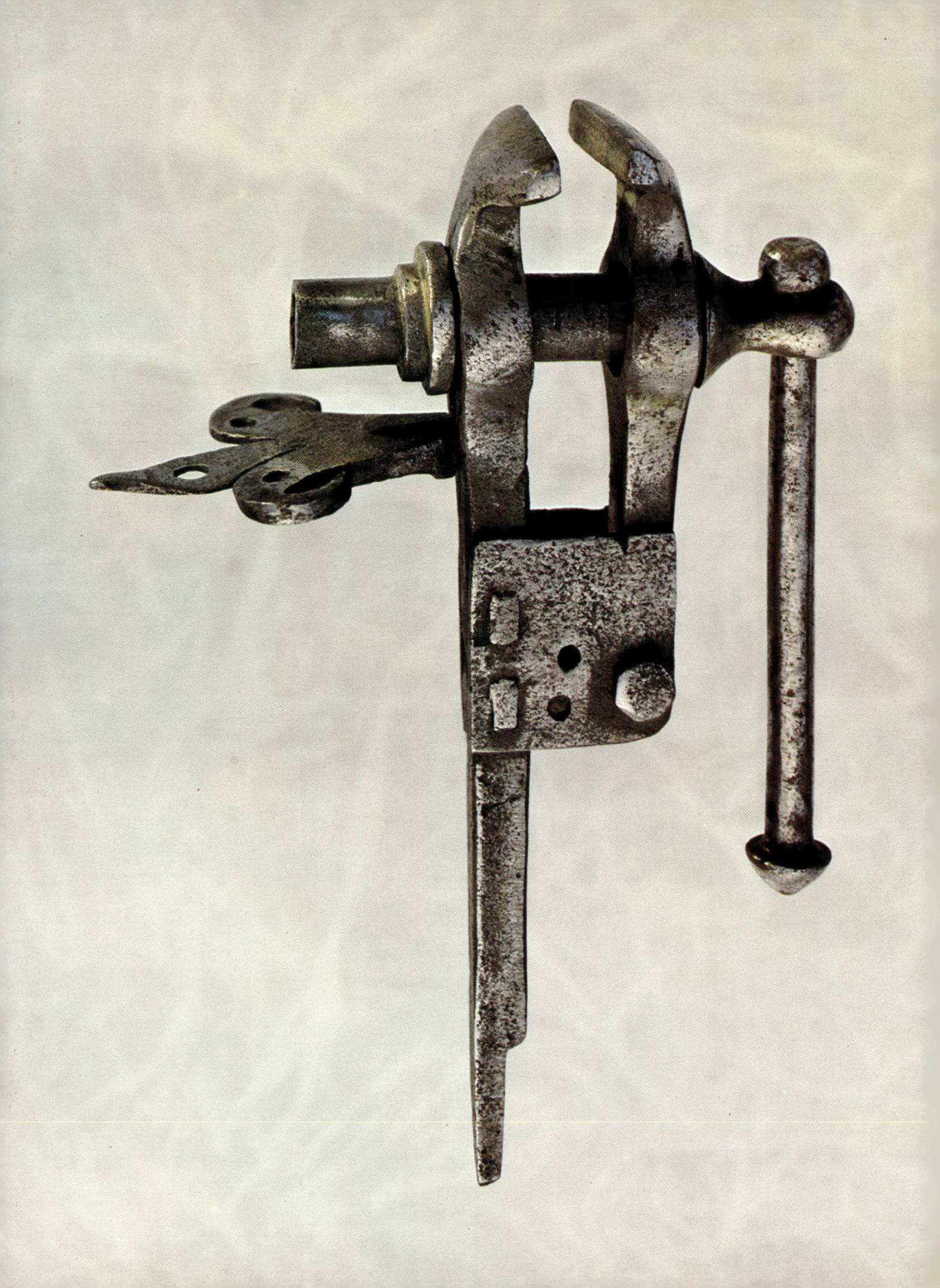

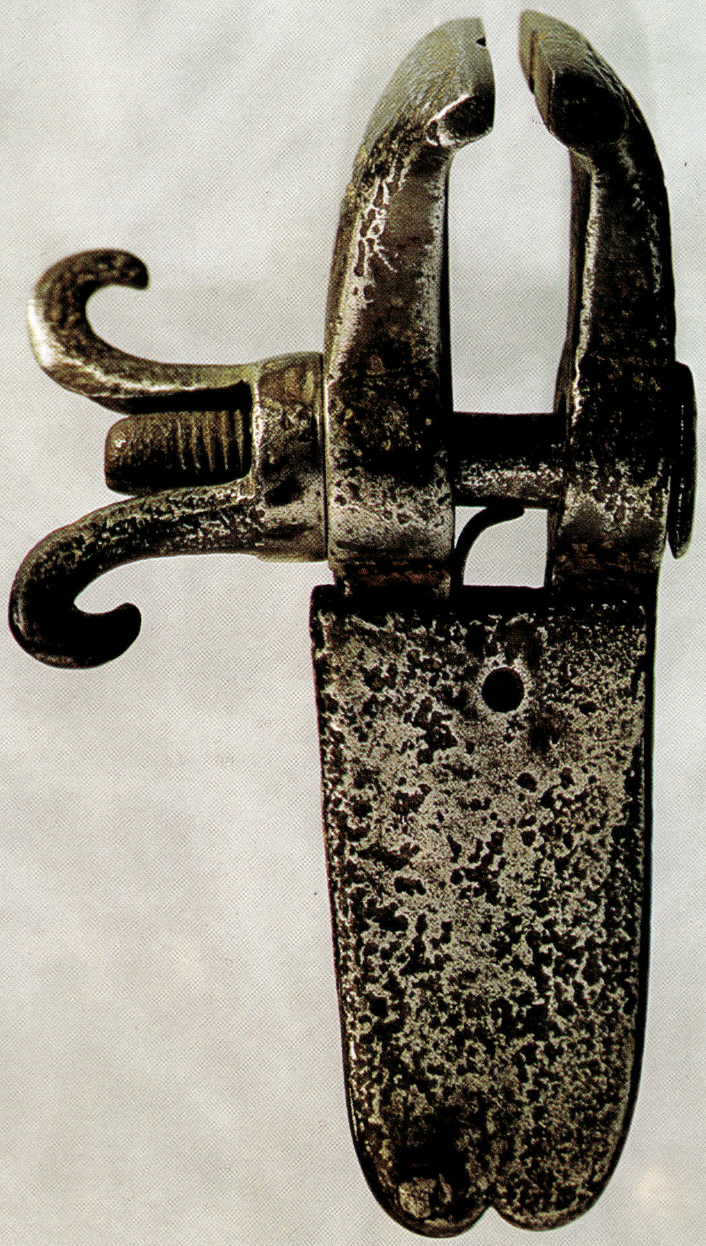

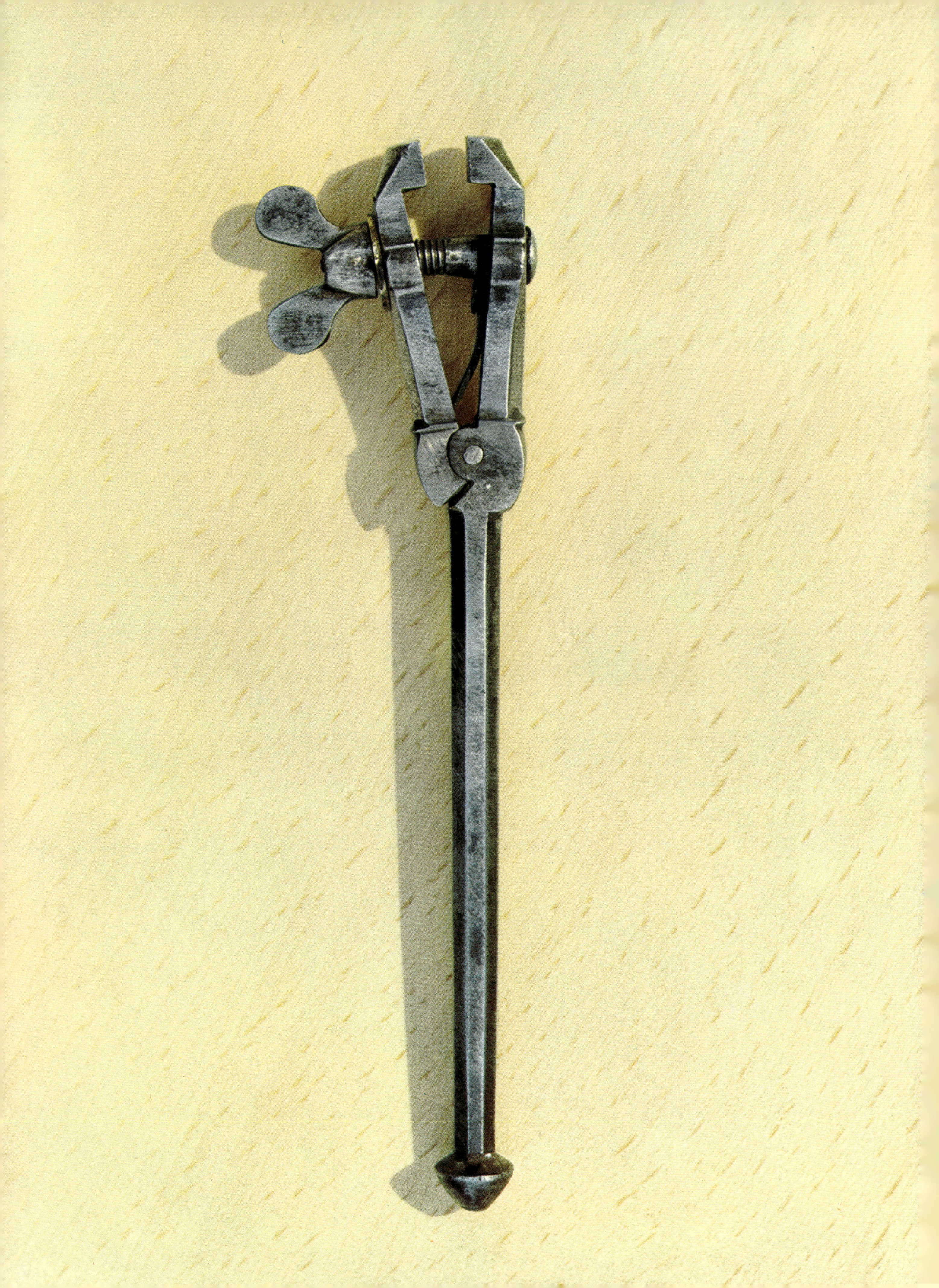

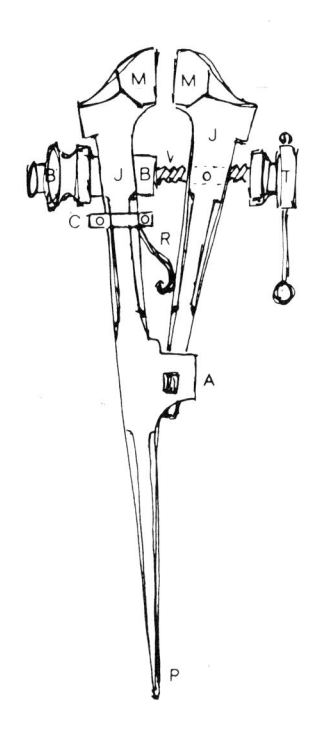

Seit der Mitte des 15. Jahrhunderts bemühte man sich, Schraubstöcke mit Spannklauen zu bauen, die stets parallel sind, auch bei weiter Öffnung. Diese Schraubstöcke mußten, da sie ebenfalls an der Werkbank befestigt wurden, einen sehr festen Körper haben.

Die *Schraubzwinge des Schreiners* ist der primitive Holzkloben des 15. Jahrhunderts geblieben. Die bewegliche Klemmbacke ist sehr lang und kann mittels eines waagrechten Schafts mit beweglichem Zapfen ziemlich weit von der Werkbank weg geöffnet werden. Die Schraube sitzt tief (unter dem Tisch der Werkbank), damit breite Bretter eingespannt werden können.

Die Höhe des Schraubstocks wird besonders sorgsam erwogen. Ist der Schraubstock zu hoch, so kann der Arbeiter beim Feilen, das am häufigsten vorkommt, nicht genügend auf die Feile drücken. Ist er zu niedrig, so muß der Arbeiter sich bücken. In den Werkstätten stellt sich deshalb der Arbeiter aufrecht hin, läßt den Arm senkrecht nach unten fallen und winkelt ihn dann ab. Die Spannklauen des Schraubstocks müssen sich in Ellbogenhöhe befinden.

Der Abstand zwischen Schraube und Spannklauen schwankt. Beim Schraubstock der Waffenschmiede ist er ziemlich groß, aber der Arbeiter sollte sich (wenigstens bei der Metallbearbeitung) nicht bücken müssen, um die Schraube anzuziehen oder zu lockern. Ein haltbarer Fuß, der fest im Boden verankert ist, ist für alle Arbeiten mit Hammer und Meißel notwendig. Solche Arbeiten kommen in allen Werkstätten, in denen man mit Metall umgeht, häufig vor.

Die *Handkloben der Schlosser*, Goldschmiede und Mechaniker haben die allgemeine Form der gewöhnlichen Feilkloben. Sie sind 8–15 cm lang. In manchen Handwerken wird die Analogie so weit getrieben, daß eine Wange als Schaft und Griff ausgebildet wird (Abb. 56, 58) oder daß eine Angel in einen hölzernen Griff geführt wird. Noch größer ist die Ähnlichkeit bei kleinen Handschraubkloben (10 cm lang) für Feinarbeiten. Manche Sammler haben solche Kloben erworben und meinten, Miniaturwerkzeuge aus Modellen von Schmiedewerkstätten vor sich zu sehen.

Die Klemmfutter aus Kupfer, Holz oder Leder in Form eines L werden zwischen die Klemmbacken des Schraubstocks und das Werkstück geklemmt, wenn das Werkstück ohne Beschädigung festgehalten werden soll oder wenn seine Form sich nicht für das Einspannen zwischen die geradlinigen Teile der Klemmbacken eignet.

Klemmbacken aus Blei werden oft bald schon unbrauchbar. In vielen Werkstätten verfügt man deshalb über Formen, in die man das Blei gießt.

Kleine eiserne Zwingen mit zwei durch ein Gewinde zusammengehaltenen Klemmbacken werden oft für Sonderarbeiten (Schrägarbeit, Spannen von Werkstücken mit besonderen Formen) in die Klemmbacken großer Schraubstöcke eingesetzt.

Die *Leimzwingen der Schreiner* und Kunsttischler, die *Nähkloben der Sattler* dienen als bewegliche Klemmvorrichtungen für Arbeiten, bei denen weniger Kraft entwickelt wird.

Pressen, Schraubstöcke, Kloben und Zwingen sind in verschiedenen Formen und unter verschiedenen Bezeichnungen in allen Handwerken bekannt. Folgende seien genannt:

Der *Knieriemen des Schuhmachers*, ein Lederriemen, der den anzufertigenden Schuh auf dem hölzernen oder gußeisernen »Fuß« oder auch unmittelbar auf dem Knie des Schuhmachers festhält und den der Schuhmacher unten mit der Fußsohle spannt.

Der *Nähkloben des Sattlers*, Grundform einer Spannvorrichtung, die zwischen die Knie geklemmt wird.

Die *Presse des Einlegearbeiters* und Kistenmachers. Der Knecht oder Bock des Kunsttischlers und Verfertigers von Kleinholzwaren. Die Leimzwinge des Schreiners, die Scherenzwinge des Messerschmieds, der Schweks des Feilenhauers usw.

Bankschraubstock mit Spitze:
JJ: *Klemmbacken*
A: *Gelenk*
O: *Öhr*
V: *Spannschraube*
B: *Schraubenmutter*
B': *Kalotte*
MM: *Spannklauen*
R: *Feder*
T: *Schraubenkopf*
C: *Klemme*
P: *Fuß, Angel*

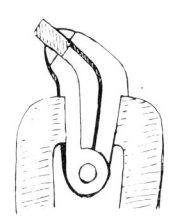

Zwinge: Die Zwinge wird zwischen die Spannklauen des Bankschraubstocks geklemmt, damit sie den Teil des Werkstücks, der schräg gefeilt werden soll, in horizontaler Lage hält.

◀◀ 56 *Kleiner Schraubkloben mit Spitze. Verzierung: Ein flaches, zweimal eingekerbtes Eisen ergibt die Lilienblüte (Mechaniker).*

◀ 57 *Schraubkloben zum Feilen kurzer Stücke (Schlosser).*

58 *Handschraubklöbchen, doppelt vergrößert (Uhrmacher).*

Feilen und Raspeln

59 Gebogene Rattenschwanzfeile (Waffenschmied), Steinhobel (Steinwirker).

Feilen und Raspeln sind gerillte Werkzeuge, mit denen man ein Werkstück glättet oder in der Form verändert; dabei werden Materialteilchen abgelöst, die man teils weiterverwendet, teils wegwirft. Ursprünglich waren also Säge und Raspel ein und dasselbe Werkzeug. Wahrscheinlich kannte man bis in die Neusteinzeit keinen Unterschied zwischen ihnen. Aus dem Paläolithikum sind offenkundige Raspeln erhalten, zugerichtete Steine, deren einer Grat mehr Rillen aufweist als der andere. Man nennt sie »Schaber«.

Vom Magdalénien an ist die Spezialisierung dieser Werkzeuge gesichert. Erhalten sind zahllose knöcherne Gegenstände, die durch Raspeln ihre Form erhielten und anschließend durch das Reiben auf Poliersteinen geglättet wurden (dies ist ebenfalls ein Schleifvorgang, doch umgekehrt: das zu bearbeitende Werkstück wird über das feststehende Werkzeug geführt).

Im Neolithikum finden sich Steinwerkzeuge mit all den spezialisierten Formen der Feilen, die später aus Metall hergestellt wurden. In Grand-Pressigny war das ausgegrabene Werkzeug schon unsere Grobraspel, und die langen »Dolche« waren in Wirklichkeit Feilen. Aus dem Ende des Neolithikums kennen wir Werkzeuge, die man Dreikant- und Blattfeilen nennen könnte. Die Säge, die schmalere Längsschnitte ausführt, unterscheidet sich schon von den Raspeln.

Die Bronzezeit kannte zahlreiche Raspeln und Feilen, die mit Formen und Zahnung bzw. Riefelung von ihrer fortschreitenden Spezialisierung zeugen. Knochenraspeln haben andere, feinere Riefen als Holzraspeln.

In der Eisenzeit wird die Form der Raspel eindeutiger, die Zahnung regelmäßiger und feiner. Die Zweiteilung zwischen der Holzbearbeitung mit der Raspel und der Metallbearbeitung mit der Feile setzt sich in der La-Tène-Zeit II durch. Ein weiteres Merkmal tritt hinzu: Die Angel wird geschmiedet, gelängt und zur axialen Bestielung mit einem Holzgriff versehen. Damit war das Werkzeug vollendet und kam ohne weitere Veränderung auf uns; lediglich die Präzision des Hiebs wurde verbessert.

Die Bearbeitung der Metalle und anderer harter Werkstoffe auf dem Schraubstock stammt wahrscheinlich aus gallo-römischer Zeit.

Auf Bildern aus dem 14. und 15. Jahrhundert sehen wir das Werkzeugpaar Schraubstock und Feile ähnlich wie heute.

Darstellungen des 16. Jahrhunderts zeigen die Bestielung der Feile mit Zwinge. Die Entwicklungszeit reichte also von der Vorgeschichte bis zum Ende des 15. Jahrhunderts. Die Spezialisierung der Formen (in Maßen, Hieb und Riefelung) vollzog sich vom 16. bis 18. Jahrhundert. In diesem Zeitraum kamen auch je nach der Verwendung verschiedene Bezeichnungen auf.

Schon an den ersten Feilen erkennt man, daß die Zahnung oder Riefelung durch rasches Meißeln und Abheben von Metallteilchen erzielt wurde.

Schon um das 12. Jahrhundert (vielleicht früher) unterscheiden sich Feile und Raspel durch den Hieb; bei der Feile werden die Riefen, die entweder genau quer oder schräg verlaufen, mit einem Flachmeißel hergestellt, der einen Span abhebt; für die Raspel verwendet man einen Spitzmeißel (Bohrmeißel), der ein häkchenförmiges Metallteilchen schräg abhebt.

Die Feilen wurden sehr lange von Hand gehauen. Obwohl zahlreiche Erfinder (darunter auch Leonardo da Vinci) am Werk waren, wurden erst gegen Ende des 18. Jahrhunderts mit Maschinen befriedigende Ergebnisse erzielt. Das Feilenhauen von Hand hat sich aber erhalten und ist bei gewissen Feilen unerläßlich.

Die Handarbeit war, was vielleicht erstaunen mag, ebenso regelmäßig und sauber wie die Feilen der besten Maschinen. Manche Feilenhauerwerkstätten waren sehr berühmt.

Die Feilenhauer arbeiteten auf einem rechteckigen Handamboß, ihre Hämmer, deren Größe auf die Feilenbreite abgestimmt war, wogen 1,4 bis 4 kg. Den breiten, sehr kurzen Meißel hielten sie nicht in der Faust, sondern mit den Fingerspitzen. In manchen Werkstätten faßte man ihn mit einem Handschuh. Die Schneide des Meißels muß bei jedem Hammerschlag eine Riefe ausheben; sie wird in einem Winkel von 28–45° angesetzt. Der Schaft des Meißels ist etwas breiter als das Roheisen. Dieses wird zuerst direkt auf den Amboß gelegt, wobei beide Enden überstehen, und durch einen Knieriemen gehalten.

Beim Hauen der zweiten Seite wird zur Schonung des bereits vollendeten Hiebs eine Platte aus einer Blei-Zinn-Legierung unterlegt.

Der Feilenhauer muß mit beispielhaftem Rhythmus geradezu automatisch arbeiten, sonst ermüdet er zu rasch.

Viele Hämmer werden verwendet, darunter der kleine Hammer (Gewicht 1,4 kg, 80–90 Schläge in der Minute), der mittlere Hammer (Gewicht 2 kg, 60–70 Schläge in der Minute) und der Dickhammer (Gewicht 3,8 kg, 50–60 Schläge in der Minute). Die Hubhöhe schwankt zwischen 20 und 30 cm.

Der Hammer des Feilenhauers ist quergestellt; mit dem kräftigen, stark gebogenen Helm ist es möglich, den Hub genau zu regulieren.

Schon seit dem Altertum verlaufen die Riefen parallel, quer oder schräg, einfach oder überkreuzt. Durch den Gebrauch der Feile für sämtliche Metallarbeiten und der Raspel für die Bearbeitung weicher Werkstoffe vervielfachten sich die Formen, doch blieb die Feile mit rechteckigem Querschnitt vorherrschend.

Das schon sehr präzise Glätten mit der Feile sieht man an antiken Bronzen.

Im Goldschmiedehandwerk wurden schon sehr kleine Feilen mit quadratischem, rundem oder halbrundem Querschnitt und feiner Zahnung verwendet.

Eine Bemerkung von Vitruvius deutet auf einen besonderen Gebrauch der Feile hin, nicht zum Glätten, sondern um die Gold- oder Silberfeilspäne zu erhalten, die man als Legierungszusatz für Schmuckstücke und Münzen benötigte.

Das Anstählen der Feilen, das für ihren Gebrauch unabdingbar ist, wirft in der Geschichte des Handwerks ein Problem auf. Seit dem 16. Jahrhundert wurde es offenbar durch Zementierung erzielt. Die aus einem verhältnismäßig weichen Eisen gehauenen Feilen wurden packenweise mit einer Mischung aus Ruß, pulverisiertem Horn und anderen Ingredienzien – je nach dem Geheimrezept des Schmiedemeisters – umhüllt und zur Rotglut gebracht. Dabei nahm das Eisen an der Oberfläche Kohlenstoff auf und wurde zu Stahl. Dieses im 18. Jahrhundert industriell ausgewertete Verfahren wurde seit dem Ende des 15. Jahrhunderts mehr oder weniger geheim angewandt. Oder ist es noch älter? Diese Frage konnte auch nach unseren Erkenntnissen vom Schmieden und Härten noch nicht ganz beantwortet werden.

Als Beispiel sei ein von Jaubert festgehaltenes Zementrezept genannt:

»Es heißt, die beste Art, hervorragende Feilen herzustellen, sei es, wenn man Horn, Leder oder Vogelklauenasche in ein gutschließendes Gefäß tut, ein halbes Viertel Ruß und ebensoviel Meersalz dazugibt, die Mischung zerstößt, bis sie fein pulverisiert ist, sie mit Ochsenblut anfeuchtet und ihr die Konsistenz eines dünnen Breis gibt.«

Man sollte über eine solche Beschreibung nicht lächeln, denn derartige Mischungen werden heute noch für die Zementierung von Werkzeugen verwendet, da sie sich bewährt haben, während mit anderen, »wissenschaftlicheren« Mitteln keine so guten Ergebnisse erzielt werden konnten. Schon im 11. Jahrhundert erklärte der Mönch Theophilus, pulverisiertes Horn als Mantel um das Eisen vermöge es im Schmiedefeuer zu härten.

Wie dem auch sei – die besten Feilen waren (und sind) aus zementiertem Stahl, da es notwendig ist, die Außenfläche stark zu verstählen und das Innere wie auch die Angel weniger gehärtet zu belassen.

Bedeutende Investitionen waren in Frankreich nötig, da die Feilen, deren Riefelung im Gebrauch rasch leidet, mit großen Kosten aus Deutschland, England, Österreich und dem Jura bis in die kleinsten Dörfer eingeführt werden mußten.

Unbrauchbare Feilen wurden noch als gutes Metall, das man nicht verderben ließ, geschätzt. So findet man aus dem 18. und 19. Jahrhundert viele Werkzeuge mit Spuren der ursprünglichen, offenbar absichtlich erhalten gebliebenen Riefelung, einstige geschmiedete Feilen, die zu Meißeln, Sticheln oder Bohrstiften verarbeitet wurden.

Aus alten Feilen schmiedete der Hufschmied Zangen, Klammern usw., die er gegebenenfalls neu verstählte. Der Handwerker wirft nicht gern ein Werkzeug weg, das ihm gute Dienste geleistet hat.

Um das 16. Jahrhundert, als sich die Technik des Anstählens vervollkommnet hatte, kam die Feile bei vielen Handwerken in Gebrauch, in denen vorher nur geschmiedet und gemeißelt wurde. Manche Beurteiler meinen, sie sei eher schädlich als nützlich gewesen, denn sie lege das Eisen bloß und entferne den Galmei, der das Eisen vor Rost schützt und der beim Schmieden oft erhalten bleibt.

Die Schmiede verwendeten die Feile allgemein; sie sind mit den Waffenschmieden und Uhrmachern, die vom 16. bis 18. Jahrhundert mit Eisen arbeiteten, die Vorläufer der Zurichter des 18. bis 20. Jahrhunderts.

In technischen Büchern werden die Feilen unterschiedlich klassifiziert, meist fortschreitend von der groben zur feinen Metallbearbeitung:

a) Schrupp- oder Grobfeilen zum groben Zurichten von Rohlingen (eine Feilfläche).

b) Stroh- oder Schlichtfeilen zur weiteren Bearbeitung der Werkstücke (Halbrundfeile mit einer zylindrischen und einer flachen Seite).

c) Bastardfeilen, gewöhnliche Feilen oder feine Werkstattfeilen zur Feinbearbeitung der Werkstücke (rechteckig, dem Ende zu verjüngt, mit einer glatten und einer gerieften Seite), auch für weiche, halbweiche und sehr weiche Werkstücke.

Nach Form und Hieb unterscheidet man Vierkantfeilen, Dreikantfeilen, Ansatz- oder Flachfeilen, Rundfeilen, Rattenschwanzfeilen (kleine Rundfeilen), Halbrundfeilen, Einhieb-, Doppelhieb- und Kreuzhiebfeilen usw.

Je nach dem Handwerk sind die Abmessungen der Feilen verschieden; sie reichen von der großen Schruppfeile (30 cm und mehr Länge) der Schwerindustrie zur Abgleich- und Glättfeile des Uhrmachers (mit Angelgriff weniger als 10 cm lang).

Die Vierkant-, Schrupp- oder Grobfeile mit quadratischem Querschnitt und nur einer Feilfläche dient zum groben Zurichten.

Die Stroh- oder Schlicht- oder Vorfeile mit halb flachem, uneinheitlichem Querschnitt, leichter Verjüngung und Kreuzhieb wird für die Nachbearbeitung und das Glätten verwendet.

Danach wird die Bastard-, Flach- oder Präzisionsfeile zur Feinbearbeitung benutzt. Sie hat einen rechteckigen Querschnitt, verjüngt sich dem Ende zu und weist Kreuzhieb auf. Eine der Seitenflächen ist glatt, die andere gehauen, damit das Werkstück schonlich behandelt werden kann. Der Schlosser nennt sie Polierfeile, der Messerschmied Barettfeile.

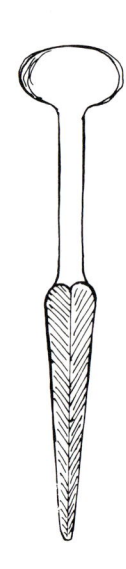

Feile mit Griff (Schlosserhandwerk, 18. Jahrh.)

60 *Dieser Hammer hat täglich Tausende von Schlägen auf den Meißel ausgeführt (Feilenhauer).*

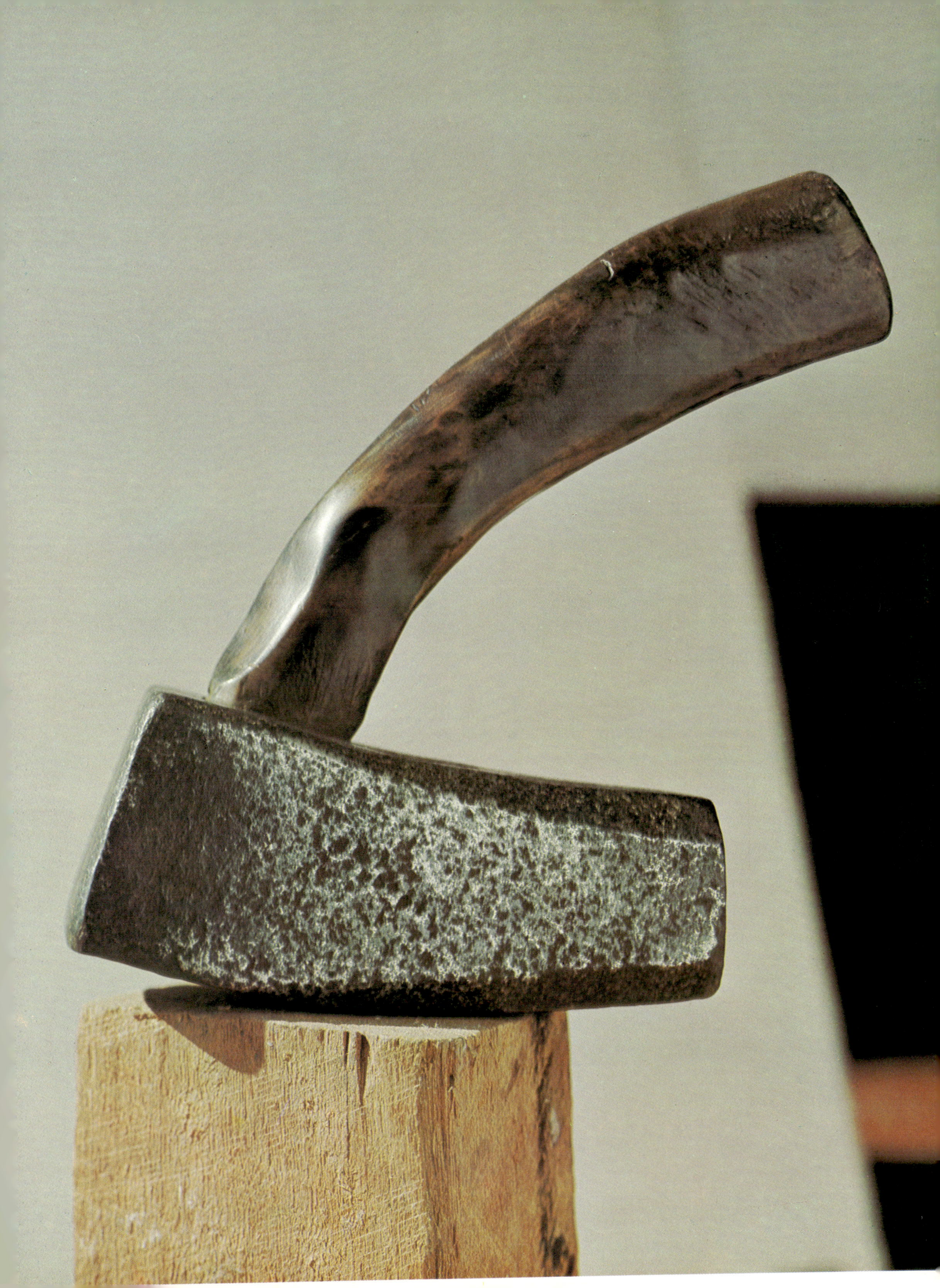

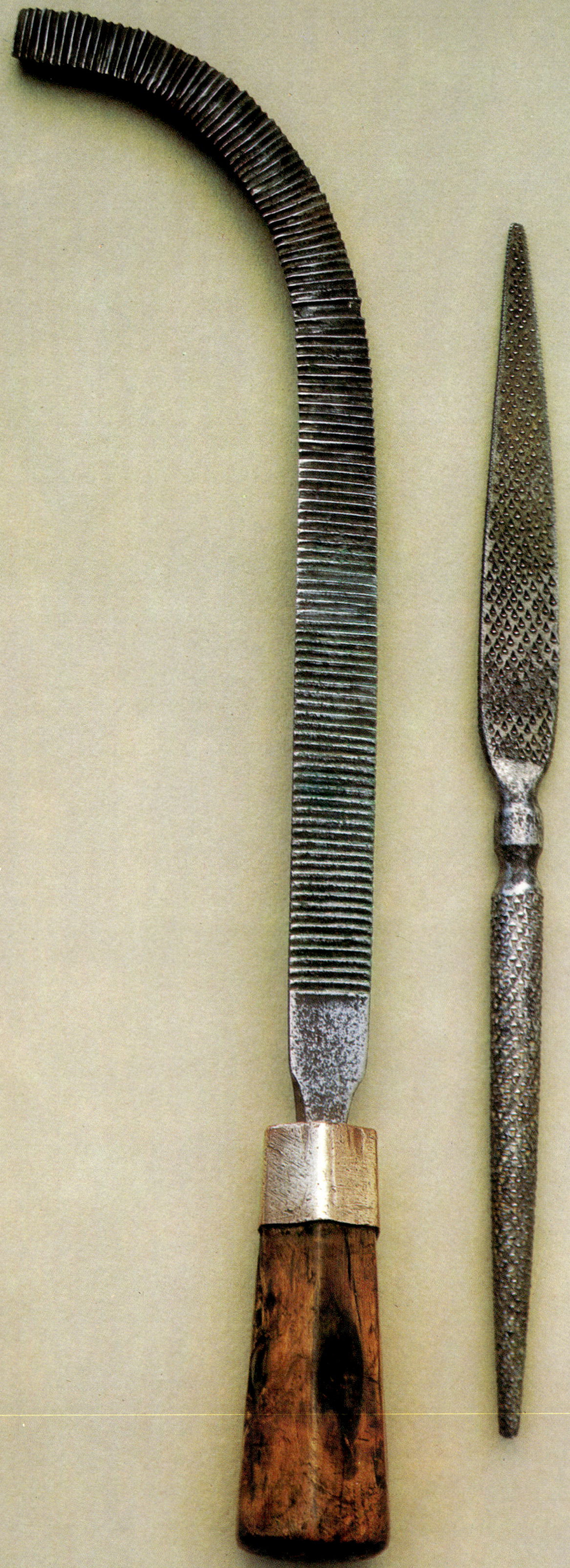

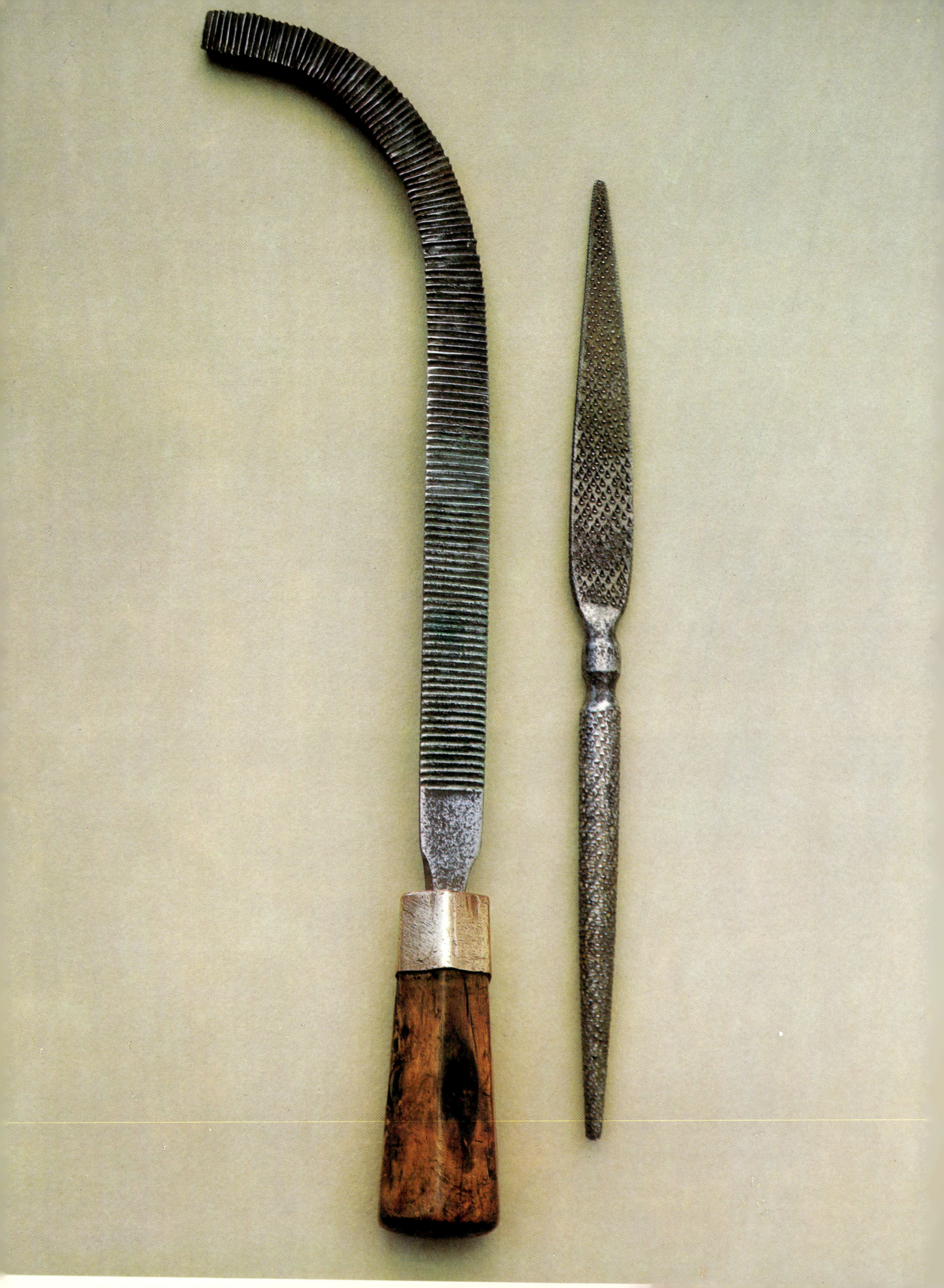

Raspeln

Die Raspeln dienen zur Bearbeitung halbweicher Werkstoffe wie Holz, Horn, Knochen, Elfenbein usw. Mit dem Spitzeisen werden aus der langen Feilfläche häkchen- oder zahnartige Vertiefungen ausgestochen, so daß die Zahnung an die der Säge erinnert.

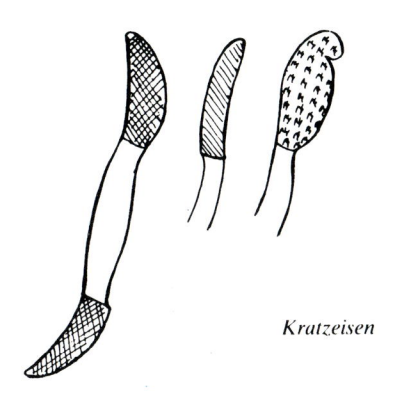

Kratzeisen

Die Kratz- oder Schabeisen sind an beiden Enden gerieft oder gezahnt. Das gewölbte Mittelstück bildet den Handgriff. Sie dienen zur Bearbeitung von Bronze, Blei, Stein und Stuck.
Die Eisen sind raspel- oder feilenartig gehauen und weisen verschiedene Querschnitte auf. Jeder Kratzeisenkopf ist anders geformt, jedoch stets gebogen für die »Arbeit in den Ecken«. Die Goldschmiede, Bronzearbeiter, Bildhauer, Marmorarbeiter und Graveure haben stets ein ganzes Sortiment Kratzeisen zur Hand.

Kratzeisen

Grobraspeln

Die Grobraspeln weisen parallele tiefe Riefen in einem gewissen Abstand auf. Man bearbeitet mit ihnen Werkstücke, die weicher als Eisen, aber härter als Weichholz sind, z. B. weiche Bronze, Hartholz, Elfenbein, Knochen, Horn usw. Sie dienen auch zum Abgleichen von Gußrohlingen. Da sie ziemlich starke Feilspäne abheben, ist der Abstand zwischen den Riefen notwendig, damit diese nicht verstopft werden.
Bei sehr großen Grobraspeln sind die Riefen gelötet.
Da die Grobraspel länger ist als die Feile, ist es gelegentlich notwendig, die Angel zu verlängern und den Griff erst in einiger Entfernung anzubringen, damit die Hand während der Arbeit nicht verletzt wird.

61 *Schwartfeile (Waffenschmied), Rattenschwanzfeile (alle Handwerke).*

Der Amboß

62 Amboß mit Abschrot (Schmied).

63 Zweihörniger Spitzamboß (verschiedene Handwerke).

Der *Hauklotz*, ein aufrecht stehender Holzklotz, der als Unterlage für den Amboß dient, findet sich bei allen Formen bis in unsere Zeit. Er sorgt für einen festen Stand des Ambosses und für die zum Hämmern von Metall notwendige Elastizität. Man verankert ihn mit einem festen Fundament im Boden.

Den Schmiedegöttern schreibt das Altertum das Geschenk des Ambosses (wie aller Schmiedewerkzeuge und -verfahren) zu. Er ist mit dem Hammer auch das Zeichen des Vulcanus, des römischen Feuergottes; man muß jedoch die Darstellungen, die schon spätere, weiterentwickelte, nicht als ursprünglich anzusehende Formen zeigen, mit Vorsicht betrachten.

Das Hochmittelalter in Europa hat wenig Schilderungen hinterlassen; die Formen schwanken zwischen dem massiven Handamboß und dem Hornamboß. Vom 13. Jahrhundert an beweist dagegen ein reicher Bilderschatz, daß verschiedene Aspekte nebeneinander bestanden, daß aber die Entwicklung unbestreitbar auf zwei Formen hinzielte, die auch später erhalten blieben: den flachen Stockamboß der Waffenschmiede und den Horn- oder Spitzamboß anderer Handwerke. Der klassische zweihörnige Amboß eroberte sich immer mehr das Grobschmiede- und Hufschmiedehandwerk.

In der besonderen Entwicklung gewisser metallverarbeitender Handwerke (Waffenschmied, Schlosser, Kesselschmied etc.) bildeten sich manche Formen heraus, die wir auch heute noch kennen, so der Handamboß mit verbreiterter und gebogener Bahn oder der schmale, lange, zweihörnige Amboß mit eingerammtem Fuß, dessen Bahn fast ganz verschwunden ist (Sperrhorn, T-förmiger Amboß).

Unser zweihörniger Amboß, der mit leichten Abwandlungen seit dem 17. Jahrhundert bis heute das wichtigste Gerät des Schmieds ist, besteht aus geschmiedetem Eisen. Seine flache Oberseite, die Bahn, und die beiden Enden, die Hörner, sind verstählt.

Der Körper des Ambosses ist ein massiver Eisenblock. Die Bahn ist meist ein Rechteck. Das eine Horn läuft konisch, das andere pyramidenförmig zu. Die

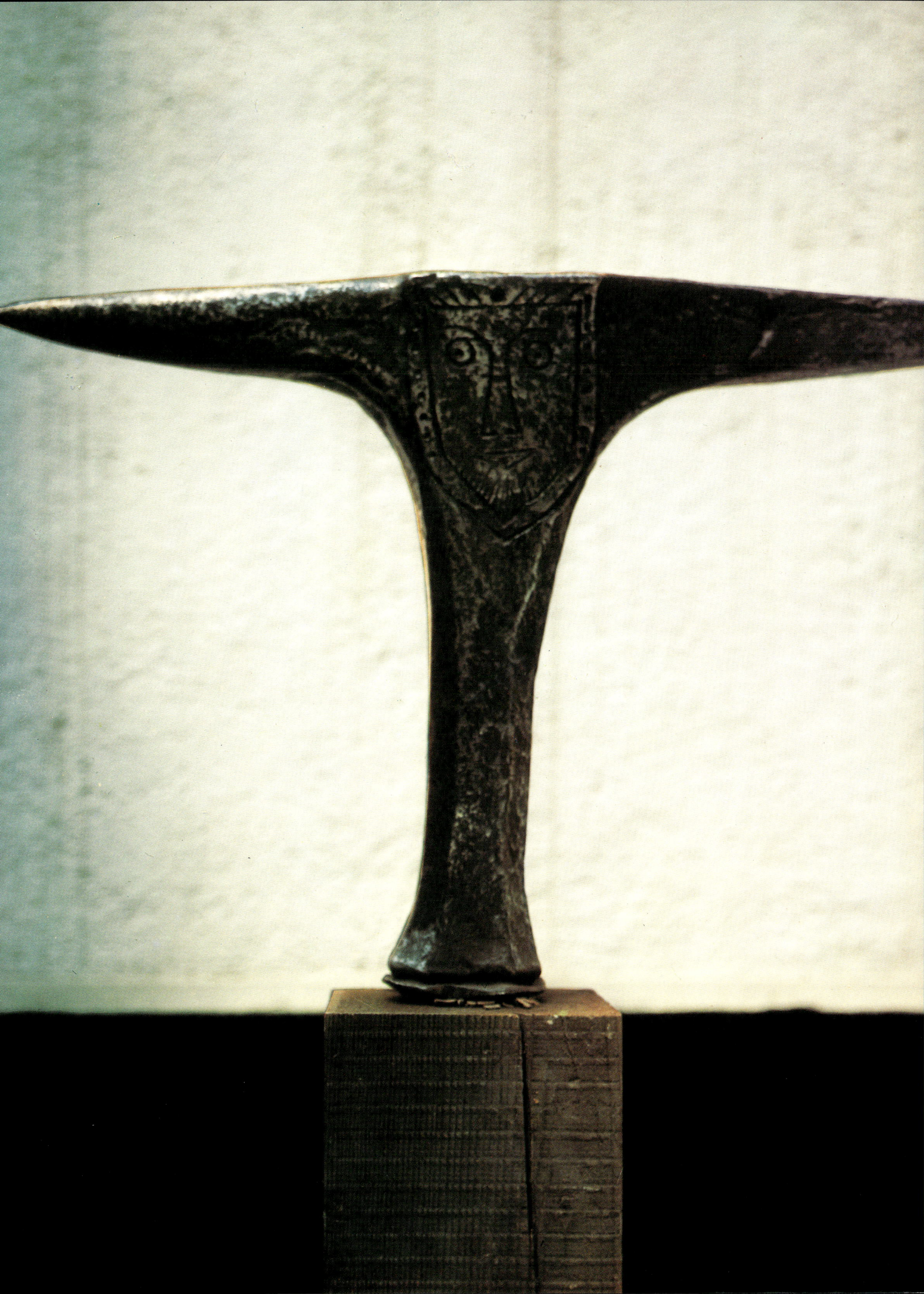

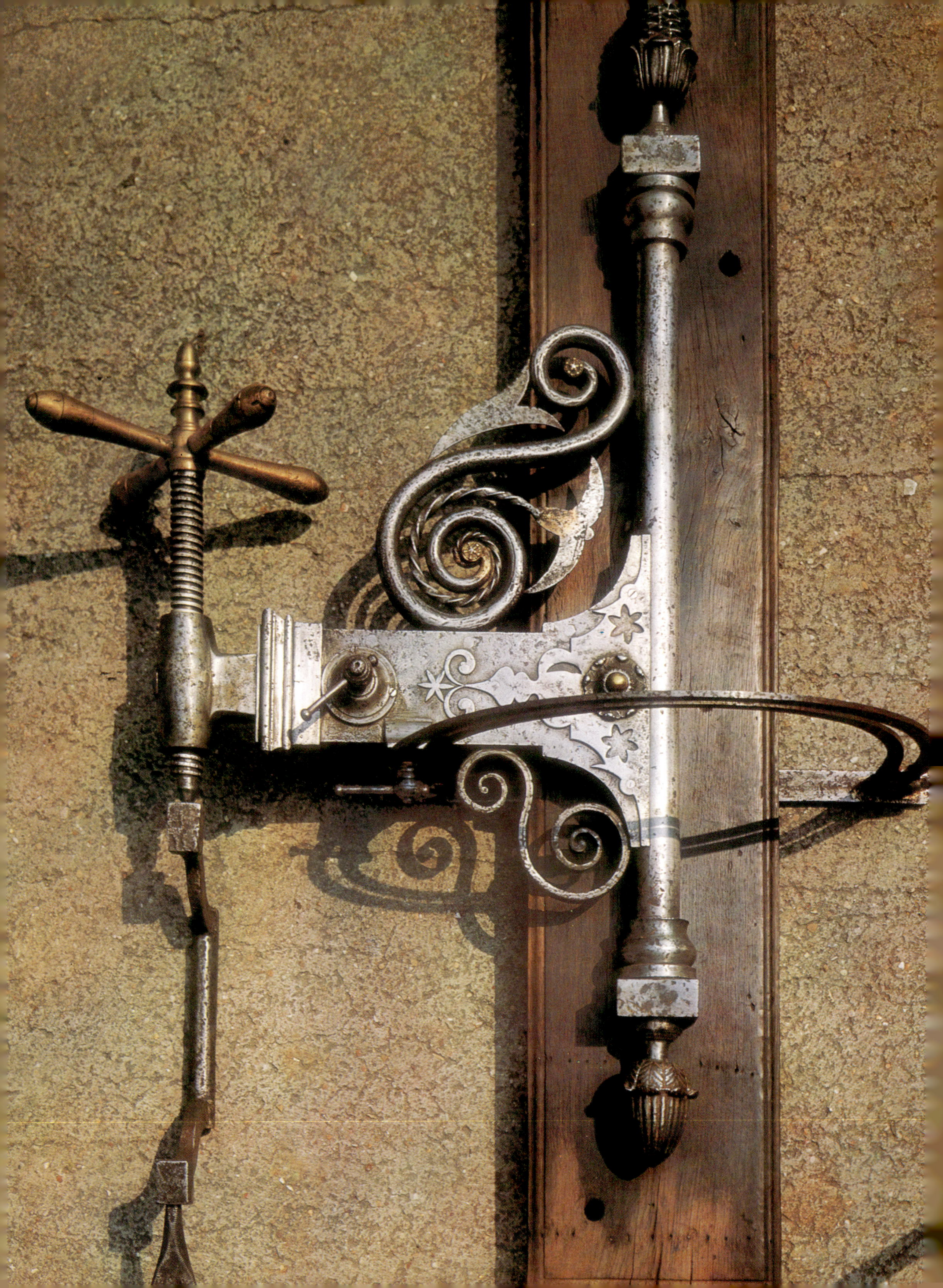

Oberseiten der Hörner (beim konischen Horn ein Dreieck, beim pyramidenförmigen Horn eine Linie) liegen genau in der Ebene der Bahn.

Der Fuß verbreitert sich aus Stabilitätsgründen nach unten und außen. Manche Ambosse haben auch zwei Füße, je einen an der Seite der Hörner. Die Füße können aus zwei tragenden Teilen bestehen und ruhen unmittelbar und ganz flach auf dem Hauklotz.

Auf der Bahn befindet sich meist auf der Seite des konischen oder runden Horns ein viereckiges Loch mit der Schmalseite in Querrichtung zum Amboß. Es dient zum Einstecken der Amboßeinsätze wie Schrotmeißel, Abschroter, Rammböcke oder Vorambosse und Spitzstöcke.

Die Herstellung des Ambosses

Wir befassen uns hier nur mit den am weitesten verbreiteten, schmiedeeisernen und angestählten Ambossen der Grobschmiede, Zeugschmiede, Schlosser und anderer Eisenhandwerker.

Diese Ambosse sind Eisenblöcke, die oben bis an die Enden der Hörner verstählt sind. Mit den Achsen der Wasserräder sind sie die größten Stücke, die bis zum 19. Jahrhundert im Schmiedeverfahren hergestellt wurden. Um gute Ambosse zu fertigen, werden Parallelflächner aus Eisen mit dem Hammer geschmiedet und ausgezogen. Man schweißt Hebeeisen an, Hilfsstäbe, die zur leichteren Handhabung des Werkstücks im Schmiedefeuer und auf dem Amboß dienen und die man wieder entfernt, wenn der Amboß an den entsprechenden Stellen geschmiedet und geschweißt ist.

Der Amboß findet sich schon zu Beginn der Eisenzeit. Wie die Bronzewerkzeuge die Formen des Steingeräts nachahmten, so wurden auch die ersten Eisengegenstände in denselben Formen wie ihre Vorgänger in der Bronzezeit gehämmert. Man nimmt daher nicht ohne Grund an, daß die ersten Ambosse zum Warmschmieden des Eisens sich kaum von den Handambossen der Bronzehandwerker unterschieden, auf denen die weiche Bronze mit dem Hammer geformt wurde.

Die Eisenbearbeitung unterliegt zwar gewissen Zwängen, bringt aber außergewöhnliche Erleichterungen. Eisen läßt sich am besten heiß formen; dann ist es aber im Gegensatz zur Bronze leicht zu formen und zu schweißen. Daher rührt es, daß der Amboß zwischen dem Ende der Bronzezeit und der La-Tène-Zeit III eine Form erhielt, die sich besser für Schmiedezwecke eignete. Er scheint die auch heute noch übliche, klassische Form mit den zwei Hörnern zu Beginn der römischen Kaiserzeit gefunden zu haben.

Da Bronze und Eisen in den Mittelmeerländern lange Zeit nebeneinander verwendet wurden, hielt sich eine kompakte Form mit viereckiger Bahn, daneben auch eine Form mit einem Horn und mehrere Formen mit einem oder zwei gebogenen Vorsprüngen. Es gab auch schon den Unterschied zwischen den Ambossen, die auf dem Hauklotz stehen, und denen, die in den Klotz eingelassen sind. Der älteste bekannte zweihörnige Amboß ist wahrscheinlich derjenige, der in Szalaczka bei Kopesvár, Ungarn, gefunden wurde. Er geht in die La-Tène-Zeit III zurück und hat einen Fuß zur Verankerung im Hauklotz. Um einen gewöhnlichen Amboß anzufertigen, schmiedet man vier ähnliche, rechteckige Parallelflächner. Immer zwei werden heiß zusammengeschweißt, und schließlich werden beide Blöcke auf die gleiche Weise zusammengeschweißt. So entsteht der Körper des Ambosses, an den nun die notwendigen Eisenteile angesetzt werden müssen.

Die Hebeeisen werden spurenlos entfernt. Dafür wird in der Mitte einer der Schmalseiten ein Kalibriereisen angebracht. Dies ist ein starker, vierkantiger Eisenstab, dessen eines Ende in ein dafür vorgesehenes Loch im Amboßkörper gesteckt wird, während das andere von einer langen hölzernen, mit Eisen-

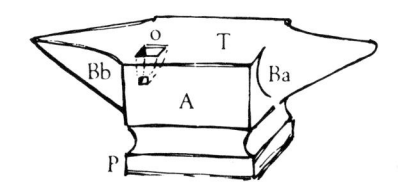

Der Amboß:

A: Körper
Ba: rundes Horn
Bb: spitzes Horn
T: Bahn
P: Fuß
O: Loch

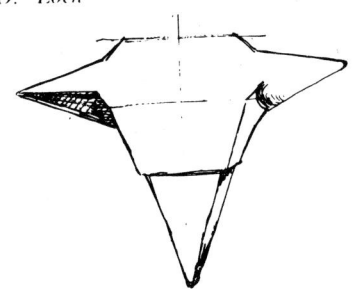

Amboß von Szalacza

64 *Bohrmaschine (Schlosser).*

bändern versehenen Rolle umschlossen ist. Diese Rolle wird in der Mitte an einem beweglichen Gestell aufgehängt. Der Visierer oder Kalibrierer führt das Eisen sowohl auf dem Amboß als auch im Feuer mit einem Querhebel am anderen Ende der Rolle.

Der Amboßkörper wird im großen Schmiedefeuer erhitzt. Die Seite, an der später im kleinen Schmiedefeuer die Eisenplatten aufgeschweißt werden, wird direkt auf die Kohlen gelegt.

Die aufgeschweißten Eisenteile bilden den Fuß bzw. die Füße und die Wangen des Ambosses. Nun fehlen noch die beiden Hörner. Man erhitzt das Werkstück wiederum im großen Schmiedefeuer, und zwar besonders dort, wo die Hörner angebracht werden. Das Eisen für die Hörner wird im kleinen Schmiedefeuer erhitzt.

Sind die Hörner angeschweißt, so muß auf der Bahn wie auf den Hörnern eine Stahlplatte aufgeschweißt werden. Dieses Verstählen der Oberfläche ist schwierig, und nur sehr geübte Schmiede konnten diese Arbeit ausführen.

Anschließend wird der Amboß gehärtet. Dazu legt man ihn umgekehrt auf einen Kohlenrost, und wenn die richtige Temperatur erreicht ist, schreckt man ihn in einem großen Wasserbottich ab.

Beim Kauf prüften die Schmiede ihren Amboß nach dem Klang des Hammerschlags, aus dem sie den Grad der Härtung der Bahn erkannten. Sie erwarben lieber einen harten Amboß, den sie notfalls ein wenig anließen. Einen Amboß anzulassen war jedoch eine heikle Arbeit, selbst für Schmiedemeister.

Neben den klassischen Schmiedeambossen gibt es Ambosse in ganz unterschiedlichen Formen.

Etwa ein Dutzend Nebenformen sind weit verbreitet, doch bis zum Beginn des 20. Jahrhunderts traf man nicht selten gewisse Sonderausführungen an, die den persönlichen Erfordernissen entsprachen. In manchen Handwerken, zum Beispiel beim Kesselschmied, Blechschmied, Stellmacher oder Faßbinder, wurde der zweihörnige Amboß leichter, länger und schmaler, bis er T-förmige Gestalt erreichte.

Andere Handwerke arbeiteten eigene Amboß- und Abschrotformen heraus. So entstand der Polierstock des Goldschmieds, der Spitzamboß des Nagelschmieds, der Stellbock und das Sperrhorn des Kesselschmieds.

Das Schweifhorn, viele Dengelambosse und auch der Kehlamboß haben einen festsitzenden, pyramidenförmigen Fuß (Angel) mit rechteckigem Querschnitt, der im Hauklotz verankert wird und auf einem Wulst ruht.

Vom Ende des Mittelalters bis zum 18. Jahrhundert verwendeten die Waffenschmiede Ambosse ohne Hörner mit gekrümmter, glatter Oberfläche und in den verschiedensten Formen. Für die Herstellung von Messinggerät und Schmuck werden heute noch ähnliche Stöcke benutzt.

Zum Klopfen des Leders dienen den Lederarbeitern als »Ambosse« große, glatte Steine, meist Gneisbrocken, die sich in Gebirgsbächen abgeschliffen haben. Sie klingen beim Hämmern ähnlich wie die eisernen Ambosse.

Der Amboß ist vom Hammer nicht zu trennen. Sie bilden zusammen ein Arbeitsgerät, das im europäischen und asiatischen Wortschatz manche Spuren hinterlassen hat. Fast überall wird der Mann mit dem Hammer und die Frau mit dem Amboß gleichgesetzt, und man bemerkt dazu, der Amboß, der die Hammerschläge aushalten müsse, habe meist eine längere Lebensdauer als der Hammer. Tatsächlich ist es durchaus üblich, daß an einem Amboß mehrere Hämmer nacheinander abgenutzt werden.

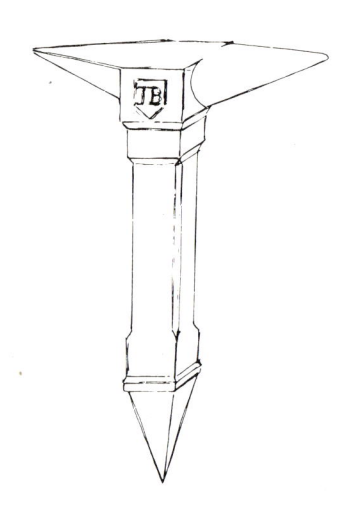

T-förmiger Amboß (Ile-de-France, Anfang des 18. Jahrh.)

65 *Flachzange (Schmied).*

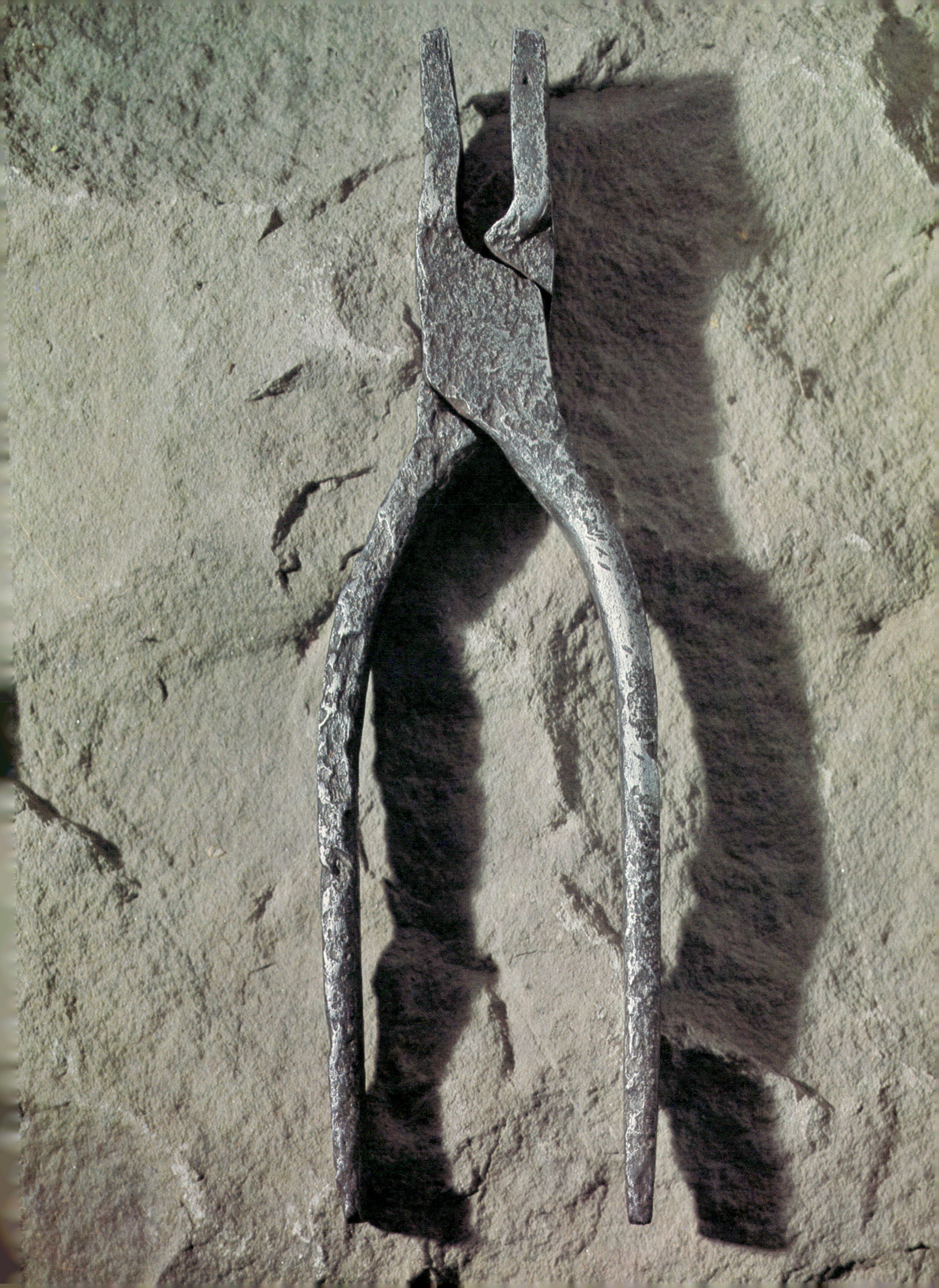

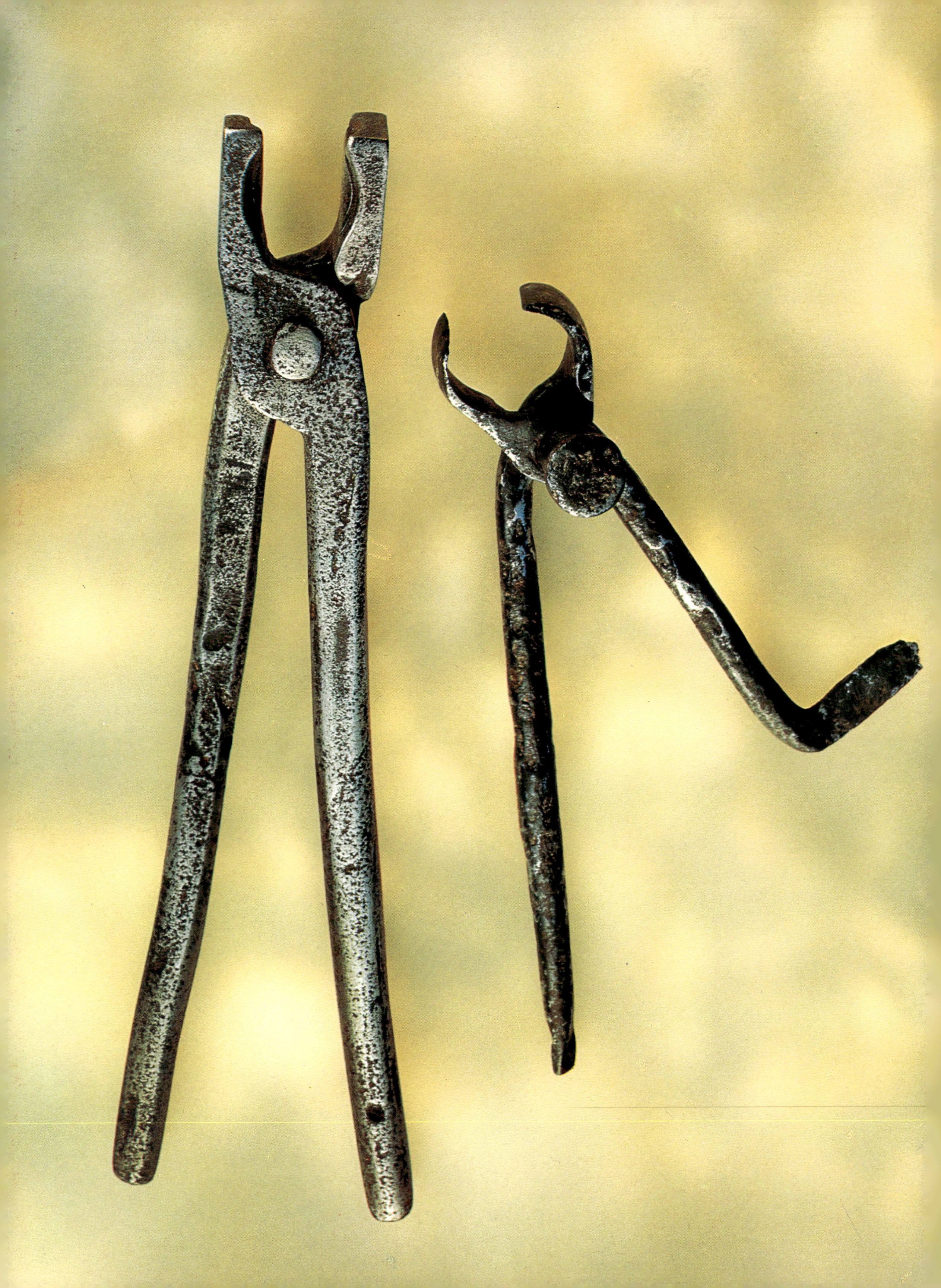

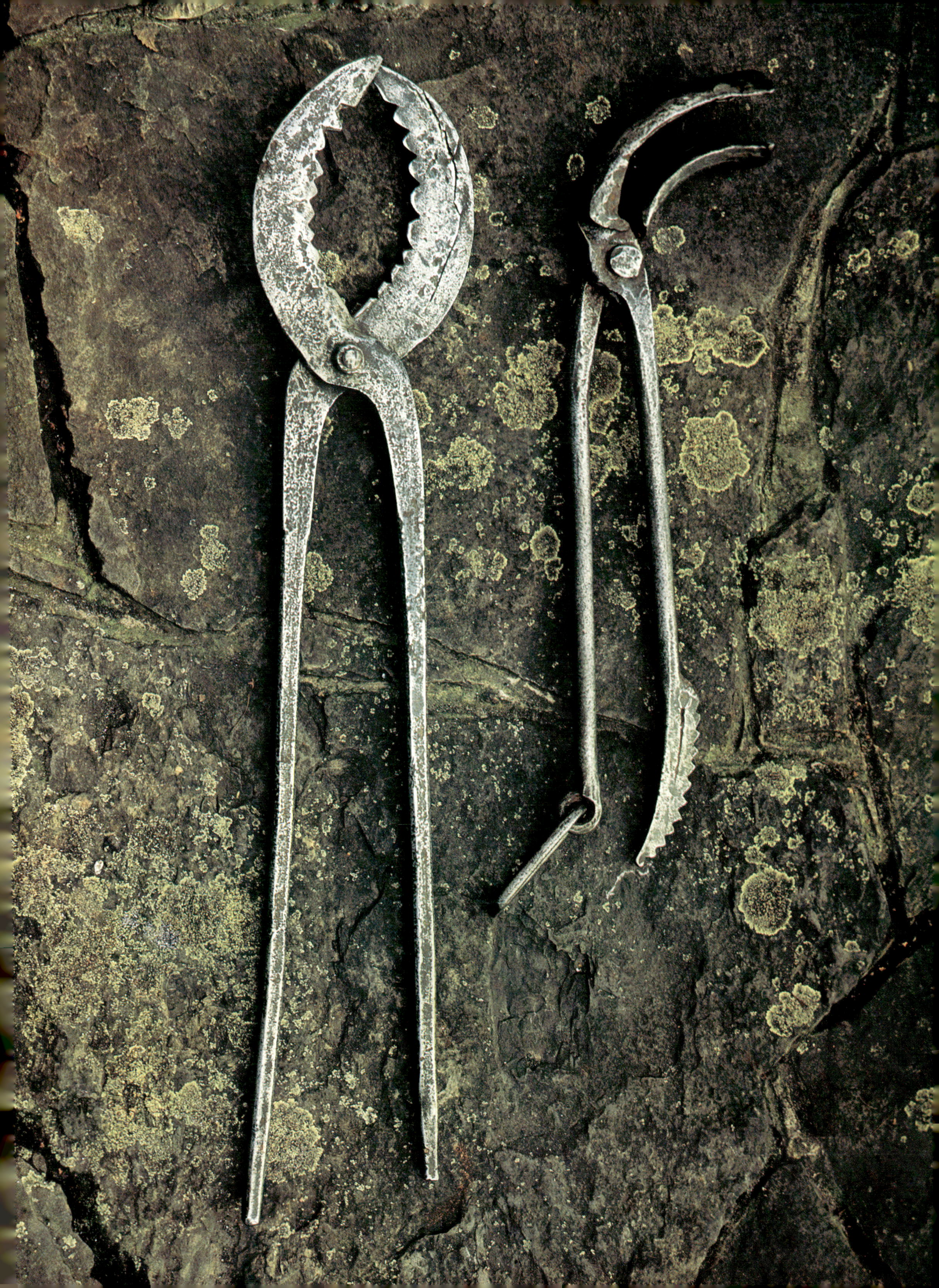

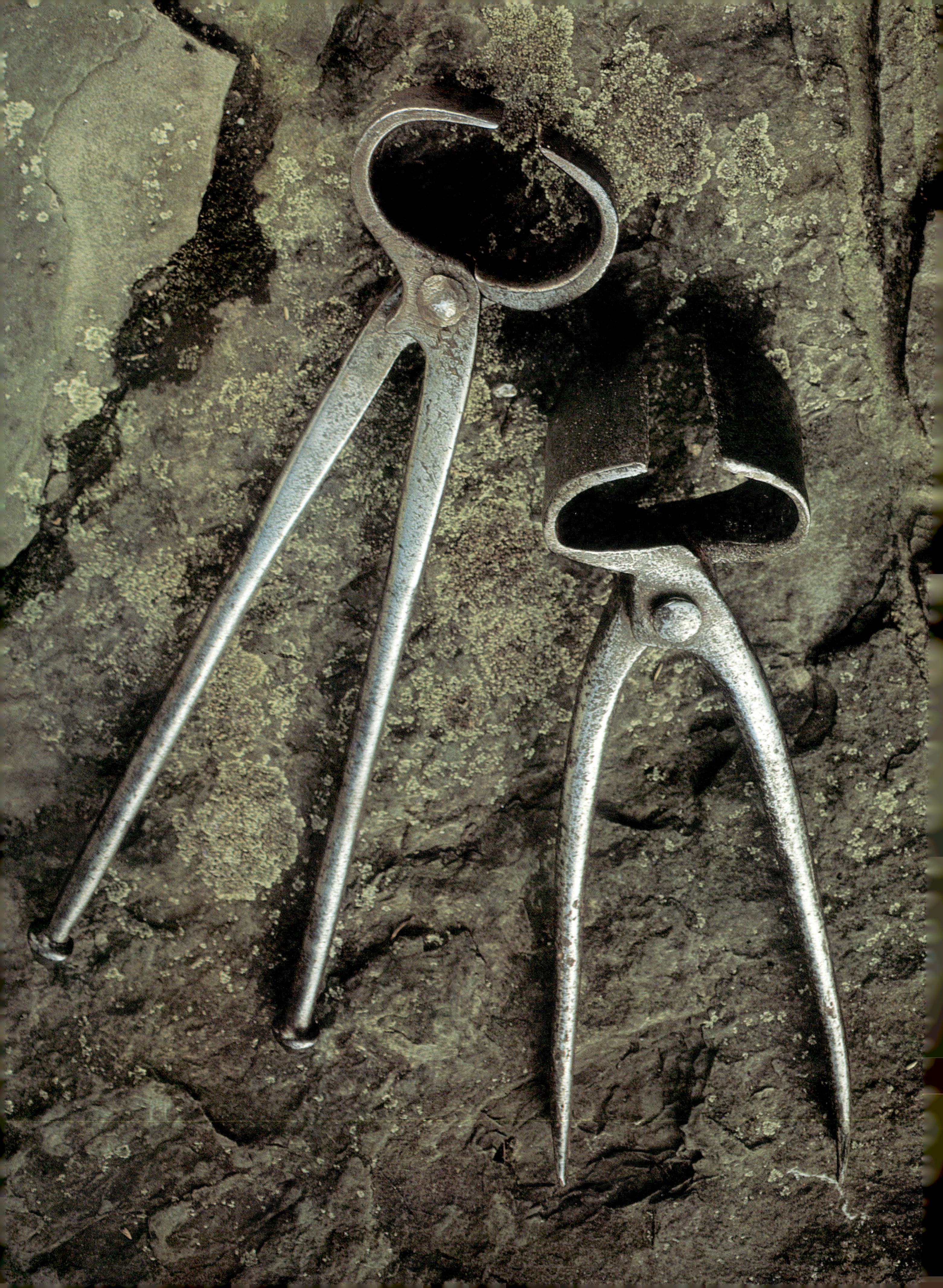

Zangen und Scheren

69   *Beißzange (Hufschmied).*

Kneifzangen und *Beißzangen* sind Werkzeuge mit verschieden langen Hebelarmen. Die zwei kürzeren Arme greifen das Werkstück, die zwei längeren Hebel werden mit der Hand gehalten, so daß Griff und Druck verstärkt wird. Solche Werkzeuge finden sich gegen Ende der Bronzezeit; die großen Schmiedezangen gab es schon zu Beginn der Eisenzeit. Aus gallischen, römischen und nordischen Werkstätten sind Zangen erhalten, die der Schmied heute noch verwenden könnte, denn die Proportionen der Eisenschenkel sind etwa dieselben wie heute, und die Greifbacken sind nach der Form der Schmiedestücke ausgebildet. Schon die Griechen und Römer hatten kleinere Zangen, Beißzangen, Flachzangen, Schlosserzangen, Rundzangen des Goldschmieds etc. Sie kannten auch die im Mittelalter häufig benutzte große Greifzange, das *Kropfeisen*, das auf antiken Baudenkmälern oft abgebildet ist und wie die kleine Axt (ascia) in den Bauhütten esoterische Bedeutung hatte. Auch die Zange entwickelte sich im 15. Jahrhundert zu einem Präzisionswerkzeug, das sich für Werkstücke aller Größen eignete. Da die Zange außerordentlich widerstandsfähig und dabei möglichst leicht sein muß, wird sie in all ihren Teilen in sorgfältiger Schmiedearbeit hergestellt und zusammengesetzt.

Die gerade *Schmiedezange* sei näher beschrieben. Die beweglichen Teile sind so präzis zusammengebaut, daß sich die Zange mit den in der Chirurgie verwendeten Zangen und Scheren vergleichen läßt. Die greifenden Teile sind so gebogen, daß die Kraft ohne Gefahr für die Schenkel übertragen und im Maul konzentriert wird (Abb. 67). Die beim Gießen und Schmieden verwendeten Zangen haben lange Schenkel, nicht nur damit sie kraftvoll gehandhabt werden können, sondern auch damit die Hand des Arbeiters möglichst weit von dem glühenden Metallstück entfernt bleibt. Die längste Zange ist die Tiegelzange; man packt mit ihr in der Gießerei die zwei Griffe der Tiegel mit flüssigem Metall, um den Inhalt in die Formen zu gießen. Die Tiegelzange ist über 2 m lang. Die kürzesten Zangen (weniger als 6 cm Länge) benutzt der Juwelier.

Wenn die großen Schmiedezangen aus der Metallverarbeitung nicht wegzudenken sind, so sind die Beiß- und Kneifzangen vor allem in der Holzbearbeitung notwendig. Gegen Ende des 13. Jahrhunderts, als kleine Nägel aufkamen, traten sie zur Werkzeugausrüstung hinzu. Ihre Vorgänger waren verschiedene Werkzeuge ähnlicher Form, die schon seit römischer Zeit zum Greifen, Festhalten, Strecken, Spannen und Reißen dienten und in der Metall-, Leder- und Stoffbearbeitung verwendet wurden. Viele dieser Zangen sind heute noch gebräuchlich. Manche sind mit einer Spannvorrichtung versehen, die die längeren Schenkel in einer bestimmten Lage geschlossen hält. Damit ist die Hand frei für die Ausführung einer Bewegung (Drehen, Spannen etc.).

Während die Greifzangen in den Handwerken, bei denen zum Festhalten des Werkstücks verschiedene Bewegungen hinzukommen, ständig verändert und

◀◀ 66   *Gerade Schmiedezange (Schmied). Kneifzange (Schreiner).*

◀ 67   *Zwei Zangen; die erste ist ein Wolfsmaul (Schmied), die zweite wahrscheinlich eine Winkelzange (Gerber) zum Herausheben der Leder aus der Versetzgrube.*

68   *Nagelzange (Hufschmied). Gurtzange (Polsterer).*

131

spezialisiert wurden, erfuhren die Kneifzangen, die seit dem 15. Jahrhundert vor allem zum Abschneiden und Abzwicken dienen, nur sehr wenige Abwandlungen.

Die *Kornzangen* oder *Pinzetten*, die man auch Federzangen nennt, benutzt man für leichte, kleine Werkstücke. Sie werden im Goldschmiede- und Juwelierhandwerk verwendet, ebenso in der Buchbinderei, bei der Leder- und Stoffverarbeitung und in vielen anderen Handwerken. Meist bestehen sie aus zwei zusammengeschweißten, federnden Armen, die leicht auseinanderstehen und zwischen Daumen und Zeigefinger zusammengedrückt werden. Aus dem 17. und 18. Jahrhundert sind Federzangen mit verzierten Armen erhalten.

Die *Stockscheren* sind die Vorläufer der Scheren. Sie waren schon in der La-Tène-Zeit II bekannt; sehr schöne Scheren aus jener Epoche sind erhalten. Im Mittelalter verwendeten die Tuchmacher sehr große Tuchscheren, und die Schere für die Schafschur ist heute noch gebräuchlich (vgl. Abb. 1).

Im Gegensatz zu den gewöhnlichen Scheren und den Zangen, bei denen die wirkende Kraft auf der einen Seite des Gelenks ansetzt und der zu überwindende Widerstand sich auf der anderen Seite des Gelenks befindet, sind bei den Tuch- und Schafscheren Wirkkraft und Widerstand auf derselben Seite des Stützpunkts. Die übereinandergleitenden Schneiden laufen unten in einer Feder zusammen, die sie auseinanderdrückt, während die Kraftwirkung der Hand sie zusammendrückt (wie bei der Feuerzange).

Die *Scheren* sind wie die Zangen Werkzeuge mit zwei Schenkeln, die beweglich sind und durch ein Gelenk zusammengehalten werden. Das obere Teil ist nicht zum Festhalten, sondern zum Schneiden ausgebildet. Zwei Schneiden gleiten übereinander und zertrennen das Werkstück (Stoff, Leder, Metall, Faden usw.), je mehr sie sich schließen.

Bemerkt sei, daß es sich hierbei stets um ein Abdrücken handelt. Ob Metall (Blechschere), Holz (Baumschere) oder Stoff (Schneiderschere) geschnitten wird – es ist niemals ein Abhauen, wie man nur zu oft meint.

»Wenn wir die beiden Schneiden einer Schere genau betrachten, erkennen wir, daß sie keilförmig mit kleiner Schrägkante ausgebildet sind (eine Schneiderschere mit der Lupe ansehen). Das Schneiden rührt also nicht von der Spitze dieses Winkels her, der zu Unrecht als Schneide der Klinge bezeichnet wird, sondern von der gleichzeitigen Wirkung der beiden Schenkel.« (Bouasse, *Appareils de mesure et d'observation*.) Beim Schleifen der Scheren justiert der Scherenschleifer die Flächenwinkel.

Die *Metallscheren* arbeiten auf dieselbe Weise. Sie haben lediglich entsprechend geformte Blätter und lange, gerade, starke Griffe.

Bis zum 16. Jahrhundert waren die Griffe der Scheren selten ganz geschlossen. Diese Gestaltung hielt sich in vielen Fällen bis zum Ende des 17. Jahrhunderts; die Scheren aus jener Zeit sehen deshalb sehr elegant aus.

Bei manchen Handwerksscheren, vor allem bei denen, die mit beiden Händen geführt werden, sind die Griffe auch heute noch etwas offen.

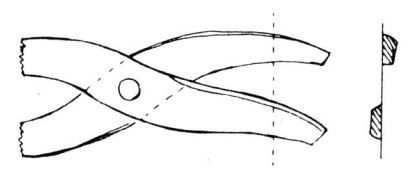

Schere des Blechschneiders mit gebogenen Schenkeln

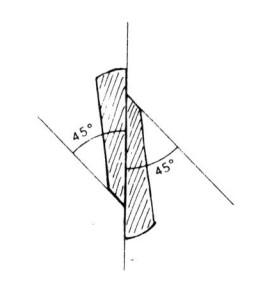

70 Schere; die Machart erkennt man am Scharnier (Schneider).

71 Zuschneideschere (Schneider). ▶

72 Glasschere; auf halber Breite der Schneide tritt der Rand der Stahlauflage zutage. Auf dem rechten Schenkel sieht man das Zeichen des Messerschmieds; die drei Stiche des Körners auf jedem Schenkel sind Anlegemarken (Glasmacher). Schere (Handwerk unbestimmt). ▶▶

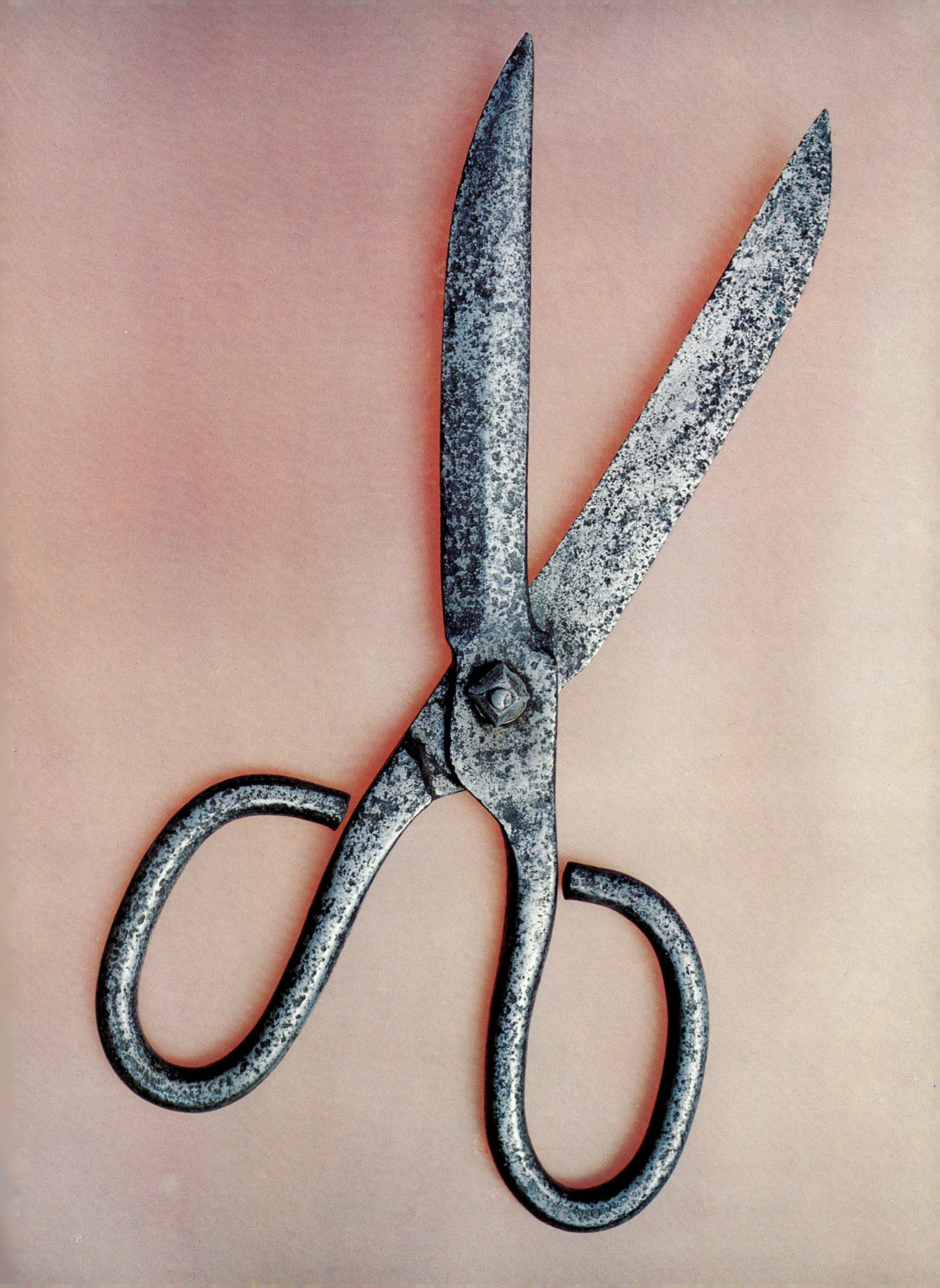

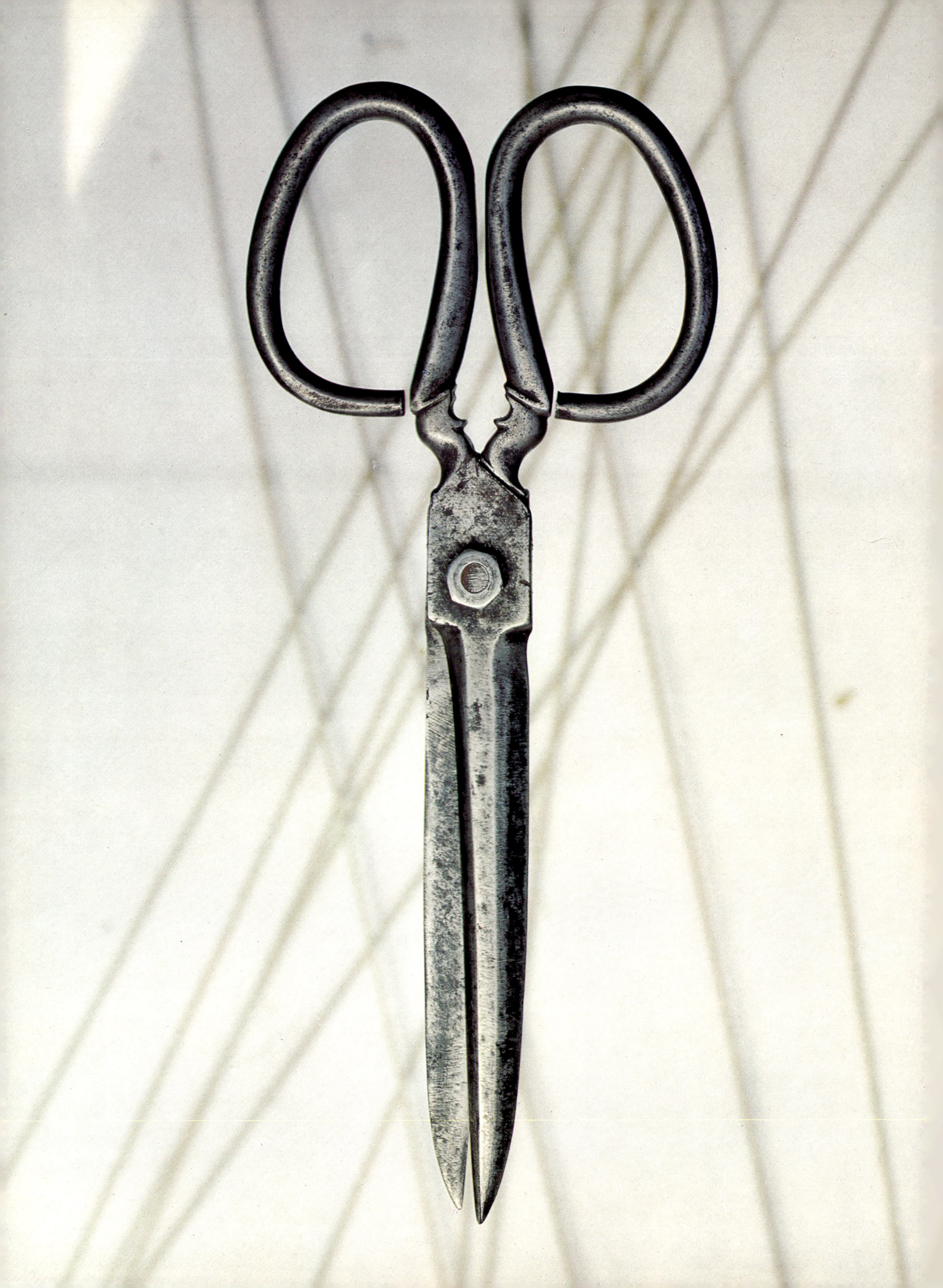

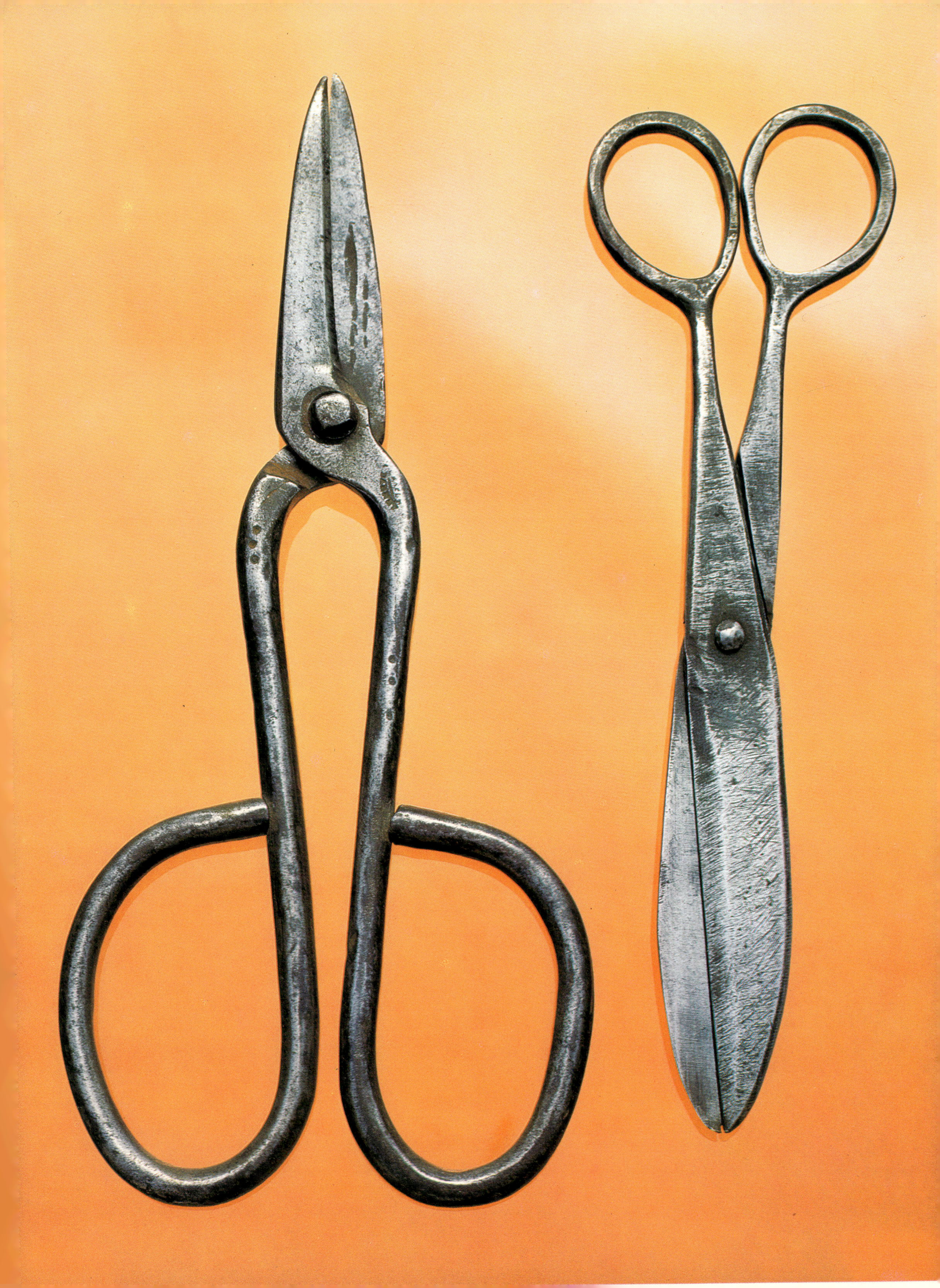

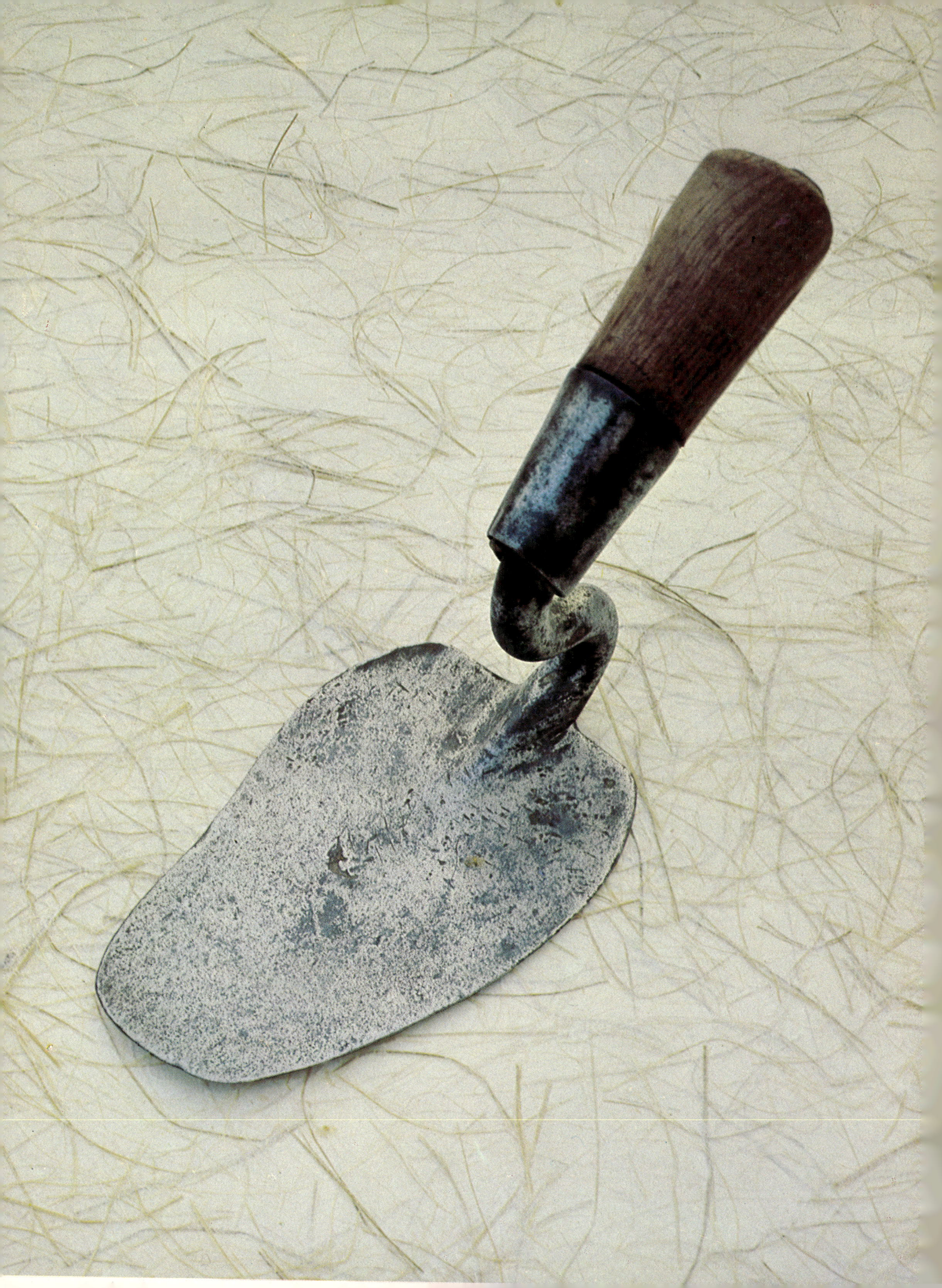

Die Kelle

Die *Kelle* ist ein für den Mauerbau unerläßliches Werkzeug der Maurer. Wahrscheinlich ging ihr in den östlichen Kulturen ein ähnliches Gerät voran, mit dem gebrannte oder ungebrannte Ziegel geformt und mit Zwischenschichten von breiigem Ton aufeinandergesetzt wurden.

Die klassischen Kulturen des Altertums scheinen die Kelle nicht benötigt zu haben, denn die exakt behauenen Steine wurden ohne Bindemittel aufeinandergesetzt.

Der Kalk- und Sandmörtel kam in den kleinasiatischen Kulturen auf. Erst gegen Ende der Republik übernahmen ihn die Römer, ebenso den gebrannten Ziegelstein, der gleichfalls aus Asien kam.

Unter den römischen Kaisern verbreitete sich die Verbundbauweise mit Stein- und Mörtelschichten im ganzen Abendland.

Von da an wurden für Gewölbe und Mauern nicht mehr ausschließlich Hausteine verwendet, nur für die ins Auge fallenden Teile. Das Stützwerk oder der Rohbau bestand aus verbundenen Steinen, während die Außenseiten mit Ziegeln und Steinen, die mit Hilfe von Mörtel aufgesetzt wurden, verblendet wurden.

Römische Bilddarstellungen zeigen die Kelle fast in ihrer heutigen Form (oder kürzer). Sie kam nie mehr außer Gebrauch; die merowingischen und lombardischen Baumeister überlieferten sie den romanischen Maurern des 10. Jahrhunderts. Daß sie mit der Kelle arbeiteten, kann man an ihren Bauwerken sehen.

An dem verputzten Mauerwerk der Türme und Umfassungsmauern erkennt man die Meisterschaft und das Geschick der Maurer in vorromanischer Zeit (besonders der Westgoten). Ihre Bauwerke, die leichter wirken als die römischen, haben trotzdem der Zeit widerstanden.

Mit der Kelle wird der Mörtel aus dem Speiskasten oder Speiskübel genommen und aufgestrichen. In den Mörtel werden die Steine eingebettet; er muß Unebenheiten in der Waagrechten ausfüllen, die seitlichen Fugen herstellen und beim Abbinden für den festen Sitz der Steine sorgen.

Kellenformen

Die Kelle muß in all ihren Teilen genau dimensioniert sein, damit sie eine genügende Mörtelmenge erfaßt und damit die ständig wiederholte Bewegung nicht zu ermüdend ist. Sie ist ein Werkzeug, das vollkommen auf die Arbeit und auf den Menschen, der sie ausführt, abgestimmt ist.

Schon im Mittelalter waren die Kellen breit oder schmal, länglich oder spitz, rund oder eckig.

Die Gipser, Putzmaurer und Mosaikkünstler, die sich in der Kaiserzeit spezialisiert hatten und in karolingischer und romanischer Zeit wichtige Zünfte bildeten, hatten besondere Kellen und Spachtel.

Die Angel, die über das Eisen der Kelle hinausragt und durch den Griff verläuft, ist auf verschiedenerlei Weise mit dem Blatt verbunden. Manche Beispiele aus der Geschichte haben sich bis heute erhalten. Bei den römischen und gallo-römischen Kellen wurde das Eisen (Blatt und Angel) aus einem Stück gefertigt; das Blatt wurde gehämmert, die Angel spitz geschmiedet und gebogen. Es handelte sich dabei um verhältnismäßig kurze Kellen. Dieses Verfahren wurde für einige heutige Kellen, auch sehr lange, beibehalten. Das Blatt muß selbstverständlich geschliffen werden.

Bei manchen alten Kellen aus der Zeit vor dem 16. Jahrhundert ist die Angel aufgeschmiedet. Auch diese Form hat überdauert. Bei anderen Kellen ist die

73 *Flämische Pfannenkelle (Maurer).*

Angel verbreitert und auf das Blatt genietet, wobei die Niete unten abgeplattet ist. In allen Fällen reicht die Angel mindestens ein Drittel ihrer Länge auf die Oberseite der Kelle und ist zungenförmig zugespitzt.

Zwischen Blatt und Griff bildet die Angel ein doppeltes Knie. Schon im 17. Jahrhundert stellen wir zweierlei Krümmungen fest: die eine mit zwei rechten oder stumpfen Winkeln vor allem bei Kellen, mit denen große Mörtelmengen aufgenommen werden, die andere in Schwanenhalsform, so daß die Hand näher beim Blatt ist und der Mörtel leichter aufgenommen und aufgetragen werden kann.

Die Handhabung der Kelle erfordert Kraft und Geschicklichkeit.

Der Maurer bricht die Arbeit bei Sonnenuntergang ab und beginnt sie am frühen Morgen von neuem. Im Baugewerbe warten die anderen Handwerker stets, bis das Mauerwerk fertig ist. Die Arbeit darf nicht zu rasch ausgeführt werden, sie muß aber regelmäßig vonstatten gehen. Kein anderes Handwerk vermittelt so stark den Eindruck einer rhythmischen Tätigkeit wie eine wohlgeordnete Baustelle, auf der die Maurer am Werk sind.

Die Mörtel- und Zementsorten benötigen Abbindzeiten, die je nach der Mauerdicke und der Länge der Steinlagen genau festgelegt und aufeinander abgestimmt werden.

Das Eisen der Kelle muß dünn und elastisch sein, deshalb ist dafür ein guter Stahl erforderlich. Die Kelle ist ein Werkzeug, das gut klingen muß.

Bei den Kellen für Backsteinmauerwerk (oft in Ländern, die keinen zum Bauen geeigneten Stein haben oder wo der Stein von weit her transportiert werden müßte) findet sich sogar hinten eine genietete Tülle aus Eisen und Kupfer, die mit ihrer ovalen Form die Wölbung des Griffs verlängert.

Damit wird die Kelle, deren Hauptgewicht vorn liegt, ausgewogen, und der Maurer kann den Backstein festklopfen.

Der Backstein oder der Leichtbaustein wird mit der linken Hand in das Mörtelbett gelegt und mit dem Griff der Kelle, die senkrecht gehalten wird, festgeklopft.

Es wäre interessant, die Haltbarkeit derart »rationell« ausgeführter Konstruktionen abzuschätzen. Wiederholtes Klopfen und nicht etwa ein starker Schlag ist notwendig, damit das Ganze dauerhaft wird. Zwischen dem scheinbaren Trocknen des Mörtels und seinem wirklichen Abbinden verstreicht eine Zeit, die ziemlich lang sein kann (in jedem Fall mehrere Tage). In dieser Zeit ist der trockene Mörtel äußerst brüchig. Die durch starke Schläge verursachten Vibrationen würden durch das schon errichtete Mauerwerk dringen und gefährliche Risse verursachen. Mit dem leichten Festklopfen werden solche bleibenden Schäden vermieden; es ist deshalb eine viel rationellere Arbeitsweise.

Da vom Mörtel Feuchtigkeit in den Griff dringt, ist dieser (schon seit dem Mittelalter) mit einer Zwinge versehen, die auch die Angel mit festdrückt. Angel und Griff sind somit eine untrennbare Einheit. Die Zwinge ist oft kegelstumpfförmig ausgebildet und verlängert, wobei sie die Wölbung des Griffs aufnimmt. In vielen Fällen, so bei fast allen großen Kellen, verläuft die Angel ganz durch den Griff und ist mit einer starken Scheibe festgenietet.

Nach der Arbeit wird die Kelle gesäubert und trocken aufbewahrt, damit sie nicht rostet.

Die Gipserkellen und -spachtel werden oft aus starrem Kupfer gefertigt. Gips ist weicher als Mörtel und kann aufgetragen werden, ohne daß das Werkzeug elastisch sein müßte. Das Kupfer wird von der Säure des Gipses nicht angegriffen, und wenn der Gips auf dem Blatt antrocknet, ist die Säuberung des Werkzeugs einfacher.

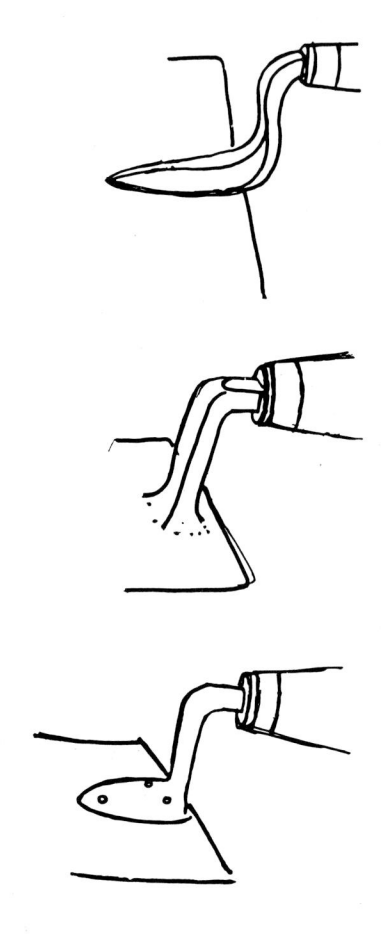

74 Spitzkelle.

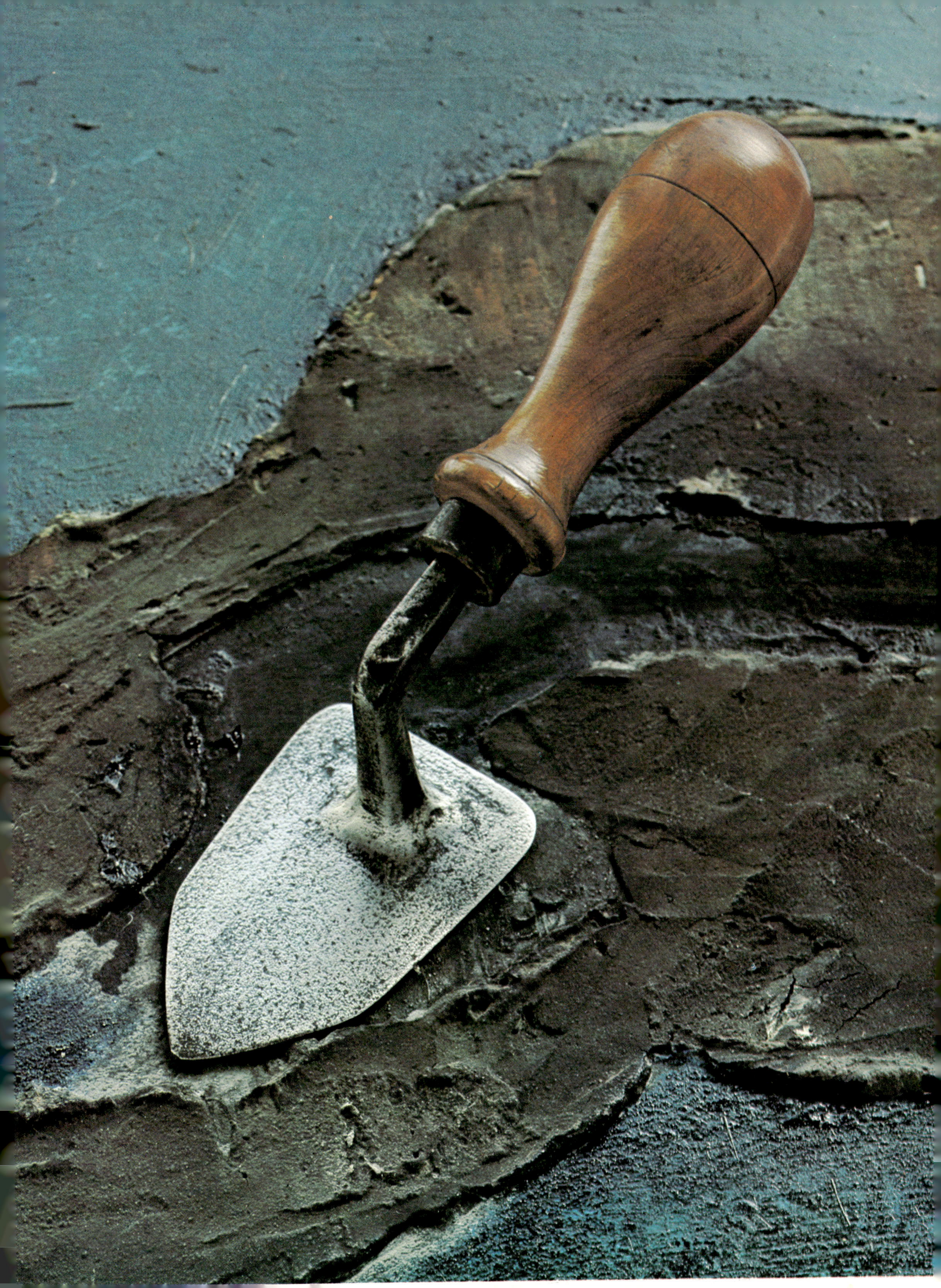

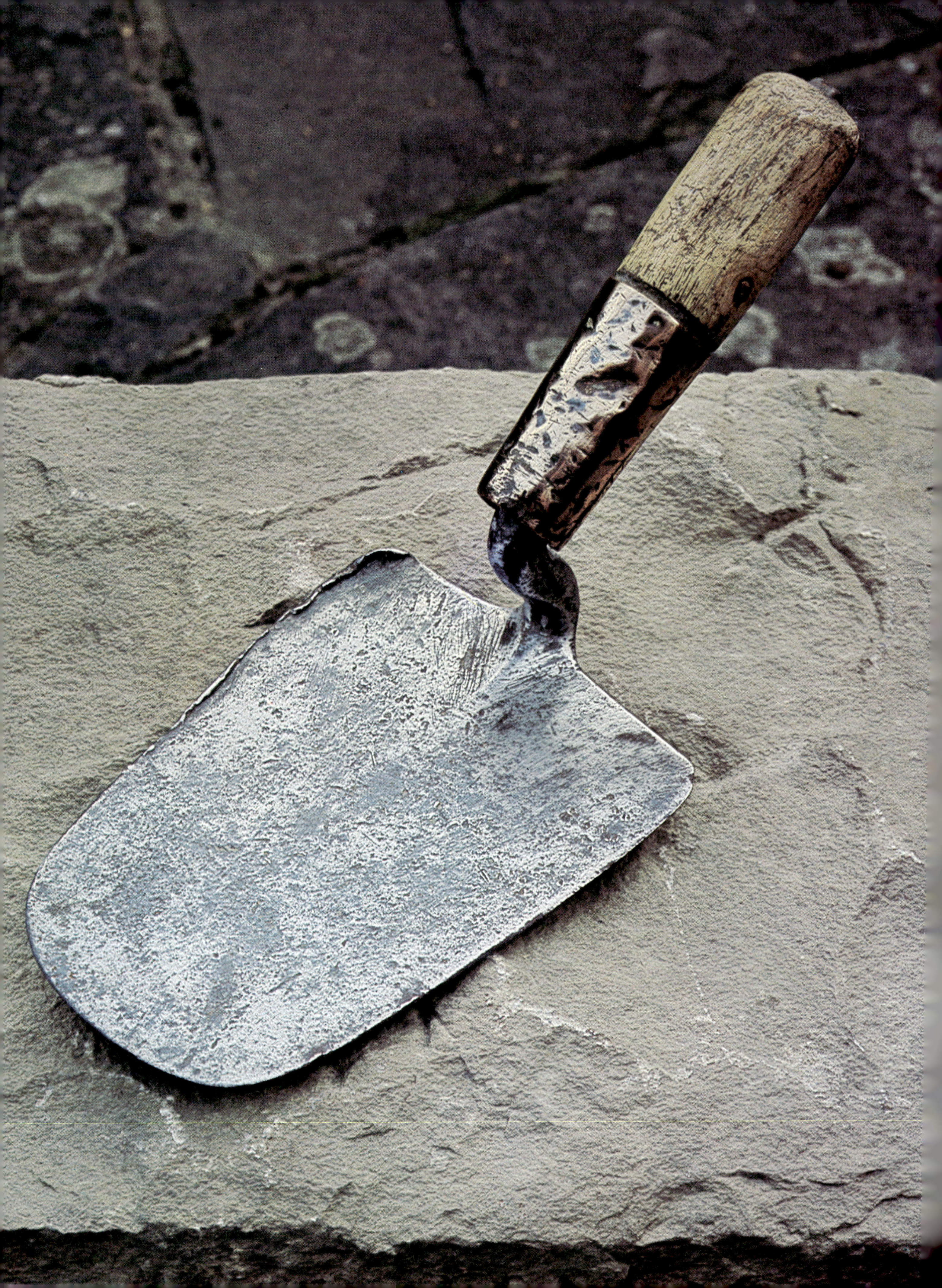

Das Schleifen und Schärfen

75 *Flandrische Pfannenkelle für Backstein (Maurer).*

76 *Mechanisches Schärfen.*

Die Schneidwerkzeuge wirken wie Keile. Sie dringen um so besser in das Material ein, je spitzer der Ansatzwinkel ist.

Für diesen Winkel gibt es jedoch eine untere Grenze; darunter wäre die Klinge gefährdet. Beim Schleifen der Schneide muß deshalb sowohl die bestmögliche Schneidwirkung als auch der Widerstand des Werkzeugs berücksichtigt werden. Schneiden bestehen stets aus gehärtetem Stahl. Er ist entweder von Anfang an eins mit dem Werkzeug oder wird in einer gewissen Tiefe aufgeschmiedet, so daß oftmaliges Nachschleifen möglich ist.

Je weicher das zu schneidende Material ist, um so spitzer kann der Winkel der Schneide sein. Die Schneiden von Rasiermessern und von Metzgermessern haben einen Winkel von nur wenigen Minuten.

Bei einem guten Werkzeug zur Holzbearbeitung beträgt der Winkel kaum weniger als 15°.

Die Werkzeuge zur Gußeisenbearbeitung weisen meist einen Winkel von 80° auf.

Die Seitenflächen der Klingen sind plan. Wenn der Querschnitt konvex wäre, würde das Werkzeug schlecht schneiden; wäre er konkav, so würde das Ende brüchig. Die Schneiden werden mit der Schleifscheibe geschliffen. Für die Werkzeuge zur Holzbearbeitung verwendet man vorzugsweise eine Schleifscheibe mit großem Durchmesser und feiner, sehr homogener Körnung, die sich in einem Schleiftrog dreht oder ständig mit Wasser übergossen wird, damit die Schleiffläche stets von einem Wasserfilm bedeckt ist.

Für die Werkzeuge zur Metallbearbeitung, die nur kurz geschliffen werden, genügt dies schon; bei den Werkzeugen zur Holzbearbeitung wird jedoch die leichte Höhlung der Schleifscheibe ausgeglichen. Man schleift auch die durch die Körnung verursachten Unebenheiten und den Grat (eine leichte Ausstülpung des Eisens am Ende) weg, und zwar mit dem *Öl-* oder *Fettstein*, einem sehr feinkörnigen, ebenen, schieferigen Schleifstein, der durch Schleifen auf einem anderen Stein zugerichtet wird und in Hartholz eingelassen ist, aus dem er nur wenig hervorragt.

Das exakte Schleifen der Messer, Scheren, Meißel und Hobeleisen ist unbedingt erforderlich.

Das Schleifen ist also ein schwieriger, unvermeidbarer, immer wieder notwendiger Arbeitsgang von großer Bedeutung. Wird er gut ausgeführt, so wertet er das Werkzeug auf; wird er schlecht ausgeführt, so verdirbt er das Werkzeug oft für immer. Das Schleifen ist *in allen Handwerkszweigen* nötig, nicht nur bei den eigentlichen Schneidwerkzeugen, deren Schneiden gewartet und frisch geschliffen werden müssen, sobald sie nicht mehr genau und nicht mehr leicht arbeiten, sondern auch bei allen Werkzeugen, die in ein Werkstück eindringen, zwischen zwei Teile geschoben werden oder den Weg für andere Werkzeuge bereiten. Die durch die moderne Industrie gegebene Möglichkeit, eine stumpfe Klinge wegzuwerfen und durch eine neue zu ersetzen, beschränkt sich auf billige Erzeugnisse (im Verhältnis zu der Zeit, die notwendig wäre, um sie zu schleifen). Die ersten Werkzeuge, die nach Gebrauch weggeworfen wurden, waren die Nadeln; ihre billige Massenherstellung begann um 1820.

Vorher schliffen die Schneider und Näherinnen ihre Nadeln in den Rillen von harten Schleifsteinen, wie die Menschen des Magdalénien ihre Knochennadeln in den Rillen der Poliersteine schärften.

Handwerker, die Messer verwenden (insbesondere die Metzger), schleifen ihre Werkzeuge häufig mit dem *Wetzstahl*, einem leicht konischen, auf der ganzen Länge gerillten Stahlstab. Der Griff des Wetzstahls besteht oft aus Hirschhorn; diese Tradition hat sich von den Jagdgebräuchen der Zeit vor dem 17. Jahrhundert erhalten.

Das Schleifen, Schärfen und Wetzen stellt sich somit als ein etwas geheimnisvoller, weihevoller Vorgang dar, der seine Handgriffe, seine Geheimnisse und sogar seine Riten bewahrt hat. Es wird nicht immer »vor den Leuten« getan. Traditionsgemäß werden die Hauben der Ölschieferschleifsteine und die Griffe des Wetzstahls oft mit Verzierungen versehen, bei denen das Schmuckempfinden einige esoterische Züge trägt: verschlungene geometrische Muster, Figuren von Vögeln und anderen Tieren (oft Hirschen), Früchte und Laubkränze.

Der Schleifer von Beruf gilt als ein »Mann, der Geheimnisse hat«, ob er in einer Werkstatt sitzt oder mit seinem Schleifrad von Haus zu Haus zieht. Wenn man ihm zusieht, wie er rasch und scheinbar ohne große Vorsichtsmaßnahmen arbeitet, meint man, man könne es ihm gleichtun. Macht man aber diesen Versuch, so ist das Ergebnis enttäuschend.

77 *Segerz oder Lenkbeil; der Griff verlangte geradezu nach einer Reparatur des Eisens durch Auflage (Holzschuhmacher).*

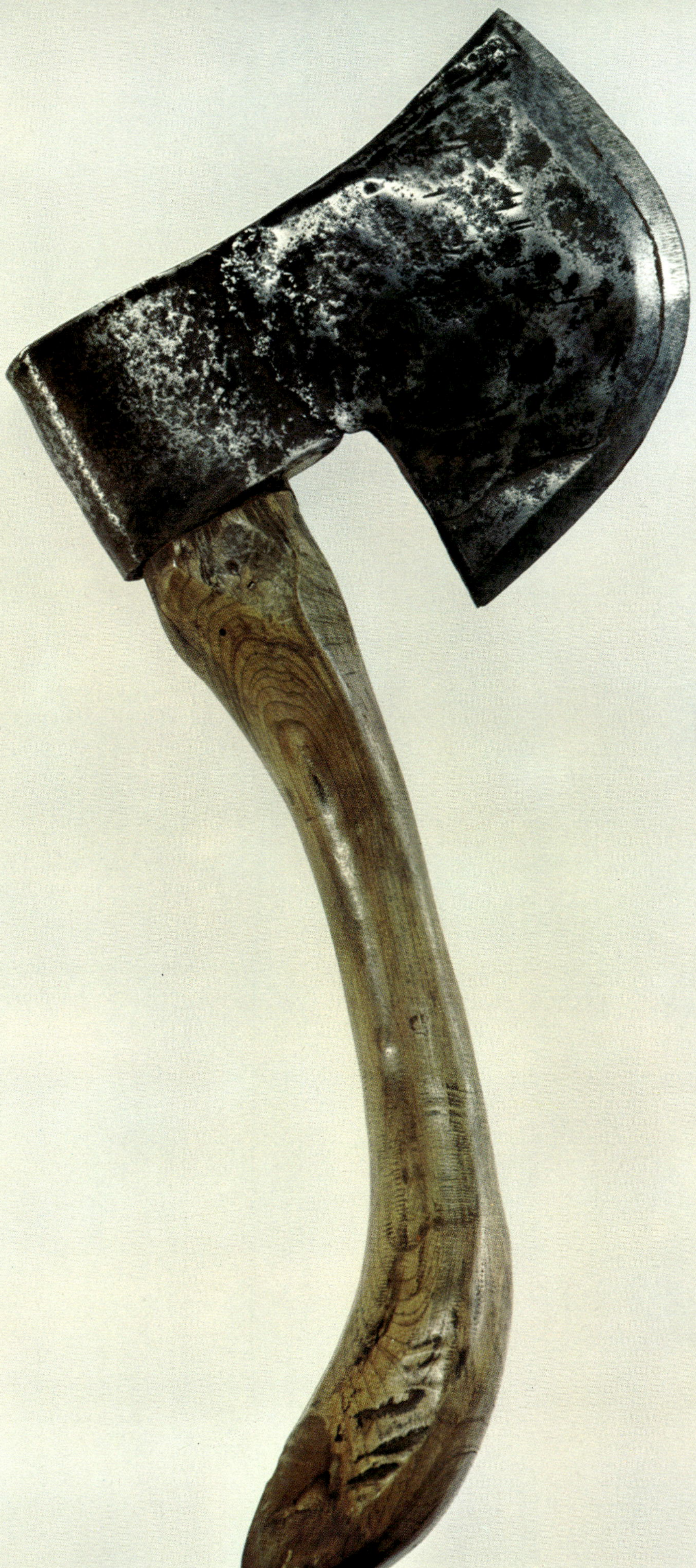

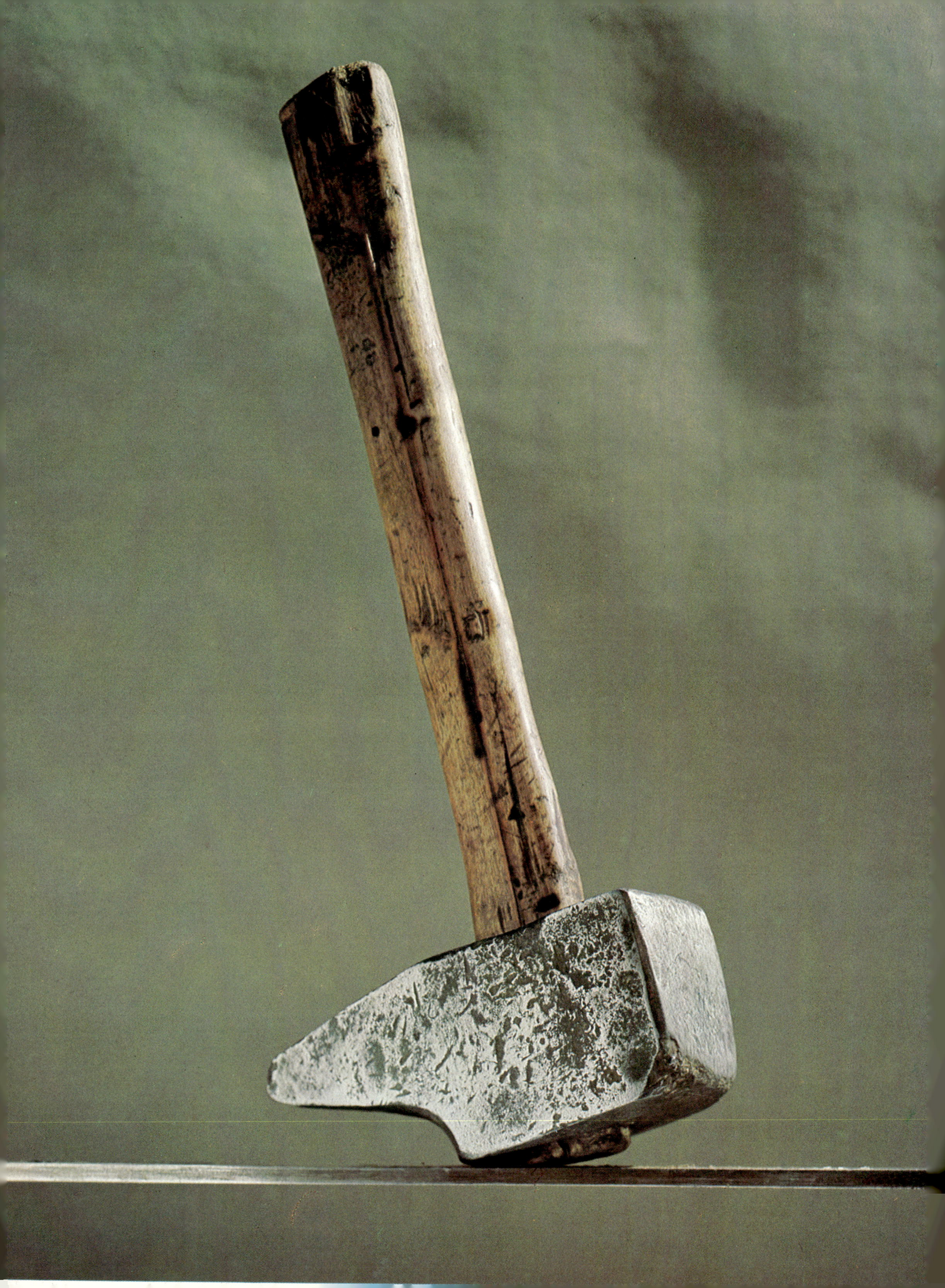

Das Zeugschmiedehandwerk

Wir gehen hier gesondert auf das Zeugschmiedehandwerk ein, weil es unter den eisenverarbeitenden Handwerken in der Werkzeugherstellung einen besonderen Platz einnimmt. Es produziert die Schneidwerkzeuge. Ursprünglich war es mit dem Schmiedehandwerk eins, löste sich aber gegen Ende des 12. Jahrhunderts (trotz der technischen Verwandtschaft) insofern, als es alle Verfahren, bei denen Stahl verwendet wird, an sich zog.

Die Zunftordnung des 13. Jahrhunderts bezog seinen Namen und seine Tätigkeit auf das Schmieden, Härten und Zurichten von Werkzeugen, die aus einem eisernen Körper (der Masse, die den Zusammenhalt und die allgemeine Struktur der Werkzeuge gewährleistet) und einer fest damit verbundenen *Stahlauflage* bestehen, die bei den Schlagwerkzeugen für Härte und bei den Schneidwerkzeugen für Schärfe sorgt.

Das Anstählen war im Schmiedehandwerk lange vorher bekannt. Schon in der La-Tène-Zeit III finden sich verstählte Eisenwerkzeuge, bei denen die Verwendung von härtbaren Eisenteilen (ähnlich unseren Weichstahlsorten) von einer eigenen Technik und großer Sicherheit im Zusammenfügen der beiden Metalle zeugt.

Das Zeugschmiedehandwerk ist eines der interessantesten Handwerke, hat es doch seine Verfahren ständig vervollkommnet und zugleich die Überlieferung bewahrt. Wenn es sich auch im Lauf der Zeit breit entfaltet und vieles hinzugewonnen hat, so hat es doch die alten, bewährten Verfahren nicht untergehen lassen.

Die genaue Epoche der Spezialisierung und Loslösung vom eigentlichen Schmiedehandwerk läßt sich schwer feststellen. Gegen Ende des Mittelalters jedenfalls forderten die von den Königen und Fürsten des Abendlandes bewilligten oder erzwungenen Zunftordnungen eine Trennung der Schmiedehandwerke und erließen besondere Regeln für das Zeugschmiedehandwerk in der offenkundigen Absicht, die hohe Qualität seiner Erzeugnisse beizubehalten.

Die Ausweitung des Zeugschmiedehandwerks, das im 14. Jahrhundert ganz selbständig war, erklärt sich aus dem damals bestehenden außerordentlichen Bedarf an Werkzeugen zur Holz-, Stein- und Eisenbearbeitung. Gleichzeitig dehnte sich der Handel über weite Entfernungen in ganz Europa aus.

Die Notwendigkeit, einer immer größeren Kundschaft vollendete Werkzeuge, die bestielt, geschärft und poliert, geprüft und bewährt waren, zu liefern, führte zu regelrechten gewerblichen Konzentrationen.

Das Waffenschmiede- und das Messerschmiedehandwerk sonderten sich zunftmäßig vom Zeugschmiedehandwerk ab, siedelten sich aber oft an denselben Orten an, wo man sie auch heute noch findet. Grund dafür war das Vorkommen von sehr reinem oder karbonisiertem Eisenerz und von Wasserläufen für das Schmieden mit dem Schmiedehammer, für das Härten und für das Schleifen auf der raschen, wirkungsvollen Schleifscheibe.

Beim Amboß wurde die Herstellung in ihren zeitlichen Abläufen eingehend dargestellt, weil sie wahrscheinlich die komplizierteste und sicher die langwierigste Fertigungsweise ist. Sie unterscheidet sich aber nicht von den einfacheren Arbeitsgängen bei der Fertigung von Handwerkzeugen.

In all diesen Arbeiten zeigt sich die Sparsamkeit der Mittel und Materialien. Das *Erhitzen* erfolgt in gesonderten Essen, in denen zur richtigen Zeit für das Schmieden die notwendige Temperatur erzielt wird. Beim Fertigmachen gibt es wenig Eisen- und keine Stahlabfälle. Mit wenigen, kräftigen Hammerschlägen, die weder zu schwungvoll noch zu schlaff sein dürfen, wird das Werkstück an der richtigen Stelle und zum richtigen Zeitpunkt geschmiedet.

Wird der Zeugschmied vor die Aufgabe gestellt, ein für ihn neues Werkzeug zu fertigen (dieser Auftrag wird auch heute noch häufig erteilt), so wird er, selbst wenn er sein Handwerk meisterhaft versteht und alle möglichen, diesem

78   Handhammer (Schmied).

Werkzeug ähnlichen Vorbilder kennt, doch stets *Probestücke* machen, um den zeitlichen Ablauf der einzelnen Arbeiten festzulegen und zu gewährleisten, daß auf rationelle Weise ein zweckmäßiges Werkzeug entsteht. Diese Probestücke werden vernichtet. Im untrüglichen Gedächtnis des Handwerkers bleibt der Gesamtablauf der Arbeiten haften; dies ist sicherer als jeder Arbeitsplan.
Zuerst sei die Herstellung eines Hammers beschrieben (vgl. Abb.):
– Das Werkstück ist ein Eisenblock mit etwas kleineren Ausmaßen als der endgültige Hammerkopf.
– Man formt die Finne mit aufeinanderfolgenden Schlägen, wobei die Fläche getrieben wird und die Seitenteile begradigt werden.
– Man bereitet zwei dünne Stahlplatten vor. Sie haben verschiedene Abmessungen, je nach den zu bedeckenden Flächen der Bahn und der Finne.
– Auf den Platten werden Häkchen oder Dorne heißgeschmiedet; sie müssen sich beim Zusammenfügen am Eisen umbiegen.
– Zuerst wird die Stahlplatte auf der Bahn, dann die auf der Finne aufgeschweißt.
– Das Öhr wird mit dem Durchschlag vorgebohrt und mit dem Locheisen nachgebohrt.
– Die aufgeschweißten Platten werden gehärtet und erforderlichenfalls wieder angelassen, um die Härtung abzumildern. Das Anlassen oder Vergüten besteht darin, daß man nach dem Härten die abgekühlte Hammermasse auf eine rotglühende Eisenmasse legt. Die Hitze wird »angelassen«, was man an der verschiedenen, dem Temperaturanstieg entsprechenden Färbung erkennt. Zu gegebener Zeit wird zum zweitenmal gehärtet.

Das Anbringen der Stahlauflage bei den Schneidwerkzeugen ist etwas komplizierter. Es geschieht auf unterschiedliche Weise, entweder durch Spalten des Eisens oder durch Überwölben des Eisens.

Anbringen der Stahlauflage im Spaltverfahren:
– Das Werkstück (für ein Beil) ist ein eiserner Parallelflächner von der erforderlichen Masse (vgl. Abb.).
– Das Werkstück wird erhitzt und seitlich gespalten. Die Stahlauflage wird vorbereitet und mit einer doppelten Abschrägung versehen, die (annähernd) in den Spalt paßt.
– Die zwei Teile werden zusammengehämmert.
– Das Ganze wird durch Hämmern abgeflacht und ausgezogen.
– Man »finnt« die Ränder mit der Hammerfinne nach außen.
– Das Öhr wird gebohrt und fertiggemacht.
– Härten und Anlassen erfolgen wie beim Hammerkopf.

Die Kunstfertigkeit des Zeugschmieds äußert sich in einer Gesamtarbeit, die sich von der fabrikmäßigen Herstellung der Werkzeuge stark unterscheidet. In der Fabrik wird der logische zeitliche Ablauf der Arbeiten nicht beachtet; die Arbeiten werden vielmehr zergliedert in einem analytischen Vorgehen, bei dem das Werkzeug aus negativen Arbeitsgängen entsteht. Das Werkzeug (und so manches andere Fabrikerzeugnis) ist in der Vorstellung ursprünglich willkürlich von einer Metallmasse umschlossen. Aus dieser Masse muß das Werkzeug verschiedenen Methoden folgend herausgelöst werden. Die innere Dynamik des fertigen Werkzeugs ist nicht gesichert; oft beruht sie, wenn sie überhaupt vorhanden ist, nur auf einem glücklichen Zufall.

Daher sind solche Werkzeuge trotz ihrer scheinbaren Ähnlichkeit stets von ganz anderer Qualität. Das Zeugschmiedehandwerk, das wenigstens für einige Werkzeuge fortbesteht, fertigt dagegen strukturierte Werkzeuge, die leichter, einfacher handzuhaben und zuverlässiger sind als der Durchschnitt der industriell gefertigten Werkzeuge; ihre Gesamtform hat, wenn man so sagen darf, eine innere Begründung.

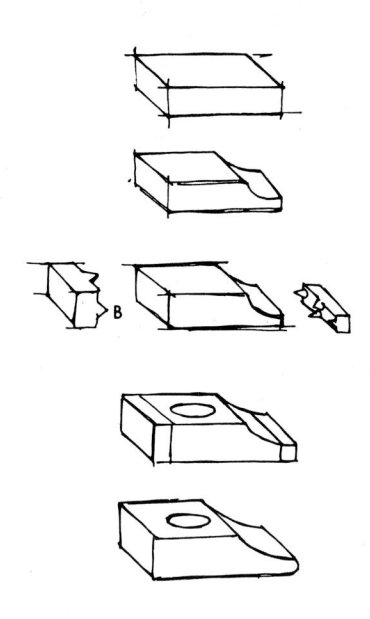

Herstellung des Hammers

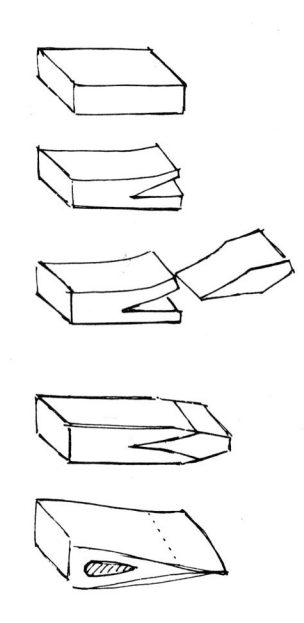

Herstellung des Beils

79 »Er hatte einen eigenen Hammerschlag, breit, kraftvoll, bestimmend...«

Die Sprache der Werkzeuge

Alle Werkzeuge verursachen bei der Arbeit Geräusche. Für den Nichtfachmann können diese Geräusche vom ohrenbetäubenden Lärm bis zum feinen Surren reichen. Die Werkstattgeräusche vermischen sich und dringen als Kakophonie in das ungeübte Ohr. Der Fachmann dagegen hat ein scharfes Gehör für jedes einzelne Werkzeug; er hört es aus dem allgemeinen Lärmpegel heraus und kann es verfolgen. Musiker hören einzelne Stimmen aus der Gesamtheit heraus, Handwerker ebenfalls. Jeder Klang besteht – wie der Klang eines Musikinstruments – aus Schallwellen mit stetigem Gesamtrhythmus. Man kann also einen bestimmten Ton »verfolgen«.

Der Handwerker hat aus Erfahrung den Klang des richtig funktionierenden Werkzeugs im Ohr. Lange ehe sich die Auswirkungen am Werkstück zeigen, weiß er, daß das Werkzeug nicht richtig arbeitet, wenn er einen »falschen Ton« hört. Das Geräusch der Feilen, Raspeln und Sägen lernt der Handwerker zuerst kennen. Wenn es zu hell ist, dringt das Werkzeug schlecht oder gar nicht ein; ist es zu dumpf, so sind die Zähne von Säge- oder Feilspänen verstopft.

Die Lederarbeiter hören beim Schneiden der Häute oder Leder ein Werkzeuggeräusch, das für andere nicht wahrnehmbar ist.

Besonders die Schmiede (der Hufschmied, der Zeugschmied, der Messerschmied, der Schlosser etc.) hören auf die Geräusche, die durch die Zuluft in der Esse, durch den Hammer, den Amboß und das Werkstück entstehen. Eine homogene Metallmasse gibt, wenn sie angeschlagen wird, einen *reinen Ton* von sich. Wenn sich im Inneren eine Blase, ein Riß oder eine sonstige Verunreinigung befindet, ist der Ton gebrochen.

Alle Handwerker, die mit einem Werkzeug aus Metall umgehen, prüfen seinen Klang. Ein homogener Amboß klingt, als sei er *silbern*.

Klingen werden durch Reiben zum Vibrieren gebracht, wobei ein reiner, hoher Ton entsteht. Das Geräusch einer gut arbeitenden Rauhbank klingt »spiralig«, und zugleich hebt sie einen langspiraligen Span ab. Greift das Hobeleisen schlecht, so wird das Geräusch kreischend, und der Span ist kurzspiralig und ungleich.

Es wäre wünschenswert, zu Vergleichszwecken Tonbandaufnahmen von Werkzeuggeräuschen herzustellen.

Neben dem Ton des einzelnen Werkzeugs gibt es gleichzeitige oder abwechselnde Geräusche, die zusammen ein Klanggefüge bilden. Das geübte Ohr entnimmt aus dem Gesamteindruck und System dieses Gefüges viele Bedeutungen der Einzeltöne. Bei einer komplexen Arbeit zeugt jedes Klangelement vom Fortgang des Verfahrens.

Die »Orchesterklänge« einer Werkstatt haben Chateauneu zu seinem Roman *Les Harpes de Fer* inspiriert, in dem er das Unterscheidungsvermögen des Gehörs eines Handwerkers beschreibt.

Viele Schneid- und Schlagwerkzeuge haben einen spezifischen Klang, nach dem man die Qualität des Metalls beurteilen kann (Axtblatt, Sägeblatt, Messerklinge, Eisen- und Stahlhammer etc.).

Der Klang des Werkzeugs kann die Funktion der Sprache übernehmen.

Der Schmiedemeister spricht wenig mit seinen Gesellen, denn seine Stimme würde im Lärm der Schmiede untergehen. Um ihnen eine Anweisung zu erteilen, läßt er den Handhammer auf dem Amboß aufprallen; dann gibt er das Zeichen zum Beginn der Arbeit mit dem traditionellen Ruf: »Ans Werk!«

Auch um den Gesellen zu danken und ihnen das Ende der Arbeit anzuzeigen, braucht der Meister keine Worte. Er nimmt den Hammer vom Werkstück, läßt ihn auf der Amboßbahn aufprallen und zieht ihn zum Horn hin, bis der Ton verklingt.

Um die zu hämmernde Stelle anzugeben, berührt der Schmied das heiße Eisen nur kurz mit dem Hammer.

80 *Schuhmacherhammer zum Klopfen der Sohlen.*

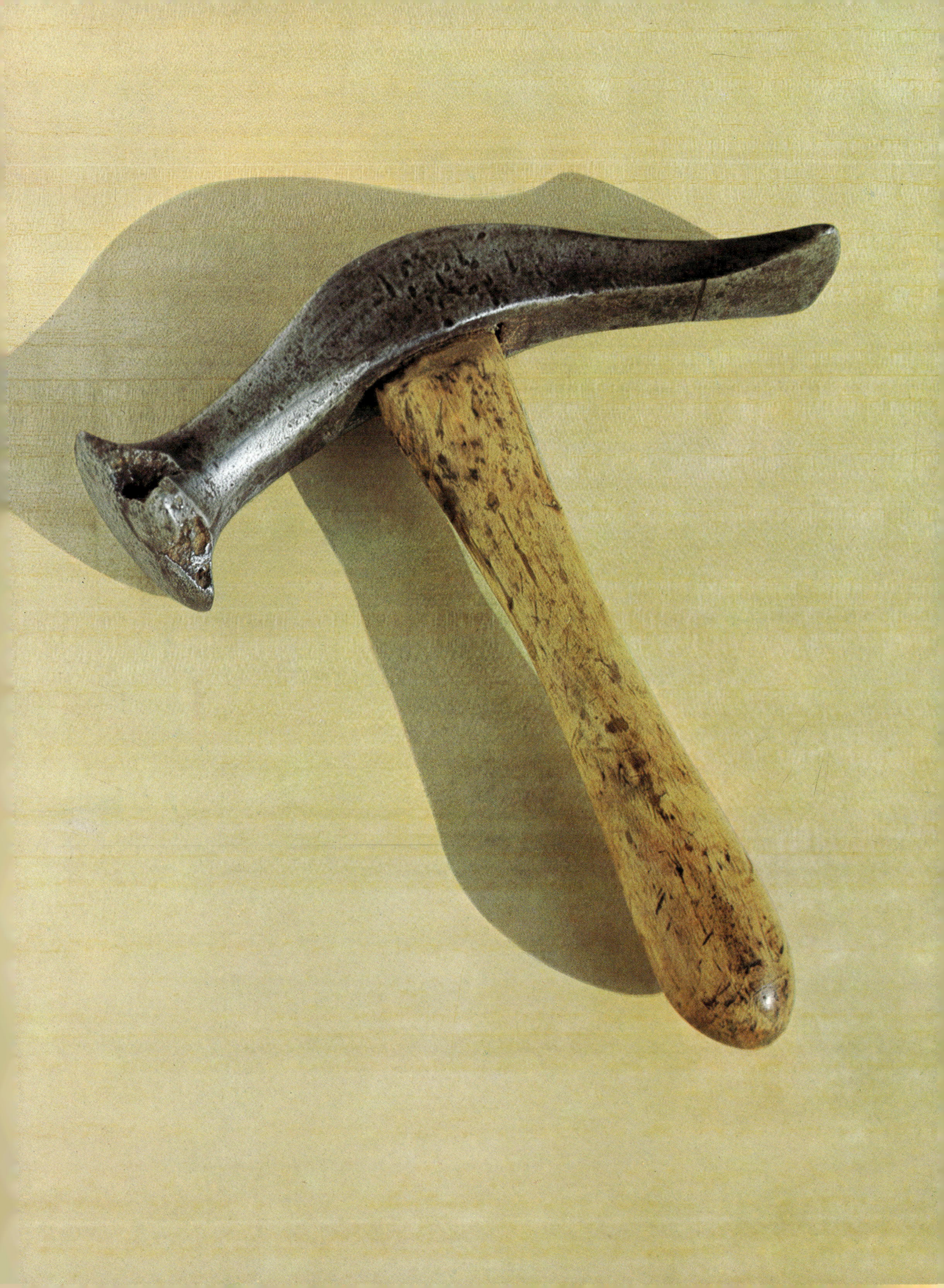

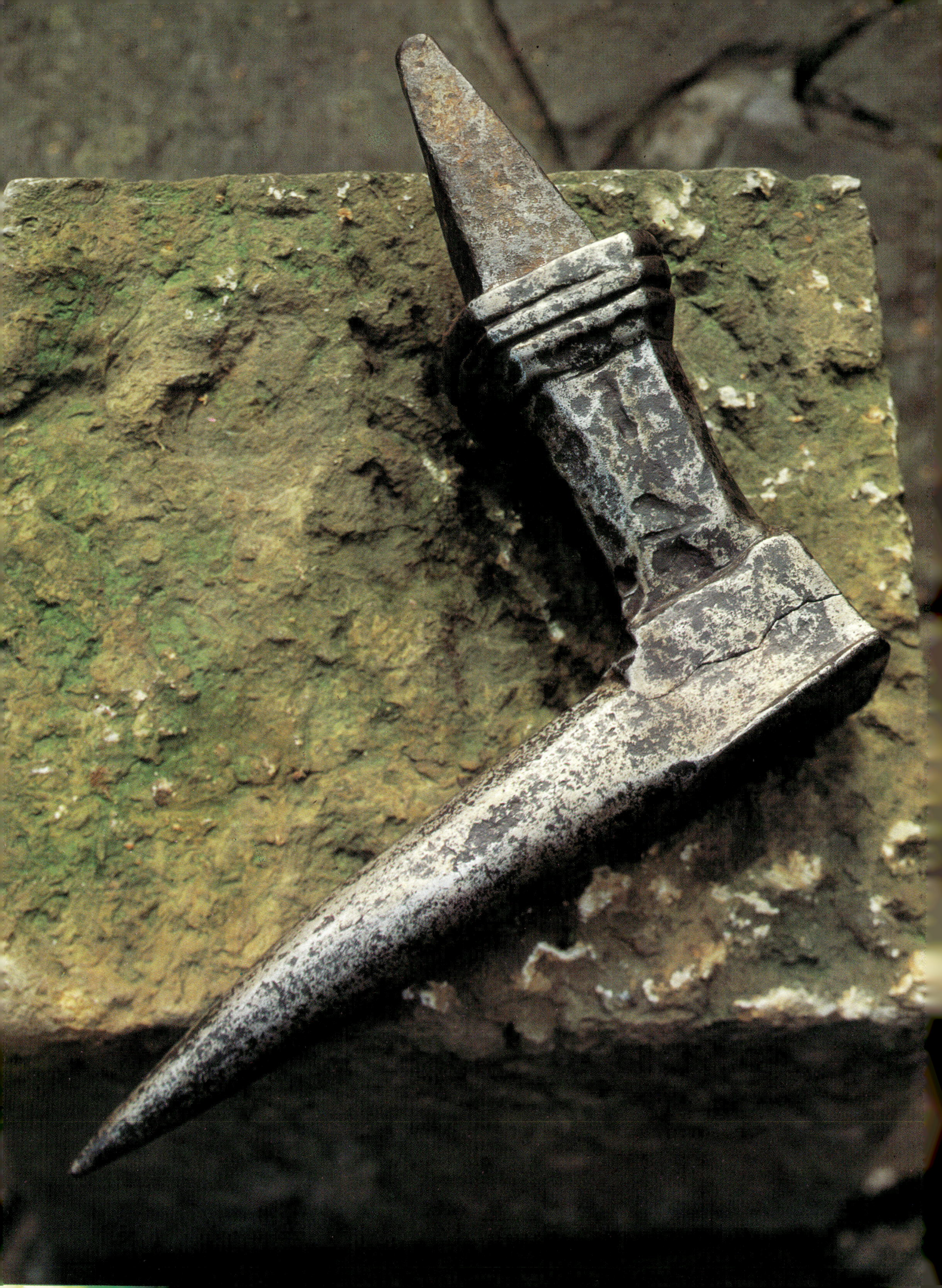

Wir haben diesen Brauch in einer Werftschmiede, in der mehrere Gesellen tätig waren, kennengelernt. Auf das Zeichen hin springen die Gesellen auf, wo sie auch gerade sind. Es dringt neben den Geräuschen der Schleifräder, der Hämmer, der Rammen durch die ganze Werkstatt. Es duldet kein Zögern. Die Gesellen greifen nach ihren Hämmern. Wieviel Zeit ist verstrichen? Weniger als eine Sekunde. Jeder Augenblick ist kostbar. Das Feuer wartet nicht, das Werkstück hat die richtige Temperatur erreicht. Die ersten Augenblicke sind am wichtigsten, denn jetzt ist das Eisen so formbar, wie es der Schmied gewollt hat. Bei einer noch so geringfügigen Verzögerung müßte das Werkstück länger gehämmert werden, und gegen Ende der Arbeit würden die Schläge auf das »stumm« gewordene Metall wirkungslos. Es müßte neu erhitzt werden, was schwieriger durchzuführen ist und mehr Fehlerquellen birgt als das erste Erhitzen, das nach dem Urteil des Meisters allein notwendig ist.

Im Schlosserhandwerk unterscheidet der Meister leicht das Geräusch des schlecht oder übermäßig geölten Bohrers, der Bohrspitze, die zu stark auf das Werkstück drückt, des Kreuzmeißels, der nicht im richtigen Winkel angesetzt wird, der Feile, die ausgewechselt werden muß, des Sägeblatts, dessen Zähne stumpf geworden oder ausgebrochen sind.

Ein Maurer erzählt, wie er am Geräusch die schlechte Handhabung eines unpassenden Werkzeugs erkannte: »Ich habe gesehen, wie die Einfassung eines schadhaften Abgusses in einer aus bröckeligem Material bestehenden Mauer entfernt wurde. Ein Installateur brach mit einem etwa 15 kg schweren elektrischen Meißelbohrer ein spitzes Loch von 20 mm Durchmesser und etwa 40 cm Länge in die Einfassung.

Es war die Mauer eines einzeln stehenden Hauses. Von außen war ich durch ein ungestümes, ja alarmierendes Geräusch aufmerksam geworden. Da ich in dem Haus zu tun hatte, begab ich mich an Ort und Stelle.

Gebückt, mit eingeknickten Knien bearbeitet der Mann unter sichtlicher Mühe mit seinem stark vibrierenden Gerät den zu entfernenden Stein in etwa 70 cm Höhe vom Boden; daher rührte seine unbequeme Stellung.

Die Sache sah wegen der Unerfahrenheit des Arbeiters schlecht aus. Er glich eher einem Abbrucharbeiter als einem Fachmann, auch wegen der Unangemessenheit des Werkzeugs, das zu schwer, zu lang und schlecht ausgewogen war und auf Grund seiner Bohrgeschwindigkeit unerträglich vibrierte. Der Lärm war ungeheuer, und man kann sich vorstellen, was in einem Betongebäude geschehen wäre: die Mauern und die Bewohner hätten gezittert. Mit einem geschickt gehandhabten Stemmeisen und Klüpfel hätte ein Fachmann die Arbeit in kürzerer Zeit und ohne Schaden erledigen können.«

Bei der Holzbearbeitung erkennt man die gut arbeitende Rauhbank, wie gesagt, an ihrem »spiraligen« Klang. Ebenso wichtig ist aber auch der Rhythmus der Bewegungen. Deshalb läßt man die Lehrlinge singen. Viele Handwerkslieder entstanden nach Arbeitsrhythmen; die Lieder der Holzsäger folgen im Takt dem Rhythmus der notwendigen Bewegungen.

Manche Werkstattgeräusche sind in den Werkstätten zu vereinbarten Warnzeichen geworden. Es gibt mehrere, die eine ganz bestimmte Bedeutung haben. Manche kündigen das Kommen des Meisters an. Andere sind so schrill, daß sie ungebetene Gäste rasch vertreiben. In einigen Schmieden ist es üblich, daß der Meister, wenn ein störender Besucher sich zu nahe bei ihm aufpflanzt, sein Eisen so schlägt, daß es einen ungeheuren Lärm verursacht. Dann blickt er den Besucher vorwurfsvoll an, und dieser macht sich aus dem Staub. Wie erzeugt man diesen merkwürdigen Lärm? Das ist das Geheimnis der alten Schmiedemeister.

In einer Goldschmiedewerkstatt, in der ich gearbeitet habe, gab es sogar drei verschiedene Warnzeichen: eines, um gewöhnliche Störenfriede anzukündigen, eines für anspruchsvolle Kunden und ein drittes (ein Klappern mit der Blechschere in bestimmtem Rhythmus) bei gewissen Kunden, die unsere Modelle kopieren wollten. Wir versteckten sofort unsere neuesten Erzeugnisse und legten

81 Schweifstock. Die Ringverzierung gibt dem Fuß Halt und verschönert ihn (Kesselschmied).

statt dessen alte Modelle oder Probestücke auf die Werkbänke in der schadenfrohen Gewißheit, daß diejenigen, die »mit den Augen stehlen« wollten, sie nachzeichnen würden, sobald sie die Werkstatt verlassen hatten.

In den Schneiderwerkstätten diente ein gewisses Scherenklappern zur Verständigung zwischen den Näherinnen.

Es sei noch einmal auf den Amboß hingewiesen. Wenn wir ihn zu den wichtigsten Werkzeugen zählen, so nicht nur wegen seiner außergewöhnlichen Bedeutung beim Entstehen und der Vervollkommnung anderer Werkzeuge. Der Amboß gilt zwar grundsätzlich als passives Gerät, als Inbegriff der Festigkeit und Stützwirkung, doch dies darf nicht absolut gesehen werden.

Eine unmittelbare Reaktion auf jeden Schlag zeugt von seiner Elastizität: Er klingt unter dem Hammerschlag. Wir wissen, daß die Schmiede seine Qualität nach dem Ton beurteilen, einem reinen, »kristallenen« Glockenton.

Dieser Klang kennt aber Variationen; der Ton ändert sich je nach der Stelle, auf die geschlagen wird, und je nach der besonderen Art des Hämmerns. Die Töne, die schon der Lehrling nach wenigen Tagen aufmerksamen Zuhörens in der Schmiede unterscheiden kann, sind deshalb so wichtig, weil sie über verschiedene Arbeitsweisen Aufschluß geben.

Die Anhänglichkeit des Schmieds an seinen Amboß gehört zu den Dingen, die uns tief berührt haben. Obwohl viele Schmiede und Hofschmiede aus den Dörfern verschwunden sind, gehört der Amboß zu den Werkzeugen, die die Sammler nur mit größter Mühe auftreiben können. Selbst wenn der Schmied, der ihn benutzt hat, nicht mehr lebt, trennen sich die Angehörigen doch oft nicht von seinem Amboß, denn er ist das eindrucksvollste Beispiel eines Werkzeugs mit Aussagekraft.

So zeigt er nicht nur dem Schmied den Zustand des Werkstücks an, sondern er weist auch dem Gesellen die Stelle, auf die der Vorschlaghammer fallen muß, den Rhythmus, der einzuhalten ist, und den Zeitpunkt, zu dem die Arbeit beendet ist.

In diesem Zusammenhang möchten wir hier einen Auszug aus den uns freundlicherweise zur Verfügung gestellten Erinnerungen von Ida Kiss, der Tochter des Eisenschmieds Paul Kiss, wiedergeben.

»Mutter und ich hörten, ohne ihn zu sehen, wenn Vater schmiedete; ich erkannte seinen Hammerschlag, je nachdem, ob er heißes oder kaltes Eisen hämmerte; wenn er große Stücke schmiedete und einen Gesellen brauchte, redete sein Hammer eine deutliche Sprache mit kurzen Schlägen, die seinem Gesellen sagten, er solle stark und schnell, dann wieder im Wechsel mit dem Meister hämmern; und wo sein Hammer hinfiel, war die Stelle, auf die geschlagen werden mußte. Er hatte einen eigenen Hammerschlag bei den Werkstücken, die er selbst schmiedete: breit, kraftvoll, bestimmend; beim Beginn der Arbeit hatte er einen schweren, klangvollen, wuchtigen Schlag, der einen ungeheuren Lärm machte, einen Lärm, den man in allen Winkeln hörte; für die Feinarbeit nahm er einen kleineren Hammer, und seine Hammerschläge wurden rascher, kürzer, heller, wie ein Glockenspiel. Das Hämmern klang anders, je nachdem an welcher Stelle er auf den Amboß schlug; in der Mitte des Ambosses war der Klang matter, weiter, tönender, während er am Amboßhorn nicht dieselbe musikalische Fülle hatte; er war nicht durchdringend, sondern kürzer, dumpfer. Wenn mein Vater eine Treibarbeit ausführte, also Blech kalthämmerte, war sein Hammerschlag trocken, hart, schneidend, rasch; es tönte unablässig, aber mit Nuancen wie Grundstrichen und Haarstrichen, je nach der Bearbeitung der kleinen Gegenstände.

Auch den Klang seiner Feile erkannte ich. Mein Vater hatte beim Feilen einen vollen, regelmäßigen, unaufhaltsamen Rhythmus, es war ein langgezogenes, schrilles Pfeifen, oft unerträglich, ein aggressives Geräusch.«

Der Eisenschmied Paul Kiss hielt den Stiel seines Hammers am Ende; die Helme waren 40 cm lang (vgl. eine Plastik der Hand des Eisenschmieds Paul Kiss auf S. 8).

82 Schraubenzirkel (verschiedene Handwerke).

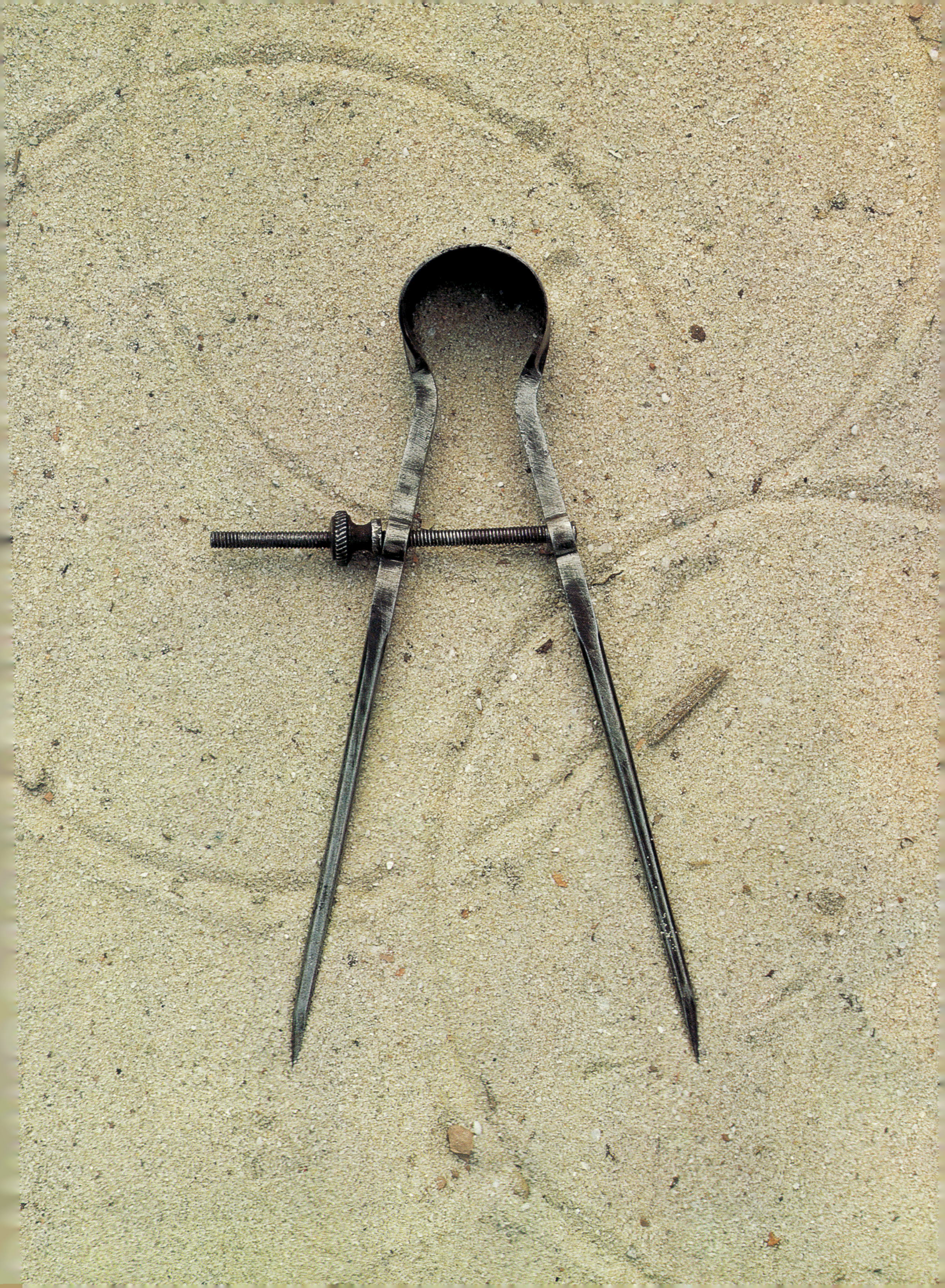

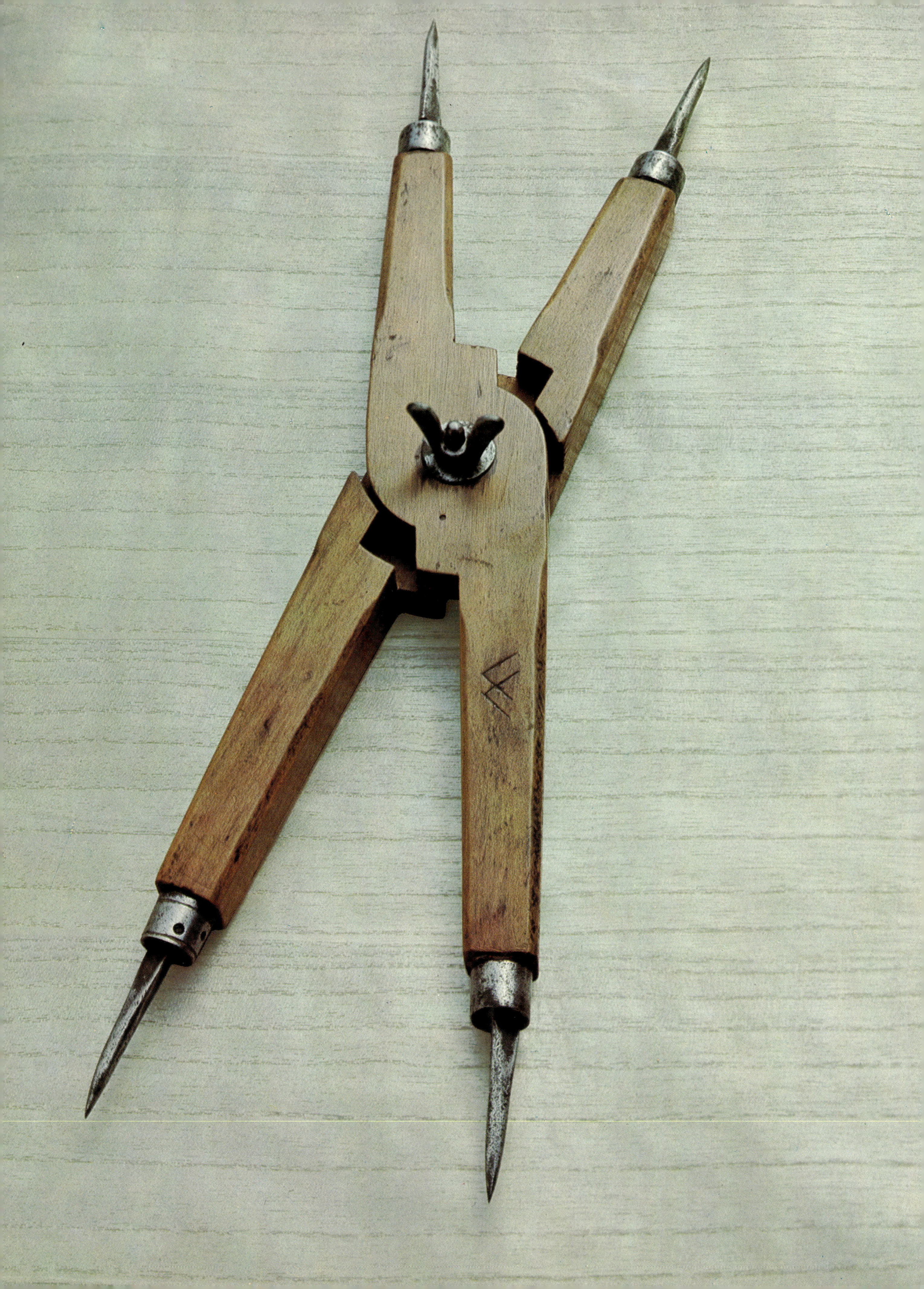

Anreiß- und Meßwerkzeuge

83 Zirkel zum Ausrichten der Breite der Dauben von der Mitte bis zu den Enden (Faßbinder).

84 Einlegeeisen (Geigenbauer).

Bei diesen Geräten handelt es sich nicht eigentlich um Werkzeuge, sondern um Hilfsmittel zur Vorbereitung der Arbeit. In allen Handwerken müssen Maße aufgetragen und fertige Werkstücke nachgemessen werden. Schon im 13. Jahrhundert war die Kenntnis der Kunst des Vorreißens eine Bedingung für den Grad des Meisters im Zimmermanns-, Maurer- und Steinwirkerhandwerk. Die Abzeichen der Werkmeister auf den Grabdenkmälern (bis zum 16. Jahrhundert) sind Eichmaß, Winkelmaß und Zirkel. In der Lehre wurde großer Wert auf die Ausbildung im Aufzeichnen und Messen gelegt, denn der Geselle und Meister mußte befähigt sein, auf dem Bauplatz die Planzeichnungen auf das Material zu übertragen.

Eichmaß, Winkelmaß und Zirkel waren schon im klassischen Altertum bekannt. Das Behauen der Steine setzte ihren Gebrauch voraus.

Das Eichmaß

Das Eichmaß (das Lineal, die Meßlatte, das Richtscheit oder Richtholz, die Richtlatte) besteht aus Eisen oder Holz und ist nicht länger als 3 Meter. Bei größeren Längen wird der Strich nicht an der Latte gezogen, sondern mit der weiß, ocker oder blau eingefärbten Meßschnur auf das Werkstück aufgetragen. Die Meßschnur wird gespannt und wieder losgelassen; sie hinterläßt dann eine Farbspur.

Das Winkelmaß

Das rechtwinklige Winkelmaß des Schreiners und Zimmermanns besteht aus zwei Holzlatten, von denen die eine schmaler ist als die andere. Man führt es flach an der zu messenden Kante entlang. Der schmalere Schenkel kann aus Eisen sein; er ist dann angenietet. Die Streich- und Winkelmaße anderer Handwerke bestehen oft ganz aus Eisen (Abb. 99).

Die Schmiege ist ein meist zusammenklappbarer Stellwinkel. Die Schenkel sind wie beim Zirkel am Kopf zentriert, so daß sie auf jeden zu übertragenden Winkel eingestellt werden können. Der zum Liniieren dienende Schenkel ist der Kantel. Die Schmiege wird meist flach an der Holzkante entlanggeführt und zeichnet dabei mit dem Kantel.

Schmiege

Das *Winkelmaß des Schmieds* und Steinhauers besteht aus Schmiedeeisen. Ein Schenkel ist kürzer als der andere. Oft sind sie am Ende mit Profilen geschmückt. In ihrer Einfachheit sind diese Winkelhaken und Winkeleisen ein Beispiel für eine in Herstellung und Abmessungen vollkommene Schmiedearbeit.

Das *Streichmaß* mit Anschlag ist am kürzeren Schenkel T-förmig ausgebildet. Die T-Schiene kann aufgenietet sein; bei besseren Modellen ist sie aus dem Vollen geschmiedet (Abb. 87).

Das *Gehrungswinkelmaß* besteht aus zwei dünnen Brettchen aus Hartholz, die in einer etwas dickeren Meßlatte (meist aus Ebereschenholz) stecken. Mit dem Gehrungswinkelmaß kann man Winkel von 60, 30 und 45° direkt aufzeichnen. Der Winkel von 45° kommt bei vielen Rahmen, besonders bei solchen mit Kehlen, häufig vor. Mit Hilfe der Gehrlade kann man die Rahmenleisten direkt zusägen.

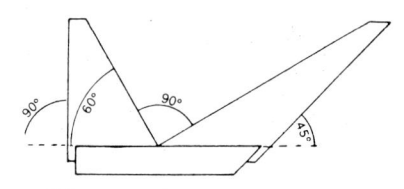

Gehrungswinkelmaß (Schreinerei)

Die Trassierleine

Die Schnur wird aus Leinen, Hanf oder Baumwolle gefertigt und manchmal geflochten, damit sie sich im Gebrauch nicht aufdreht. Mit der Trassierleine (Meßleine, Meßschnur), die man zwischen zwei markierten Punkten spannt, trägt man die Schnurlinie auf und zieht sie mit dem Lineal nach. Im Zimmermannshandwerk und Bauhandwerk wird die Trassierleine meist mit farbiger Kreide eingerieben und aufgerollt. Manchmal wird sie auch in einem Leinensäckchen aufbewahrt, das das ockerfarbene, blaue oder rote Färbepulver enthält.

Der Senkel

Der Senkel (das Blei- oder Senklot) ist das Gerät zur Überprüfung der Vertikalität. Seine Ursprünge sind unbestimmt; sie reichen zweifellos bis zu den ersten Holz- und Steinbauten zurück, bei denen man sich bemühte, die senkrechten Teile auf das unbedingt Notwendige zu begrenzen, und sie deshalb genau senkrecht ausrichten mußte. Der *Senkel* besteht aus einer Schnur (oder einem Faden), die durch ein Bleigewicht nach unten gespannt wird. Das Gewicht kann aus Eisen, aus Blei oder aus bleigefülltem Kupfer bestehen. Es hat meist eine kegelstumpfförmige, manchmal eine zylindrische oder auch eine kreiselförmige Gestalt. Die eiserne Spitze hängt nach unten.

Das *Lot* hat oben in der Mitte ein Loch. Es ist bei den kegelstumpfförmigen Formen ganz durchgebohrt, bei anderen Formen nur teilweise. Der Knoten der Schnur wird im Inneren durch Haltevorrichtungen festgehalten. Eine quadratische Metallplatte gleitet reibungslos auf der Schnur. Die Kantenlänge der Platte entspricht genau dem Durchmesser des Bleilots. Der Arbeiter hält die Platte in der Hand und legt sie an das senkrechte Werkstück an. Der Rand des Lots muß die senkrechte Fläche berühren.

Der Senkel wird wie die Trassierleine auf einer Holzspindel aufgerollt.

Die *Bleiwaage*, ein altes, vom Senkel abgeleitetes Nivelliergerät, ist ein weit verbreitetes Motiv bildlicher Darstellungen, vor allem auf Denkmälern. Sie hat sowohl eine unmittelbar praktische Bedeutung (Kunst der genauen Vermessung) als auch einen esoterischen Sinn (Gleichheit aller Menschen, Wissen, Ordnung). In vielen Werkstätten wird sie heute noch verwendet. Sie besteht aus Holz oder aus Eisen und hat die Form eines A mit einem rechten Winkel an der Spitze. In einem Loch am obersten Punkt hängt ein Bleilot nach unten. Zwischen den Schenkeln AB und AC verläuft eine Latte; sie ist waagrecht, wenn die Schnur vor einem in ihrer Mitte markierten Punkt verläuft (vgl. Zeichnung).

Senkel des Maurers

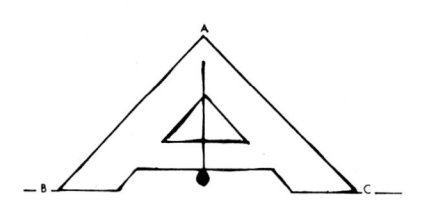

Bleiwaage, ein Nivelliergerät

85 *Der Dickzirkel wird an seinem »Nagel« zwischen Daumen und Zeigefinger – bei abgebogenem Handgelenk – aufgehängt und dient dazu, den Durchmesser eines Gegenstandes mit Feingefühl zu überprüfen (Metalldreher).*

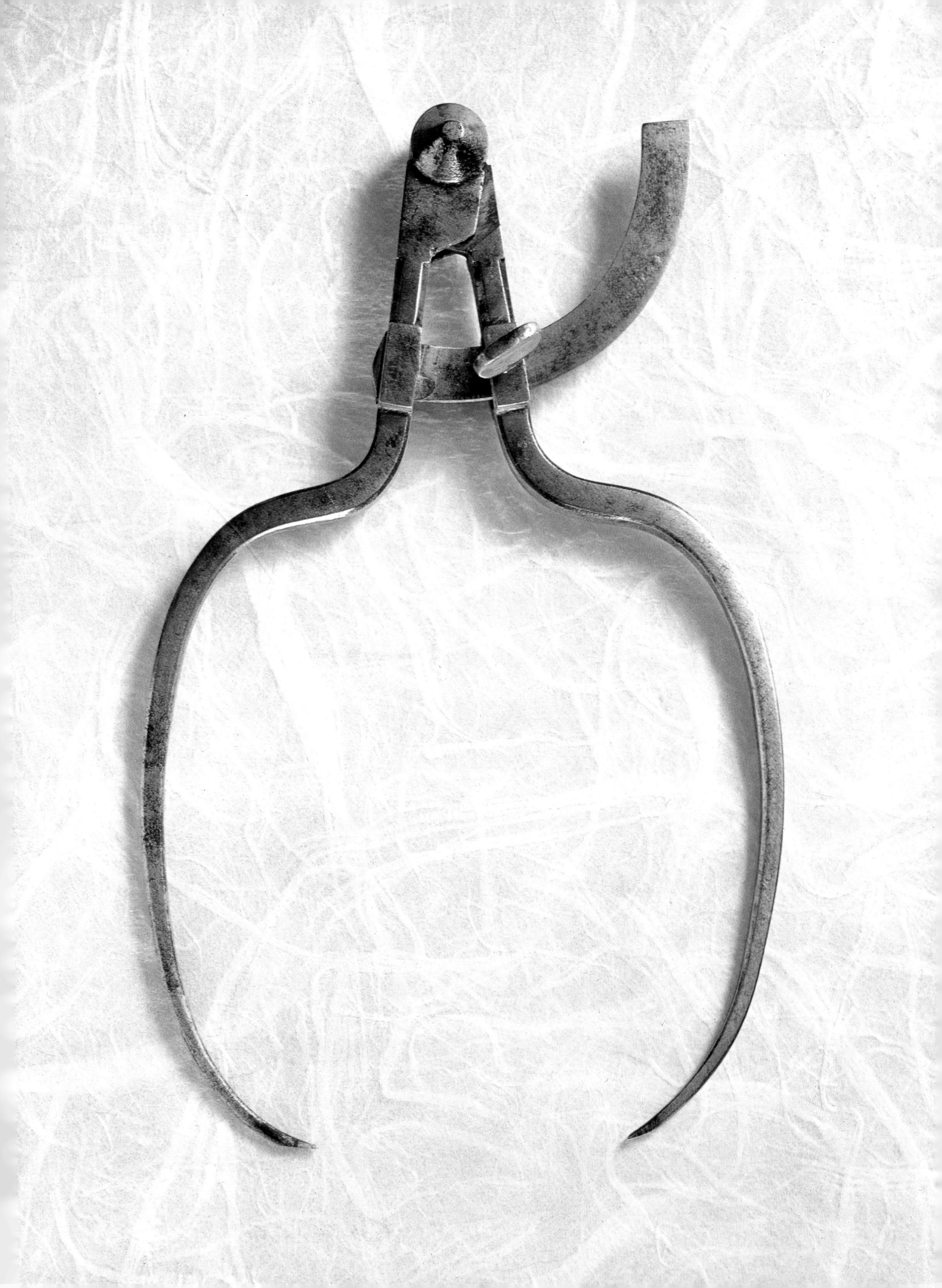

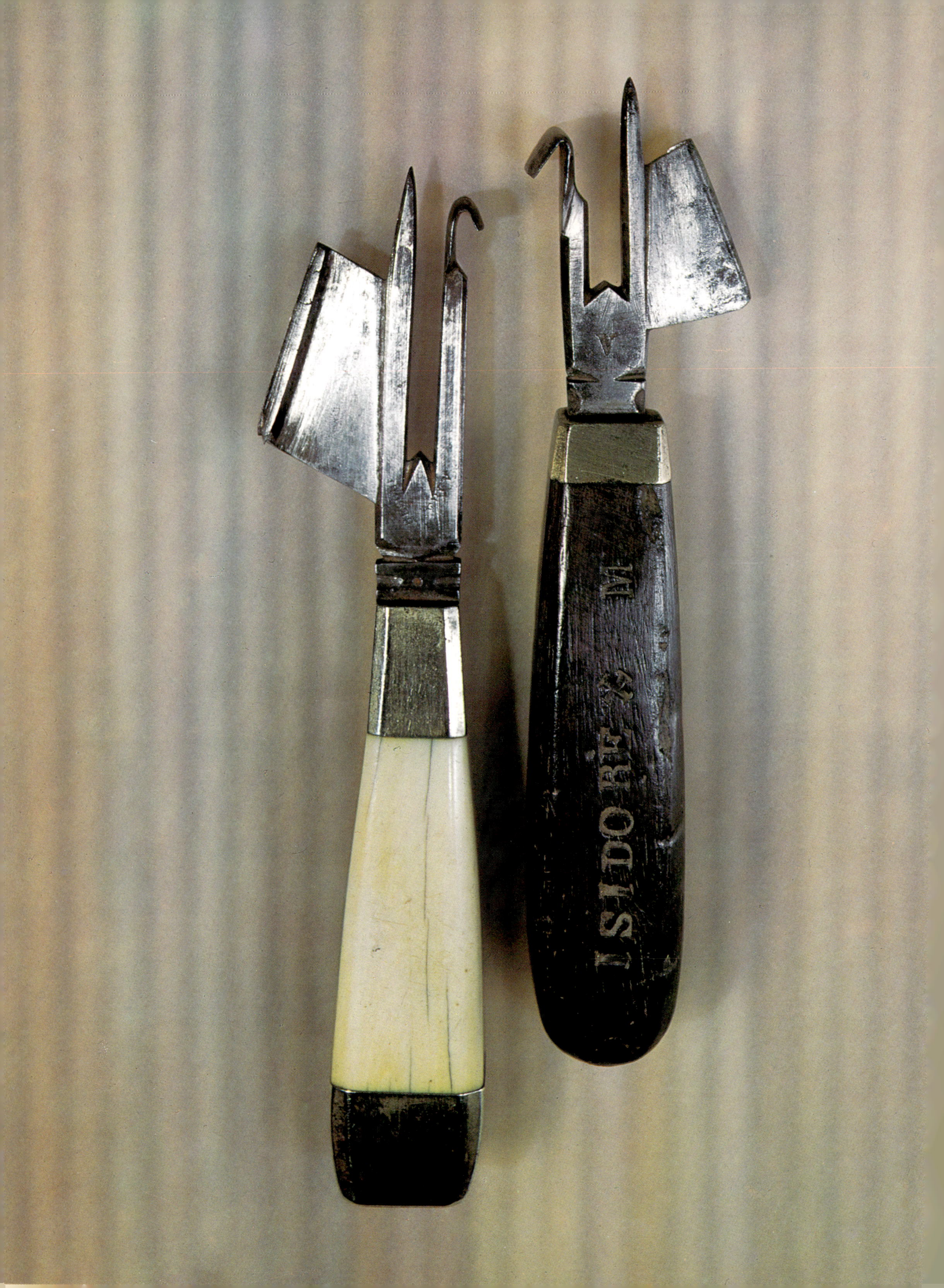
ISIDORE

Die Bleiwaage ist zweifellos das älteste Prüf- und Meßgerät im Bauwesen. Ihr Ursprung ist an den Hausteinbau geknüpft; sie muß also aus der Zeit vor der ägyptischen Kultur stammen, denn dieser gingen andere Kulturen mit Mauerbauten aus behauenen, in waagrechten Lagen aufgeschichteten Steinen voraus.

Ähnliche Geräte gab es auch in Form eines L. Mit ihnen wurde sowohl die Senkrechte als auch die Waagrechte gemessen. Das Lot wurde in einer Entfernung vom senkrechten Schenkel gehalten, seine Spitze zeigte auf eine Marke am waagrechten Schenkel. Mit diesen Geräten konnte man Pfosten, Gesimse und sonstige Profile von unten überprüfen.

Ein weiteres Nivelliergerät wurde in den Schreiner- und Zimmermannswerkstätten vor allem in England und Deutschland bis ins 19. Jahrhundert hinein verwendet. Es glich einem umgedrehten T. Der senkrechte Mittelschenkel war als Handgriff gewölbt. Im 17. und 18. Jahrhundert war es so weit verbreitet, daß es bei den englischen Freimaurern als Zeichen der Gleichheit galt.

Das leichte Gerät bestand meist aus Edelholz und war beschnitzt.

Im 19. Jahrhundert wurde es durch die Wasserwaage weitgehend verdrängt; gelegentlich wird es im Maurerhandwerk noch zur Prüfung von Fenster- und anderen Profilen benutzt.

Das Streichmaß

Mit dem Streichmaß werden parallele Linien zu einer Bezugsfläche gezogen. Um es zu gebrauchen, muß man deshalb zuvor zwei rechteckige Ebenen haben, die sich in einem Grat nach einer geraden oder gebogenen Linie schneiden.

Das Streichmaß besteht aus einem dicken, quadratischen Hartholz, dessen zwei Hauptflächen völlig eben sind. In der Mitte ist senkrecht ein Holzschaft mit quadratischem Querschnitt eingefügt, der am Ende eine Reißspitze trägt. Der Schaft ist festgekeilt.

Man hält das Gerät an den Grat und führt es daran entlang. Die Reißspitze zieht in gegebenem Abstand parallel zum Grat eine Linie ins Holz.

Auf bildlichen Darstellungen des 16. Jahrhunderts sehen wir das Streichmaß; ohne Zweifel ist es jedoch viel älter.

Das Streichmaß wird aus einem Hartholz (Birnbaum) hergestellt. Alle seine Flächen sind geglättet, es ist genau lotrecht. Der Schaft ist kurz.

Der Zimmermannszirkel

Der Werkmeisterzirkel der holz-, eisen- und steinverarbeitenden Handwerke dient sowohl zum Ziehen von Kreisen (und den davon abgeleiteten geometrischen Figuren) als auch zum Übertragen von Abständen. Er ist das große Modell des Schülerzirkels und ging dem Zirkel des Zeichners voraus. Seit dem Altertum wird der Zirkel häufig bildlich dargestellt.

Lineal, Winkelmaß und Zirkel sind ursprünglich handwerkliche Geräte. Sie wurden von den griechischen Geometern übernommen und wurden somit die Hilfsmittel für die Aufstellung der euklidischen Geometrie, die am Anfang sämtlicher Wissenschaften der Linien und Zahlen stand.

Schon der gallo-römische Zirkel ist ein Gerät aus zwei flachen Eisenschenkeln, die am einen Ende mit einem Gelenk verbunden und am anderen Ende zugespitzt sind. In dieser Form wird der Zirkel heute noch verwendet. In den Museen finden sich Zirkel, die Meisterwerke der Schmiedekunst darstellen. Häufig sind sie kunstvoll verziert (vgl. Abb. 94).

Die Spitzen der Zimmermanns- und Steinmetzzirkel sind verstählt.

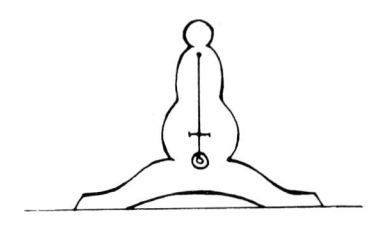

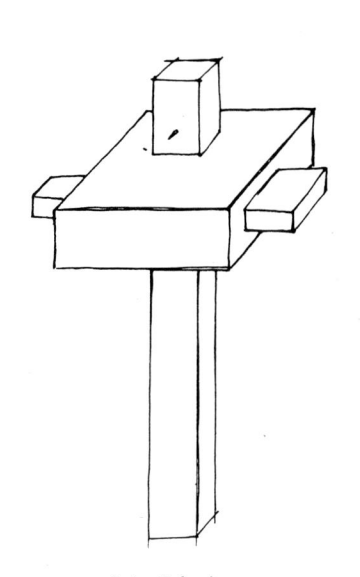

Streichmaß des Schreiners

86 *Zwei Feinzirkel, mit denen das Zeichen des Faßbindermeisters auf dem Faß aufgezeichnet wird.*

Für große Weiten (über 1,50 m) benutzt man den Stangenzirkel. Die gerade Stange hat einen rechteckigen Querschnitt. Am Ende ist eine festsitzende Nuß mit einer Spitze versehen, um den zu ziehenden Kreis zu zentrieren. An der Stange kreisen Nüsse, die mit Schrauben befestigt sind und eine Reiß- oder Zeichenspitze tragen. Die Reichweite dieser Zirkel geht bis zu 3 m.

Die hölzernen Zirkel werden stets von den Holzhandwerkern gefertigt; ihre Einzelteile zeugen von genauester Ausarbeitung.

Zirkel gibt es in einer unendlichen Vielfalt von Formen; seit dem 18. Jahrhundert entstehen ständig neue Formen für alle Handwerke. Erwähnt sei die besondere Gestaltung des Faßbinderzirkels: Er ist ein Holzbogen, der eine Feder bildet und mit einer Schraube eingestellt wird.

Die Schublehre (Meßkluppe)

Die Schublehre scheint im Schreinerhandwerk schon im 16. Jahrhundert bekannt gewesen zu sein. Sie dient zur Dickenmessung der Werkstücke.

Die Schublehre oder Meßkluppe ist ein Präzisionsinstrument, das die Form, die es in den Handwerken im 17. Jahrhundert erhielt, beibehalten hat: Eine graduierte Schiene mit dem rechtwinklig angebrachten Fuß am einen Ende, ein Schieber, der genau auf dieser Schiene läuft und die Form des Fußes hat. Seit dem 17. Jahrhundert ist ein Vernier (Nonius, Zehntelzeiger) angebracht. Schlosser, Uhrmacher und Mechaniker fertigten mit Vorliebe dieses Gerät selbst an; daher rührt die Vielfalt der Formen trotz der Gleichheit der Teile. Von den Drehern, Kunsttischlern und Schuhmachern des 17. und 18. Jahrhunderts sind sehr schöne Schublehren erhalten. Es ist ein meisterhaftes Meßgerät, ebenso auch die Mikrometerschraube.

Die Schmiede, Steinmetzen und Metalldreher schmiedeten ihre Zirkel selbst. Auch die Zimmerleute stellten und stellen ihren zweischenkligen Zirkel oder ihren Stangenzirkel selbst her.

Der Dick- oder Tastzirkel, Tanzmeisterzirkel

Die Dick- oder Tastzirkel dienen zum Messen der inneren und äußeren Maße der Gegenstände. Es gibt sehr große Dickzirkel (Steinmetz- und Steinhauerzirkel, bis zu 2 m Öffnung) und winzige Modelle (Uhrmacher- und Graveurzirkel). Auf der einen Seite des Gelenks sind die Schenkel gebogen; daher rührt ihre merkwürdige Form, die ihnen den Namen »Tanzmeister« eingetragen hat (Abb. 4).

Die Schenkel sind tatsächlich oft wie Beine ausgebildet. Der Fuß ist das eigentliche Meßwerkzeug; alles übrige ist Verzierung, die manchmal geradezu erotischen Reiz ausübt. Man hält den Tanzmeisterzirkel am Gelenk und setzt ihn auf das Werkstück auf. Das Gelenk besteht gelegentlich aus zwei dicken, olivenförmigen, zusammengenieteten Scheiben. Wenn man es zwischen Daumen und Zeigefinger hält, kann man die Meßarbeit mit Fingerspitzengefühl ausführen.

Die Dickzirkel des Uhrmachers sind aus Kupfer, die des Schlossers aus Eisen. Diese Meßwerkzeuge stellen die Handwerker stets nach eigenem Belieben selbst her. Daher rührt die Vielfalt der Formen und der Modelle wie auch die phantasievoll gestalteten Schenkel.

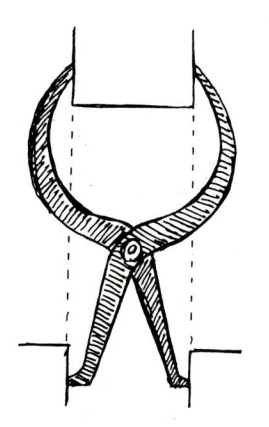

Tanzmeisterzirkel

87 *Eichmaß (Schmied). Winkelmaß mit Anschlag (Steinhauer).*

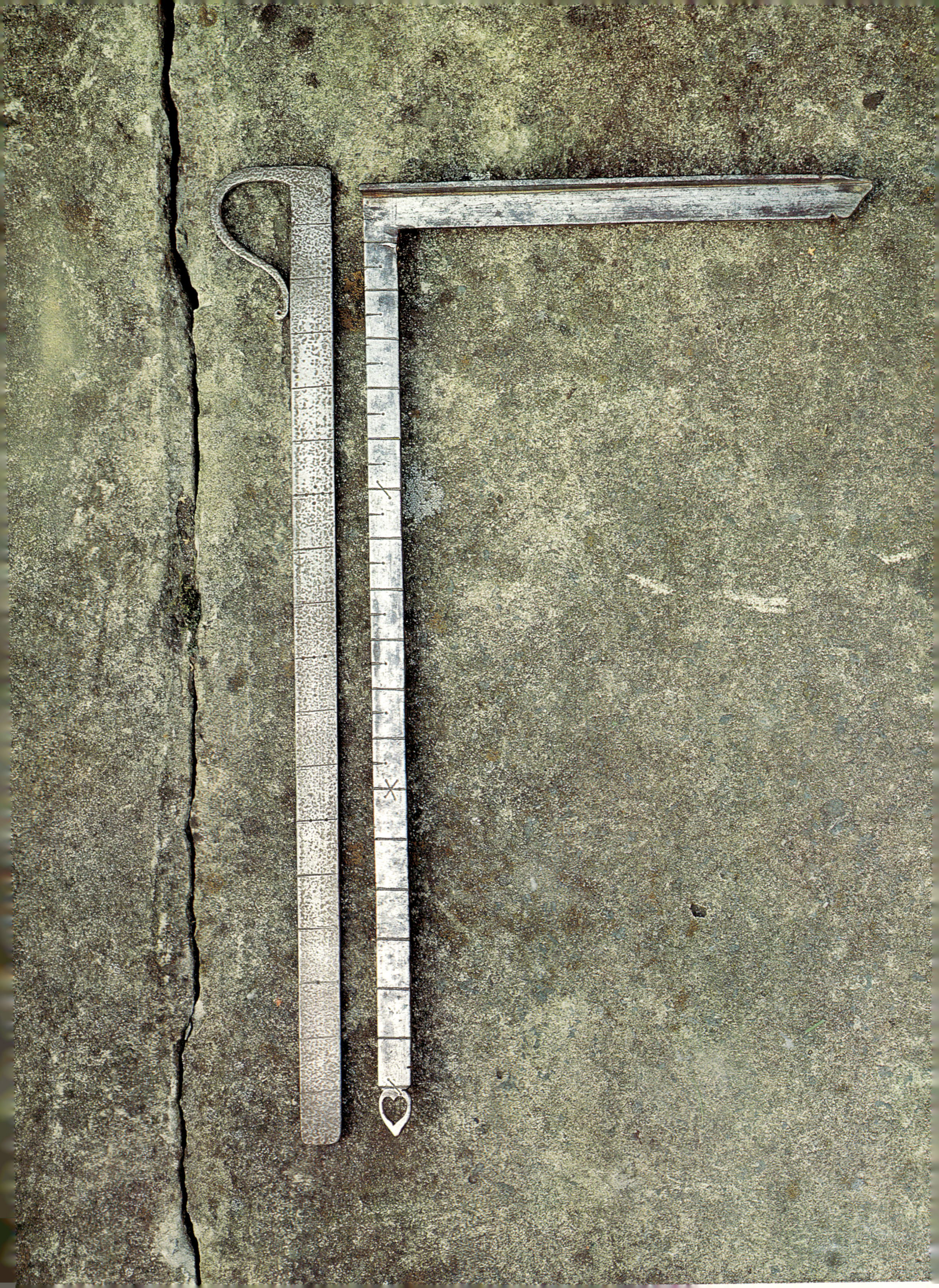

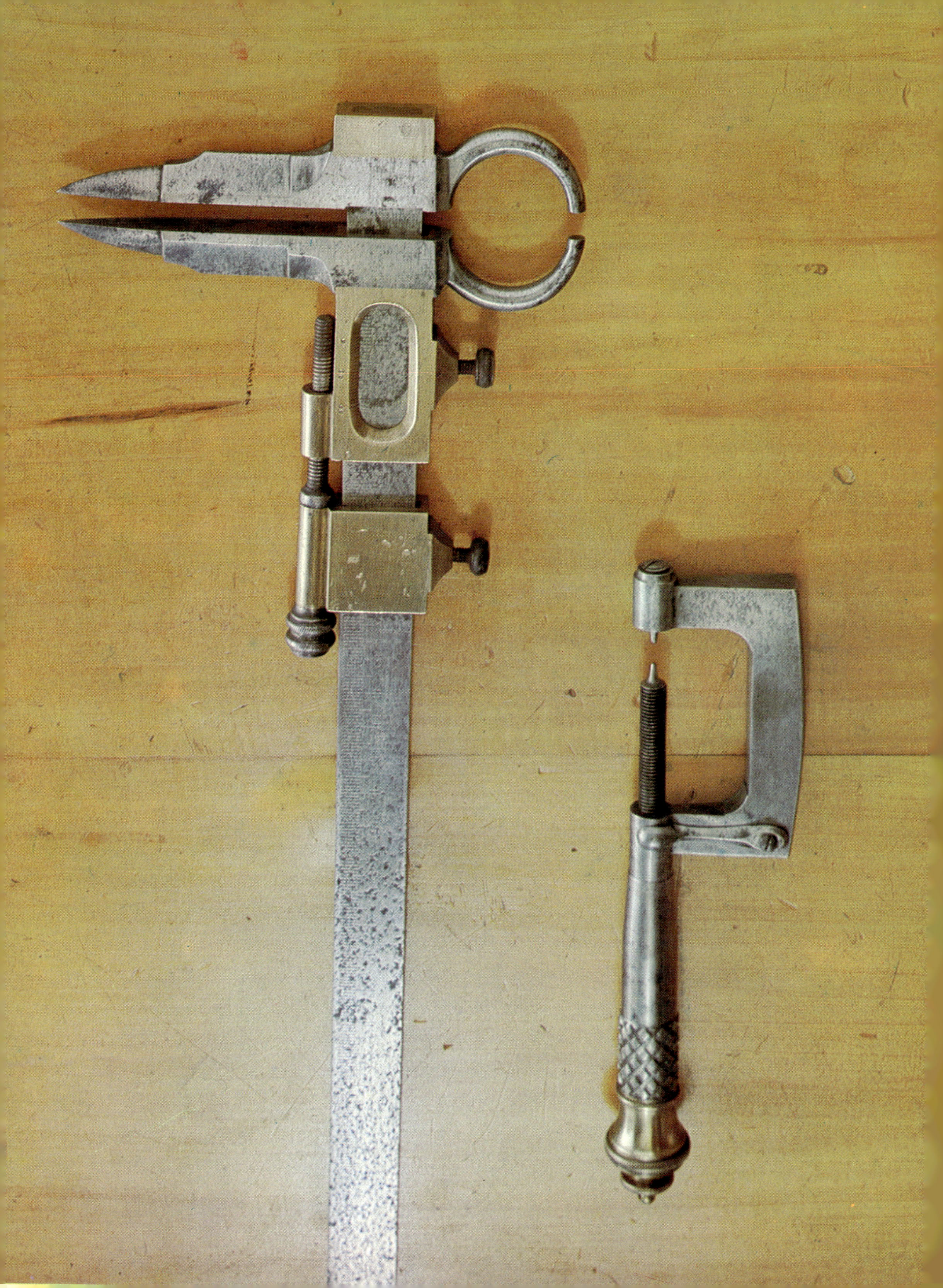

Die Körner

Die Körner mit rundem oder kantigem Querschnitt bestehen aus Stahl und sind kegelförmig zugespitzt. Sie dienen zum Anreißen einer Linie oder des Mittelpunkts für ein Loch. Je nach der erforderlichen Präzision und nach der Härte des Metalls haben sie verschiedene Größen. Die Körner der Uhrmacher (für die Arbeit mit Kupfer) sind sehr fein (sie wiegen weniger als 20 g), die der Schlosser sind schwer und widerstandsfähig.

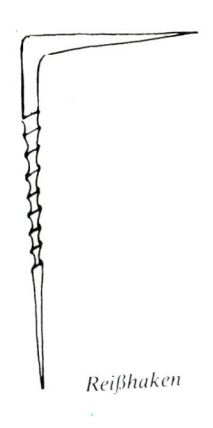

Reißhaken

Die Reißnadel

Reißnadeln sind verstählte Eisenhaken von 10–25 cm Länge. Ein Ende ist in 3–5 cm Länge im rechten Winkel abgebogen. Die beiden Enden sind sehr spitz und werden auf der Schleifscheibe exakt kegelförmig geschliffen. Man greift das Gerät am spiraligen Teil und führt es am Lineal entlang.

Das Streich- oder Wendeeisen

Das Streichmaß ist im Prinzip eine dünne Klinge, deren Schneide leicht umgebogen ist und im Holz eine Rille zieht. Die Holzschuhmacher verwenden ein Streichmaß mit Spitze, um den Holzschuh zu verzieren oder um das Oberleder auf das Holz zu schieben. Das Streichmaß ist zirkelartig gestaltet mit feststehender oder verstellbarer Öffnung. Man reißt damit gerade Linien oder Bogen oder Kreise ins Holz.
Das Wendeeisen des Zimmermanns ist oft zugleich ein Schränkeisen (Abb. 108).

Das Meßrädchen

Wenn einige Zeit nach dem Aufziehen der Räder auf einen Wagen vergangen ist, muß der Stellmacher oft den Eisenbeschlag ganz geringfügig nachstellen, weil das Holz der Felgen und Speichen gearbeitet hat. Die Abweichung wird mit dem Meßrädchen gemessen. Man führt es einmal um die Felge und einmal um den Beschlag, ohne zählen zu müssen.
Den Unterschiedsbruchteil liest man beim letztenmal einfach an den vorher angebrachten Marken ab.
Das Meßrädchen besteht aus Holz oder aus Eisen, manchmal auch aus Holz und Eisen. Der Handwerker fertigt es selbst nach eigenen Vorstellungen an. Vorbild ist eine runde, drehbare Scheibe mit Griff. Das Meßrädchen ist ein Gerät, das sich kaum abnutzt. Es hat sich bis in unsere Tage erhalten, wird aber zu gleicher Zeit wie die Fahrzeuge mit Holzrädern untergehen. Für Schubkarren gibt es sehr kleine Meßrädchen. Dieses sehr alte Gerät ist gleichzeitig der Vorläufer des *Kurvenmessers*, unseres heutigen wissenschaftlichen Instruments (Abb.109).

88 *Schublehre (Meßkluppe) mit Ring und Vernierstellschraube (Mechaniker).*
Mikrometerschraube mit zwei Anschlägen.

Ungewöhnliche Werkzeuge

89 Krönel (Kamm) für die Granitbearbeitung (Steinwirker).

90 Ein Meißel. Ein Schabeisen (Maurer).

Ehe die eigentlichen Sammler sich für die »gewöhnlichen« Werkzeuge interessierten, gab es schon die ungewöhnlichen, absonderlichen Werkzeuge in Privatsammlungen. Sie wurden von Volkskundlern, von Raritätenliebhabern und sicher auch von den Handwerkern selbst gesammelt.

Im folgenden sei nur ein kurzer Überblick gegeben, der es dem Freund des Werkzeugs ermöglichen soll, diese Stücke zu erkennen und zu erwerben.

Werkzeuge aus Altmaterial

Manche Werkzeuge werden aus altem Holz oder Eisen hergestellt. Sie versuchen nicht, diese Herkunft zu verbergen. Genannt wurden schon die Bohrer und Meißel, die die Spuren der ursprünglichen Feile oder Raspel aufweisen; es gibt aber auch viele Werkzeuge, die aus Gegenständen aus dem Krieg oder aus Industrieabfällen gefertigt wurden: Schraubenzieher und Bohrer aus Bajonetten, Handambosse aus Schienenstücken, Reißhaken aus Spinnereispindeln etc. Florettklingen wurden sehr oft für die Bogen von Drehwerkzeugen verwendet. Dreikantfeilen ergeben hervorragende Schabeisen, wenn man den Hieb abschleift.

Aus einem Motorhaubenscharnier läßt sich ein eleganter Zirkel machen, der Knauf eines Damenschirms, der mit seinen Rillen gut in der Hand liegt, ergibt den Handgriff eines Hohlmeißels.

Ein unbrauchbar gewordenes Werkzeug ist immer noch ein gutes Material, und der Handwerker läßt es nicht verderben, sondern strengt seine Phantasie an, um es erneut zu verwenden.

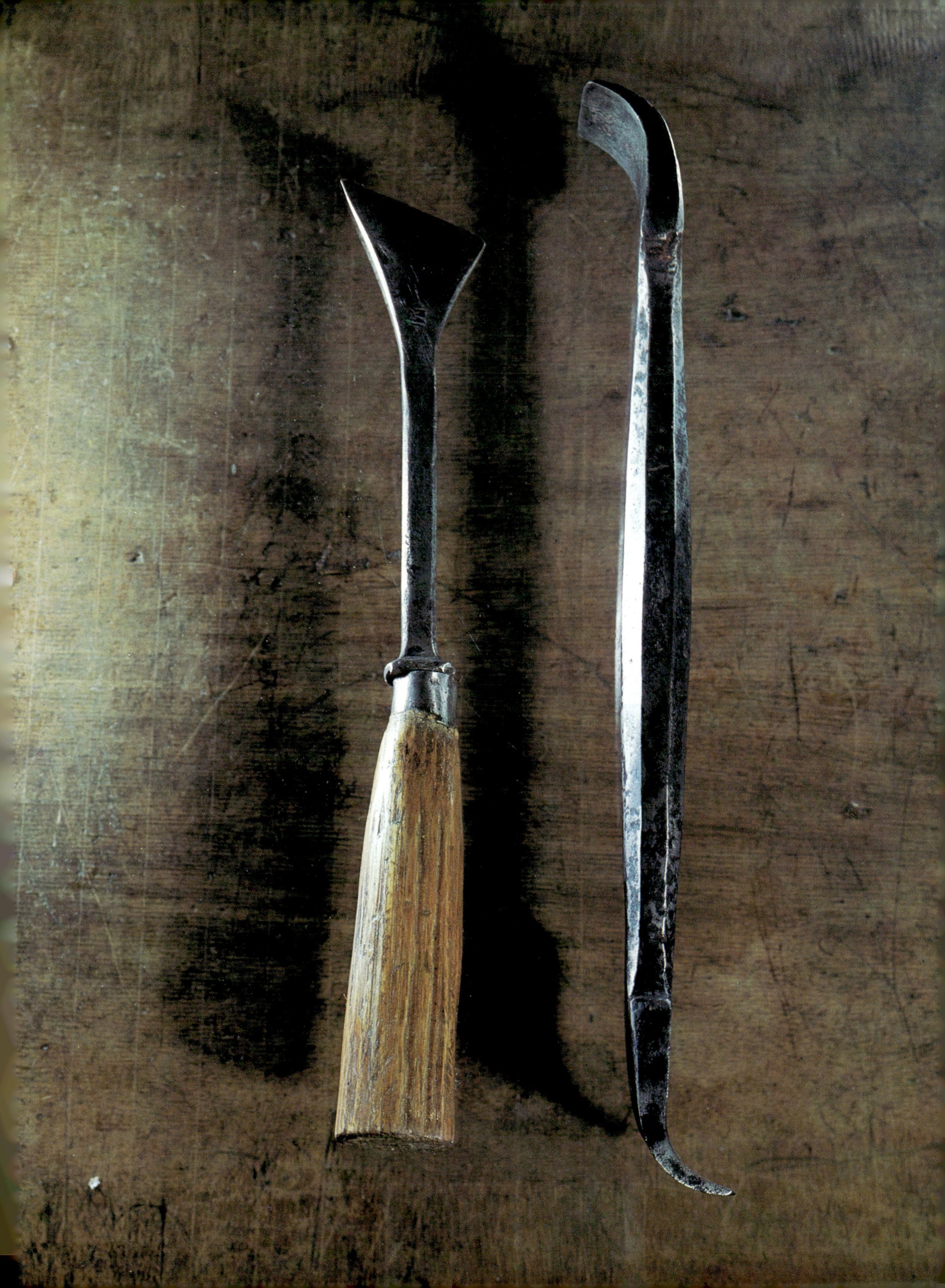

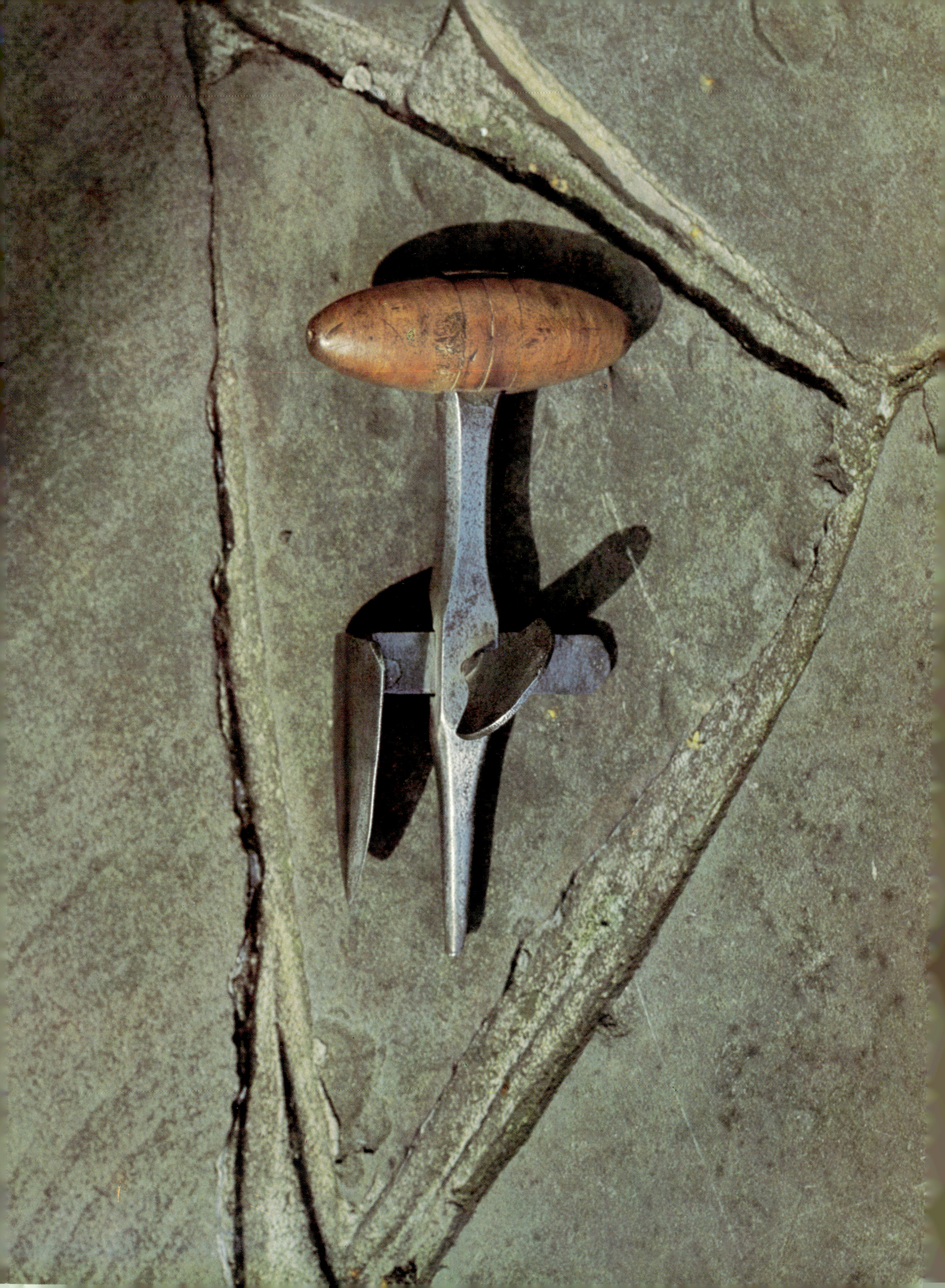

Der geschnitzte Handgriff

Der Schraubenzieher ist das Werkzeug, das seit der zweiten Hälfte des 19. Jahrhunderts mit dem größten Einfallsreichtum erforscht und vervollkommnet wird. In den Fabriken ist er eines der seltenen Werkzeuge, die persönlich geblieben sind. Viele Arbeiter haben sich bemüht, den Schraubenzieher für ihre jeweiligen Montageaufgaben zu gestalten.

Neben dem technischen Können finden wir aber auch erstaunliche Beweise für das formerische Schaffen, das in manchen Leistungen den typischen Ausdruck von Kraft, Willen und Entschlußfreude zeigt.

So wird der Griff des Schraubenziehers oft wie eine Hand (aus Hartholz) geschnitzt, die aussieht, als drehe sie das Werkzeug (Abb. 3).

Manche Griffe sind länglich, als werde die Schraube in einem gewissen Abstand gefaßt, andere dagegen haben gedrungene Formen, damit die Hand möglichst nahe bei der Schraube ist, die auf- oder zugedreht werden soll (Abb. 96).

Universalgriffe

Die Handgriffe, auf die verschiedene Werkzeuge aufgesteckt werden und die deshalb leicht zu transportieren sind, wurden keineswegs erst in neuerer Zeit erfunden. Ambroise Paré schildert am Ende des 16. Jahrhunderts Universalgriffe für verschiedene Hohlmeißel. Im 19. Jahrhundert führten viele Arbeiter, die »in der Stadt« arbeiten gingen, ihre Werkzeugtaschen mit sich. Die Schlosser hatten einen Griff für Schneid- und Bohrwerkzeuge wie Pfrieme, Meißel, Stichel etc., die Uhrmacher für Schraubenzieher, Bohrer und Einfaß- und Zentrierwerkzeuge.

Eine weitere Kategorie von Universalwerkzeugen sind die Werkzeugsätze, aus Hartholz gedrechselte Etuis, deren Hohlraum mit Bohreinsätzen, Pfriemen, Schraubenziehern etc. gefüllt ist. Die Einsätze werden mit einem Plättchen in einem konischen Hohlschraubenkopf eingeklemmt, das Etui dient als Handgriff. Manche Sätze, die um die Mitte des 19. Jahrhunderts weit verbreitet waren, bestanden aus zehn verschiedenen Werkzeugen. Darunter befand sich sogar ein Sägeblatt (Einbrecherwerkzeug).

Die Taschen der Handwerker, die hinter den Truppen herzogen, enthielten schon im 18. Jahrhundert Universalgriffe für Waffenreparaturen. Die Jäger hatten einen Werkzeugsatz mit einem Hämmerchen, einem Schraubenzieher, einer Ahle, einem Korkenzieher und anderen unentbehrlichen Werkzeugen. Hierher gehören auch die berühmten Klappmesser mit zehn und mehr Klingen, darunter auch einem Sägeblatt und bei manchen Modellen einem Vierkantschlüssel.

Die Einbrecherwerkzeuge

Neben dem Brecheisen, einem kurzen, höchstens 30 cm langen Hebel, mit dem Schlösser oder Türangeln aufgebrochen wurden, hatten die Einbrecher eine Werkzeugausrüstung, zu der auch eine schmale Stichsäge gehörte, mit der man von einem gebohrten Loch aus das Schloß aussägen, d. h. samt dem Haltebrett entfernen konnte, ebenso ein Klappwerkzeug, das als Griff für verschiedene Bohrer- und Schraubenziehereinsätze diente, und natürlich das unentbehrliche Schlüsseletui für die Dietriche, die in jedes Schloß paßten.

91 *Messer zum Ausschneiden von Scheiben (?).*

Das Etui

Das Etui der Sträflinge bestand meist aus dauerhaftem Material wie Elfenbein oder Silber. Es war 5–7 cm lang und hatte einen Durchmesser von etwa 25 mm. Das Innere hatte die Maße eines Louisdor und faßte mehrere solche Münzen oder auch Banknoten. Es konnte aber auch sehr perfektionierte Werkzeuge enthalten, die man zu Metallsägen, Bohrern, Schraubenziehern, Ahlen etc. zusammensetzen konnte.
Das polierte Etui öffnete sich in zwei Teile; der Schraubverschluß war dicht. An den Enden lief es in zylindrische Halbkugeln aus. Man führte es in den After ein, von wo es in den Dickdarm wanderte. Manchen Sträflingen gelang es, das Etui auf diese Weise in die Zelle zu schmuggeln und es je nach seinem Inhalt zur Flucht oder zur Bestechung der Wärter zu verwenden.
Wurde das Vorhandensein eines Etuis vermutet, so unterzog man die Gefangenen einer Behandlung, bei der es ausgeschieden werden sollte.

Etui der Sträflinge

Elfenbeinernes Etui, dichter Schraubverschluß

A, B, C: Elemente der Säge

Werkzeuge in ständigem Wandel

Während viele Werkzeuge seit dem Ende des 17. Jahrhunderts ihre heute noch übliche allgemeine Form und Größenbeziehung zwischen den Teilen haben, finden wir auch andere, die noch nicht ihre endgültige Gestalt angenommen haben und sie auch nicht so bald annehmen werden. Dazu gehören Hämmer, Zangen und Schraubenzieher.

Hämmer

Bei den Hämmern haben wir den Grund schon genannt: Es ist unmöglich, sie durch ein anderes Werkzeug zu ersetzen, und sie sind auch in allen neuen Handwerksberufen, deren Entwicklung sie mitvollziehen, unentbehrlich.
Die Wandlung der Hämmer setzt sich seit dem 18. Jahrhundert fort. Am Stiel oder Kopf werden immer wieder neue Anordnungen vorgenommen, um die Schlagwirkung zu verbessern.
In den medizinischen Berufen werden Gummihämmerchen verwendet, in der Mechanik Hämmer mit Aluminiumköpfen aus einer Zinn-Blei-Legierung oder Hämmer mit Kunststoffköpfen und einem beweglichen Masselkopf im Inneren.

Zangen

Ein weiteres Werkzeug, das immer öfter verwendet wird und sich in seinen Maßen verändert, ist die Zange. Die Lochzange der Eisenbahn- und Straßenbahnschaffner ist bei manchen Sammlern schon sehr begehrt.

Schraubenzieher

Das Werkzeug, dessen Umwandlung seit seinem Aufkommen am Ende des 17. Jahrhunderts nicht aufgehört hat, ist unbestreitbar der Schraubenzieher. Dies hängt selbstverständlich mit der ungeheuren Vielfalt von Schrauben zusammen, die in allen Abmessungen für jede Teileverbindung hergestellt werden.

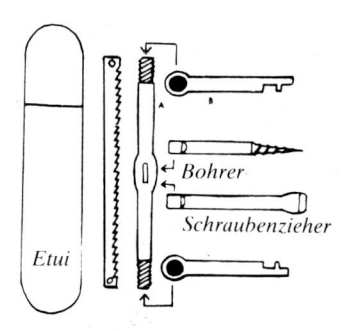

Das schöne Werkzeug

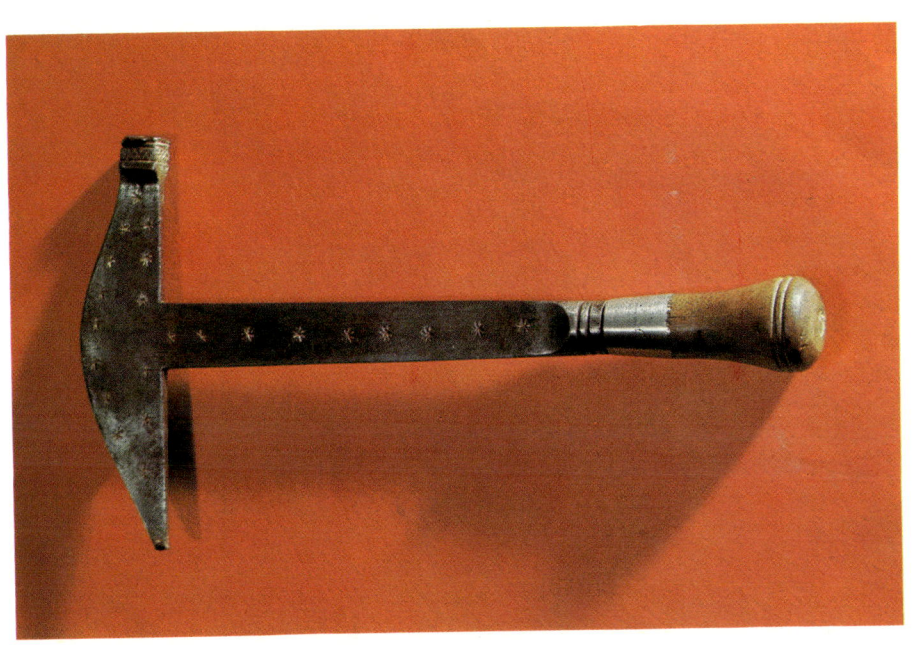

Symbolischer Schieferdeckerhammer aus Eisen ohne Schrägkante.

Das Werkzeug unserer Sammlungen stellt sich uns unbewegt dar, so, wie es war, als es in seiner Bewegung aufgehalten wurde, entweder in seiner Eigenbewegung oder in der Wartestellung als Hilfsmittel eines anderen Werkzeugs. Die Gesetze einer Ästhetik des Werkzeugs müßten deshalb sowohl seine Reglosigkeit als auch seine Bewegung berücksichtigen. Erst diese Dualität verschafft uns, wenn sie aufmerksam empfunden wird, zuerst eine visuelle Befriedigung.

Die Ästhetik des Werkzeugs ist die Ästhetik der Lebewesen, und drückt sich deshalb wie bei den scheinbar reglosen Pflanzen durch gebogene, streng geordnete Linien aus (wie beispielsweise das Oval des menschlichen Gesichts, die Rippe des Farnkrauts, die Rückenlinie der Nachtvögel).

Die Proportionen zwischen Eisen und Stiel bei manchen Äxten und Beilen lassen sich in Richtpläne einfügen. Noch aufschlußreicher ist das Werkzeug, wenn es in der Hand gehalten wird, und sei es auch ungeschickt. Man begreift die Anziehung, die so allgemein festzustellen ist: man möchte das Werkzeug in die Hand nehmen; das Werkzeug zieht die Hand an. Bei anderen Sammelobjekten ist dies nicht so; man begnügt sich damit, sie von allen Seiten anzusehen, weil sie auch ohne Berührung genügend Befriedigung verschaffen. Beim Werkzeug möchte man zuschauen, wie es sich in der Handhabung verändert, so beim langen und kurzen Beil oder beim Hobel, wenn er mit der Armbewegung zu gleiten beginnt. Auch wenn der Unerfahrene das Werkzeug linkisch anfaßt, hält er es schließlich doch richtig, weil entweder gewisse gebogene Flächen oder der Griff die Hand anleiten, oder weil es aus Gleichgewichtsgründen gar nicht anders zu halten ist. Der Handwerker nimmt, selbst wenn er es prüft, das Werkzeug mit einer Geste des Zupackens, des Gebrauchs, des In-Dienst-Stellens zur Hand. Erst dann wendet er es und betrachtet es in allen Einzelteilen. Das »schöne Werkzeug« hat also angenehme Proportionen und übt einen Reiz aus.

Die Sorgfalt, mit der ein Werkzeug bewahrt, repariert, für bestimmte Arbeiten eingerichtet wurde, obwohl es für eine allgemeinere oder eine ganz andere Arbeit ausgelegt war, verleiht ihm einen von seinen rein ästhetischen Eigenschaften unabhängigen Wert. Eine bedachtsame, geduldige und wirkungsvolle Anpassung kann aber auch eine ästhetische Umwandlung mit sich bringen. Jene alten Feilen, die zu Meißeln oder Bohrerspitzen umgearbeitet wurden und absichtlich ihre ursprüngliche Riefelung behalten haben, zeugen manchmal von eindrucksvoller Kunstfertigkeit. Die Form des ursprünglichen Werkzeugs ist verändert worden, hier verdickt, dort verjüngt. Reden diese alten Feilen nicht von all den Abänderungsplänen, die die schließlich zu dem gemacht haben, was wir vor uns sehen?

Manche Spuren an den Werkzeugen stammen nicht von notwendigen Reparaturen, so z.B. gewisse Lattenverstärkungen am Holz oder aufgeschweißte Ringe am Eisen. Sie passen aber stets zur ursprünglichen Form; sie verstärken das Werkzeug, ohne es plump zu machen. Reparierte oder derart bearbeitete Werkzeuge werden oft von den Sammlern verworfen, die nur das »schöne Werkzeug« suchen – in einem Verständnis von Schönheit, dem wir uns nicht anschließen können.

Solche Werkzeuge zu sammeln, bereitet uns nicht nur Befriedigung, sondern weckt unser Interesse in besonderem Maß. Die Reparatur oder Bearbeitung läßt oft auf einen Mangel des ursprünglichen Werkzeugs schließen, und wie dieser behoben wurde, ist sehr aufschlußreich. In gewissen Fällen war großer Einfallsreichtum vonnöten, um das Zusatzstück mit dem Werkzeug zu verbinden. Dies zeugt von Interesse, oft sogar von Liebe.

Das Schmieden oder Löten von Metallteilen ist ebenfalls häufig sehr lehrreich. Es geschieht nicht nur an Teilen, die der Beanspruchung nicht standgehalten haben, sondern auch an solchen, die sich in langer Arbeit abgenutzt haben. Bei gewissen Werkzeugen ist es sogar die anerkannte Norm, eine regelmäßig wiederkehrende Bearbeitung, die dem Werkzeug wesensgemäß zugehört. Wenn wir mehrere solche Bearbeitungsspuren an einem Eisenwerkzeug feststellen, haben wir ein altes Werkzeug vor uns, das wahrscheinlich mehreren Generationen von Handwerkern gedient hat.

Man sollte ein repariertes, bearbeitetes Werkzeug nicht wegwerfen, denn es gibt mehr Aufschluß als das noch wenig beanspruchte Werkzeug. Seit der Mitte des 19. Jahrhunderts sind die Formen erstarrt, und zwar infolge der fabrikmäßigen Herstellung, die Normungen braucht, wenn sie rentabel sein soll. Manche fabrikgefertigten Werkzeuge sind schön geblieben, weil nur die einfachsten und brauchbarsten Werkzeuge aus früherer Zeit als Modelle dienten. Trotzdem ist eine Verarmung der Formen festzustellen, auch weil die Industrie oft nicht das einfachste, sondern das am meisten vereinfachte Werkzeug in Massen herstellt.

In den Anfängen der Werkzeugindustrie stellten manche Fabrikbesitzer berühmte Handwerker ein und ließen ihnen bei der Gestaltung von Werkzeugmodellen freie Hand. So findet man aus der Zeit zwischen 1850 und 1900 industriegefertigte Werkzeuge von schöner Qualität. Dieser Handwerker lehrte jedoch seine Arbeitsweise einem Nachfolger, der selbst schon in der Fabrik ausgebildet war und sein Wissen später weitergab. Dabei verlor sich schließlich alles, was ursprünglich von außen hinzugekommen war. In den Planungsbüros wurden »rationelle Formen« entworfen und gewisse Ausprägungen als überflüssig beurteilt, weil man sie nicht mehr verstand.

Wirtschaftliche Zwänge und die Gesichtspunkte eines rationellen Vertriebs (durch die Eisenwarenhändler in den Kleinstädten) führten schon vor der Zeit der Großindustrie, die um 1850 begann, und erst recht in der Zeit der allgemeinen Industrialisierung, die um 1890 einsetzte und bis heute fortdauert, dazu, das stereotype Produkte auf den Markt geworfen wurden.

Dies ist vor allem bei den geschmiedeten Werkzeugen spürbar und insbesondere bei den Werkzeugen, die im Preßverfahren geformt werden.

Diese Verkettung der Entwicklung zum Objekt, das dem Menschen entfremdet ist, findet sich nicht nur in der Metall-, sondern auch in der Holzbearbeitung. Beim mechanischen Sägen und Hobeln kann man sich nicht mehr viel um den Faserlauf kümmern; daher rührt die häufige Verwendung von Buchenholz bei modernen Möbeln.

92 Gehrklinge zum Einkerben der Faßbänder, ehe man sie mit den Weidenzweigen verbindet (Faßbinder).

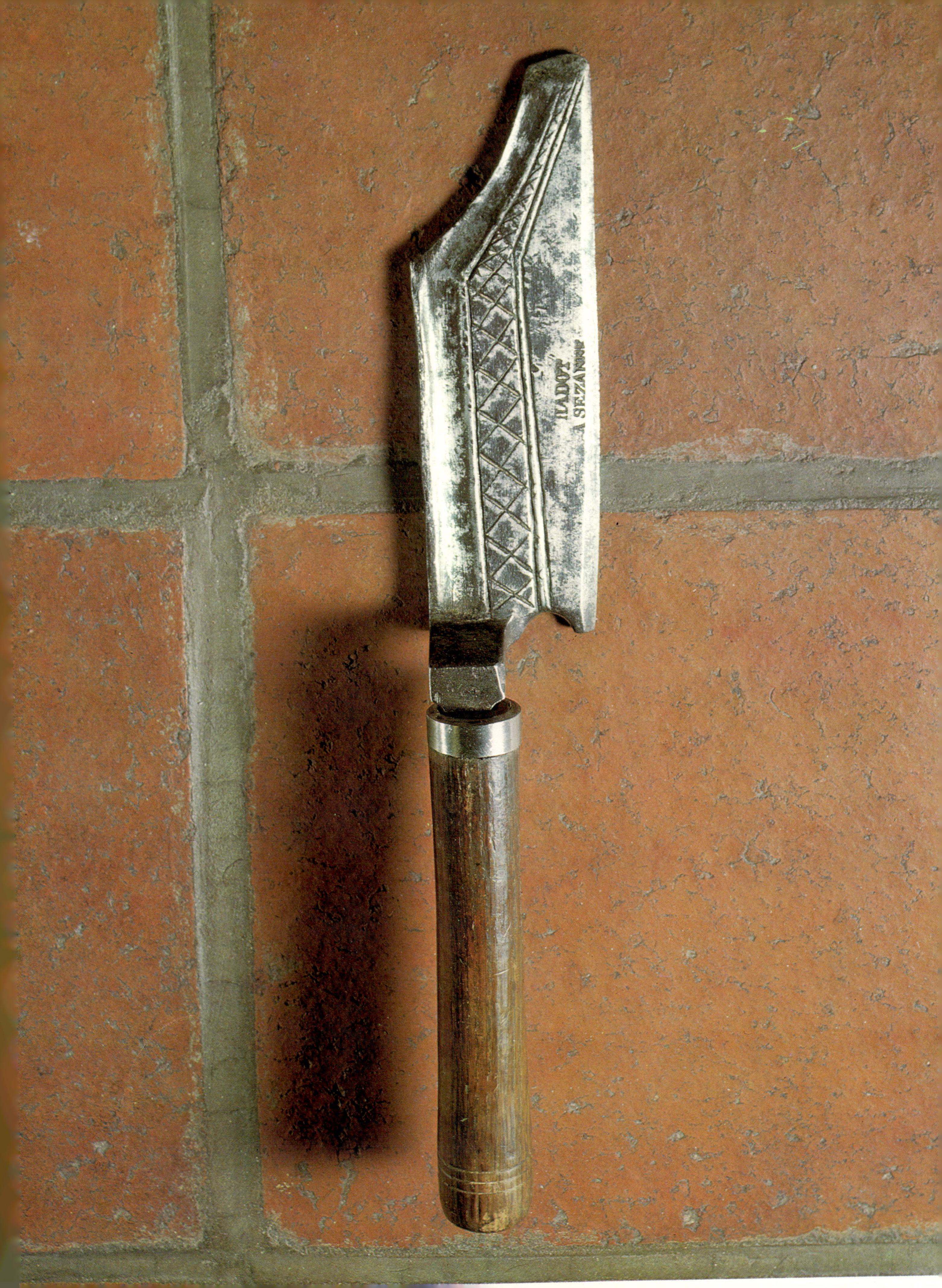
A SEZANNE

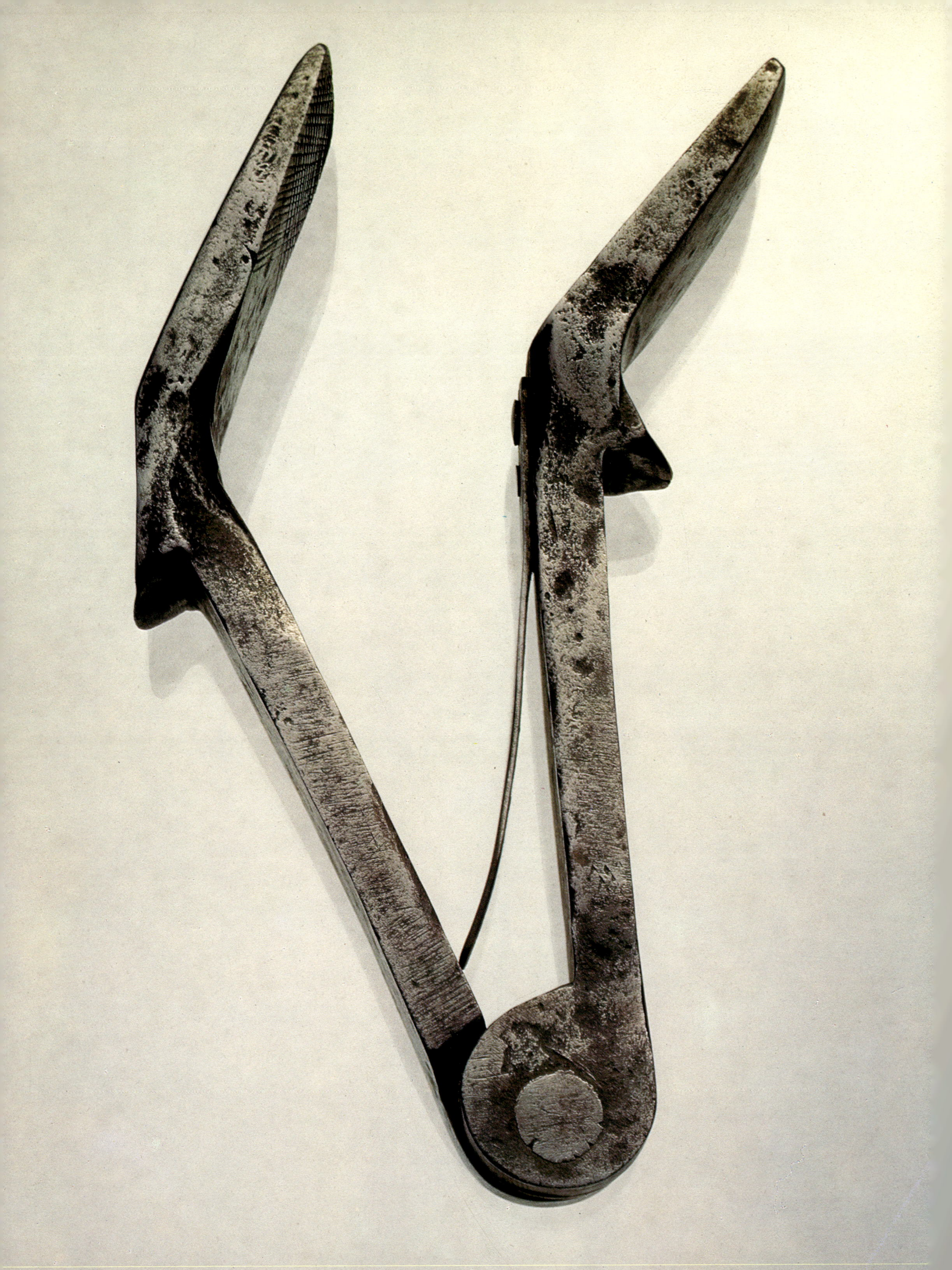

Wie man schönes Werkzeug erkennt

Auf die Bitte, Kriterien aufzustellen, und auf die Frage, woran man ein schönes Werkzeug erkennt, seien folgende Antworten aufgeführt:
– Das schöne Werkzeug hat eine unübertreffliche technische Perfektion erreicht, die ihm eine Weiterentwicklung ohne eine völlige Veränderung seiner Formen und der Anordnung seiner Teile nicht mehr gestattet.
– Ob es lang oder kurz ist, kompakt oder mit Verjüngungen oder Beifügungen, die den Werkzeugkörper fortsetzen – es sieht harmonisch aus, und zwar nicht nur für die Nichtfachleute, sondern auch für die Eingeweihten, für die Ästheten und die Kenner von Formen. Die klassischen Formen entsprechen genau dem »Goldenen Schnitt«.
– Die Teile, die von der Hand des Handwerkers abgenutzt sind, bei denen die Spuren des langen Gebrauchs an Eindrücken und Glanz sichtbar sind (einem Glanz, der ganz anders aussieht als etwa das Polieren beim Fertigmachen), vermitteln ein seltsames, schwer erklärliches Gefühl. Stets empfindet man vor einem Werkzeug mit diesen Kennzeichen eine menschliche Gegenwart, die an diesen Gegenstand geknüpft ist.
– Die schönen Werkzeuge lösen verschiedene, widersprüchliche Reaktionen aus. Den einen geben sie das Gefühl, es sei leicht, sie zu benutzen; die anderen haben den Eindruck, es sei lange Übung notwendig, angefangen mit den tastenden Versuchen des Lehrlings und langsam fortschreitend zur Meisterschaft.
– Das »schöne Werkzeug« muß phantasievoll sein, es muß eine Idee dahinterstecken. Dieser Ausdruck, den man oft hört, ist uns wichtig, weist er doch sogleich auf den Handwerker hin, dem es gelingt, trotz aller Zwänge des Gebrauchs und der Tradition seine eigene Vorstellung im Werkzeug zu verwirklichen. Er prägt ihm seine Arbeitsweise auf und prüft mit ihm seine Kenntnisse. Es ist seine Idee, die dem Werkzeug zugrunde liegt und in ihm enthalten ist, die der Form Sinn verleiht.
– Die mit Verzierungen überladenen Werkzeuge sind falsche Meisterwerke, aus Überheblichkeit entstanden. Die Eisenhandwerker (Schlosser, Stellmacher und sogar Hufschmiede), die imstande waren, all ihre Werkzeuge selbst herzustellen, machten sich einen Spaß daraus, übertriebene Werkzeuge zu fabrizieren, lange ehe sie ihr Gesellen- oder Meisterstück anfertigten. Sie wurden dafür keineswegs gelobt; damals waren dies noch keine Sammelobjekte.
– Das schöne Werkzeug muß nicht unbedingt verziert sein. Wir werden weiter unten die Gründe beschreiben, aus denen Werkzeuge verziert werden. In vielen Fällen trägt die Verzierung dazu bei, daß ein Werkzeug »schön« wird. In anderen Fällen ist die Verzierung so weit getrieben, daß sie zum bedeutungslosen Luxus wird. Ein solches Werkzeug ist nicht für die Werkstatt bestimmt, sondern für das Büro des Meisters, wo es als trügerisches Zeichen für die Meisterschaft vor den Kunden aufgelegt wird. Es sind dies meist Werkzeuge, die sich schlecht handhaben lassen und denen die unverwischbare Spur der Hand fehlt (einige solche Werkzeuge sind auch in unseren Museen zu sehen).
– Eine gewisse übertriebene handwerkliche Virtuosität führt ebenfalls manchmal zu überladenen, verkünstelten Werkzeugen, die aber kaum längere Zeit benutzt werden und keine Abnutzungsspuren aufweisen.

93 *Der Reifkloben ruht mit seinen Ausbuchtungen auf den Backen des Schraubstocks (Mechaniker).*

Das Werkzeug
in volkskundlicher Sicht

94 *Zwei Werkmeisterzirkel
(Schmied).*

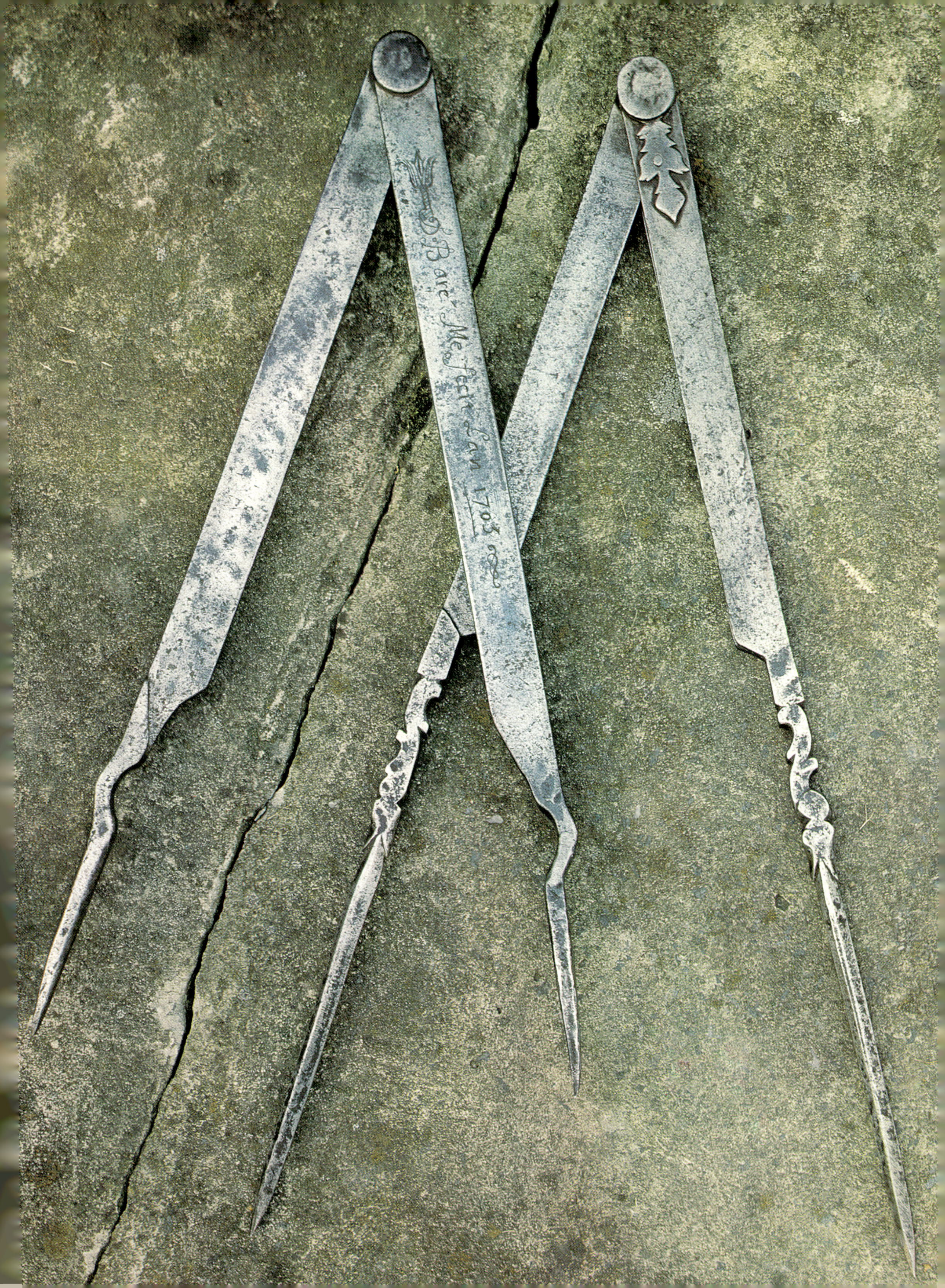
D Bare Me Fecit Lan 1703

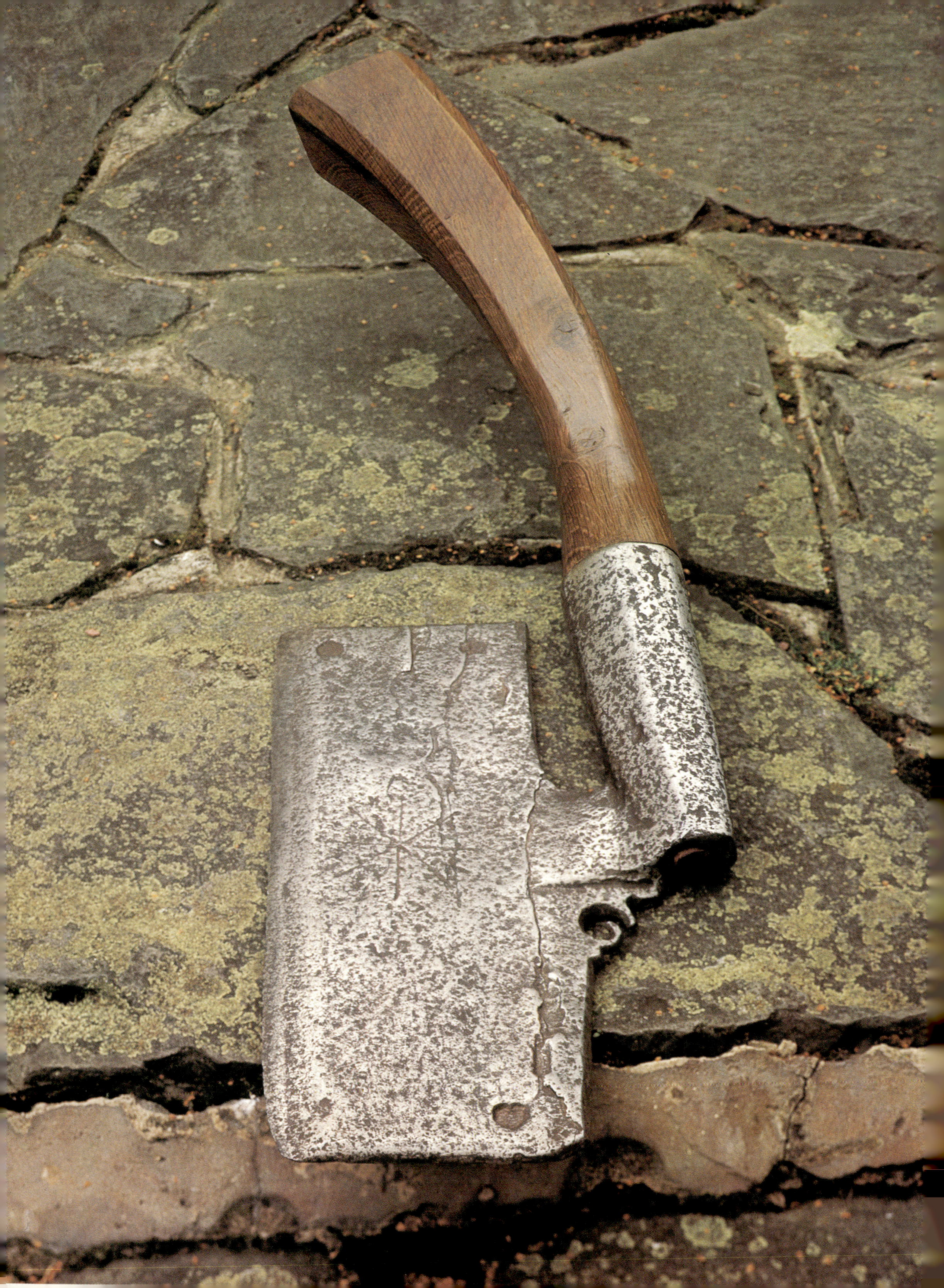

Einführung

Von seinen Anfängen an ist das Werkzeug Gegenstand der Volkskunde. Man findet es auf Wandmalereien, es diente als Symbol, Schmuck und Votivgegenstand.

Es wäre interessant, diese Züge durch die Zeiten zu verfolgen und ihnen an den geographischen Orten, in den Stammeswanderungen und in der Entwicklung der Techniken nachzuspüren. Wir wollen hier nur einige Beziehungen festhalten, aus denen sich gewisse vorherrschende Merkmale entnehmen lassen: der gleichbleibende Gebrauch, die figürliche Darstellung als Hinweis auf die Zugehörigkeit, das Aufkommen der Zeichen und Siegel, der unmittelbare Beitrag zur Sprachentwicklung, die Hochachtung vor dem Werkzeug, das untrennbar zum Handwerk gehört.

Das Werkzeug – in Ehren gehalten und mißachtet

In vielen öffentlichen Sammlungen finden sich fein ausgearbeitete Werkzeuge in schönen Kästen oder Etuis. Man möchte darin »Ehrenwerkzeuge«, Geschenke für Meister, vermuten. Dies könnte zutreffen; eher sind diese Werkzeuge, besonders Hämmer und Beile, aber symbolische Gegenstände von Forstaufsehern, Baumeistern, Kirchenfürsten, Stiftern, Schmiedemeistern oder anderen. Sie waren wahrscheinlich nie im Gebrauch und wurden vielleicht nur einmal für eine Einweihung benutzt. Im 19. Jahrhundert gab es jedoch tatsächlich das »Ehrenwerkzeug«. Meist war es ein Miniaturwerkzeug aus Edelmetall, das einem Handwerker von Freunden, Mitarbeitern und Kollegen zum Geschenk gemacht wurde. So findet man Hobel aus Elfenbein, Ambosse aus Silber oder Hämmer mit elfenbeinernem Holm. Diese Werkzeuge sind allerdings ziemlich selten.

Wenn das Werkzeug in manchen Fällen also zum Ehrenzeichen des guten Arbeiters wird, kann es andererseits auch zum Tadel des schlechten Arbeiters dienen. Dann jedoch nicht als symbolischer Gegenstand, sondern in Form seines wirklichen Werkzeugs. Ein am falschen Ort aufbewahrtes, schlecht gepflegtes, vergessenes und mißachtetes Werkzeug ist dann sichtbares Zeichen des Vorwurfs gegenüber dem Handwerker.

In vielen Berufen wird das Werkzeug dort aufbewahrt, wo es am praktischsten ist. Er richtet sich nach dem Gebrauch, nach der Arbeitsmethode, nach der Organisation und Aufteilung der Arbeitsplätze unter den Arbeitern.

In den Juwelier- und Graveurwerkstätten werden Werkzeuge, die ein Mitarbeiter herumliegen läßt, in seiner Abwesenheit von den andern eingesammelt, in Stoff oder Papier gewickelt, zu einem Paket verschnürt und manchmal sogar wie ein Geschenk mit einem Schleifchen versehen. Dieses Paket wird gut sichtbar auf den Platz des Schuldigen gelegt, damit er es dort vorfindet, wenn er wieder zur Arbeit kommt.

In manchen Werkstätten wird das Werkzeug über dem Platz des unordentlichen Mitarbeiters mit einer Schnur an die Decke gehängt oder in die Abfallkiste gelegt; man wirft vergessene Werkzeuge manchmal auch am Platz des unachtsamen Arbeiters auf einen Haufen oder bindet sie dort, wo sie herumliegen, zusammen, nagelt sie fest oder bemalt sie mit Farbe.

Wenn die Dachdecker einen herumliegenden Dachdeckerhammer finden, klemmen sie ihn unter einen Dachsparren.

95 *Französisches Schlichtbeil zum Ausrunden der Dauben (Faßbinder).*

Bei den Schreinern wird ein auf der Werkbank vergessener Hammer darauf festgenagelt. Das Eisen eines Hobels, der mit der Sohle auf der Werkbank liegt, wird herausgenommen oder gelockert. Bei den Schlossern und Ziseleuren ist es üblich, den Hebel der Presse mit Fett einzuschmieren, wenn ein Werkstück darin vergessen wurde; ein in den Schraubstock gespanntes Werkstück wird festgebunden.

Selbst die Meister bleiben von solchen Streichen nicht verschont. Zur Strafe müssen die Schuldigen eine Runde ausgeben oder etwas in die Gemeinschaftskasse zahlen.

Alle diese Scherze haben denselben Sinn. Dahinter steht eine erzieherische Absicht: die Achtung vor dem Werkzeug soll bei den Lehrlingen geweckt und bei den Erwachsenen erhalten werden.

Ob das Werkzeug mißachtet oder in Ehren gehalten wird – stets geht es bei solchen Bräuchen darum, daß das Werkzeug »heilig« ist.

Das symbolische Werkzeug

Manche Werkzeuge haben seit Urzeiten eine symbolische Bedeutung, die noch nicht ganz erforscht ist, obwohl oft versucht wurde, alle Merkmale, die ihnen beigelegt werden, zu erfassen.

Die römische Axt (ascia) hat ihr Geheimnis gewahrt, wenngleich ihr schon viele Untersuchungen gewidmet wurden. Ihr mystischer Ursprung liegt nach römischer Auffassung darin, daß sie von Dädalus erfunden wurde. Schon im Altertum überschritt sie die Grenzen der Holzbearbeitung, von der sie ihre Form erhalten hatte. Sie konnte eine Hacke sein oder ein Werkzeug zur Steinbearbeitung, ebenso aber auch der Hammer des Opferpriesters. Sie ziert viele gallo-römische Grabmäler als Heiligkeits-, Ergebenheits- und Sühnesymbol mit ungeklärter Bedeutung.

Man findet auch Zangen, Hämmer und andere Werkzeuge. Meist unter dem Einfluß des Zunftwesens haben sich am Ende des 18. und 19. Jahrhunderts Werkzeugzusammenstellungen mit esoterischem Sinn weit verbreitet. Auch auf manchen christlichen Kartuschen des 17. bis 19. Jahrhunderts sieht man zwei Werkzeuge beieinander, nämlich Hammer und Zange. Dies sind die volkstümlichen Elemente, die sich von den Attributen des Leidens Christi erhalten haben. Sie erinnern an die Kreuzigung und die Kreuzabnahme. Bei den Holz- und Eisenhandwerkern, die diese Werkzeuge in ihren Berufen benutzen, werden sie auch heute noch in vielen Darstellungen gemeinsam abgebildet.

Gallo-römische Axt

Darstellungen auf Grabdenkmälern

Seit dem 1. vorchristlichen Jahrhundert ließen die römischen und gallo-römischen Handwerker die Werkzeuge ihres Berufs auf ihren Grabstellen abbilden. Diese Skulpturen sind für die Archäologen sehr aufschlußreich, aber oft kam es zu Irrtümern, weil man die Werkzeugausrüstung der einzelnen Handwerke nicht genau genug kannte. Die Bezeichnungen des Inschriftenkenners Salomon Reinach sind oft irrig, werden aber heute noch ohne Nachprüfung übernommen. Das Christentum verbot solche Darstellungen nicht. Auf den Grabsteinen in den Kalixtus-Katakomben in Rom sieht man zahlreiche Werkzeuge. Diese Tradition trat eine Zeitlang hinter den reinen Inschriften zurück, kam aber im 13. Jahrhundert bei den im Fußboden der Kirchen eingelassenen Grabplatten wieder auf. Sie hielt sich auch bei den Grabsteinen auf den Friedhöfen, scheint aber jetzt im Untergang begriffen zu sein.

96 *Drei Schraubenzieher (Schreiner).*

97 *Klauenschneider. Beschlaghammer und Klauenschneider, gut sichtbar angebracht, bezeichneten die Hufschmiede.* ▶

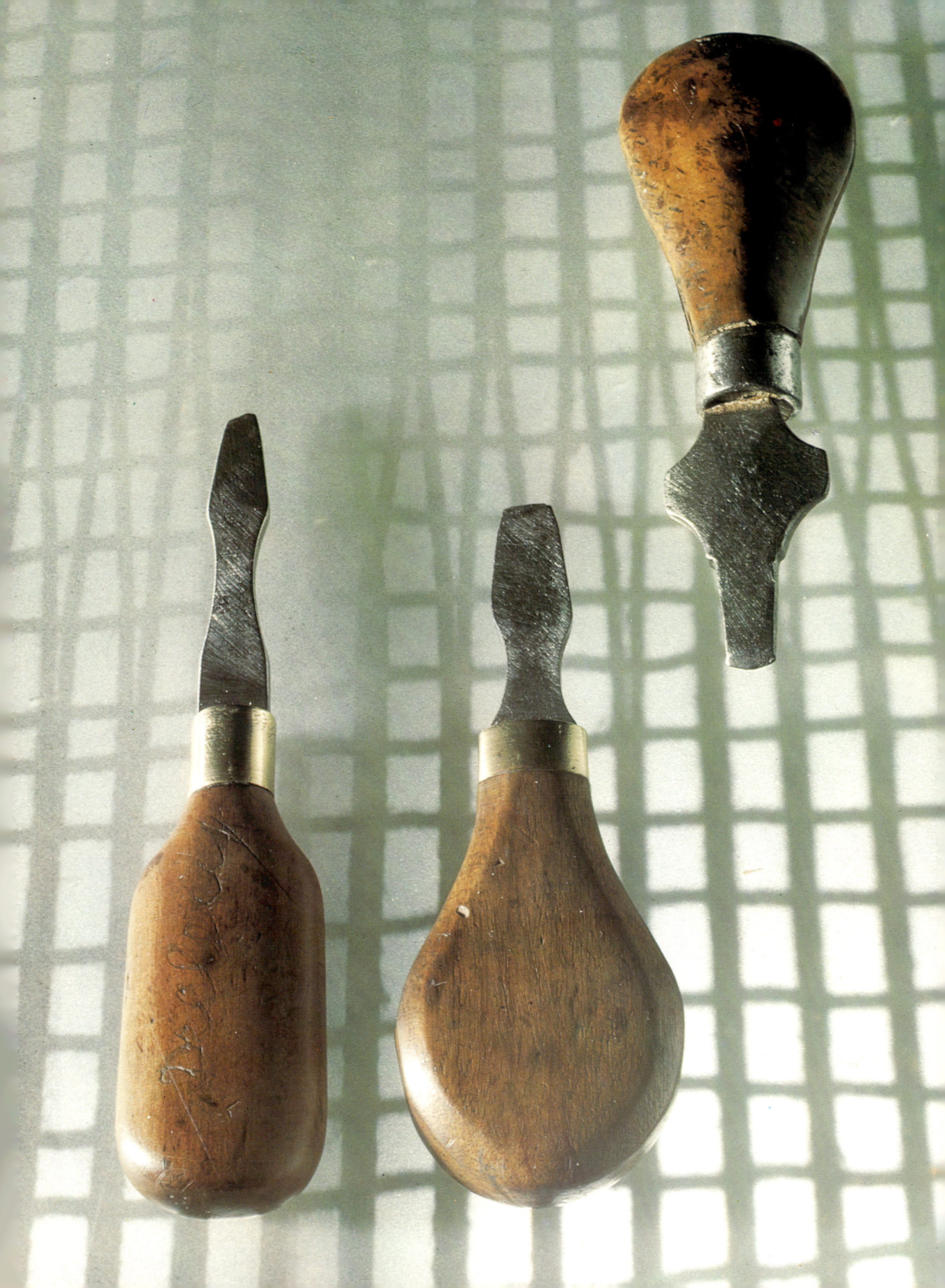

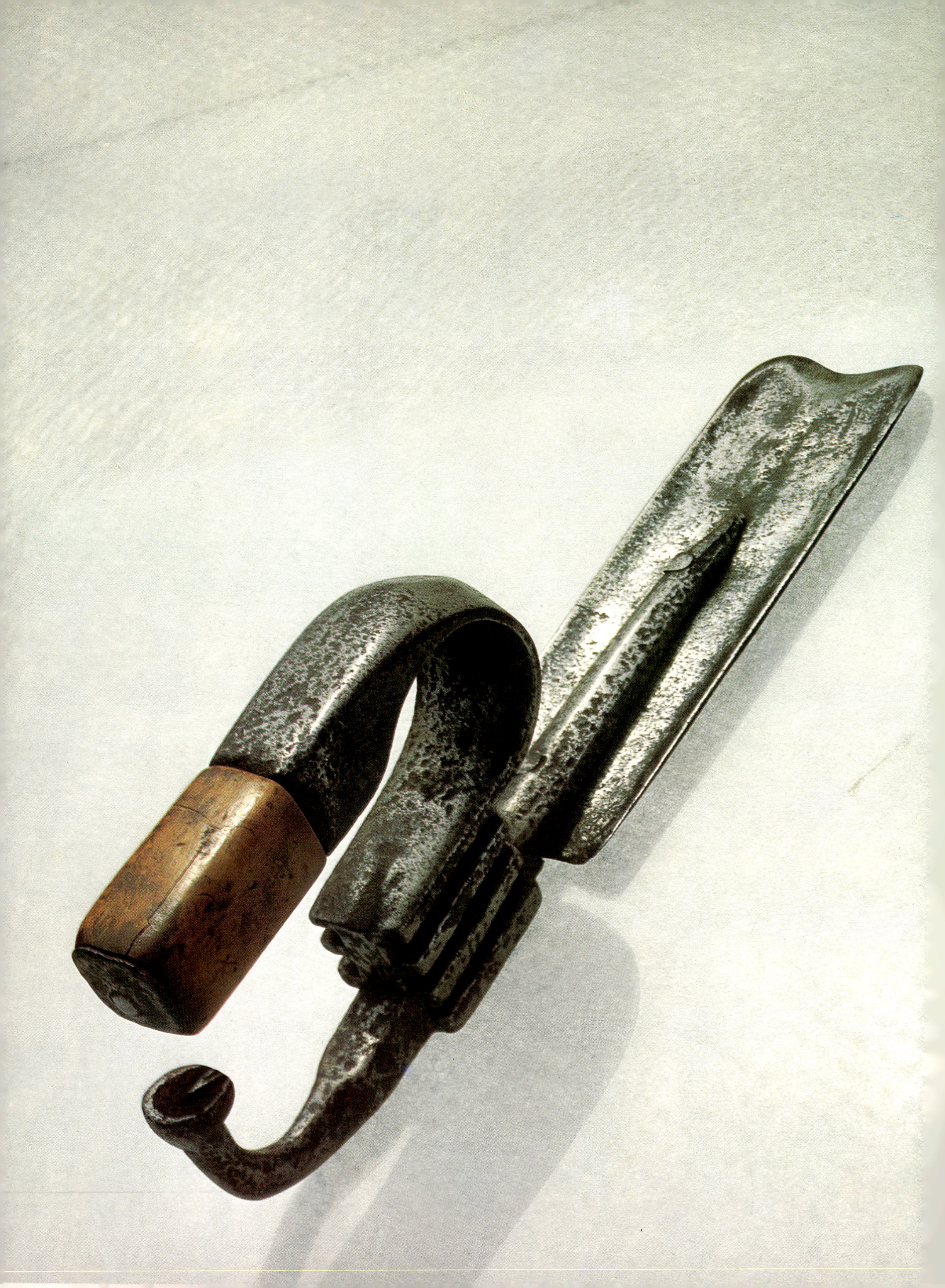

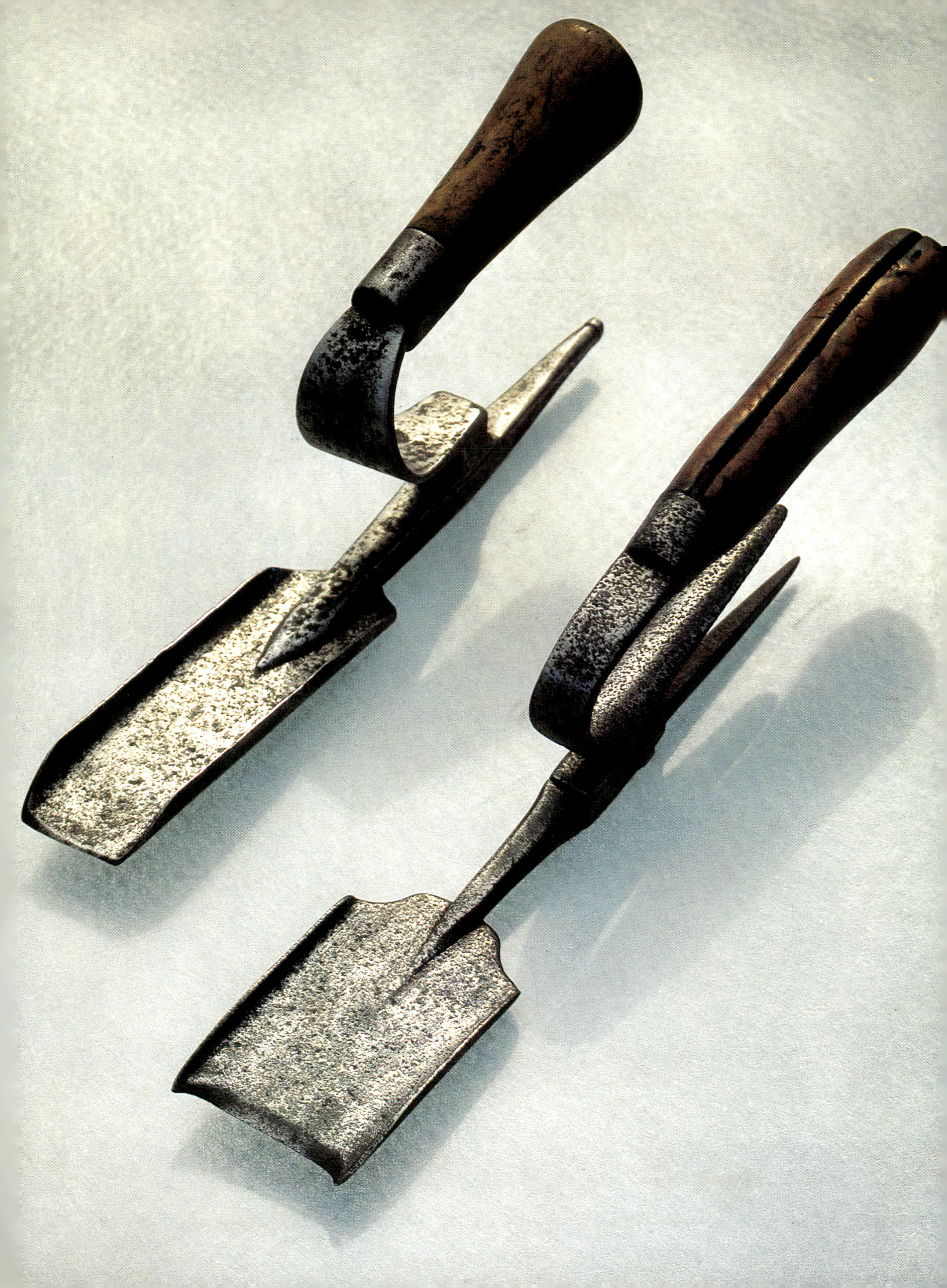

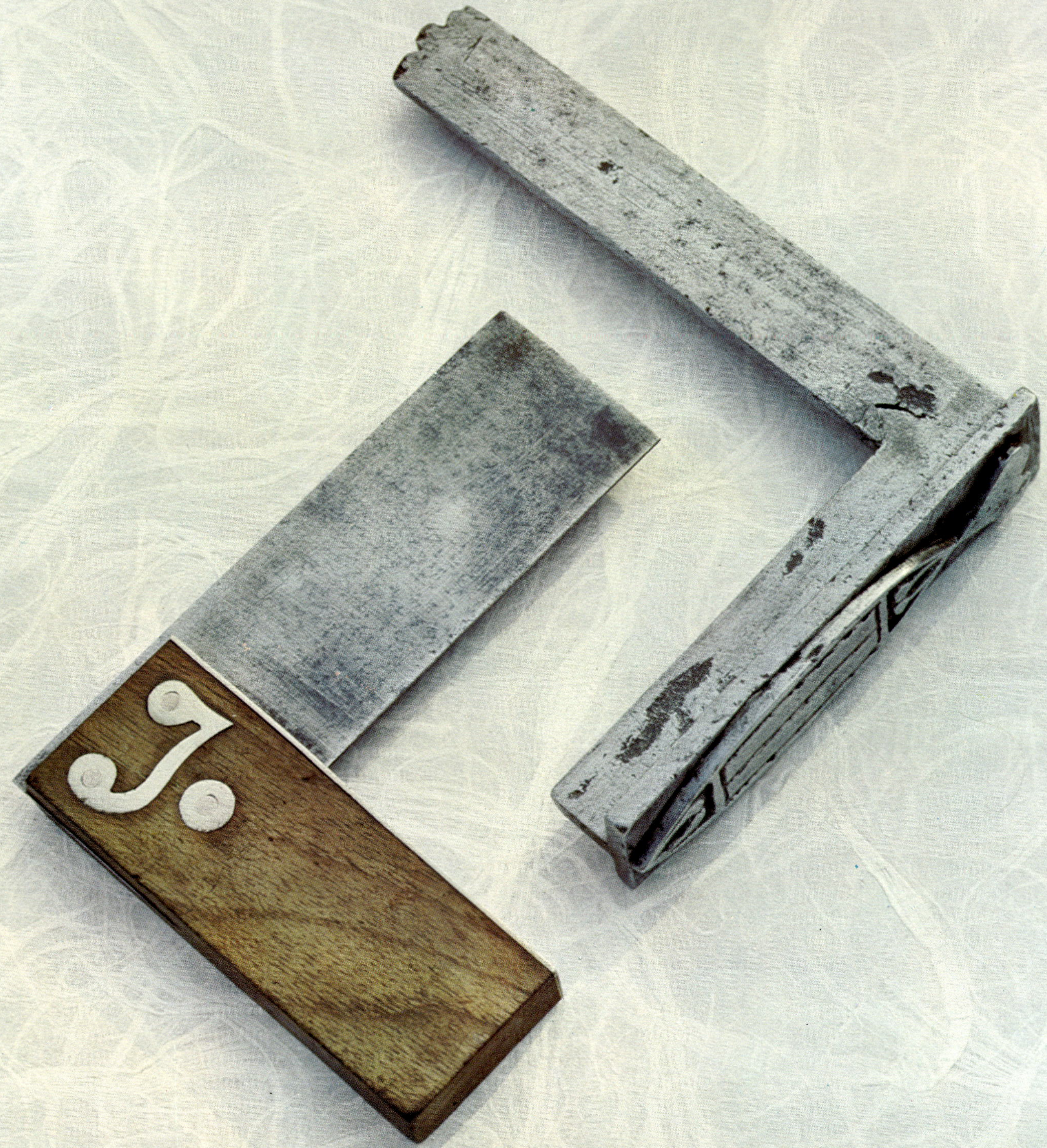

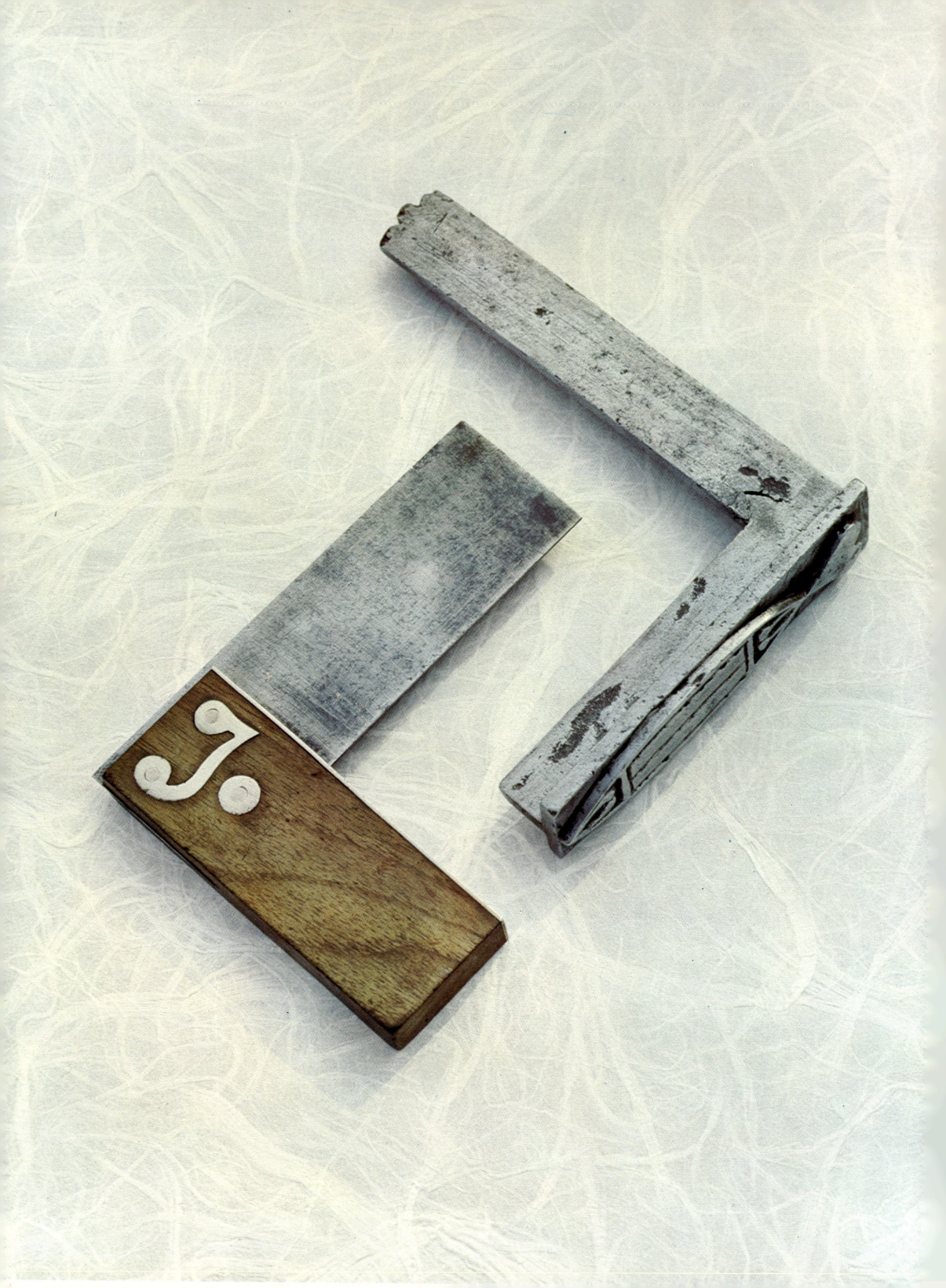

Zeichen der Dachdeckerzunft von Paris (19. Jahrh.)

Steinmetzzeichen

◀ 98   *Zwei Klauenschneider zum Abnehmen des überflüssigen Teils der Hornwand am Pferdehuf; der rechte Ellbogen wird auf den Oberschenkel gestützt, die rechte Hand schiebt die linke Hand hält zurück (Hufschmied).*

99   *Winkelmaß (Schreiner). Streichmaß mit Anschlag (Stellmacher).*

Die Zünfte

Mindestens seit dem 17. Jahrhundert haben die Zünfte ein allgemeines Zeichen, eine Kartusche mit einem offenen Zirkel, dessen nach unten weisende Spitze den fünfzackigen Stern umrahmen, darüber das Winkelmaß mit dem Winkel oben.

Zu diesem allgemeinen Zeichen treten oft verschiedene Werkzeuge, die eine Aufgabe, ein Handwerk oder etwas anderes symbolisieren. Anfangs herrschte wohl Einfachheit und Sparsamkeit der Symbole, doch dann kam es zu einer Zunahme der symbolischen (oder mnemotechnischen) Zeichen, die sich zwischen dem Ende des 18. und der Mitte des 19. Jahrhunderts besonders bemerkbar machte.

Die heutigen Darstellungen kehren zur Einfachheit zurück und dämmen die Überfülle von esoterischen Zeichen, Werkzeugen und Gegenständen ein. Besonders die Zimmerleute scheinen sich bemüht zu haben, in ihren bildlichen Darstellungen nüchtern und eindeutig zu bleiben. Man sollte auch darauf hinweisen, daß manche Werkzeuge wie Sichel, Kelle, Hammer, Libelle, Zirkel und andere heute in gewissen mystischen Bewegungen einen wichtigen Platz einnehmen. Hochindustrialisierte Länder und hochentwickelte soziale Gruppierungen suchten nach einfachen Symbolen mit klarer Aussage und griffen deshalb zwangsläufig zu den Werkzeugen.

Kennzeichnungen und Zeichen

Der Handwerker hat das von ihm hergestellte Werkzeug zu allen Zeiten gekennzeichnet.

Daß dieser jahrtausendealte, auch in den fernsten, unterschiedlichsten Kulturen übliche Brauch heute nicht mehr besteht, ist ein Anzeichen der Entpersönlichung der Arbeit infolge der modernen Industrialisierung.

Die durchbohrten Stäbe aus dem Magdalénien sind gekennzeichnet, ebenso die heutigen polynesischen Ruder, die Keramiken der Antike und die Quadersteine römischer Bauwerke. Im 13. Jahrhundert markierten die Steinmetzen entweder schon im Steinbruch oder auf der Baustelle die Steine für Kirchen und Dome. Diese Steinmetzzeichen, in denen man esoterische Darstellungen erkennen wollte, sind lediglich Herkunftsmerkmale (vgl. Abb.).

Ob es sich um ein Zeichen für einen immateriellen Wert, z. B. für die Zugehörigkeit zu einer bestimmten Gruppe (mit dem Hinweis auf eine Transzendenz) oder um eine Eigentumskennzeichnung handelt, die dazu dient, das Werkzeug oder die Waffe wiederzufinden – der Mensch möchte wiedererlangen, was ihm gehört, weil er es geschaffen oder errungen hat, weil es ihm anvertraut wurde, weil er es benutzt hat, weil er Wert darauf legt oder weil man ihn mißachten würde, wenn er es endgültig eingebüßt hätte.

Die Markierung ist weltweit verbreitet. Wenn sie aufgegeben wird, so nur unter Zwang. Sobald der Zwang entfällt und wieder größere Freiheit herrscht, taucht sie spontan von neuem auf. Die häufigste Kennzeichnung, die auch heute noch üblich ist, ist das Eingravieren oder Einstanzen des Namens oder der Initialen des Herstellers. Aus bildlichen Darstellungen geht aber hervor, daß sie auch aus systematischen, mehr oder weniger vereinfachten, schematisierten Zeichen bestehen kann, die sich auf das absolut Notwendige beschränken und ein leichtes Unterscheiden zwischen den Gegenständen erlauben (Beispiel: Marken der Eisenschmiede). Aus der geduldigen, beharrlichen Arbeit von Sammlern sind sehr viele Werke über die Signierung und Kennzeichnung von Kunstgegenständen hervorgegangen. Die Werkzeugzeichen sind noch nicht zusammengestellt. Dazu wäre eine langwierige, schwierige Forschungsarbeit nötig,

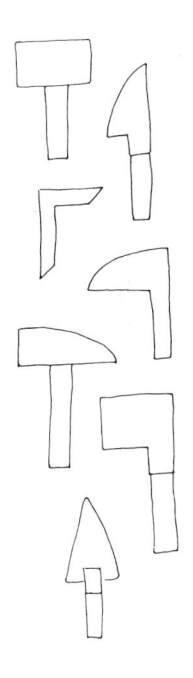

die sicher noch lückenhaft bliebe. Trotzdem glauben wir, daß sie in Angriff genommen werden wird.
Der Schreiner kennzeichnet den Hobel auf den Wangen.
Der Eisenschmied kennzeichnet sein Werkzeug auf dem Eisen des Körpers und nicht auf dem Stahl der Schneide.

Schmuck und Schnallen

Schmuckwaren mit Zunftzeichen gibt es heute noch. Meist sind es Krawattennadeln, Anhänger oder Nadeln, die man ins Knopfloch steckt, aus Silber oder vergoldetem Silber und mit den Kartuschen der Zünfte.
Man findet aber auch handwerkliche Goldschmuckmotive wie Hammer, Amboß oder Hobel. Wie bei den Schildern wird aber beim handwerklichen Schmuck meist das Erzeugnis abgebildet: Schlüssel, Wagen, Faß, Haus usw. Fast immer handelt es sich um Gaben, die bei Festen, Geburts- und Jahrestagen oder bei Freundschafts-, Zunft- und Familienfestmählern verschenkt wurden. Es ist allerdings festzustellen, daß solche Gegenstände heute unter den Schmuckwaren immer seltener werden.
Die kleinen Darstellungen aus Bronze (manchmal auch aus Silber, das durch Legierung gehärtet wurde und wahrscheinlich von alten Münzen stammte), die man »Gürtelschnallen« nennt, sind in Wirklichkeit die Schließen der Schürzen mancher Handwerker.
Mit den dargestellten Werkzeugen sind sie Sinnbild des jeweiligen Handwerks. Wahrscheinlich gab es sie schon im 18. Jahrhundert, und vielleicht werden sie heute noch hergestellt. Zweifellos haben sie ihren Ursprung in den Zünften (selbst wenn man sie später wahllos anfertigte und Handwerkern ohne Zunftzugehörigkeit beimaß), denn bei den in Zünften zusammengeschlossenen Handwerkern trifft man sie am häufigsten und in der größten Anzahl an. Diese Handwerke sind es auch, aus denen die verschiedensten und die schönsten Modelle dafür stammen.
Auf einer Fläche, die kleiner ist als eine Taschenuhr, die Berufswerkzeuge und ihre Erzeugnisse darzustellen, erfordert großes Können. Jeder Gegenstand muß erkennbar sein, so klein er auch wiedergegeben ist.
Die Schließen wurden in Formen gegossen und einzeln abgegratet und gefeilt. Manche sind besser gelungen als andere; vielleicht waren auch Bronzehandwerker daran beteiligt. Die dargestellten Werkzeuge ergeben eine gut ausgewogene Kartusche. Um sie zu verstehen, braucht man keine Erläuterungen. Auch wer mit handwerklichen Dingen nicht vertraut ist, vermag sie auf den ersten Blick zu identifizieren: Das Rad weist auf den Stellmacher hin, das Schloß und die Schlüssel auf den Schlosser, der Amboß auf den Schmied, die Querax auf den Zimmermann.
Die Schnalle war hinten mit einem querstehenden eisernen Haken versehen und diente zum Schließen der Schürze.
Am weitesten verbreitet waren die Gürtelschließen der Schreiner, Schlosser, Blechschmiede, Sattler, Stellmacher, Schmiede, Hufschmiede, Faßbinder, Schuhmacher. Manche trugen nur ein Zeichen, z.B. Schlüssel, Rad, Pferdekopf oder Stiefel.
Die einfachste Schließe, die in der Tradition der Handwerkszeichen steht, war herzförmig gestaltet.

Eisenschmiedzeichen

Der Werkzeugkasten

Wir haben schon mehrfach betont, wie sorgsam der Handwerker seine Werkzeuge behandelt, sowohl die eigenen als auch die des Betriebs. Trotzdem sei nochmals darauf hingewiesen, denn dies ist der Ursprung vieler Bräuche, aber auch gewisser Aufbewahrungs-, Trage- und Schutzutensilien, die untrennbar zum Werkzeug gehören. Darunter nehmen Werkzeugkästen, -säcke und -taschen einen wichtigen Platz ein.

Diese Hilfsmittel lassen sich in drei Kategorien unterteilen: Die einen bleiben in der Werkstatt oder auf der Baustelle, die anderen dienen zum Transport der Werkzeuge an den Arbeitsort, und die dritten werden vom wandernden Handwerker benutzt.

Bekannt ist der Werkzeugkasten, den der Handwerker mitnimmt, wenn er etwas abliefert und aufstellt. Selbst wenn der Platz für den betreffenden Gegenstand vorher genau ausgemessen wurde, ist doch das Aufstellen an Ort und Stelle eine Arbeit, an der man leicht den guten Handwerker erkennt.

Der schlechte Handwerker verrät sich dadurch, daß ihm immer ein Werkzeug fehlt, das der Lehrling oder er selbst dann holen muß.

Der Könner hat stets alles, was er braucht, in seinem Werkzeugkasten. Darin herrscht strenge Ordnung, damit auf kleinstem Raum und mit möglichst geringem Gewicht die notwendigen Werkzeuge Platz haben.

Der Werkzeugkasten des Schreiners
Der Werkzeugkasten des Schreiners ist aus Holz. Der waagrechte, leicht ausgehöhlte Deckel liegt fest auf den Wänden auf und dient als »Serviertisch«. Man legt während der Arbeit die leichten Werkzeuge darauf ab. Wenn er geschlossen ist, dichtet er gleichzeitig das bewegliche Kästchen mit Stiften und Bohreinsätzen ab.

Der Tragriemen besteht aus Leder oder einem geflochtenen Gurt. Er ist an den Schmalseiten befestigt. Vorn wird der Kasten mit Lasche und Knebel geschlossen; ein Vorhängeschloß schützt vor fremdem Zugriff.

Der Inhalt des Werkzeugkastens ist unterschiedlich. Vorhanden sind jedoch stets ein Hobel, ein Fuchsschwanz, ein Hammer, Schachteln mit Stiften und Schrauben, ein Leierbohrer mit Bohreinsätzen.

Die Schneidwerkzeuge, vor allem die Meißel, werden in Lappen gewickelt. Man verstaut die Werkzeuge möglichst sicher im Werkzeugkasten, damit sie beim Transport nicht gegeneinanderstoßen.

Das herausnehmbare Kästchen
Das herausnehmbare Kästchen ist sehr weit verbreitet. Es ruht oben im Werkzeugkasten auf zwei Querlatten oder auf Stützbolzen in den Ecken. Der Handwerker fertigt es mit seinen Unterteilungen so an, wie es ihm für den Gebrauch am praktischsten erscheint.

Der Deckel schließt dicht, damit der Inhalt (Stifte, Bohreinsätze, Schrauben, Lineale, Bleistifte etc.) nicht verstreut wird.

Der Werkzeugkasten des Maurers und Steinwirkers
Dieser längliche Kasten besteht aus verzinktem Eisen oder aus Zink. Im oberen Teil sind ziemlich schwere Werkzeuge untergebracht, und zwar in so großer Zahl, daß sie für jede Arbeit an der Baustelle ausreichen. Früher wurde der Werkzeugkasten in der Hand getragen oder noch öfter auf einem Rädergestell geschoben. Auf beiden Seiten befinden sich starke Griffe, so daß er von zwei Männern gehoben werden kann. Oft ist er mit einem großen Schloß oder mit einem Vorhängeschloß gesichert. Das Schloß und die Angeln sind mit Eisen beschlagen. Dieser Werkzeugkasten wird selten bemalt oder gekennzeichnet; jeder weiß, wem er gehört.

Der Werkzeugkasten des Installateurs
Dieser aus verzinktem Eisen oder aus Zink gefertigte Werkzeugkasten ist ebenfalls länglich. Der Deckel ist gewölbt wie bei einem Handkoffer.
Der Tragriemen ist kurz. Der Werkzeugkasten wird selten umgehängt; man hängt ihn über eine Schulter und hält ihn mit der Hand fest.
Das klassische Bild des Klempners zeigt ihn mit dem aufgerollten Schlauch über der einen und dem Werkzeugkasten über der anderen Schulter.

Die Beschlagtasche des Schlossers
Die Tasche ist zylinderförmig und ganz aus starkem Leder gefertigt, das an den Enden auf zwei Holzringe gezogen sein kann. Der Tragriemen ist an den Enden befestigt. Die Tasche wird umgehängt. Sie öffnet sich der Länge nach und hat außen ein Fach. Alle Werkzeuge für das Einsetzen von Schlössern und das Anbringen von Beschlägen sind darin enthalten.

Die Schürze des Dachdeckers
Es handelt sich um eine Lederschürze, die sich der Dachdecker mit einem Gürtel vorbindet. In der Tasche, die mit einem Band zugezogen wird, befinden sich die Nägel. In zwei Ringe am Gürtel kann der Dachdecker den Stiel des Hammers oder andere Werkzeuge stecken.

Ein Schlosser und sein Werkzeugkasten
Ein Kunstschlosser erzählt folgende Begebenheit aus seiner Zeit als Schlosserlehrling: »Auf Veranlassung ›meines‹ Gesellen (des Gesellen, der mich auszubilden hatte) bat ich um ein Stück Blech, um mir einen ›Werkzeugkasten‹ zu machen. Von Anfang an hatte ich heimlich einige Werkzeuge angefertigt und mit den Trinkgeldern andere Werkzeuge gekauft, und nun wußte ich nicht, wo ich diese kleine Werkzeugausrüstung unterbringen sollte. Der Meister schlug die Bitte ab, ebenso die Lohnerhöhung, um die ich gebeten hatte. Es war ein Samstag. Ich war dreizehneinhalb Jahre alt und arbeitete seit zwei Monaten in der Werkstatt.
Am Montag sagte der Meister zu uns Lehrlingen: ›Da habt ihr jeder ein Blech, macht einen Werkzeugkasten.‹
Der Geselle riet mir: ›Mach ihn recht schön; wer den schönsten Kasten hat, darf ihn behalten und bekommt Lohnerhöhung.‹ Ich machte mich an die Arbeit. Der Geselle erklärte mir, gewöhnlich biege man den Boden senkrecht und niete ihn an; er riet mir, die Ränder an den Seiten zu kürzen, damit sie in den Kasten passen, und sie dann zu nieten. Wir brachten dem Meister unsere fertigen Werkzeugkästen; ich hatte meinen Kasten sogar noch schwarz lackiert. Der Meister tat, als bemerke er das nicht. Am nächsten Samstag aber erhielt ich eine Lohnerhöhung, und der Meister gab mit meinen Werkzeugkasten.«

Taschen, Beutel, Säcke etc.
Viele Handwerker tragen ihr Werkzeug am liebsten in Lederbeuteln oder Stofftaschen, die sich an den Körper anschmiegen und auf dem Rücken oder auf der Schulter getragen werden können.
Einige Beispiele:
Die Hausschneider, die vor 1914 auf dem Land noch häufig anzutreffen waren, hatten Taschen oder Tuchbeutel, in denen sie Stoffe, Scheren, Fadenrollen, Nadeletuis und anderes jeweils gesondert eingewickelt transportierten. Das schwere Bügeleisen steckte in einer eigenen Tasche mit kurzem Riemen, die oft von einer Schulter auf die andere genommen wurde.
Der Werkzeugsack des Steinwirkers war aus starker Leinwand gefertigt.
Der Kesselflicker, der durch die Dörfer zog, führte einen Rucksack aus Tierhaut mit sich.
Manche herumziehenden Handwerker nannten ihren Werkzeugsack »Koffer mit vier Ecken«.

Die Behälter dienen gleichzeitig zum Schutz der Werkzeuge, so der dreieckige Köcher des Metzgers aus Holz mit Eisen- oder Kupferreifen, in dem mehrere Messer Platz haben, oder der Drahtkorb des Schuhmachers, an dessen Stelle oft auch ein alter Filzhut verwendet wird.

Die Werkzeuge der Heiligen

Die Götter des klassischen Altertums sind oft mit Geräten dargestellt, die ihre Tätigkeit und ihre Wohltaten für die Menschen symbolisieren. Bacchus trägt die Hippe, Vulcanus den Hammer.

Auch die gallischen Götter erkennt man gelegentlich an ihren Attributen. Esus trägt die Waldaxt, Epona den Schlüssel (der die Wohnstätten und Stallungen verschließt).

Besonders die christlichen Heiligen bieten uns mit ihren Attributen die merkwürdigste und aufschlußreichste Werkzeugsammlung dar. Die Werkzeuge erinnern entweder an ihr Martyrium oder an ihre weltliche Tätigkeit, also an ihren Beruf. Deshalb wurden die Heiligen von den Zünften oft als Schutzpatrone gewählt. Besonders aus diesem Grund sind zahlreiche Bildnisse und bis ins 19. Jahrhundert viele Darstellungen auf Tapisserien, Kirchenfenstern und Bannern entstanden.

Die Werkzeuge und die Heiligen seien im folgenden kurz zusammengestellt:
- Ahle des Schuhmachers: Krispin, Krispinianus, Ludgerus, Quentin, Benignus.
- Axt: Johannes der Täufer, Bonifatius.
- Besen (Löffel, andere Haushaltsgegenstände): Martha (Schutzheilige der Hausfrauen).
- Beil: Joseph (Schutzheiliger der Zimmerleute), Johannes der Täufer, Bonifatius, Gallus, Matthäus, Adrian.
- Blasebalg: Genoveva, Gudula.
- Doppelaxt: Olaf.
- Drillbohrer: Ludgerus, Salomon von Böhmen.
- Faß (Hippe): Vinzenz.
- Hammer: Adrian, Eligius, Martin, Reginald (Reinald), Otto.
- Hobel: Joseph.
- Kelle: Die vier gekrönten Heiligen, Marinus von Rimini, Willibald.
- Kneif des Schuhmachers: Krispin, Krispinianus.
- Kunkel: Die heilige Jungfrau, Genoveva, Margareta, Jeanne d'Arc, Solange, Gertrud von Nivelles.
- Leierbohrer: Faustin, Ludgerus.
- Löffelbohrer: Ludgerus.
- Mörser des Apothekers: Kosmas und Damian.
- Ofenschaufel des Bäckers: Albertus von Lüttich, Albert, Honorius (Schutzheiliger der Konditoren).
- Rasiermesser: Andreas.
- Ruder des Schiffers: Julianus.
- Säge: Joseph, Cyriakus, Simon, Judas, Euphemia.
- Sägebock: Pantaleon, Vinzenz.
- Schabmesser des Gerbers: Gervasius und Protasius, Claudius.
- Schere: Anastasia, Fortunatus.
- Schiffchen des Webers: Severus von Ravenna oder Severinus (der Weber war).
- Schlägel: Jakobus der Ältere, Barbara.
- Schmiedezange: Eligius, Agatha, Apollonia.

- Spindel: Die heilige Jungfrau, Genoveva, Margareta.
- Staffelei: Lukas.
- Walkholz: Jakobus der Jüngere.
- Werkbank des Goldschmieds: Eligius.
- Winkelmaß des Baumeisters: Judas, Thomas, die vier gekrönten Heiligen, viele heiliggesprochene Mönche, Erbauer von Kirchen und Klöstern.
- Zange: Agatha, Apollonia, Joseph von Arimathia, Nikodemus, Eligius.
- Zirkel: Die vier gekrönten Heiligen (Schutzpatrone der Steinwirker).

Der Heilige, der am häufigsten mit seinen Werkzeugen dargestellt wurde, ist ohne Zweifel Eligius. Er ist der Schutzheilige aller Metallarbeiter: Grobschmiede, Hufschmiede, Goldschmiede, Bronzegießer, Messingschläger etc. Auf seinen zwischen dem 14. und dem 17. Jahrhundert entstandenen Statuen sehen wir eine große Zahl von Werkzeugen: Hämmer, Zwingen, Zangen, Wirkeisen, Feilen. Oft sind sie nebeneinander auf der Amboßbahn liegend dargestellt. Wenn die Eligius-Statuen datiert sind, dienen sie auch zur Datierung von Werkzeugen, da die Zünfte bei der Abbildung ihrer Werkzeuge sehr genau arbeiteten.

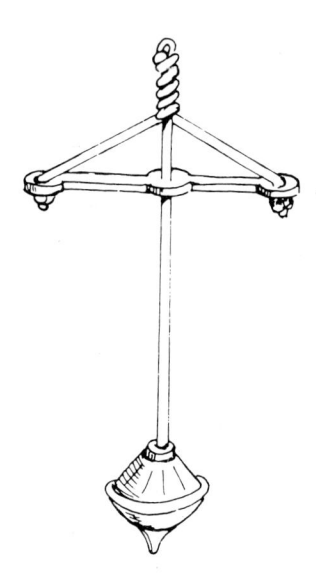

Bogenbohrer

Heraldik der Werkzeuge

In drei deutlich unterschiedenen Fällen wurden Werkzeuge zu heraldischen Motiven:

- Bei Familienwappen in Analogie zum Familiennamen (sprechende Wappen):

Dufaux (Forez): »Azurblau mit silberner, goldbestielter Sense« (la faux = die Sense).

Martel (Normandie): »Gold mit drei Tüllenhämmern« (le marteau = der Hammer).

Maillard (Picardie): »Silbern mit einem Löwen und drei Schlägeln« (le maillet = der Schlägel).

Daraus erklärt sich die Bezeichnung »sprechende Wappen«.

- Ist der Eigenname ein Handwerksname, so regt dies gelegentlich auch zu Werkzeugmotiven an:

Die Familien Fevre, Lefevre, Fabre, Faber (Schmied) und Maréchal (Hufschmied) tragen oft einen Hammer, ein Hufeisen, eine Zange im Wappen.

Faber (Österreich, Württemberg): »Azurblau mit silberner Zange, darüber eine goldene Krone.«

Die Familien Tixier, Teyssier, Tisseur (Weber) führen einen Weberkamm oder ein Schiffchen im Wappen.

- Werkzeugmotive finden sich bei den Stadt- und Zunftwappen, die im ganzen Abendland vom 14. Jahrhundert an verliehen wurden. Das Wappen der Hufschmiede von Paris: »Azurblau mit silbernem, goldbestieltem Wirkmesser, davor drei silberne Hufeisen, zwei und eines.«

Unter dem Einfluß der Schlosser, die vom 15. bis 19. Jahrhundert die Tradition wahrten, behielten die Handwerker den Brauch bei, ihre Werkzeuge und die Erzeugnisse ihres Handwerks in Werkstattschildern darzustellen, die sie vor und über ihren Werkstätten gut sichtbar aushängten, entweder in Form von Wappenschildern aus Eisenblech oder in Bündeln von Gegenständen, die heraldisch angeordnet sein konnten (2 und 1; 3, 2, 1; gebündelt oder als Pfähle, rechts oder links etc.).

Zwischen 1890 und 1920 kam es in den westlichen Ländern zu einem Wiederaufleben der persönlichen Siegel, Innungszeichen, Markenzeichen und Gütesiegel. Dabei wurden erneut Werkzeuge als Motive verwendet.

Wappen der Familie Maillard (Bretagne)

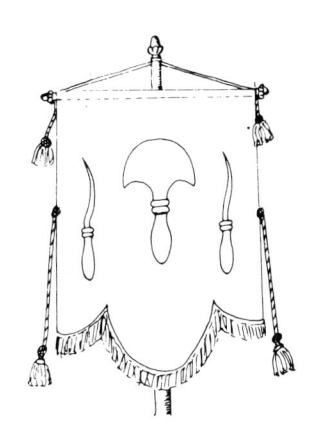

Banner der Schuhmacher von Bordeaux mit dem Zunftwappen. »Das silberne Lederschneidmesser in der Mitte, begleitet von zwei Spitzahlen als Pfählen.«

Wappen der Schneider von Basel (Ende des 15. Jahrh.)

Wappenbild der Maillardoz (Fribourg)

Siegelkunde

Die Privatsiegel und Beschauzeichen der Handwerker, Händler und Zünfte, die zwischen dem 13. und 15. Jahrhundert sehr zahlreich waren, stellten fast immer Werkzeuge oder Erzeugnisse dar. Sie wurden wappenfähig gemacht und vom 14. bis 17. Jahrhundert in Wappen aufgenommen. Soweit die Handwerke erblich waren, waren es auch die Wappen. Hielten die Familien an den ursprünglichen Zeichen fest, so wurden diese oft zum Ausgangspunkt der Familienwappen in späterer Zeit.

Bei einer Ausstellung für Sphragistik und Heraldik äußerte sich Meurgey de Tupigny darüber wie folgt:

»Auf dem Siegel der Faßbinderzunft von Brügge findet man einen Zirkel, bei den Scherern die Schafschere, bei den Webern das Weberschiffchen. Die Schneider und Näher führten eine Schere im Wappen, die Säger eine Säge, eine Axt und ein Seil, die Klempner einen Lötkolben. Die Gipser hatten ein Handbeil, die Holzschuhmacher ein Dachsbeil. Bei den Walkern war es die Wollkratze und das Walkholz, bei den Ziegel- und Strohdeckern der Dachdeckerhammer, bei den Stellmachern und Zimmerleuten die Axt, bei den Zimmerleuten kam noch das Winkelmaß hinzu, die Bäcker hatten eine große Ofenschaufel, die Barbiere Scheren und Rasiermesser.

Wie die Zünfte besaßen auch die Privatleute ihr Siegel, auf dem oft ihr Arbeitsgerät abgebildet war.

Die Liste ist endlos. Von den ältesten Siegeln seien genannt: Das Siegel von Toutain le Tisserand (le tisserand = der Weber) von 1211 zeigt ein Weberschiffchen, das Siegel von Simon le Pelletier von 1231 eine Schere (le pelletier = der Kürschner). Jean genannt le Charpentier (Zimmermann) hatte eine Axt (1253), ebenso Philippe de Jouy (1320) und Nicolas le Haveret (1361); sie waren Zimmerleute.

Das Siegel von Jean Le Fèvre, 1364 Dachdecker in Douai, zeigt einen Hammer und das von Perreau le Barbier ein Rasiermesser. Coel Raes führte die Wollkratze der Walker (1380), Jean l'Amendeur von Lille die Axt (1426), Laurent de Béraut den Rechen, ebenso Matthieu Auverey (1289) und Jean Lepoutre (1524).«

Die Druckerzeichen wiesen zwischen dem 16. und dem 18. Jahrhundert häufig Werkzeuge auf, die an den Namen oder die Devise des Druckers anklangen und manchmal einem einfachen Bilderrätsel glichen.

Genannt sei das Zeichen von Etienne Dolet (16. Jahrhundert), auf dem eine Hand ein Dachsbeil (la doloire = das Dachsbeil) über einem Holzklotz hält, und das Zeichen von Geoffroy Tory (16. Jahrhundert), das einen Bogenbohrer (le toret oder le touret = der Bogenbohrer) darstellt (vgl. Abb.).

Die Werkzeugsammlungen

100   Zwei Hackmesser (Metzger).

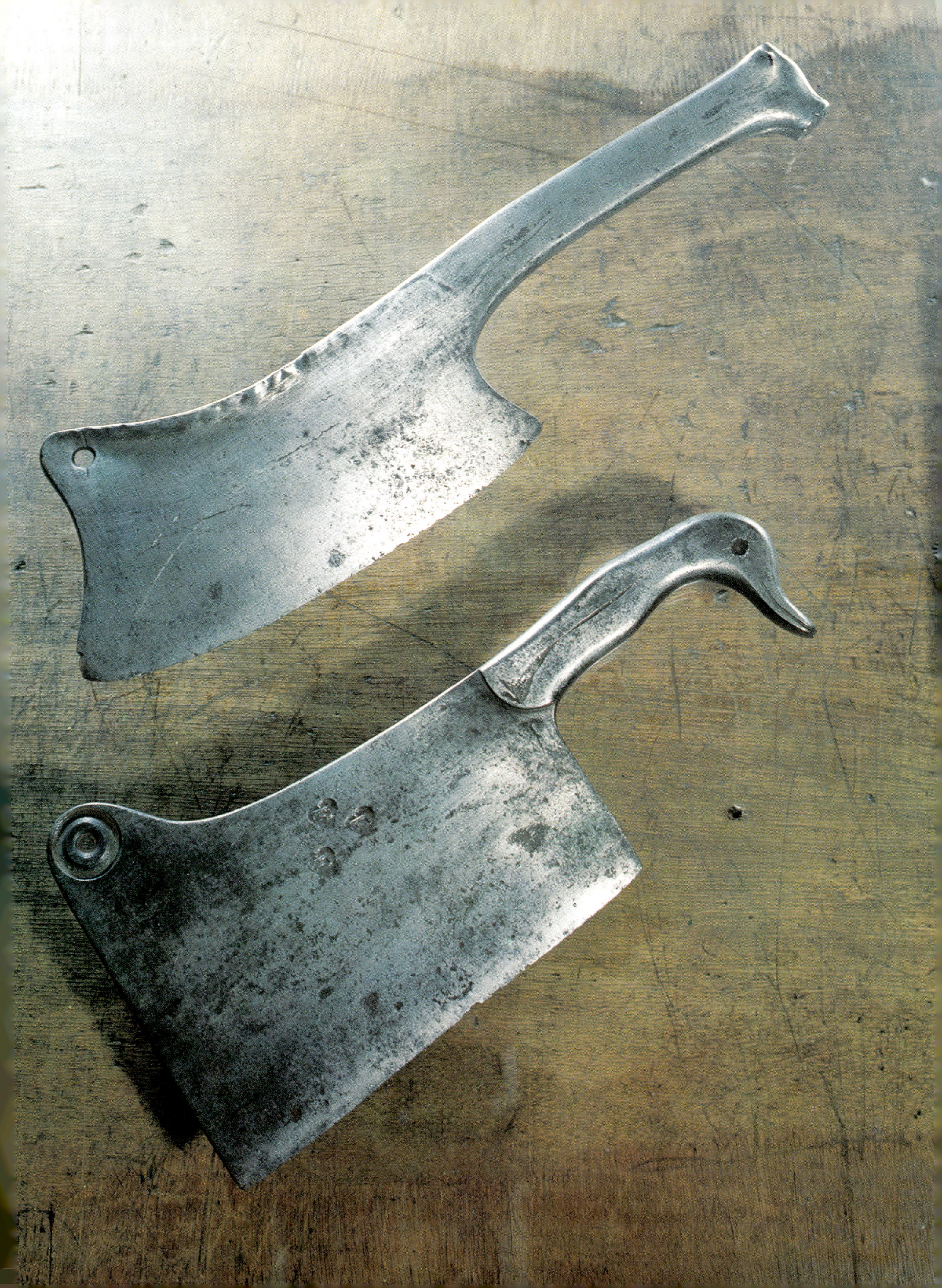

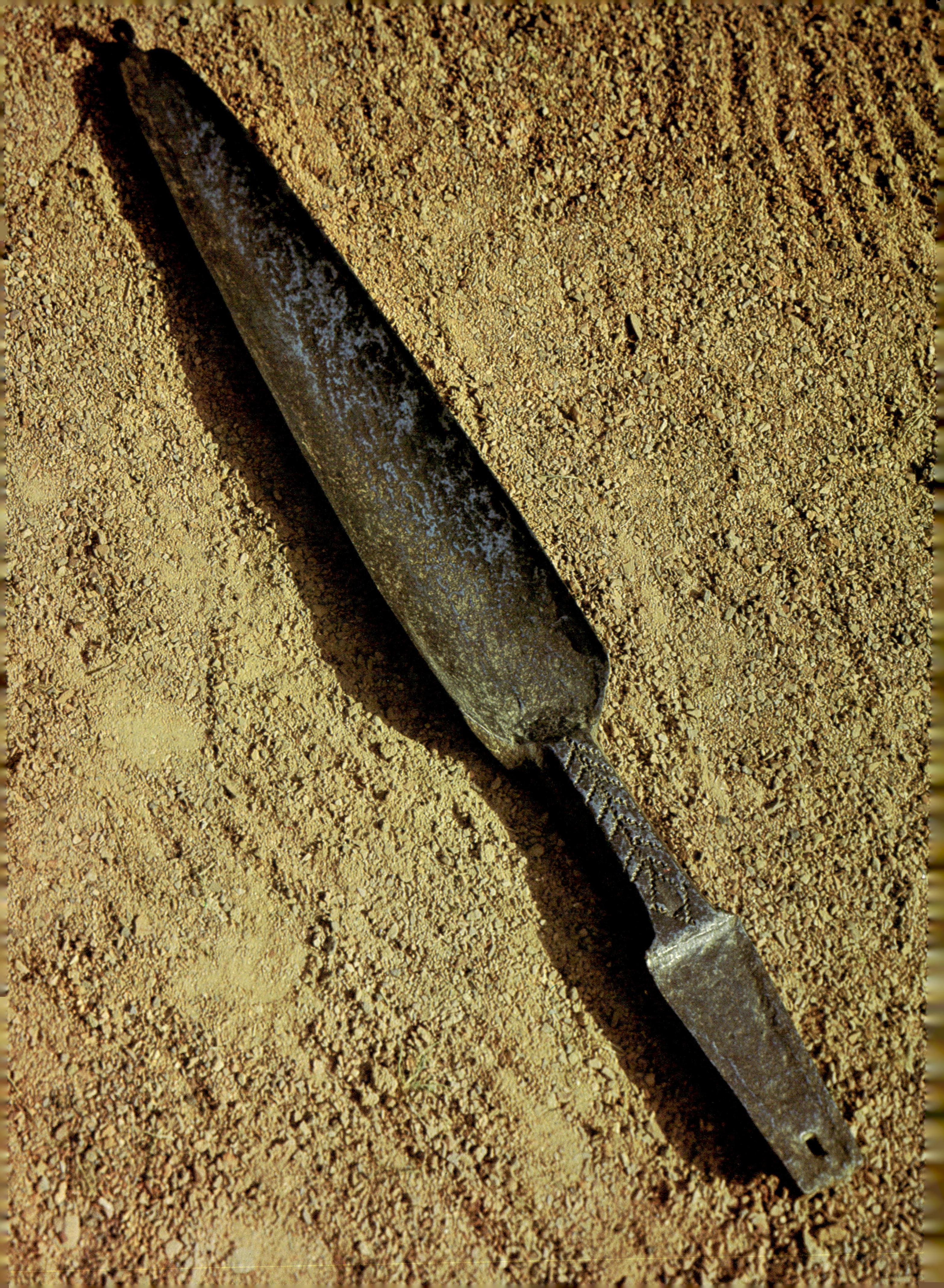

Sammlungen und Sammler

Der Geist des Sammelns

Die Werkzeugsammler, die gegen Ende des 19. Jahrhunderts auftraten, waren meist Sammler von volkskundlichen Gegenständen und wissenschaftlichen Instrumenten. Werkzeuge sammelten sie sozusagen nebenher. Die einen begannen mit Werkzeugen von untergehenden Handwerken, die anderen mit bestimmten Werkzeugen wie Zirkeln, verzierten Hobeln, Libellen, Drehbänken und einigen Maschinen. Wenn sie dazu auch »gewöhnliche« Werkzeuge sammelten, schätzten sie deren Wert erst später richtig ein.

Schon vor dem Zweiten Weltkrieg existierten einige bedeutende private Werkzeugsammlungen.

Während des Krieges konnten einige Werkzeuge, die nicht allgemein verbreitet waren, vor der Vernichtung durch die Alteisensammlung gerettet werden. Nach 1945 begannen mehr Sammler, Interesse für Werkzeuge zu zeigen. Die Zahl dieser Sammler nimmt stetig zu, während gleichzeitig die Kaufgelegenheiten immer seltener werden.

Daß das Sammeln von Gegenständen Vergnügen bereitet, ist unumstritten. Wenn es allerdings dem Wunsch nach einer lückenlosen Anhäufung von Dingen entspringt, ist das Vergnügen nicht ungetrübt, denn jede Anhäufung ist und bleibt unvollständig.

Die echte Sammlung ist jedoch, wenn man so sagen darf, von Anfang an vollständig. Sie ist von der Vorstellungskraft umfassend konzipiert und bildet ein Gefüge, in das sich die Stücke jedes an seinem Platz einfügen, in welcher Reihenfolge man sie auch findet. Der Augenschein überzeugt auch den Nichtfachmann: eine gute Sammlung vermittelt ihm eine Vorstellung vom Werkzeug.

Manche Sammler können zwar außergewöhnlich hohe finanzielle Mittel zur Verfügung stellen, wollen aber oft nur aus der Anhäufung von Dingen ein Zeichen ihrer Macht machen und scheitern daran. Wer aber vom Geist des Sammelns erfüllt ist, findet darin ebensoviel Befriedigung wie Enttäuschung.

Man sollte eine Sammlung nicht anlegen, um sich von Zeit zu Zeit das Vergnügen zu gönnen, sie anzuschauen, oder um eine quantitative Bilanz aufzustellen, die zu einer Schätzung des Handelswerts führt.

Selbst wer gierig Schätze aufhäuft, läßt sich manchmal von der Qualität der Sammlung beeindrucken, wenn sie sich vor seinen Augen ausbreitet. Daher rührt es, daß eingefleischte Egoisten, die ihre Sammlung versteckt halten, sich gelegentlich schon zu Lebzeiten zugunsten einer öffentlichen Dokumentation davon trennen oder sie, was häufiger ist, durch testamentarische Verfügung der Öffentlichkeit zugänglich machen. Sie hinterlassen damit einen bleibenden Beweis für ihr Interesse und ihre Mühe, die sie dafür aufgewendet haben.

Der Geist des Sammelns bringt denen, die er erfüllt, zuweilen auch unerwartete Einsichten. Man kann durch das Sammeln selbst sogar zu einem umfassenden Wissen gelangen, das Einzelkenntnisse – Ergebnisse des theoretischen Lernens – bei weitem übersteigt.

Von einer bestimmten Anzahl von Gegenständen an, besonders wenn sie ein gemeinsames Merkmal tragen (Material, z.B. Werkzeuge mit hölzernem Griff oder Stiel, Herkunft oder Handwerk), bietet eine Sammlung schließlich Stücke dar, deren Unterschiedlichkeit deutlich zutage tritt. Sie zeigt dann die *Entwicklung einer Kategorie von Gegenständen* und regt dazu an, die Ähnlichkeiten ebenso wie die Unterschiede festzustellen.

Wenn man danach sucht, erkennt man von einem Gegenstand zum anderen, was durch die traditions- oder gebrauchsbedingte Beibehaltung bestimmter Formen entstanden ist und welche Gründe zu Veränderungen geführt haben.

Handelt es sich um eine genügend große Anzahl von Objekten aus einer ziem-

101 Nabenbohrer zur Feinbearbeitung der Nabe (Stellmacher).

lich langen Zeitspanne, so erweisen sie, wie die Abwandlungen sich ankündigen, sich vollziehen und oft für immer beibehalten werden. Gelegentlich kann man auch erkennen, in welcher Richtung das Objekt sich weiterentwickelt.

Über den Geist des Sammelns hinaus hat man dann den *Geist des Objekts* aufgenommen; man ist von der Kenntnis zum Wissen fortgeschritten; man ist Fachmann und echter Liebhaber geworden und zum Kern der Dinge vorgestoßen.

Von da aus erweitert sich das Interesse wiederum und spürt dem Menschen nach, den Künstlern und Handwerkern, die diese Gegenstände hervorgebracht haben, und dem Denken, das sich in den von ihnen geschaffenen Formen verwirklicht hat.

Auf diese Weise wird eine Sammlung schließlich beredt. Sie antwortet auf Fragen und wird lebendig.

Der Werkzeugliebhaber

Unter den Sammlern haben wir eine Anzahl Liebhaber kennengelernt, die man oft auch »Bastler« nennen kann. Ihr Ausgangspunkt war die Suche nach brauchbaren Werkzeugen für ihre kleine Werkstatt, und schließlich spürten sie aus Gefühlsgründen auch dem schönen Werkzeug nach.

Die Zahl dieser Sammler ist nicht gering. Sie sind anspruchsvoll und verdienen Aufmerksamkeit wegen ihrer Bemühung, alte Werkzeuge wieder instandzusetzen und zu gebrauchen.

Oft werden sie belächelt, aber ihre Vorliebe für Handarbeit läßt den Spott an ihnen abgleiten. Sie fühlen eine zwingende, nicht zu unterdrückende Berufung. Selbstverständlich sind sie sich darüber im klaren, daß zwischen ihnen und den Handwerkern ein Unterschied besteht. Der Handwerker steht in einer Tradition, sie nicht. Der Handwerker hat einen Meister, der seinerseits in seinem Handwerk ausgebildet wurde, der Bastler muß sich seine Kenntnisse aus eigener Initiative aneignen. Oft bedauert er, daß die Kette, die ihn mit seinen handwerklichen Vorfahren verbunden hätte, abgerissen ist. Wenn er aber Qualitätsarbeit schätzt, wird er den »Heimwerker« bald hinter sich lassen und gelegentlich sogar handwerkliches Können erreichen. Häufig bittet er Fachleute um Rat. In diesem Stadium nähert er sich sowohl den Handwerkern als auch den großen Sammlern. Er liebt die Werkzeuge, er pflegt sie, er beschafft sie sich, auch wenn er sie vorläufig nicht braucht, und er wartet, bis er sie gut genug kennt, um sie richtig zu benutzen.

Daß alte Werkzeuge und heutige Maschinenwerkzeuge in der kleinen Werkstatt des Bastlers nebeneinander vorhanden sind, bedeutet keine Wertminderung des alten Werkzeugs, ganz im Gegenteil.

Der Werkzeugliebhaber hat übrigens erhabene Vorbilder: Papst Silvester II. (Mechaniker und Uhrmacher), die Könige Ludwig XIII. und Ludwig XVI. von Frankreich, den Herzog von Charost (Optiker), Victor Hugo (Schreiner).

Die Philosophen haben sich damit beschäftigt, warum Amateure eine Vorliebe für handwerkliche Tätigkeit entwickeln. Auf Grund der Ergebnisse einer Umfrage sieht der Soziologe Lévi-Strauss darin den Widerstand gegen die Zwänge der Mechanisierung, die bei manchen Menschen eine spontane Reaktion hervorrufen, und einen Zug der heutigen Philosophie: die Rückkehr zu den Anfängen. Er sagt: »Es ist eine freie und freiwillige Tätigkeit, die mit der konkreten Wirklichkeit verbunden ist, eine der letzten Möglichkeiten, daß der Einzelne sein Teil schöpferischer Freiheit wahrt, und zwar mit einem Werk, das ganz sein eigen ist und von seiner Persönlichkeit zeugt. Man muß deshalb darin einen tiefen Ausdruck der Persönlichkeit sehen.«

Manche Leute, die Werkzeuge aufbewahren und aufhäufen, wissen gar nicht, daß sie Sammler sind. Oft haben wir bei noch tätigen Handwerkern eine erstaunliche Menge von Werkzeugen gefunden. All diese Handwerker erläuterten, sie seien die letzten Vertreter eines im Untergang befindlichen örtlichen Handwerks, und sie arbeiteten als letzte Praktiker noch für Kunden, die ihnen alte Dinge zur Reparatur und Auffrischung anvertrauten.

Auf verschiedenen Wegen, durch Erwerb bei Nachlaßversteigerungen, aus Erbschaften, durch Tausch, als Funde etc. sammelten sich die Werkzeuge bei ihnen in großer Zahl. Wohin werden nach ihrem Tod diese Werkzeuge geraten, die von Fachleuten wegen ihrer handwerklichen Vorzüge ausgewählt wurden? Trödler und Antiquitätenhändler haben dafür wenig Interesse, weil kaum nach Werkzeug gefragt wird und es ihnen deshalb unverkäuflich erscheint. Wenn sie sich jedoch trotz dieser negativen Aspekte entschließen könnten, solche Werkzeugsammlungen zu übernehmen, wäre dies sehr wünschenswert. Auf diesem Wege würden wenigstens einige Sammlungen vor dem Untergang gerettet und kämen in Privathand, wo sie auch am Platz wären.

Wie man Sammler wird

Als periodisch auftretendes Phänomen ist zu beobachten, daß sich das Sammlerinteresse auf bestimmte Kategorien von Gegenständen richtet. Das kann sich plötzlich oder langsam vollziehen, es kann um kindische oder wertvolle Dinge kreisen, es kann sich als beständig oder als flüchtig erweisen.

Wichtig ist, auf solche Episoden zu achten und die Gründe zu erforschen, sowohl die oberflächlichen (eingestandenen) als auch die tieferen (uneingestandenen oder unbewußten) Gründe. Das allgemeine Interesse für Werkzeuge, die man jetzt für Sammlungen erwerben kann, ist keineswegs ein Übergreifen der Vorlieben einiger großer Sammler. Der Antiquitätenhandel hat sich seit dem Krieg stark ausgeweitet, und es gibt Antiquitätenhändler, die sich auf ausgefallene Dinge spezialisiert haben. Alle Gegenstände, die außer Gebrauch kommen, werden im Lauf der Zeit Raritäten. Seit ungefähr zehn Jahren findet man bei diesen Händlern alte Hämmer (oder Hämmer, die als alt ausgegeben werden), Zimmermannszirkel, sogenannte Henkersbeile, Schmiedezangen, Hobel, Dachsbeile. Viele Werkzeuge sind schon vertreten, aber nicht alle; es gibt Lücken.

Manche Werkzeuge wecken eben noch kein Kaufinteresse. Der Händler, der in diesem Zweig des Antiquitätengeschäfts noch nicht erfahren ist, verhält sich abwartend, weil es ihm schwerfällt, beim Ankauf und Verkauf einen Preis festzusetzen. Da er noch kein Kenner ist, vermag er seine Forderungen nicht zu begründen.

Die Werkzeugsammler aus Liebhaberei, die wir am häufigsten antreffen, wenden sich nur selten an den Antiquitätenhandel.

Einige Werkzeugsammler kommen zu Wort

Im Rahmen einer Umfrage haben wir einigen Werkzeugsammlern einen Fragebogen vorgelegt, der folgende Fragen enthielt:
A) Mit welchem Werkzeug haben Sie angefangen?
B) Welche Eigenschaft besticht Sie an dem Werkzeug, das Ihnen zusagt?
C) Welchen Fehler finden Sie an dem Werkzeug, das Sie nicht interessiert?
D) Welche Arten von Werkzeugen suchen Sie derzeit?
E) Haben Sie schriftliche Dokumente aufgetrieben?
Im folgenden bringen wir eine Auswahl von Antworten.

A., Ingenieur

Hat mit gedrechselten Gegenständen angefangen. Suchte dann Werkzeuge der Holzbearbeitung, vor allem Hohl- und Flachmeißel und Werkzeuge mit Schneidklinge. Möchte ein Haus auf dem Land haben und dort alte Drehwerkzeuge sammeln. Lehnt »grobschlächtiges Werkzeug« ab.

N., Beamter, Volkskundler

Hat mit landwirtschaftlichen Geräten angefangen, um sie »vor dem Untergang zu retten«, und kam zu den Werkzeugen, »mit denen man diese Geräte macht«. Spezialisiert sich auf Holzbearbeitungswerkzeuge. Lehnt Werkzeuge ab, »die mir nichts sagen«.

F., Angesteller, großes handwerkliches Geschick

Hat sich zuerst großzügig mit heutigem Werkzeug eingedeckt, um es zu gebrauchen. Kam dann zu den alten Werkzeugen für die Holzbearbeitung, um sie ebenfalls zu benutzen. »Sie sind in ihrer Präsenz den heutigen weit überlegen.« Schließlich bewahrte er sie gesondert auf, verwendet sie aber noch gelegentlich. Lehnt »schlechte Werkzeuge« ab.

S., Verwaltungsdirektor, gehobenes Bürgertum, wenig handwerkliches Geschick, Kenner in seinem Hobby

Sammelt nur Werkzeug und Gerät für die Textilbearbeitung: Schiffchen, Gerät zur Verfertigung von Spitzen und zum Sticken, Nadeletuis etc. Besitzt eine schöne Sammlung und kennt sich im Gebrauch der Gegenstände sehr gut aus. Mögliche Erklärung: Seine Mutter war in der Herstellung von Spitzen und Stickereien sehr geschickt. Lehnt »alles andere Werkzeug« ab.

V., Schriftsteller, Astronom aus Liebhaberei

Hat mit Uhrmacherwerkzeugen angefangen, »wegen ihrer Präzision und weil sie im Umfang auf die reine Nützlichkeit beschränkt sind«. Es folgten verschiedene Werkzeuge zur Eisenbearbeitung. Sucht heute »alle Werkzeuge«. Abneigungen: Keine, denn »das gute Werkzeug klingt«.

P., Arzt

Hat mit Schlössern, Vorhängeschlössern und alten Riegeln angefangen, mit Kunstschmiedearbeiten weitergemacht und kam schließlich zu den Schmiedewerkzeugen. Er sagt, bei einem Besuch im Musée Le Secq des Tournelles in Rouen seien ihm die Augen aufgegangen. Er bevorzugt »schönes Werkzeug«, ohne weiter zu präzisieren. Lehnt Werkzeuge für die Holzbearbeitung ab.

V., A., Chemiker, Bücherfreund

Sammelt preiswerte malerische Gegenstände, »die mir phantasievoll erschienen, ich verfügte nur über sehr beschränkte Mittel«. Eine ungewöhnliche Begebenheit: »Eines Tages überfiel mich der Wunsch, Werkzeuge zu retten, die ein Schrotthändler einschmelzen wollte.« Wachsendes Interesse für alle Werkzeuge. Wurde ein sehr kenntnisreicher Sammler. Lehnt »grobes Werkzeug« ab.

S., Beamter, Sohn eines Kunsttischlers

Wollte nach dem Tode seines Vaters dessen Werkzeug behalten, während die Mutter es wegwerfen wollte. Anfänglich aus Gefühlsgründen Interesse für Werkzeuge zur Holzbearbeitung, dann für »schöne Werkzeuge«. Sucht Werkzeuge, »die gut aussehen«. Benutzt diese Werkzeuge nie. Lehnt die Werkzeuge zur Eisenbearbeitung und sonstige außer den Holzwerkzeugen ab.

N., Photograph, geschickter Bastler, Vater ebenfalls Bastler

Hat mit photographischen Raritäten angefangen (alte Photoapparate, alte Photos), sammelte dann feinmechanische Werkzeuge und schließlich Goldschmiedewerkzeuge. Sammelt in all diesen Bereichen weiter. Lehnt große Werkzeuge ab: »Die sind mir zu klobig, kein Interesse.«

Eine Bemerkung sei noch angefügt: Wir erhielten auch Antworten von vielen Handwerkern, in deren Werkstätten sich wertvolle Stücke befinden; diese Teilnehmer an der Umfrage reihten wir jedoch nicht in die Kategorie der gewöhnlichen Sammler ein.

102 Kloben mit umgebogenen Backen zur Schonung der Hand (Mechaniker).

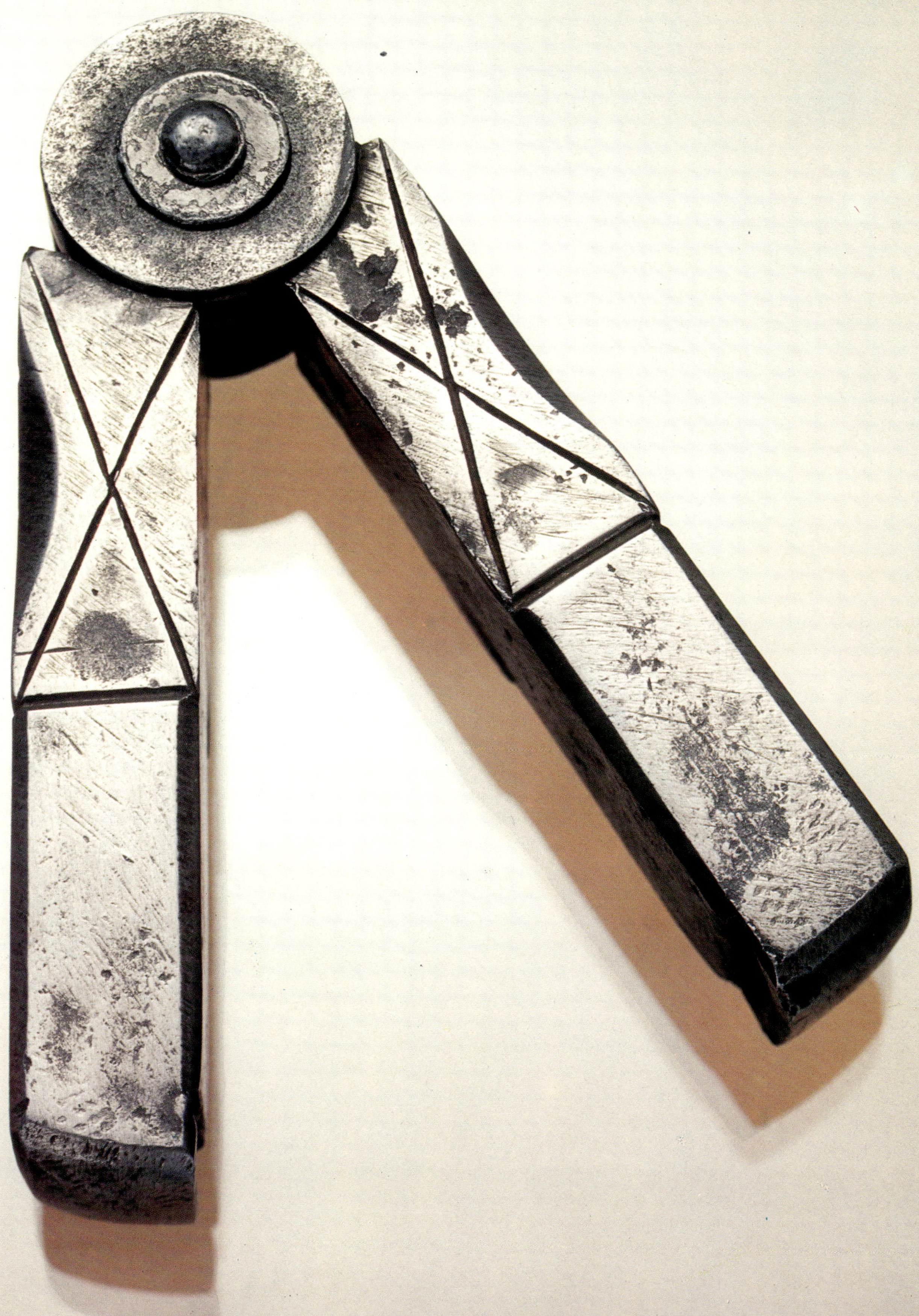

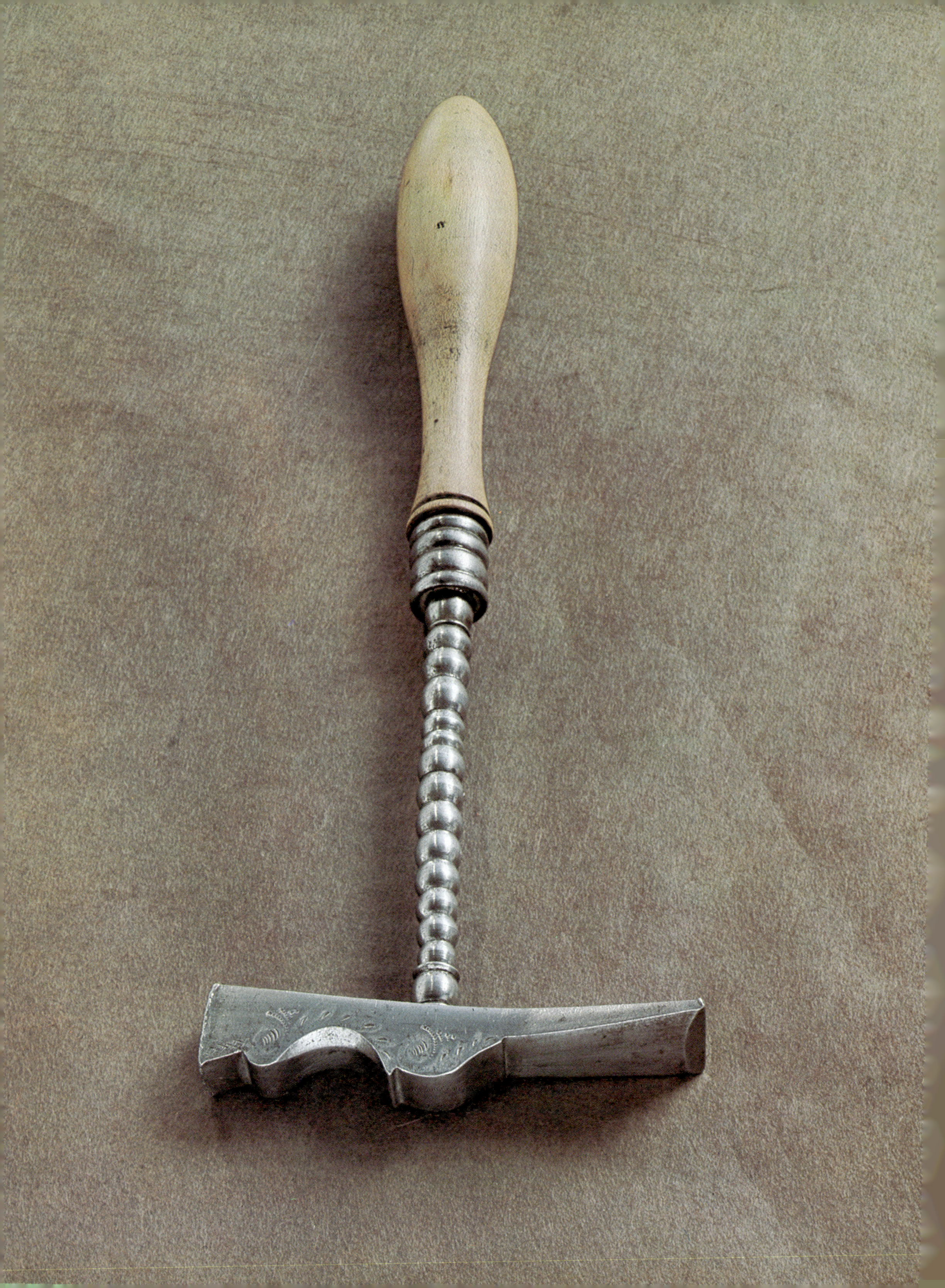

Schönheit und Schmuck

Das verzierte Werkzeug

Das Werkzeug wird wie ein Haus, eine Kirche oder eine Festung mit einer bestimmten Absicht konstruiert. Es ist in gleichem Maß ein Ergebnis von Architektur, obwohl es viel kleiner ist.

Jeder, auch der einfachsten Konstruktion liegt ein Plan zugrunde. Auch das Werkzeug wird erst in der Theorie, dann in der Praxis geschaffen.

Der Handwerker, der das Werkzeug anfertigen will, hat den Plan im Kopf ausgearbeitet. Der Plan einer Konstruktion kann in einer Zeichnung Gestalt annehmen, er kann aber auch unaufgezeichnet bleiben und trotzdem seine Erfordernisse hinsichtlich der Dimensionen, Proportionen, Massenverhältnisse und Strukturenanordnungen enthalten. Für den, der solche Konstruktionen gewöhnt ist, genügt eine geistige Vorstellung, um diese Richtlinien aufzustellen. Das Formengedächtnis der Handwerker ist erstaunlich.

Um aus dem Rohmaterial den endgültigen Gegenstand herzustellen, hat der Handwerker drei Möglichkeiten: Abtragung, Beifügung und Umwandlung von Material. Diese drei Verfahren sind Schlüssel zu den endgültigen Formen.

Holz nimmt durch Abtragung und Auflage von Material Gestalt an, Eisen durch Verformung, Auflage und Abtragung.

Bei den Holzwerkzeugen geht es darum, die größte Festigkeit bei kleinstem Volumen zu erzielen. Man bemüht sich also, den natürlichen Zusammenhalt der Fasern auszunützen. Daher rührt bei den Holzwerkzeugen die Menge der zylindrischen Formen, der Parallelflächner, der runden, ovalen, quadratischen oder rechteckigen Querschnitte.

Eisen kann dagegen beim Schmieden und bei der Bearbeitung im Schraubstock gerade, gebogene, symmetrische und asymmetrische Formen annehmen, so daß Ausbauchungen, Einbuchtungen und alle möglichen, mit der Festigkeit zu vereinbarenden Abwandlungen entstehen.

Wir haben auf die funktionsbedingten Gründe für die Formen gewisser Werkzeuge hingewiesen und einige Proportionsbeziehungen genannt, die sie zu schönen Werkzeugen werden lassen. Nun ist noch aufzuzeigen, daß die an bestimmten Stellen angebrachte Verzierung oft eine funktionelle Bedeutung hat und in jedem Fall auf einer Absicht beruht, die man aufdecken kann.

Ein Werkzeug zu verzieren bedeutet nicht so sehr, daß man hier und dort etwas wegnimmt, um es schlanker zu machen, oder daß man ein dekoratives Teil hinzufügt, sondern daß man durch die genaue Plazierung eines Formelements die innere Schönheit hervortreten läßt.

Schon das roh geformte Werkzeug in der Schmiede oder der Schreinerei ist von den Händen eines Meisters mit den wichtigsten Elementen seiner Schönheit geschmückt, mit Kraft und Eleganz. Erst dann kommt die Abtragung, meist um die scharfen Grate zu entfernen, die bei der Handhabung, beim Drücken, Schieben oder Ziehen des Werkzeugs stören würden.

Beim Werkzeug als einem funktionalen Objekt ersten Ranges wird größter Wert auf zweckmäßige Form und notwendiges Volumen gelegt. Wie bei guten Bauwerken findet man bei guten Werkzeugen die Schmuckmotive nur an Stellen, wo sie einen Rhythmus in den linearen oder räumlichen Proportionen hervorbringen.

Als Beispiel seien die kupfernen, rosettenförmigen Nieten auf manchen Messergriffen genannt. Es sind lediglich Nietscheiben, die blütenförmig gestaltet sind, damit sie besser angebracht werden können. Sie zeigen die Punkte an, an denen sich die zur Verbindung der Teile aufgewendete Kraft konzentriert.

Diese Schmuckformen trifft man häufig an. Sie haben ihre Parallele in der Architektur, wo solche Motive auf Verbindungsstellen hinweisen, an denen

Verzierung eines Zirkels

103   Hammer (Handwerk?)

Verstärkungen angebracht und technische Schwierigkeiten auf sichtbare Weise gelöst wurden.

Verstärkungsteile sind in ihren Konturen oft dekorativ gestaltet. Dadurch tritt ihre Bedeutung besonders hervor. Dies gilt für viele Metallbeschläge auf Holz. Wenn verschiedene Formen zusammentreffen, verwendet der Handwerker an dieser Stelle nicht selten ein kaum modelliertes, dekoratives Teil, das jedoch sofort ins Auge fällt. Auch hier handelt es sich meist um eine Verstärkung, besonders bei geschmiedeten Gegenständen, bei denen ein im Verhältnis zum Modul verdicktes Teil mit größter Sorgfalt gestaltet wird.

Dies trifft zum Beispiel für den Eisenring an der Triebstange des Leierbohrers unter dem Handgriff zu. Er war notwendig, als die Stange in zwei Teilen geschmiedet wurde. Die Achse des Griffs wurde damals in ein Gewindeloch geschraubt und mit einem Bolzen festgehalten. Die Verstärkung dieses Teils war deshalb gerechtfertigt. Sie wurde auch bei den Modellen beibehalten, bei denen die Stange in einem Stück geschmiedet und der Griff (in zwei Teilen) aufgesetzt wurde.

Selbst wenn also die Verzierung sehr klein ist und kaum ein Relief aufweist, ist sie doch deutlich bemerkbar für den Blick, der das Ganze erfaßt hat und sich den Einzelheiten zuwendet.

Der Handwerker, der das Werkzeug verzierte, wollte damit etwas aussagen. Dieser Aussage gilt es nachzuforschen. Gelegentlich geht die Entstehungszeit daraus hervor.

Bei den Bohr- und Schneidwerkzeugen treten die Holzteile gegenüber den Eisenteilen zurück. Die Entstehung dieser Eisenteile kann gewisse Formen erklären. Aus der zeitlichen Entwicklung der Schmiedekunst erläutern sich gewisse gebogene Formen von Schmuckmotiven, die an bestimmten Stellen angebracht sind.

Der achteckige Querschnitt mancher Werkzeugschäfte ergibt sich aus der Bearbeitung auf dem Amboß.

Ob Verzierungen von einem Werkzeug zum andern Ähnlichkeiten oder Unterschiede aufweisen, können wir nur anhand mehrerer Werkzeuge feststellen, die demselben Gebrauch dienen. Man muß also viele verzierte Werkzeuge gesehen und genau geprüft haben.

Die Verzierung ist in erster Linie ein Merkmal der Hervorhebung. Der Handwerker wollte auf diese Weise ein ganz bestimmtes Werkzeug auszeichnen, oft das Werkzeug, das bei manchen Arbeiten unter verschiedenen Werkzeugen die entscheidende Aufgabe erfüllte. Daher rührt es, daß folgende Werkzeuge am häufigsten verziert sind:

Lineale, Winkelmaße, Zirkel, Streichmaße; sie dienen zum Ausmessen und Anzeichnen der Linien und Punkte, nach denen alle notwendigen Arbeiten ausgeführt werden können.

Wendeeisen und Schränkeisen.

Kloben und Zwingen.

Leierbohrer (Verzierungen an Griff und Kurbel).

Rauhbänke (Verzierungen am Handgriff).

Wirkmesser (Klauenschneider) der Hufschmiede, mit denen vor dem Beschlagen der überflüssige Teil der Hornwand am Pferdehuf abgenommen wurde und die am aufgebogenen hinteren Ende oft die Form eines Hufeisens tragen (Abb. 97).

Ziernieten eines Messers

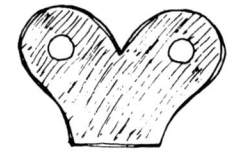

16. Jahrh.

17. Jahrh.

18. bis 20. Jahrh.

Befestigungsplatten für Schraubstöcke

Abfasung   *Verzierte Abfasung*

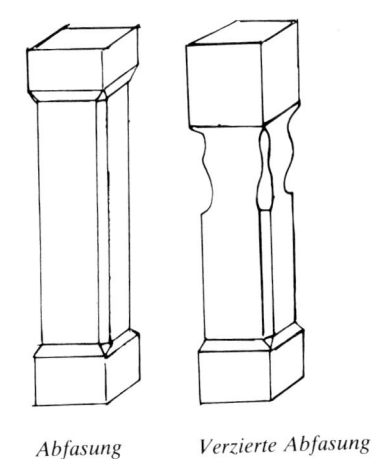

Beispiele für Verzierungen

Manche Teile am Werkzeug eignen sich mehr für Verzierungen als andere, so beispielsweise Kanten, Rundformen, Ringe, Kehlen, Verstärkungen, Griffe, Drehschraubenköpfe, Stiele und Holme.

Man bemerkt schon bei dieser Aufzählung, daß es meist die angrenzenden Teile der Stellen sind, auf die sich die Hand legt, aber nicht diese Stellen selbst. Sieht man näher zu und stellt man Vergleiche an, so erkennt man, daß die Verzierung die Grenzen der Griffstelle sowohl für das Auge als auch für die Hand anzeigt. Manche Guillochen verstärken die Griffstelle; eine Folge von Reliefverzierungen dagegen hält die Hand davon ab, das Werkzeug an dieser Stelle zu ergreifen.

Die Verzierung hat also, meist ohne daß es auf den ersten Blick deutlich würde, einen objektiven, funktionellen Wert. Sie ist für den Handwerker, der daraus etwas für das Auge besonders Angenehmes macht, zugleich ein Mittel, um diese Anregungen und Forderungen zu verwirklichen. Er wendet dafür Zeit, Kenntnisse und Zuneigung auf.

Im folgenden seien einige Schmuckmotive für Werkzeuge und die Werkzeugteile, an denen man sie am häufigsten findet, aufgeführt:

Befestigungs- und Verstärkungsteile: Am Anfang und dann noch lange Zeit, bis sich die kleinsten notwendigen Abmessungen herausgestellt hatten, waren diese Teile übertrieben groß, d.h. sie hatten ein Volumen, das nur teilweise nötig gewesen wäre.

Von der massivsten Ursprungsform ausgehend wurde das Werkzeug im Lauf der Zeit immer leichter. In dieser Übergangszeit erhielt es oft durch verbleibende Vertiefungen und Erhöhungen einen Schmuck.

In den Museen finden wir viele große Hobel, Rauhbänke und Fügehobel, die mit Figuren verziert sind. Besonders vom 14. bis zum Ende des 17. Jahrhunderts kann man bei diesem Werkzeug üppige Schnitzereien feststellen.

Dies ist wichtig, denn diesem Schmuck verdanken wir die Erhaltung von Stücken, die sonst kein Interesse gefunden hätten. In diesen erhaltenen Sammlungen können wir unabhängig von der ästhetischen Befriedigung die objektive technische Entwicklungsgeschichte des Hobels erkennen.

Diese Verzierungen sind (bis auf die Schnitzerei der Nase, die heute noch Holzhandwerker reizt) zu Beginn des 18. Jahrhunderts fast vollständig verschwunden. Die Verstärkungsteile aus Eisen sind in den Ansatzstellen und am Ende verziert. Wenn es (gerade oder gebogene) Klingen sind, enden sie oft in einer dreilappigen Form, die in der Zeit vom 16. bis zum 18. Jahrhundert auch in Ländern, die ziemlich weit von Frankreich entfernt sind, das Aussehen der Lilie oder ihrer zeichnerischen Abwandlungen annahm. Diese Form bietet drei Nietungen, die eine sichere Befestigung gewährleisten.

Das Motiv ist im Schlosserhandwerk verbreitet, und nicht selten findet man es auf Werkzeugen aus dem 19. Jahrhundert. Sein Nutzen hat dazu beigetragen, daß es sich erhalten hat.

Die Befestigungsplatten für Schraubstöcke, die in dem auf der Werkbank aufliegenden und den Schraubstock am Rand festhaltenden Teil breit ausladen müssen, weisen oft diese Anordnung auf. Offenbar vollzog sich vom 15. bis 18. Jahrhundert ein Übergang von der runden über eine dreipassige zur lilienförmigen Platte.

Auf den Stangen der Stangenzirkel finden sich Verstärkungen, die am Gelenk beginnen, die beweglichen Teile dicker (und somit genauer) machen und sich auf den Stangen fortsetzen. Diese Auflagen sind fast immer verziert, und zwar mit Wellenlinien, Flammenlinien und Blumenmotiven. Die Schenkel selbst sind mit Ausbuchtungen versehen, die zum leichteren Greifen dienen (Abb. 94).

Auf verhältnismäßig breiten Metallflächen wurden schon vom Ende des 13. Jahrhunderts an flache Gravierungen angebracht, die teilweise eine Datierung erlauben, da die Kunstschmiede die Wandlungen der Dekorationsstile ziemlich regelmäßig nachvollzogen. Allerdings kann eine gewisse Verzögerung auftreten. Die Dekoration des 16. Jahrhunderts weist noch bis 1540 sogenannte gotische Motive auf, und die des 18. Jahrhunderts greift oft auf Motive des 17. Jahrhunderts zurück.

Die Eierleisten, Kannelüren und Knäufe an zylindrischen Teilen von Eisen- und Holzwerkzeugen sind entweder Verstärkungen oder Anschläge, die den Griff für die Hand abgrenzen.

Ihre dekorative Bedeutung tritt an langen Schäften besonders gut hervor, da sie die Formlinie in geglückter Weise unterbrechen. Oft sind sie von klassischen Motiven der Architektur oder Möbelherstellung abgeleitet. Am Ende von Griffen findet man Knäufe in Kugel- oder Olivenform. Sie verleihen der Wölbung des Schafts eine unleugbare Formqualität. Manchmal ist das Ende nicht mit einem Knauf verziert, sondern aufgebogen, so daß die allgemeine Linie einen gefälligen Anblick bietet. Diese Motive mit ihren verschiedenen Profilen wurden in der Schmiede durch Biegen und Formen in entsprechenden Gesenken hergestellt.

Von den Schmuckmotiven, die besonders häufig auftreten, seien zwei näher beschrieben.

Die *Eichel*: Die Eichelform ist eine Endform. Meist ist sie gedrechselt; sie kann aber auch geschmiedet und im Gesenk geformt sein. Sie tritt im 17. Jahrhundert auf und ist im 18. und 19. Jahrhundert sehr häufig an Zangen und Schraubstöcken zu finden. Im Prinzip ahmt sie genau die Form der Eichel nach und wird entweder allein oder mit mehreren Wulstmotiven verwendet. Sie kann mit einem kleinen Knauf enden.

Flügel und *Hahnenkamm*: Diese Motive finden sich häufig an den Schrauben und Schraubenmuttern, die von Hand gedreht werden.

Die folgende Chronologie schließt Archaismen und außergewöhnliche Formen nicht aus.

Manche Werkzeuge haben lange, hölzerne oder eiserne Teile mit quadratischem Querschnitt an den Enden und abgeschrägten Kanten in der Mitte. Der Querschnitt wird somit ein regelmäßiges oder unregelmäßiges Achteck. Diese Anordnung findet man bei den Möbeln des 16. Jahrhunderts und früher. Die holzverarbeitenden Handwerker verwenden sie aber auch immer dann, wenn diese Teile von der Hand umschlossen werden (die Hand greift besser und sicherer) oder wenn der Schaft Schläge auffangen muß, die die rechten Winkel beschädigen könnten. Man kann deshalb keinen zeitlichen Hinweis daraus ableiten. Schon die früheste Schmiedekunst brachte bei Pfriemen, Meißeln oder Bohrern solche achteckigen Querschnitte hervor. Mit diesem Verfahren wird das Eisen ganz natürlich verlängert; man bezieht die Fasern mit ein, man vermeidet die Härte des quadratischen Teils mit scharfen Graten und gleichzeitig die Unpersönlichkeit des kreisförmigen Querschnitts.

Alle großen Holzzirkel weisen solche abgefasten Kanten auf. Manche Antiquitätenhändler halten sie deshalb für sehr alt.

Die Abfasung ist an allen langen Teilen von Werkzeugen häufig anzutreffen. Sie läßt die Form leichter werden und verleiht den senkrechten Schäften große Eleganz. Plumpe Formen, die dadurch entstehen, daß sie bei kleinstem Volumen funktionstüchtig sein müssen, bieten sich dem Blick gefälliger dar und lassen sich zugleich besser greifen. Als Beispiel sei der Handamboß genannt.

Die Abfasung an einem langen Grat schließt sich mit zwei Abschrägungen der quadratischen Form an, die oft an den Enden der Schäfte beibehalten wird. Häufig ist diese elementare Abfasung aber noch weiter entwickelt und weist an ihren Enden einen Anschlag auf, der sie gediegen aussehen läßt. Die hölzernen oder eisernen Schäfte sind sparsam und präzis verziert. Dieser Schmuck findet sich häufig auf den Schenkeln der Zirkel.

Die Stirnflächen mancher Werkzeuge sind oft verstärkt, um die Stützflächen zu verbreitern und eine größere Grundlage zu schaffen. Diese Verstärkung

Ringförmige Voluten vom 17. bis zum Ende des 18. Jahrh.

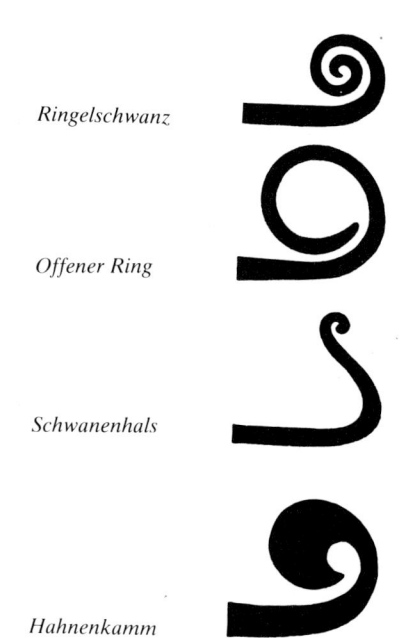

Ringelschwanz

Offener Ring

Schwanenhals

Hahnenkamm

kann mit Wülsten verziert sein, die in manchen Fällen ein Rundstab- oder Karniesprofil haben. Sie lassen das Werkzeug keineswegs plump erscheinen, sondern betonen die Senkrechte.

Gebogene Voluten sind in der Eisenbearbeitung sehr alt. Man findet sie bei den Rasiermessern der La-Tène-Zeit III und bei vielen gallo-römischen Stücken. Das Motiv läßt sich in der Schmiede leicht herstellen durch Strecken mit dem Hammer und Runden auf dem Horn des Spitzambosses (im Kalt- oder Warmverfahren). Gegenstände, die dieses Motiv tragen, stammen deshalb so, wie sie sind, aus der Schmiede. Die Voluten haben großen dekorativen Wert, da sie ein zierliches Ende schmiedeeiserner Gegenstände bilden. Auf Grund der künstlerischen Begabung der Schmiede sind sie auch heute noch bei vielen Stücken zu sehen.

Bis ins 18. Jahrhundert hinein wurden viele Werkzeuge mit solchen Motiven ausgestattet (Schürhaken, Meßlatten und andere). Manche kleinen Werkzeuge lassen sich an den Voluten mit Daumen und Zeigefinger gut festhalten; der Daumen gleitet dabei durch die Windung. Gewisse Voluten sind offen, damit man den Gegenstand daran aufhängen kann.

Bis ins 16. Jahrhundert (und sogar bis zum Anfang des 19. Jahrhunderts) waren die Griffe der Scheren nicht geschlossen. Sie waren gerundet und gelegentlich zurückgebogen. Bei sehr großen Scheren (Tuchscheren, Polstererscheren) hat sich diese Gestalt bis zum 19. Jahrhundert erhalten. Scheren mit solchen Griffen sind formschön und deshalb zu Recht sehr gesucht.

Datierung der Werkzeuge

Werkzeuge können nur dann sicher datiert werden, wenn man ihren genauen, überprüften Fundort kennt. Am günstigsten ist es, wenn man sie beim letzten handwerklichen Benutzer findet, denn nur dieser kann genaue Angaben über Herkunft und Datierung machen.

Die Werkzeuge haben meist einen weiten Weg hinter sich, bis sie in öffentliche oder private Sammlungen kommen. Sie werden deshalb oft willkürlich etikettiert. In manchen deutschen, holländischen und britischen Museen wurden diese Wanderungen der Werkzeuge rekonstruiert. Die Ergebnisse scheinen annehmbar zu sein und entsprechen bei reich verzierten Werkzeugen allgemeinen und örtlichen Stilrichtungen, aus denen sich eine annähernde Datierung ableiten läßt. In jedem Fall besteht selten die Hoffnung, eine Datierung auf ein Jahr genau vornehmen zu können, es sei denn, der Handwerker hätte neben seiner Marke auch das Datum angebracht. Man muß es als zufriedenstellend betrachten, wenn man die Generation, in der das Werkzeug entstanden ist, genau festlegen kann, wenn man es also in einem Zeitraum von 30 Jahren ansiedeln kann. In einer solchen Zeitspanne wechseln die Werkzeuge übrigens selten Gestalt und Herstellungsart, und in demselben Zeitraum hat der Handwerker, der sie geschaffen hat, sie gebrauchen, aufbewahren oder weitergeben können. Es ist deshalb kein Notbehelf. Wenn man zu dieser Ortung gelangt, hat man die Zeit festgelegt, in die das Entstehen und ein wichtiger Teil der Lebensdauer des Werkzeugs fallen.

Man muß deshalb versuchen, möglichst genaue Erkundigungen über die *Zeit der letzten Verwendung des Werkzeugs* einzuziehen, denn dies ist stets das der Gegenwart am nächsten liegende Grenzdatum.

Viele Werkzeuge unterliegen kaum mehr Veränderungen, wenn sie durch aufeinanderfolgende Auswahlvorgänge die Form und Gestalt angenommen haben, in der sie am meisten befriedigen. Wir sagten schon, daß sie dann aufhören, sich zu verändern, und daß neue Werkzeuge anderen Zwecken dienten. Die alten Werkzeuge blieben also erhalten, während neuere hinzutraten.

16. bis 17. Jahrh.

Ende 17. bis Anfang 18. Jahrh.

Mitte des 18. Jahrh.

Griffe und Nasen von Rauhbänken

Hinsichtlich der *Umwandlung der Formen* muß man unterscheiden zwischen den Werkzeugen mit geringer Abnutzung und den Werkzeugen, die sich bei der Arbeit ständig abnutzen. Wenig abgenutzt werden die Spitzen der Zirkel, die Schneiden der Queräxte oder die eisernen Winkelmaße; der Körper des Werkzeugs bleibt unbeeinflußt. Von solchen Werkzeugen sind sehr alte Formen auf uns gekommen.

Man mag sich vielleicht auch fragen, ob es beim Werkzeug wie bei den Möbeln ist, daß sich nämlich die schlechte Form gegenüber der guten Form in den Vordergrund schiebt.

Ein ungewöhnlich geformter Hammer kann zu der irrigen Annahme verleiten, er sei sehr alt. Sind nicht vielmehr die schönen, ganz einfachen Werkzeuge am ältesten? Wie die Geschichte der Kunst und Architektur scheint auch die Geschichte des Handwerks gegen Ende des 19. Jahrhunderts von einem Niedergang der Werkzeugformen gekennzeichnet zu sein. So wird man sich fragen, ob es heute überhaupt noch Eisenschmiede gibt, die imstande sind, Hämmer in der alten Art zu schmieden.

Ein vollkommen an seine Funktion angepaßtes Werkzeug, das nie versagt hat, wird ganz von selbst zum Prototyp, wenn ein Handwerker gezwungen ist, es zu ersetzen.

Daraus erklären sich gewisse Archaismen, bei denen alte Formen lange Zeit beibehalten werden. Dies gilt für die hölzernen Leierbohrer, die sich bis ins 19. Jahrhundert neben den eisernen Leierbohrern in den Werkstätten hielten. Um 1910 wurden sie von den Schreinern noch in der Art des 18. Jahrhunderts hergestellt.

Allerdings gibt es gedrechselte Bohrerknäufe mit stilisiertem Profil, aus denen man eine Datierung ableiten kann. Einige Beispiele zeigen die Zeichnungen.

Andere Einzelheiten geben die Möglichkeit, Zeiträume zu begrenzen. Kupferne Zwingen mit zwei Wülsten traten im allgemeinen gegen Ende des 17. Jahrhunderts auf und waren bis zum Ende des 18. Jahrhunderts üblich. Eiserne Zwingen, vor allem solche mit zwei runden Einkerbungen, lassen auf die folgende Epoche schließen: Mitte des 18. Jahrhunderts bis Mitte des 19. Jahrhunderts.

Die schmiedeeisernen Zwingen, die schwalbenschwanzartig geschweißt oder gelötet sind, stammen aus früherer Zeit. Sie wurden vielleicht bei alten Werkzeugen aufgefunden und für moderne Werkzeuge übernommen.

Die gravierten Inschriften in Kursivschrift mit verzierten Großbuchstaben folgten der jeweiligen Mode. Man kann sie leicht nach dem 17., 18. und 19. Jahrhundert unterscheiden.

Die Eigentumszeichen, die Buchstaben für Buchstaben mit dem Stahlstichel eingegraben wurden, folgen mit einer Verzögerung von 30 bis 40 Jahren.

Auch die Schmuckelemente lassen je nach dem Stil der verschiedenen Epochen eine Datierung zu. Stilveränderungen, die sich etwa alle 50 Jahre deutlich bemerkbar machten, setzten sich durch.

Es ist also möglich, zur Datierung verzierter Werkzeuge auf klassische Werke über Stilrichtungen zurückzugreifen, doch sollte man dabei Vorsicht walten lassen. Auch das Material, aus dem das Werkzeug oder ein Werkzeugteil besteht, kann Hinweise geben. Weicheisen und seine Bearbeitung läßt auf ein Entstehungsdatum vor der Mitte des 19. Jahrhunderts schließen. Man stellt zu jener Zeit einen deutlichen Rückgang der handwerklichen Techniken in der systematischen Restaurierung alter Werkzeuge fest.

Eindeutiger wäre die Kenntnis gewisser zeitlich genau festliegender Arbeitsweisen, die dazu verhelfen würde, wenigstens das uns am fernsten liegende Grenzdatum zu bestimmen. Diese Arbeitsweisen zusammenzufassen und sie als Beweisgebäude zu verwenden, wäre jedoch gefährlich. Man könnte meinen, es sei ausreichend; doch dies kann es nur sein, wenn solche Vermutungen sich auf wirkliche Werkzeugkenntnis stützen.

Einige besondere Einzelheiten seien trotzdem erwähnt:

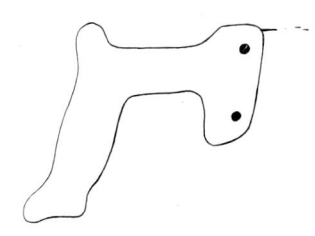

Griff der Handsäge (Mitte des 17. Jahrh.)

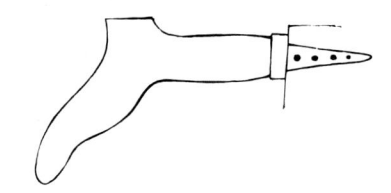

Anfang des 18. Jahrh.

16. Jahrh.

Flügelschraube

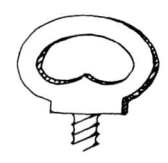

17. Jahrh.

18. Jahrh.

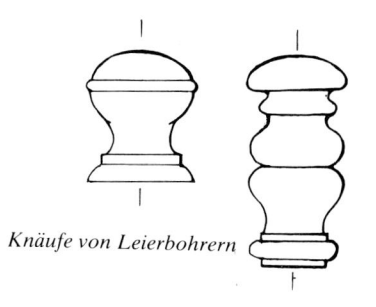

Knäufe von Leierbohrern

16.–17. Jahrh. — *Ende 17. Jahrh.*

104 Zwei Nagelzieheisen (Schieferdecker).

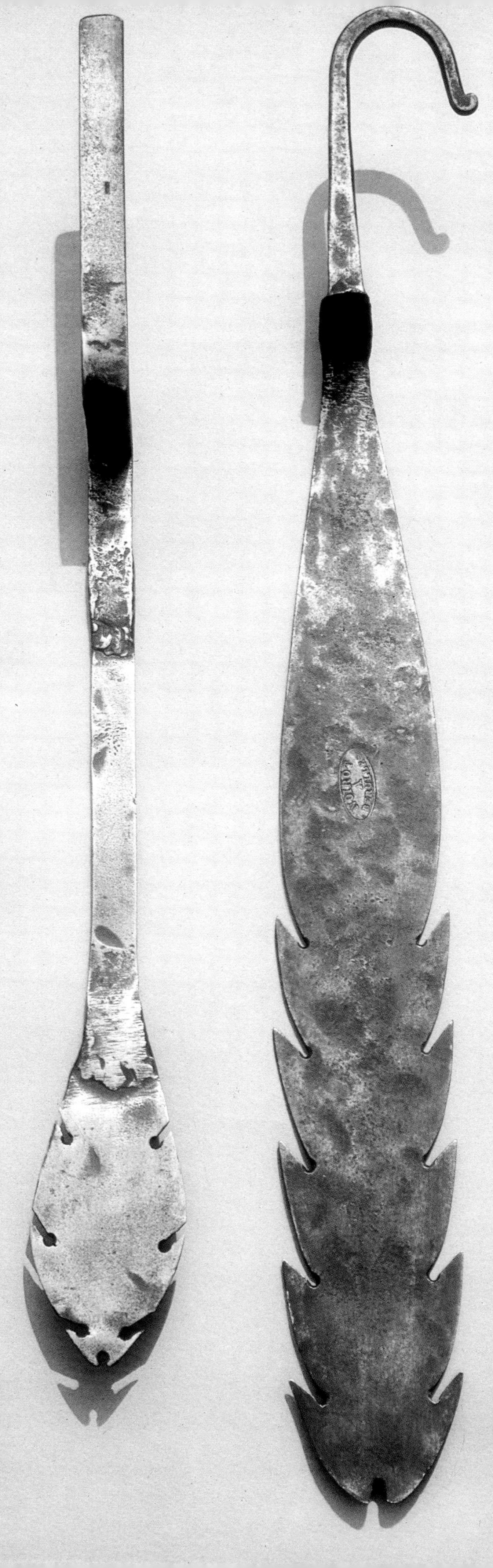

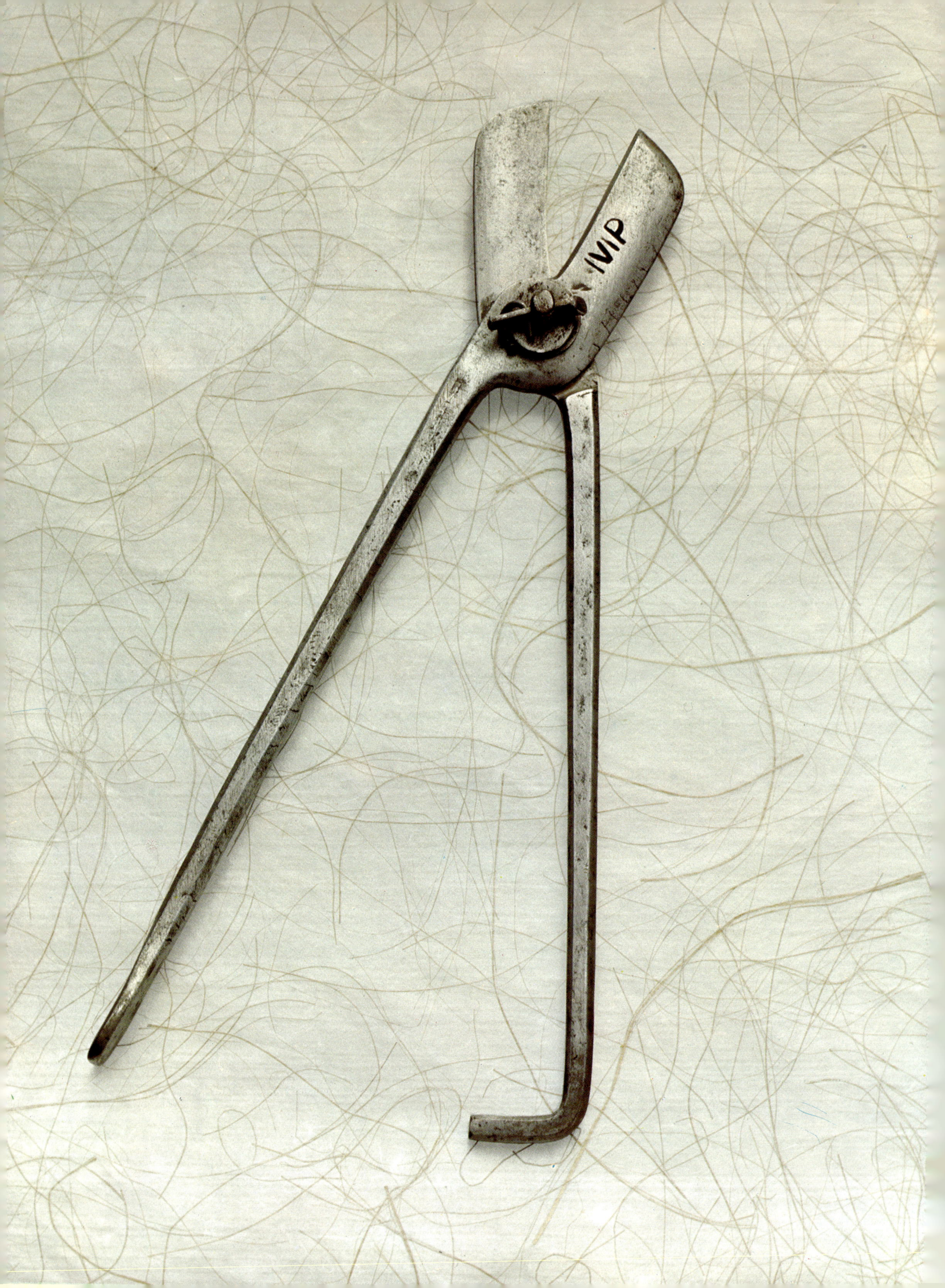
IVIP

Mitte des 18. Jahrh.

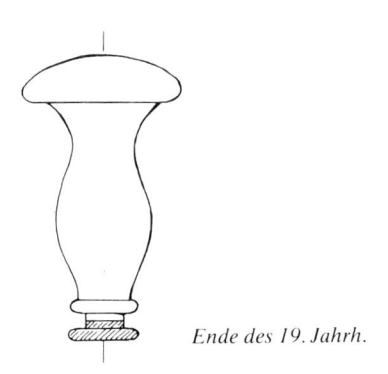

Ende des 19. Jahrh.

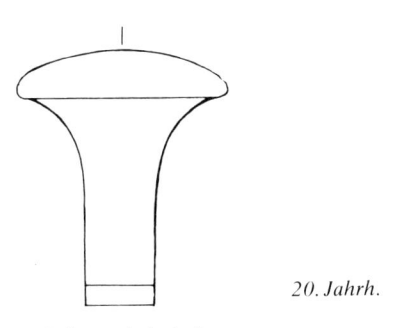

20. Jahrh.

Knäufe von Leierbohrern

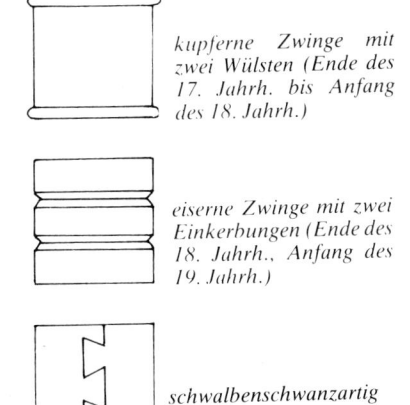

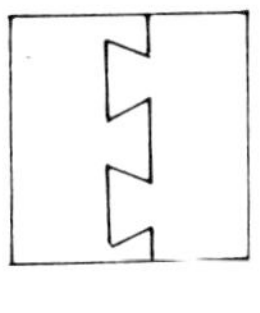

kupferne Zwinge mit zwei Wülsten (Ende des 17. Jahrh. bis Anfang des 18. Jahrh.)

eiserne Zwinge mit zwei Einkerbungen (Ende des 18. Jahrh., Anfang des 19. Jahrh.)

schwalbenschwanzartig geschlossene Zwinge (17. Jahrh. bis 19. Jahrh.)

105 Flachschere zum Abzwicken von Nadelköpfen (Nadelmacher).

— Die hölzernen und eisernen Schrauben (für Schraubstöcke, Pressen, Zwingen etc.) wurden, ab einer gewissen Größe, bis zum Beginn des 18. Jahrhunderts von Hand geschnitten. Ein Zylinder wurde mit Papier oder Pergament überzogen, darauf wurde das äußere und innere Profil der Schraube bezeichnet. Anschließend wurden Gewinde und Schraube mit dem Meißel und dem Kreuzmeißel ausgeschnitten. Mit Ausnahme der Schrauben für Pressen, die noch im 19. Jahrhundert von Hand angefertigt wurden, stellte man diese Holzschrauben vom 18. Jahrhundert an mit der Drehbank oder dem Gewindeschneider her. Die verschiedenen Spuren dieser Herstellungsweisen erkennt man leicht.

— Die Holzschraube mit konischem Kopf und Kerbe geht in die Mitte des 18. Jahrhunderts zurück. Roubo zeigt sie in seinen Grundrissen und Schnitten in ihrem homogenen Aussehen. Bei den Holzverbindungen, die kein völliges Durchbohren erfordern, tritt sie vielfach an die Stelle der Zapfen. Das Schraubenloch wird bereits mit Bohreinsätzen von genauen Ausmaßen gebohrt, eingedreht wird die Schraube mit dem Leierbohrer. Die Holzschraube kann also nicht ausschließlich an das Ende des 19. Jahrhunderts verwiesen werden, wie es gelegentlich geschieht.

— Die Linsenkopfschraube scheint älteren Datums zu sein und in die Mitte des 17. Jahrhunderts zurückzugehen.

Die Werkzeuge, die sich wenig abnutzen, dienen meist drei Generationen hintereinander, vom Großvater bis zum Enkel. Wenn es gelingt, den letzten Gebrauch zeitlich festzulegen, kann man die Entstehungszeit des Werkzeugs etwa 50 Jahre früher ansetzen.

Die Hand des Handwerkers hinterläßt ihre Spuren selbst auf dem härtesten Holz, besonders aber auf weichem Holz. Viele Teile wie Griffe, Stiele etc. wurden aus diesem Grund weggeworfen. Werkzeuge, die auf diese Weise »markiert« sind, trifft man selten an. Die Hand hinterläßt ihre Spuren auch auf Metall. Der Spur der Hand auf dem Griff eines Bohrers entspricht oft eine Abnutzung des Eisens in der Mitte. Der Schweiß greift das Eisen an, so gut das Werkzeug auch gepflegt wird, und zwar an den Stellen, über die die Hand gleitet, also oberhalb und unterhalb des Griffs.

Eine Sammlung und Gliederung der Eisenschmiedezeichen seit dem 17. Jahrhundert würde Grenzdatierungen ermöglichen. In manchen Gegenden haben Historiker und Volkskundler begonnen, diese Zeichen zu sammeln. Es wäre wünschenswert, dies für alle Gegenden, in denen das Eisenschmiedehandwerk berühmt war, zu unternehmen, wie es für die Glaser, Glockengießer, Papierhersteller und Uhrmacher geschehen ist. Eine solche Untersuchung müßte sich in erster Linie mit den großen Meistern der Eisenschmiedekunst befassen.

Anhand der Zunftbücher, die vom 16. Jahrhundert an in den Handwerken verbreitet waren, könnten wahrscheinlich viele Datierungen überprüft und berichtigt werden. Besonders nützlich wären die Bücher, die unter Anleitung der Meister und oft von ihnen selbst illustriert wurden, zumindest was die ursprünglichen Zeichnungen betrifft. Allerdings lag dem Zeichnenden meist daran, die genaue Form seiner persönlichen Werkzeuge herauszustellen; daraus ergibt sich eine Neigung, gewisse Werkzeugkonzeptionen zu »normen«. Bei den Meistern wird man also – mit einigen Ausnahmen – kaum die originalen Werkzeuge finden, die den Sammler beglücken. Die Meister neigen dazu, eine Auswahl zu treffen. Ihre Werke bieten zwar die Möglichkeit der Überprüfung, reichen aber für eine absolut richtige Datierung nicht aus.

Von der Mitte des 18. Jahrhunderts an war es üblich, Gegenstände im Grundriß, Aufriß und Schnitt darzustellen. Von da an können wir sicher sein, alles vor Augen zu haben, was die Zeichnung an graphischer Darstellung der Gegenstände zu leisten vermag, denn der Zweck dieser Werkzeichnungen ist, als Anleitung für die Herstellung zu dienen.

Nachwort

Während des Entstehens dieses Buches wurden mir vielerlei Ermutigungen zuteil. Manche schienen jedoch die Hoffnung zu bergen, das Buch werde sich unter die populärwissenschaftlichen archäologischen Werke einreihen, in denen hochachtbare Kenner nicht davon ablassen, eine abgeschlossene Vergangenheit zu preisen, von der den heutigen Menschen nichts mehr dienlich ist, nicht einmal die erhaltenen Gegenstände. Ich hoffe, den Leser überzeugt zu haben, daß es mir nicht um einen nostalgischen Rückblick geht, sondern um eine Arbeit, in der das Zeitliche hinter dem Bleibenden zurücktritt.

Mein Ziel ist es, die ewige Berufung des Menschen herauszustellen und zu zeigen, daß das Bemühen seiner Intelligenz stets auf Wissen und Tat hinzielte. Diese unablässige Anstrengung umfaßt eine unauflösbare Dualität von Geist und Herz, denn es geht um das bessere Arbeits- und Lebensgefühl.

Betrachtet man die Werkzeuge, befragt man sie und hört ihnen zu, wenn sie ihr Geheimnis offenbaren, so gewinnt man den Eindruck, eine *Parallelkultur* zu entdecken, die zuweilen der ideengeschichtlichen Kultur nachfolgt, ihr oft aber auch vorausgeht oder sich von ihr entfernt. Das alles stimmt nachdenklich und regt dazu an, die Gründe zu erforschen.

Diese Kultur, die wir nicht *materiell* nennen wollen, weil ihre Objekte sich nie auf reine Materie beschränken, ist in den Lehrplänen unserer Schulen nicht enthalten.

Sie ist merklich anders als die technische Zivilisation, wenigstens so, wie diese sich bis zum heutigen Tag in ihrer Entwicklung darstellt als eine Zivilisation der Leistung, die sich durch das Erlangen von Gütern dokumentiert.

Das Werkzeug folgt allerdings manchmal dem Produkt nach, dann wieder geht es ihm voran. Einige Wege haben wir nachgezeichnet. Wenn es uns gelang, sie genau zu verfolgen, haben wir festgestellt, daß meist die Produkte stagnierten, da sie durch künstliche gesellschaftliche Zwänge in ihrer Entwicklung oder größeren Verbreitung gehemmt wurden. Die genannte Parallelkultur erschien uns dann realer als die andere, da sie den Menschen in seinem Bemühen, dem Elend der Existenz zu entgehen, weitaus besser vertritt.

Das Werkzeug ist ein fröhlicher, freundschaftlicher und zuverlässiger Gefährte. Wenn es Zwang ausübt, dann nur den, daß es richtig gebraucht werden will. Durch das Werkzeug ist also eine Kultur der dem Menschen förderlichen Materie entstanden, die anders ist als die Zivilisation der Maschine oder des Produkts. Wir haben versucht, diese Kultur ins Bewußtsein zu heben und zu beweisen, daß sie alt und unteilbar ist und niemals untergehen wird, selbst wenn man behauptet, sie sei im Schwinden begriffen. Wenn sie vorgibt, zu weichen und sich zurückzuziehen, haben wir doch, wie wir glauben, die Mittel beschrieben, wie wir sie auch in scheinbaren Umwandlungen wiedergewinnen können.

Zu Beginn meiner Forschungen, die sich über viele Jahre erstrecken, hatte ich das Werkzeug als Manifestation der Intelligenz aufgefaßt. Es zeigte mir dort, wo es sich mir offenbarte, das offenkundige oder wieder auffindbare Ineinandergreifen der meisten Faktoren der Intelligenz, deutlich voneinander unterschieden und doch verbunden: Wissen: Gedächtnis und Auswahlvermögen – Vorstellungskraft: Erfindung und Anpassung – Entscheidungsvermögen: Vermutung, Wille und Geduld – Phantasie – Beständigkeit.

Schon bald empfand und entdeckte ich das notwendige Vorhandensein und Andauern eines ganz anderen Faktors, dessen Bedeutung in meinen Augen zugenommen hat, je tiefer und weiter ich in mein Forschungsgebiet eindrang: der *Liebe*.

Ebensosehr wie die Intelligenz, ja vielleicht noch mehr ist das Gefühl mit dem Entstehen, dem Fortdauern, der Entwicklung und dem bleibenden Charakter des Werkzeugs verbunden.

So entdeckte ich einen Akt des Vertrauens, der sich rationalen Denkweisen nicht erschließt, sowohl im Vorhandensein des Werkzeugs überhaupt als auch im individuellen Werkzeugbesitz. Die Weitergabe eines Werkzeugs beruht auf mehr als nur reinen Nützlichkeitserwägungen; sie hat mit Zuneigung und Gefühlen zu tun und ist ein freiwilliges Geschenk. Bewahrung und Vervollkommnung eines Werkzeugs dienen nicht nur dem Gebrauch im materiellen Interesse, sondern sind Taten der Liebe. Wenn ich nicht Gelegenheit gehabt hätte, zuvor genaue technische Kenntnisse zu erwerben, die doch wohl so umfassend sind, daß ich allen großen Formen der Handwerksarbeit so nahe kommen konnte, wie es nur möglich ist, so hätte ich wahrscheinlich das Vorhandensein und die Bedeutung des gefühlsmäßigen Faktors nicht zu ermessen vermocht. Ich wäre dann außerstande gewesen, ein solches Element, das der reinen Technik absolut unzugänglich bleibt, überhaupt wahrzunehmen.

Der Mönch Theophilus, von dem wir nicht viel mehr wissen, als daß er wahrscheinlich im 11. Jahrhundert lebte und daß er das besaß, wovon wir noch weit entfernt sind, nämlich eine genaue Kenntnis von Kunst und Handwerk seiner Zeit und die Fähigkeit, eine große Zahl von Werkzeugen herzustellen und zu gebrauchen, schreibt am Schluß des Prologs zu seinem Meisterwerk:

»Es ist gut und richtig, daß die Frömmigkeit der Gläubigen den Schatz nicht in Vergessenheit geraten läßt, der unserer Zeit von der weisen Voraussicht derer, die uns vorangegangen sind, hinterlassen wurde; daß der Mensch mit dem ganzen Eifer seines Verlangens das Erbe, das Gott ihm gewährte, an sich nimmt, daß er es nicht mit eifersüchtigem Schweigen umgibt, daß er es nicht in den Winkeln eines geizigen Herzens verbirgt, sondern daß er es mit denen, die es suchen, teilt.... Gott weiß, daß ich meine Beobachtungen nicht aus Streben nach dem Lob der Menschen und nicht aus dem Wunsch nach zeitlicher Belohnung niedergeschrieben habe, daß ich nichts verschwiegen habe von all dem, was ich weiß, sondern daß ich die Bedürfnisse vieler Menschen stillen und zu ihrem Fortschritt beitragen wollte.«

106 *Zwei Pinzetten (Uhrmacher und andere). Federzange für Tapisserien (Hochschaftstuhlarbeiter). Zange zum Drehen und Wenden des Emails im Feuer (Schmelzarbeiter).*

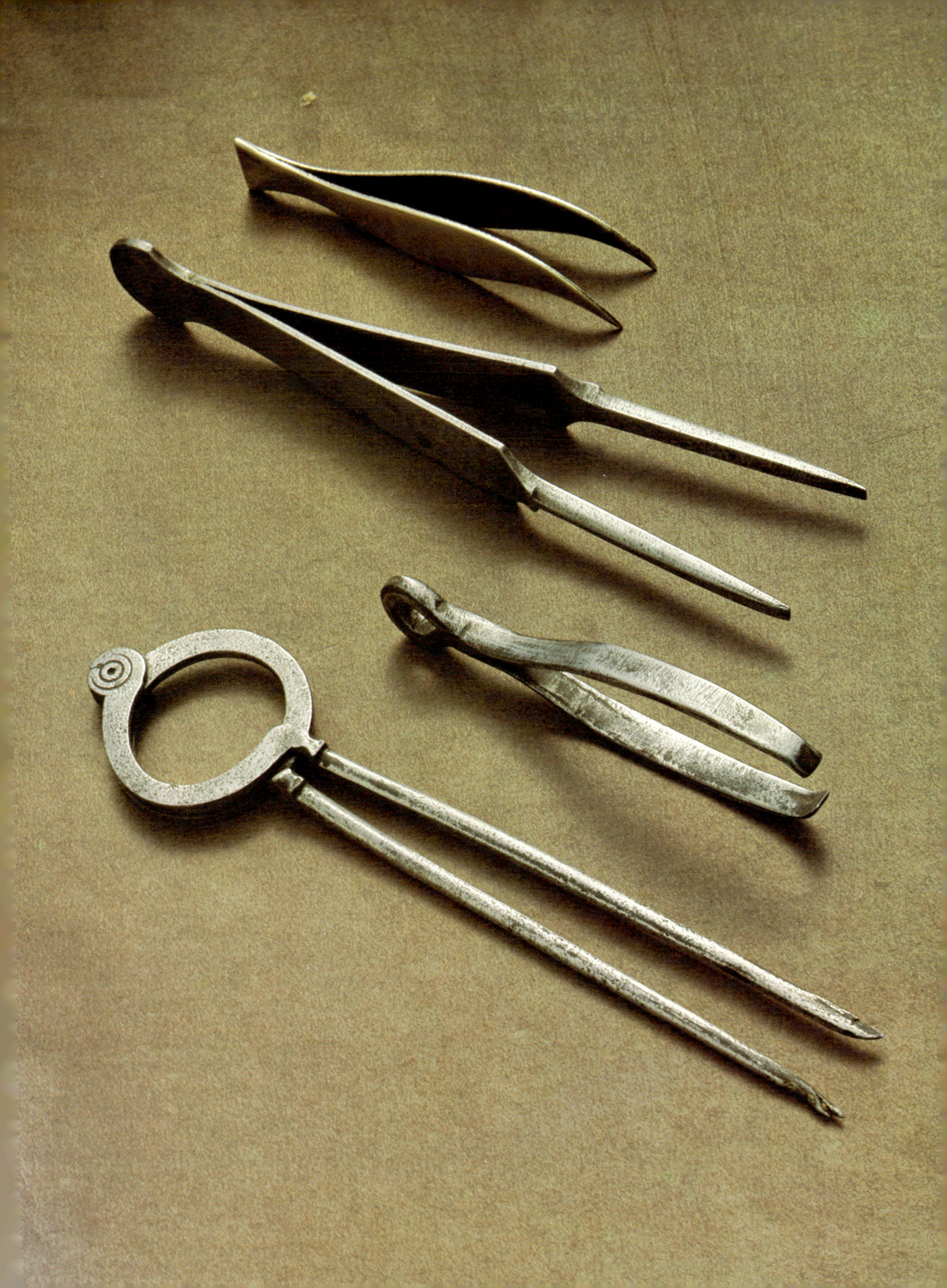

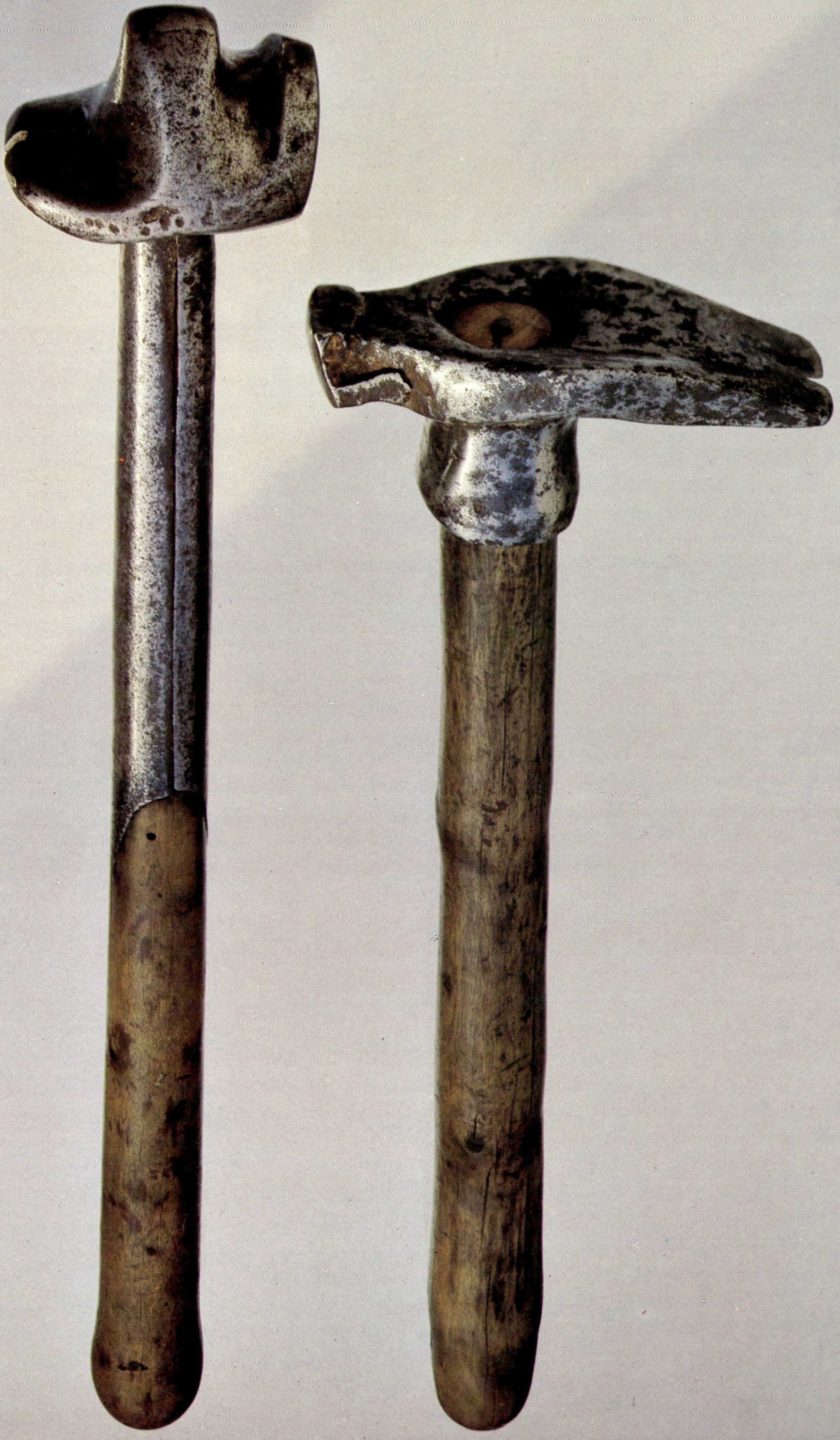

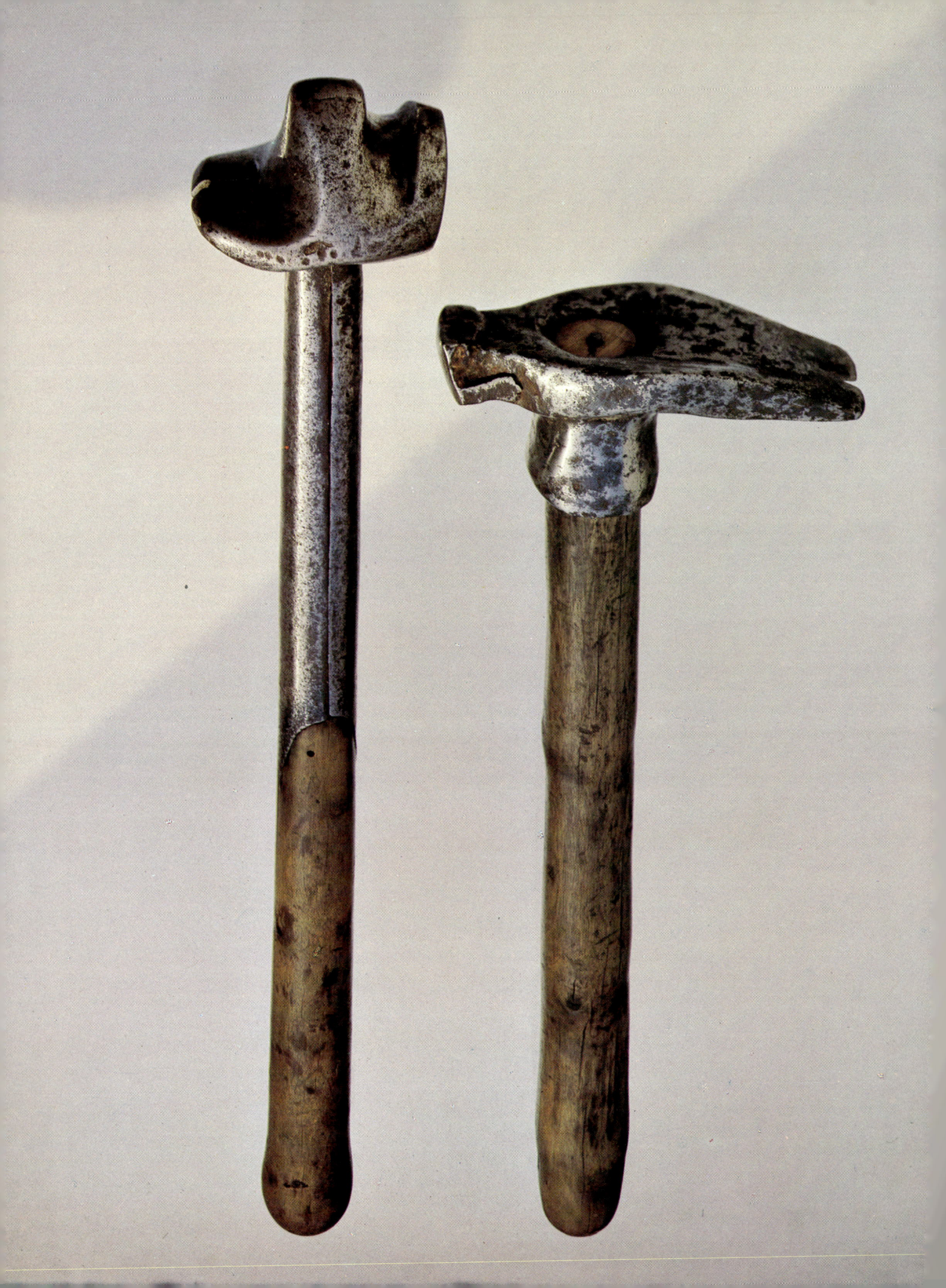

Bibliographie

Album de Goldenberg. Zornhoff (Saverne), Goldenberg 1875
Album de Goldenberg. Zornhoff (Saverne), Goldenberg 1877
Bachelard, Gaston: La terre et les rêveries de la volonté. P. Corti, 1948
Bergeron Catalogue. Paris, Hamelin Bergeron 1805
Bernt, Walther: Altes Werkzeug. Zeugnisse großer Handwerkskunst. München, Callwey 1977
Cabanis, H.: Lebendiges Handwerk. Tübingen, Katzmann 1964
Childe, V. Gordon: The Story of Tools. London, Cobbet 1944
Cocheris, Madame P. W.: Histoires sérieuses sur une pointe d'aiguille ou les outils de nos mères. Paris, Delagrave 1886
Demeny, Georges: Méchanismes et éducation des mouvements. Paris, Alcan 1904
Feldhaus, Franz Maria: Die Säge – Ein Rückblick auf vier Jahrtausende. Berlin, Remscheid, Vieringhausen 1921
Feldhaus, Franz Maria: Die Maschine im Leben der Völker. Basel und Stuttgart, Birkhäuser 1954
Feldhaus, Franz Maria: Ruhmesblätter der Technik. Leipzig, Brandstetter 1910
Fremont, Charles: Technologie du forgeron. L'enclume. Paris 1891
Fremont, Charles: Origine et évolution des outils préhistoriques. Paris 1913
Fremont, Charles: Les outils préhistoriques, leur évolution. Paris, Dunod & Pinat 1907
Fremont, Charles: Les outils, leur origine, leur évolution. Paris 1928
Fremont, Charles: Le marteau, le choc, le marteau pneumatique. Paris, Dunod 1923
Fremont, Charles: La Forge-Maréchale. Paris 1923
Fremont, Charles: La scie. Paris, Bulletin de la Société d'Encouragement pour l'Industrie nationale 1928
Fremont, Charles: La lime. Paris 1930
Glaser, H.: Beiträge zur Form der Waldsäge und zur Technik des Sägens. Eberswalde
Goodman, W. L.: Woodwork from the Stone Age to Do-it-yourself. Oxford, Blackwell 1962
Goodman, W. L.: The History of Wood-working Tools. London, Bell 1964
Greber, Josef M.: Die Geschichte des Hobels von der Steinzeit bis zum Entstehen der Holzwerkzeugfabriken im frühen 19. Jahrhundert. Zürich, V.S.S.M. 1956
Hager, J.: Die Handwerkszeuge des 16. Jahrhunderts im historischen Museum Dresden. Dresden 1916
Jones, P. d'A und Simons, E. N.: The Story of the Saw. Sheffield, Spear & Jackson, 1960

107 Zwei Hufbeschlaghämmer, einer mit Tülle, zum Einschlagen der Hufnägel (Hufschmied).

Lübke, Anton: Freundschaft mit seltenem Handwerk. Leipzig, Hellingsche 1939

Mercer, Henry Chapman: Ancient Carpenter's Tools. Doylestown, Bucks County Historical Society 1929

Musée des Arts décoratifs: Exposition des instruments et outils d'autrefois. Paris 1936

Noiré, Ludwig: Das Werkzeug und seine Bedeutung für die Entwicklungsgeschichte der Menschheit. Wiesbaden, Sändig 1968

Norman, G. A.: Hovelens Historie. Lillehammer, de Sandvigske samlingers Skrifter 1954

Ohlhaver, H.: Der germanische Schmied und sein Werkzeug. Leipzig, Kabitsch 1939

Petrie (Sir William Matthew Flinder): Tools and Weapons. London, Constable 1917

Rauter, E. A.: Vom Faustkeil zur Fabrik. Warum die Werkzeuge die Menschen und die Menschen die Werkzeuge verändern. München, Weismann 1977

Ruhlmann, A.: Un dépôt d'outils d'une boucherie gallo-romaine d'Ehl. Mulhouse 1929

The Saw in History. New York, Disston 1915

Schröder, A.: Entwicklung der Schleiftechnik bis zur Mitte des 19. Jahrhunderts. Hoya Weser, Petzold 1931

Sloane, Eric: A Museum of Early American Tools. New York, Funk & Wagnall 1964

Velter, André und Lamothe, Marie-José: Das Buch vom Werkzeug. Genf, Weber 1979

Vernois, Maxime: De la main des ouvriers et artisans au point de vue de l'hygiène et de la médecine légale. Baillière 1862

Wertheim, Franz R. von: Werkzeugkunde. Wien 1868

Wildung, Frank H.: Woodworking Tools at Shelburne Museum. Shelburne, Shelburne Museum 1957

Worssam, W. S.: History of the Bandsaw. Manchester, Emmott 1892

Wyatt, E. M.: Common Woodworking Tools; Their History. Milwaukee, Bruce 1936

108 Zwei Wendeeisen mit Schränkeisen (Zimmermann).

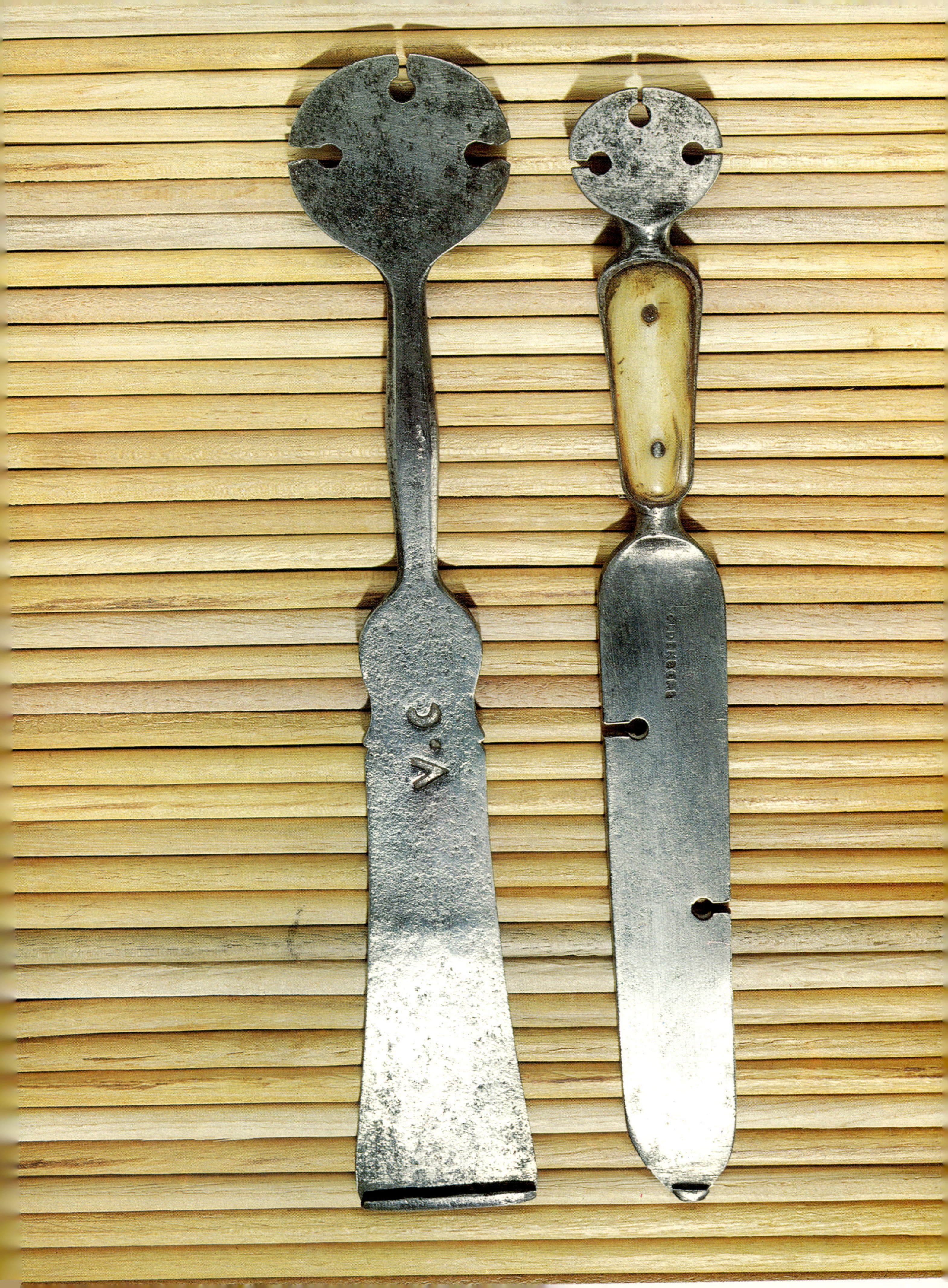

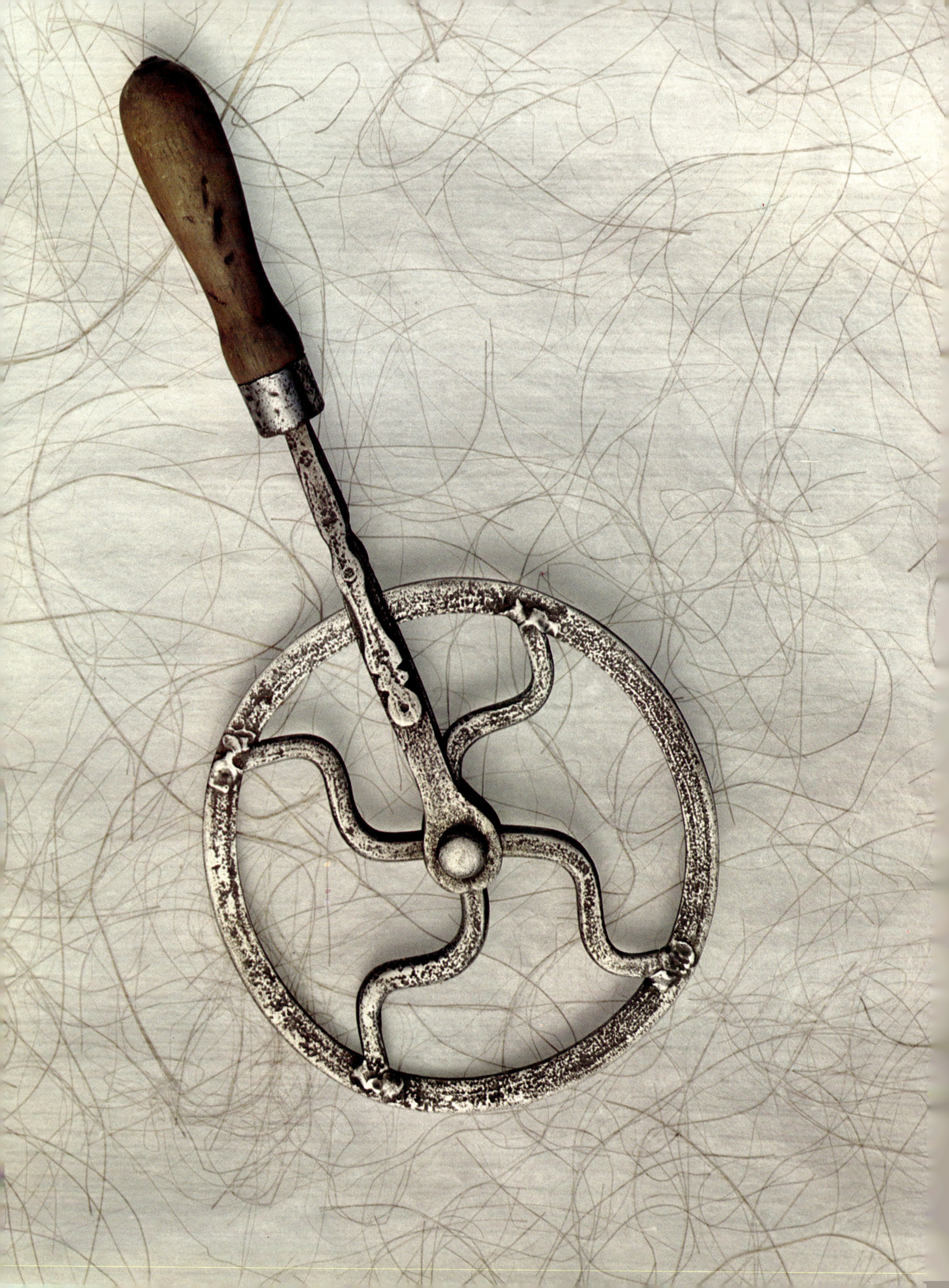

Farbabbildungen

Amboß	62, 63
Axt	28, 32
Beil	30, 31, 33, 34, 35, 77, 95
Beißzange	69
Beschlaghammer	97
Bohrer	47, 48, 49, 50, 51, 101
Bohrmaschine	64
Breitbeil	30
Bügelsäge	37
Dachdeckerhammer	22, 23
Dechsel	6
Dickzirkel	4, 85
Eichmaß	87
Einlegeeisen	84
Engländer	11
Falzhobel	44, 45, 46
Federzange	106
Feile	59, 61
Feilklöbchen	52
Feilkluppe	54
Feinzirkel	86
Flacheisen	19
Flachschere	105
Flachzange	65
Füllstock	16
Gehrklinge	92
Glasschere	72
Glattholz	14
Gurtzange	68
Gutsche	19
Hackmesser	10, 100
Haken	21
Hammer	7, 15, 22, 23, 24, 25, 26, 27, 60, 78, 80, 97, 103, 107
Handbeil	34
Handhammer	78
Handsäge	9
Handschlägel	25
Handschraubklöbchen	58
Hobel	42, 43, 44, 45, 46, 59
Hohleisen	19
Holzbohrer	51
Holzhammer	15
Hufbeschlaghammer	107
Intarsiensäge	39
Keil	16
Kelle	18, 74, 75
Kernbohrer	50
Klauenschneider	97, 98
Klempnerhammer	15
Kloben	53, 55, 56, 57, 93, 102
Klöppel	13
Klüpfel	2
Kneifzange	66
Kopfgerbmesser	36
Krauskopf	51
Krönel	89
Leierbohrer	47, 48
Lenkbeil	33, 35, 77
Lochschlüssel	12
Löffelbohrer	49
Meißel	8, 90
Messer	91
Meßrädchen	109
Metallbohrer	51
Mikrometerschraube	88

109 Meßrädchen zum Messen – im Inneren des Eisenbeschlags – der äußeren Abweichung der Felge (Stellmacher).

Nabenbohrer	101	Segerz	33, 35, 77
Nagelzange	68	Setzhammer	26
Nagelzieheisen	104	Spalteisen	2
Niethammer	25	Spalter	14
		Spannsäge	40
Pfannenkelle	74, 75	Spitzamboß	63
Pinzette	106	Spitzmeißel	8
		Spundbohrer	51
Queraxt	28	Steinhobel	59
Rattenschwanzfeile	59, 61	Tanzmeisterzirkel	4
Rauhbank	41		
Reifkloben	53, 55, 93	Uhrmacherhammer	7
Rückensäge	38		
		Versenkbohrer	51
Säge	5, 9, 37, 38, 39, 40	Versenker	51
Schabeisen	90		
Schabklinge	20	Wendeeisen	108
Schabmesser	29	Werkmeisterzirkel	94
Scherdegen	17	Winkelmaß	87, 99
Schere	1, 70, 71, 72, 105	Winkelzange	67
Schieferhammer	27	Wolfsmaul	67
Schlangenbohrer	51		
Schlichtbeil	30, 31, 34, 95	Zange	65, 66, 67, 68, 69, 106
Schmiedehammer	24	Zapfenbohrer	50
Schmiedezange	66	Zentrierbohrer	50
Schraubenzieher	3, 96	Zentrumbohrer	50
Schraubenzirkel	82	Zieheisen	104
Schraubkloben	56, 57	Zimmermannsaxt	32
Schublehre	88	Zirkel	4, 82, 83, 85, 86, 94
Schuhmacherhammer	80	Ziseleurhammer	7
Schwartfeile	61	Zuschneideschere	71
Schweifstock	81	Zwerchaxt	28

Quellennachweis

Die Aufnahmen stammen von Klaus Grunewald, außer den folgenden: Jean Boucher: Frontispiz, 2, 4, 6, 17, 20, 27, 33, 34, 35, 42, 43, 44, 50, 55, 56, 57, 58, 77, 82, 85, 87, 94, 99, 105, 109. Atelier Maniet: 76. Bernard de Visscher: 76. Photo News Service: 79.

Register

Abgleichfeile	118	Dreikantfeile	116, 118
Abschroter	71, 125	Drillbohrer	101, 102
Amboß	122–126, 145	Dünnbeil	75, 76
Anreißwerkzeug	155–163		
Ansatzfeile	118	Eichmaß	155
Aufziehbohrer	102	Einbrecherwerkzeug	167
Axt	67, 72–75	Einhiebfeile	118
Axthammer	56	Einmannsäge	85
		Enterbeil	79
Barettfeile	118	Eisenbearbeitung	68
Bastardfeile	118	Eisenhammer	63
Baumschere	132	Etui	168
Beil	72, 75–79		
Beißzange	131	Fällaxt	72, 75
Beitel	67	Falzhobel	93–97
Beschlagtasche	186	Faßbinderzirkel	160
Blattfeile	116	Fäustel	63
Blechschere	132	Federzange	132
Bleilot	156	Feile	67, 116–118
Bleiwaage	156, 159	Feilkloben	115
Bock	115	Fermoor	68
Bogenbohrer	101, 102	Fettstein	142
Bohrer	101–106	Flachfeile	118
Bohrmeißel	117	Flachhobel	88
Bohrstift	106	Flachmeißel	67, 68, 71, 117
Bohrwinde	102	Franziska	76
Brecheisen	167	Fuchsschwanz	80, 85
Bronzemeißel	67	Fügbank	88
Brustbohrer	102–105	Fügbock	88
Bügelsäge	80	Füghobel	88
Dachsbeil	75, 79	Gehrklinge	76
Dechsel	72, 75, 79	Gehrlade	156
Dengelamboß	126	Gehrungswinkelmaß	156
Dichthammer	63	Gipserkelle	138
Dickzirkel	160	Gipserspachtel	138
Dietrich	167	Glättbeil	79
Doliermesser	76	Glättfeile	118
Doppelhiebfeile	118	Grathobel	97

Greifzange	131
Griff	45–55, 167
Grobfeile	118
Grobraspel	116, 121
Grundhobel	97
Gummihämmerchen	168
Halbrundfeile	118
Handamboß	122, 125
Handkloben	115
Handschraubkloben	115
Hammer	56–63, 117, 168
Handbeil	76
Haue	75
Hauklotz	122
Hobel	67, 87–98
Hohlkehlhobel	87
Hohlmeißel	67, 68
Holz	40
Holzbearbeitung	67
Holzfällersäge	80
Holzhammer	63
Holzklotz	122
Holzraspel	116
Holzsäge	80
Hornamboß	122
Karnieshobel	97
Kehlamboß	126
Kehlhobel	97
Kehlleistenhobel	97
Kehlmeißel	67, 71
Kelle	137, 138
Kleinhobel	88
Klinge	141
Klöbeisen	79
Kloben	109, 110, 115
Klobsäge	85
Klüpfel	63
Kluppe	109
Knecht	115
Kneifzange	131, 132
Körner	163
Kornzange	132
Knochenraspel	116
Knieriemen	115
Kratzeisen	121
Kreuzhiebfeile	118
Kreuzmeißel	67, 68, 71
Kropfeisen	131
Kurbelbohrer	105
Kurvenmesser	163
Langhobel	97
Langsäge	85
Laubsäge	80
Leierbohrer	101, 105, 106

Leimzwinge	115
Leistenhobel	97
Lenkbeil	79
Leistenhobel	94, 97
Lineal	159
Löffelbohrer	67, 102
Lot	156
Markierbeil	79
Meißel	67
Meßkluppe	160
Meßleine	156
Meßrädchen	163
Meßschnur	156
Meßwerkzeuge	155–163
Metallsäge	80, 86
Metallhammer	56
Metallschere	132
Nähkloben	115
Niethammer	58
Nonius	160
Nußeisen	102
Nuthobel	93
Ölstein	142
Pinzette	132
Polierfeile	118
Polierstein	142
Polierstock	126
Präzisionsfeile	118
Presse	109, 115
Profilhobel	97
Putzhobel	93
Putzmesser	88
Querbeil	79
Rammbock	125
Raspel	116–121
Rattenschwanzfeile	118
Rauhbank	88, 93
Reibahle	67
Reißnadel	163
Rührstock	76
Rundfeile	118
Rundhobel	97
Rundstabhobel	97
Säge	67, 80–86
Schabeisen	121
Schaber	116
Schafschere	132
Schäleisen	68
Schere	131, 132
Scherenzwinge	115

Schlägel	63
Schlagwerkzeug	46, 47
Schlegel	63
Schleifscheibe	145
Schleifstein	142
Schleifwerkzeuge	64
Schlichtbeil	75, 76
Schlichtfeile	118
Schlichthobel	87, 88, 93
Schlichtmeißel	67, 68
Schmiedehammer	56, 145
Schmiedezange	131
Schmiege	155
Schnalle	184
Schneideeisen	76
Schneiderschere	132
Schneidewerkzeuge	64, 141
Schnitzmesser	68
Schränkeisen	163
Schraubenschlüssel	48, 49
Schraubenzieher	48, 49, 168
Schraubstock	109–115
Schraubzwinge	110, 115
Schrothobel	87, 88, 93
Schrotmeißel	71, 125
Schrotsäge	80, 86
Schruppfeile	118
Schrupphobel	88, 97
Schublehre	160
Schweifhorn	126
Schweifsäge	85
Schweks	115
Segerz	75, 79
Seitenkantenhobel	97
Senkel	156
Senklot	156
Simshobel	93, 97
Spaltbeil	79
Spaltsäge	85
Spannsäge	85
Sperrhorn	122, 126
Spindel	106
Spitzamboß	122, 126
Spitzhaue	79
Spitzmeißel	117
Spitzstock	125
Spundhobel	97
Stangenzirkel	160
Steinmetzzirkel	159
Stellbock	126
Stemmeisen	67
Stiel	45–55
Stockamboß	122
Stockschere	132
Streicheisen	163
Streichmaß	155, 156, 159
Strohfeile	118
Tanzmeisterzirkel	160
Tastzirkel	160
Tiegelzange	131
Trassierleine	156
Trummsäge	86
Tuchschere	132
Universalgriff	167
Vernier	160
Verzierung	199–202
Vierkantfeile	118
Voramboß	125
Vorfeile	118
Vorschlaghammer	58
Waldaxt	75
Wasserwaage	159
Wendeeisen	163
Wendelbohrer	67
Werkmeisterzirkel	159
Werkstattfeile	118
Werkzeugkasten	185–187
Wetzstahl	142
Winkelmaß	155, 156, 159
Zange	109, 131, 132, 168
Zehntelzeiger	160
Zimmermannszirkel	159
Zirkel	159, 160
Zugmesser	68, 76
Zugsäge	80
Zwinge	47, 109

Inhalt

Vorwort 9
Werkzeug und Mensch
    Das Werkzeug an sich 11
    Die archäologische Erforschung des Werkzeugs 12
    Der Mensch erfindet und bewahrt seine Werkzeuge 16
    Das Werkzeug – spontan oder nach Bedarf gefertigt 19
    Klassifizierung der Werkzeuge 20
Das Werkzeug und der Arbeiter
    Die Entwicklung der Werkzeuge 30
        Ursprung und Wandlung der Werkzeuge 30
        Erhaltung der Werkzeuge 33
        Perfektionierung der Werkzeuge 34
        Werkzeuge in ständiger Entwicklung 37
    Werkzeug und Maschine 37
Die wichtigsten Werkzeuge
    Einführung 39
    Holz in der Werkzeugherstellung 40
    Griffe und Stiele 45
        Ursprung der Griffe und Stiele 45
        Stiele der Schlagwerkzeuge 46
        Stiele und Griffe mit Zwingen 47
        Schraubenzieher, Schraubenschlüssel 48
        Einige Merkmale der Griffe und Stiele 55
    Der Hammer 56
        Allgemeines 56
        Der Gebrauch des Hammers 57
        Theorie des Hammers 58
        Einige gebräuchliche Hammerformen 58
        Hämmer und Fäustel 63
        Die Holzhämmer 63
    Schneide- und Schleifwerkzeuge 64
        Der Schnitt als technischer Arbeitsvorgang 64
        Die Werkzeuge zur Holzbearbeitung 67
        Die Werkzeuge zur Eisenbearbeitung 68
    Äxte und Beile 72
        Die gallo-römische Axt 72
        Die schmiedeeiserne Axt 72
        Die Fällaxt 75
        Die Waldaxt 75

Die Schlichtbeile	75
Einige Sonderformen	79
Dechsel, Dachsbeile, Querbeile	79
Die Säge	80
Allgemeines	80
Die Spannsägen	85
Verschiedene andere Sägen	85
Die Metallsäge	86
Schränken und Schärfen der Säge	86
Die Hobel	87
Allgemeines	87
Holz und Eisen für Hobel	88
Flachhobel mit innen eingesetztem Eisen	88
Falzhobel mit seitlich angebrachtem Eisen	93
Der zweiteilige Falzhobel	94
Die Profilhobel	97
Der Hobel in der Hand des Arbeiters	98
Der Bohrer	101
Die ersten Bohrwerkzeuge, Vorläufer des Leierbohrers	101
Der Brustbohrer	102
Der Leierbohrer mit Drehknauf	105
Der Leierbohrer mit eingebauter Brustplatte	106
Das Einsetzen der Bohrstifte in die Spindel	106
Der Schraubstock	109
Feilen und Raspeln	116
Raspeln	121
Kratzeisen	121
Grobraspeln	121
Der Amboß	122
Herstellung des Ambosses	125
Zangen und Scheren	131
Die Kelle	137
Kellenformen	137
Das Schleifen und Schärfen	141
Das Zeugschmiedehandwerk	145
Die Sprache der Werkzeuge	148
Anreiß- und Meßwerkzeuge	155
Das Eichmaß	155
Das Winkelmaß	155
Die Trassierleine	156
Der Senkel	156
Das Streichmaß	159
Der Zimmermannszirkel	159
Die Schublehre (Meßkluppe)	160
Der Dick- oder Testzirkel, Tanzmeisterzirkel	160
Die Körner	163
Die Reißnadel	163
Das Streich- oder Wendeeisen	163
Das Meßrädchen	163
Ungewöhnliche Werkzeuge	164
Werkzeuge aus Altmaterial	164
Der geschnitzte Handgriff	167
Universalgriffe	167
Die Einbrecherwerkzeuge	167
Das Etui	168
Werkzeuge in ständigem Wandel	168
Hämmer	168

Zangen	168
Schraubenzieher	168
Das schöne Werkzeug	168
Wie man schönes Werkzeug erkennt	173
Das Werkzeug in volkskundlicher Sicht	
Einführung	177
Das Werkzeug – in Ehren gehalten und mißachtet	177
Das symbolische Werkzeug	178
Darstellungen auf Grabdenkmälern	178
Die Zünfte	183
Kennzeichnungen und Zeichen	183
Schmuck und Schnallen	184
Der Werkzeugkasten	185
Die Werkzeuge der Heiligen	187
Heraldik der Werkzeuge	188
Siegelkunde	189
Die Werkzeugsammlungen	
Sammlungen und Sammler	193
Der Geist des Sammelns	193
Der Werkzeugliebhaber	194
Wie man Sammler wird	195
Einige Werkzeugsammler kommen zu Wort	195
Schönheit und Schmuck	199
Das verzierte Werkzeug	199
Beispiele für Verzierungen	201
Datierung der Werkzeuge	203
Nachwort	209
Bibliographie	213
Verzeichnis der Farbabbildungen	217
Quellennachweis	218
Register	219